Gonglu Shuiyun Gongcheng Shigong
公路水运工程施工
Anquan Fengxian Bianshi Pinggu Guankong Zhinan
安全风险辨识评估管控指南

Gangkou Gongcheng Pian
港口工程篇

江苏省交通运输厅　组织编写

人民交通出版社股份有限公司

北　京

内 容 提 要

本书共7章,内容包括:施工安全风险辨识与分析、施工安全风险分级、港口工程常见施工作业程序分解、港口工程施工的典型风险事件类型、港口工程施工的主要安全风险分析、港口工程常见重大作业活动清单、港口工程常见重大作业活动管控措施建议,为港口工程施工安全风险辨识评估管控工作提供了参考。

本书适用于公路水运工程(港口工程)施工安全风险辨识、风险评估及风险管控,可供建设单位、监理单位和施工单位相关管理人员使用。

图书在版编目(CIP)数据

公路水运工程施工安全风险辨识评估管控指南. 港口工程篇 / 江苏省交通运输厅组织编写. —北京：人民交通出版社股份有限公司,2022.11
 ISBN 978-7-114-18301-0

Ⅰ.①公⋯ Ⅱ.①江⋯ Ⅲ.①道路工程—工程施工—安全管理—指南②航道工程—工程施工—安全管理—指南③港口—工程施工—安全管理—指南 Ⅳ.①U415.12-62②U615.1-62③U658-62

中国版本图书馆 CIP 数据核字(2022)第 197904 号

书　　名：	公路水运工程施工安全风险辨识评估管控指南　港口工程篇
著　作　者：	江苏省交通运输厅
责任编辑：	崔　建
责任校对：	赵媛媛　龙　雪
责任印制：	刘高彤
出版发行：	人民交通出版社股份有限公司
地　　址：	(100011)北京市朝阳区安定门外外馆斜街 3 号
网　　址：	http://www.ccpcl.com.cn
销售电话：	(010)59757973
总　经　销：	人民交通出版社股份有限公司发行部
经　　销：	各地新华书店
印　　刷：	北京虎彩文化传播有限公司
开　　本：	889×1194　1/16
印　　张：	29
字　　数：	635 千
版　　次：	2022 年 11 月　第 1 版
印　　次：	2022 年 11 月　第 1 次印刷
书　　号：	ISBN 978-7-114-18301-0
定　　价：	116.00 元

(有印刷、装订质量问题的图书,由本公司负责调换)

《公路水运工程施工安全风险辨识评估管控指南 港口工程篇》

编审委员会

主　　任：吴永宏
副 主 任：陈　萍　丁　峰　蒋振雄　王慧廷　张　欣　戴济群
委　　员：陆元良　黄　岩　储春祥　徐　斌　董志海　沈学标
　　　　　林有镇　陈明辉　郑　洲　陈胜武
主　　审：姜竹生　费国新
副 主 审：汤伟清　李　椿　徐志峰

编　写　组

主　　编：沈学标
副 主 编：郑　洲
编写人员：张晓辉　曹依华　黄建红　吴轶群　钱明霞　杨建明
　　　　　黄　捷　张　坤　金红宁　瞿洪海　丁海龙　徐海峰
　　　　　袁伟坡　周监清　顾孜敏　彭　超　王　祥　李　宁
　　　　　纪献柯　孙德欢　程钇午　袁广如　陈彦陶　郑　直
　　　　　张龙健　顾红雷　张红兵　邹玉光　杨　洋

编写单位

组织编写单位： 江苏省交通运输厅

参 编 单 位： 江苏省交通运输综合行政执法监督局

江苏科兴项目管理有限公司

中交三航局第三工程有限公司

中交第三航务工程局有限公司江苏分公司

江苏中源工程管理股份有限公司

兴德(江苏)安全科技有限公司

序

建设交通强国是我国立足国情、着眼全局、面向未来作出的重大战略决策,是建设现代化经济体系的先行领域,是全面建成社会主义现代化强国的重要支撑,是新时代做好交通工作的总抓手。围绕习近平总书记关于全力打造"精品工程、样板工程、平安工程、廉洁工程"的重要指示[1],《交通强国建设纲要》提出了"构建现代化工程建设质量管理体系,推进精品建造和精细管理"的具体要求。公路水运建设领域的管理创新是交通强国建设的重要内容。

党的二十大报告提出,要推进国家安全体系和能力现代化,坚决维护国家安全和社会稳定。坚持安全第一、预防为主,建立大安全大应急框架,推动公共安全治理模式向事前预防转型。当前,世界正经历百年未有之大变局,新一轮科技革命和产业变革深入发展。国际环境日趋复杂,不稳定性、不确定性明显增加,这对统筹安全与发展,把安全发展贯穿到各领域和建设管理全过程提出了新的更高要求。

新形势下,我国公路水运建设安全生产状况持续保持稳中向好的态势,但由于工程建设具有点多线长面广、高空作业多、工艺复杂等特点,施工过程中难免会存在一定的风险,安全生产形势依旧严峻。为此,国家先后出台了一系列的法律法规规章,以加强我国公路水运工程建设的安全监督管理。2021年9月,我国颁布实施了新《中华人民共和国安全生产法》,进一步明确了行业安全监督管理职能。2022年8月,交通运输部印发《关于加强公路水运工程建设质量安全监督管理工作的意见》,以推动工程建设高质量发展。这些法律法规、规章制度的颁布与实施,对我国公路水运工程安全生产管理产生了积极的作用,安全生产形势保持了持续稳定向好的态势。

科技创新为交通强国高质量发展提供了坚实的技术支撑,管理创新与科技创新相互

---

[1] 习近平出席投运仪式并宣布北京大兴国际机场正式投入运营[N].人民日报,2019-09-26(01).

依存、相互推动,为交通运输高质量发展进一步夯实了基础,在交通建设领域大力推进管理创新已经成为普遍共识。为保证公路水运工程施工安全风险管控先试先行,主动防范化解重大风险,支撑行业高质量发展,探索可复制可推广的实施路径,编写组在总结江苏省一系列公路水运工程重点建设项目创新管理的基础上,编制了《公路水运工程施工安全风险辨识评估管控指南》(以下简称《指南》)。该书重点围绕公路水运工程施工安全风险要素,结合施工安全典型风险事件,阐述了公路水运工程施工安全风险辨识、评估、管控的关键技术,为公路水运工程施工重大风险精准闭环管理提供了重要的参考依据。

交通运输是国民经济中基础性、先导性、战略性产业和重要服务型行业。公路水运工程作为现代化交通的基础设施,有效带动了区域经济发展,对促进"双循环"新发展格局的形成具有重要作用。为适应国家安全发展新形势,适应新发展阶段要求,《指南》将安全发展的管理理念贯穿工程建设管理全过程,体现了"安全第一、预防为主、综合治理"的工作方针,突出狠抓风险管控,坚持源头治理,健全防范化解重大风险防控四项机制,实现风险防控关口前移,提升本质安全水平。《指南》具有综合性和实践性的特点,对遏制和防范公路水运工程重特大事故的发生具有良好的指导和示范价值。

聚焦科技前沿,凝练实践精华,是走在创新一线的交通人的共同目标。《指南》的出版,是江苏交通科技工作者担负起"争当表率、争做示范、走在前列"光荣使命的重要实践,是坚定不移推动高质量发展、奋力打造交通运输现代化建设示范区的主动担当,对行业高质量发展具有重要意义。

谨以此为序,表示对《指南》出版的祝贺与推荐!

中国工程院院士

水利部　交通运输部　国家能源局南京水利科学研究院名誉院长

2022 年 10 月　南京

前　言

为深入贯彻党中央、国务院关于加强安全生产工作和加快安全生产改革发展的决策部署，落实交通运输部关于深化防范化解安全生产重大风险的具体要求，江苏省交通运输厅组织编写了《公路水运工程施工安全风险辨识评估管控指南》（以下简称《指南》）。

《指南》共分六篇，包括桥梁工程篇、隧道工程篇、路基路面工程篇、港口工程篇、航道工程篇、船闸工程篇，本书为港口工程篇。本书对典型港口工程施工作业工序进行了分解，全面辨识了各评估单元中可能发生的典型风险事件类型，从人的因素、物的因素、环境因素、管理因素等几个方面进行了风险分析。根据港口工程施工实际，给出了常见重大作业活动清单，有针对性地提出了常见重大作业活动风险管控措施。本书对提升港口工程"本质安全"管理水平，实现安全管理关口前移具有重要的指导作用。

本书在编写过程中得到了各级领导和专家的指导，在此一并表示感谢。由于本书内容涉及面广，编写工作量大，难免存在不足之处，各有关单位和从业人员参照使用本书时，将发现的问题和意见反馈至江苏省交通运输综合行政执法监督局（地址：江苏省南京市石鼓路69号；邮编210004）。

编　者

2022 年 9 月

目 录

第一章 施工安全风险辨识与分析 ……………………………………… 1
第一节 总体要求 ……………………………………………………… 1
第二节 施工安全风险辨识与分析程序 ……………………………… 1
第三节 施工安全风险辨识与分析方法 ……………………………… 4
第四节 常用风险评估方法的特点 …………………………………… 6

第二章 施工安全风险分级 ……………………………………………… 11
第一节 一般作业活动风险分级 ……………………………………… 11
第二节 重大作业活动风险分级 ……………………………………… 11
第三节 施工安全风险分级方法 ……………………………………… 15

第三章 港口工程常见施工作业程序分解 ……………………………… 20
第一节 高桩码头工程施工作业程序分解 …………………………… 20
第二节 重力式码头工程施工作业程序分解 ………………………… 21
第三节 板桩码头工程施工作业程序分解 …………………………… 23
第四节 防波堤与护岸工程施工作业程序分解 ……………………… 25
第五节 大临工程施工作业程序分解 ………………………………… 27

第四章 港口工程施工的典型风险事件类型 …………………………… 28
第一节 高桩码头工程施工的典型风险事件类型 …………………… 28
第二节 重力式码头工程施工的典型风险事件类型 ………………… 29
第三节 板桩码头工程施工的典型风险事件类型 …………………… 30

第四节　防波堤与护岸工程施工的典型风险事件类型 …………………………… 32

　　第五节　大临工程施工的典型风险事件类型 …………………………………… 33

第五章　港口工程施工的主要安全风险分析 …………………………………… 34

　　第一节　高桩码头工程施工的主要安全风险分析 ……………………………… 34

　　第二节　重力式码头工程施工的主要安全风险分析 …………………………… 164

　　第三节　板桩码头工程施工的主要安全风险分析 ……………………………… 244

　　第四节　防波堤与护岸工程施工的主要安全风险分析 ………………………… 339

　　第五节　大临工程施工的主要安全风险分析 …………………………………… 387

第六章　港口工程常见重大作业活动清单 ……………………………………… 421

　　第一节　常见重大作业活动清单 ………………………………………………… 421

　　第二节　港口工程常见重大作业活动清单 ……………………………………… 421

第七章　港口工程常见重大作业活动管控措施建议 …………………………… 423

　　第一节　常见重大作业活动管控措施建议 ……………………………………… 423

　　第二节　高桩码头工程常见重大作业活动管控措施建议 ……………………… 428

　　第三节　重力式码头工程常见重大作业活动管控措施建议 …………………… 433

　　第四节　板桩码头工程常见重大作业活动管控措施建议 ……………………… 440

　　第五节　防波堤及护岸工程常见重大作业活动管控措施建议 ………………… 443

参考文献 …………………………………………………………………………… 451

第一章　施工安全风险辨识与分析

第一节　总体要求

（1）为适应公路水运工程安全生产管理水平不断提升的需要，进一步加强施工安全风险辨识、评估、管控工作，从源头上防范化解重大施工安全风险，有效消除事故隐患，编制本《指南》。

（2）公路水运工程施工安全风险评估的基本程序包括风险辨识与分析、风险分级、风险控制。

（3）风险辨识是指通过对工程施工过程进行系统分解，找出可能存在的致险因素，调查各施工工序潜在风险事件的过程。

（4）风险分析是指采用安全系统工程理论，对致险因素可能导致的风险事件进行分析，找出可能受伤害人员、事故原因等，确定物的不安全状态和人的不安全行为。

（5）风险分级是指采用定量或定性的方法，对风险事件发生的可能性及严重程度进行等级划分。

（6）按照风险事件发生的可能性和后果严重程度，将施工安全风险等级由低到高依次分为低风险（Ⅰ级）、一般风险（Ⅱ级）、较大风险（Ⅲ级）、重大风险（Ⅳ级）4个等级。

（7）公路水运工程施工实施全过程风险分级管控和风险警示告知、监控预警制度。在项目施工阶段根据风险分级结果采取事前预控、事中监控、事后评价的方式，实施动态、循环的风险控制，直至将风险降低到可接受的程度。

（8）对于较大风险（Ⅲ级）和重大风险（Ⅳ级）的作业活动，应在实施风险控制措施、完成典型施工或首件施工后，开展风险控制预期效果评价。风险控制预期效果评价包括对风险控制措施落实情况的确认评价以及采取风险控制措施后预期风险的评价。

第二节　施工安全风险辨识与分析程序

一、工作步骤

风险辨识与分析一般包括5个工作步骤：工程资料的收集整理，施工现场地质水文条件和环境条件的调查（或补充勘察），施工队伍素质和管理制度调查，施工作业程序分解和风险事件辨识，致险因素及风险事件后果类型分析。

风险辨识与分析工作步骤如图 1-1 所示。

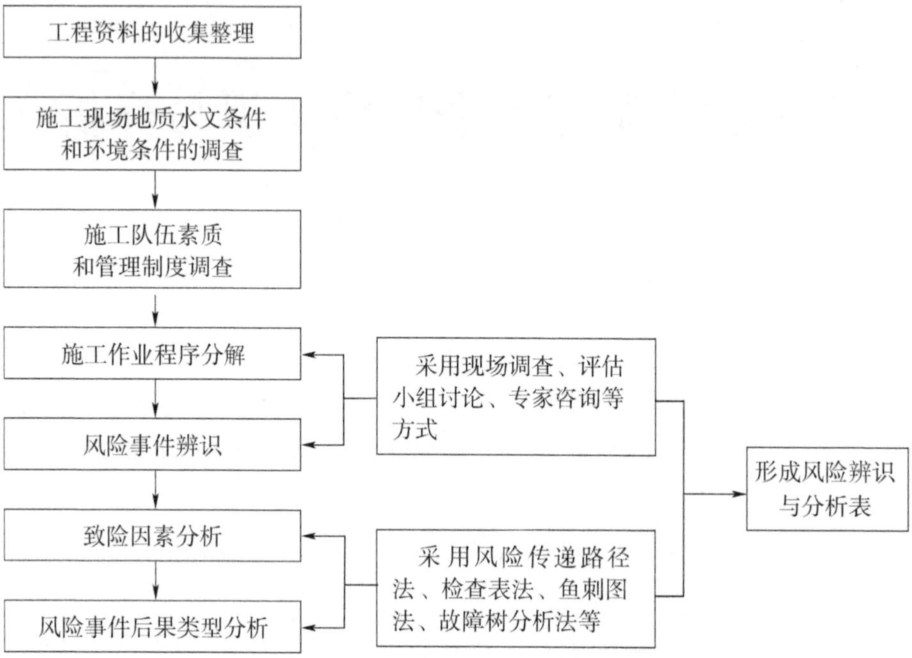

```
工程资料的收集整理
      ↓
施工现场地质水文条件
  和环境条件的调查
      ↓
  施工队伍素质
  和管理制度调查
      ↓
 施工作业程序分解  ← 采用现场调查、评估
      ↓             小组讨论、专家咨询等
   风险事件辨识   ←  方式                  → 形成风险辨识
      ↓                                       与分析表
   致险因素分析   ← 采用风险传递路径
      ↓            法、检查表法、鱼刺图
 风险事件后果类型分析 法、故障树分析法等
```

图 1-1　风险辨识与分析工作步骤

(1) 风险辨识与分析需收集、整理的相关工程资料主要包括：

①工程的可行性研究报告、环评报告、地质勘察报告,设计风险评估报告(如有),初步设计文件、施工图设计文件、施工组织设计文件、总体风险评估报告(如有)以及海事、港航、水利、环保等部门作出的与工程建设安全相关的文件;

②工程区域内的环境条件,包括建筑物、构筑物、通航船舶、埋藏物、管道、缆线、民防设施、铁路、公路、外电架空线路、饮用水源、养殖区、生态保护区等可能造成事故的环境要素;

③工程区域内地质、水文、气象等灾害事故资料;

④同类工程事故资料;

⑤其他与风险辨识对象相关的资料;

⑥重要设计变更资料、施工记录文件、监控量测资料、质量检测报告等;

⑦典型施工或首件施工情况、风险控制措施落实情况等。

(2) 施工现场地质水文条件和环境条件调查主要包括：

①工程地质条件;

②气候水文条件;

③周边环境条件;

④地质勘察结果(如有)、现场开挖揭露地质情况的差异、周边环境的变化情况等。

(3) 施工队伍素质和管理制度调查主要包括：

①企业近五年业绩、近三年信用等级,同类工程经验和施工事故及处理情况;

②施工队伍素质,施工队伍的专业化作业能力、施工装备和技术水平;

③项目各种管理制度是否齐全,是否适用和具有针对性;

④专职安全管理人员配置情况；

⑤人员队伍变化情况、施工装备进出场情况、管理制度落实情况等。

二、施工作业程序分解

港口工程的施工作业程序分解可参考《水运工程质量检验标准》(JTS 257—2008)、《公路水运工程施工安全风险评估指南 第5部分：港口工程》(JT/T 1375.5—2022)、施工图设计文件以及施工组织设计等文件，通过现场调查、评估小组讨论、专家咨询等方式，可将港口工程施工过程划为不同的作业活动，一般按照单位工程、分部工程、分项工程、施工工序的层次进行分解。风险评估单元可以是分部工程、分项工程、施工工序，具体可根据需求而定。

三、风险事件辨识

施工作业程序分解后，可参考《公路水运工程施工安全风险评估指南 第5部分：港口工程》(JT/T 1375.5—2022)、《企业职工伤亡事故分类标准》(GB 6441—1986)等文件，通过现场调查、评估小组讨论、专家咨询等方式，辨识各评估单元中可能发生的典型风险事件类型。

四、致险因素分析

在港口工程施工中，对于物的不安全状态可能引起的风险事件，一般从地质条件、施工方案、施工环境、施工机械、自然灾害等方面进行分析。对于人的不安全行为可能引起的风险事件，一般从施工操作、作业管理等方面进行分析。

五、风险事件后果类型分析

在港口工程施工中，可能受到风险事件伤害的人员类型包括作业人员自身、同一作业场所的其他作业人员、作业场所周围其他人员。风险事件后果类型主要包括人员伤亡和直接经济损失，但不局限于这两类损失。

各作业活动的风险分析可通过评估小组讨论会的形式实施，一般可采用风险传递路径法、检查表法、鱼刺图法、故障树分析法等安全系统工程理论进行分析。

风险辨识与风险分析的结果可填入表1-1。

风险辨识与分析表　　　　表1-1

作业活动	风险事件类型	致害物	致险因素				风险事件后果类型			
			人的因素	物的因素	环境因素	管理因素	受伤害人员类型	人员伤亡	直接经济损失	……
……										
……										
……										

第三节 施工安全风险辨识与分析方法

施工安全风险辨识与分析方法主要包括风险传递路径法、检查表法、鱼刺图法、故障树分析法、专家调查法、失效模式和后果分析法等,常用的方法介绍如下。

一、风险传递路径法

港口工程施工安全管理失误的风险传递路径,如图1-2所示。

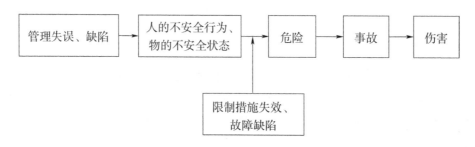

图1-2 港口工程施工安全管理失误风险传递路径

针对港口工程施工的特点,对港口工程施工安全管理失误风险传递路径细化可知:风险从原因事件向结果事件传递,其表现形式由最初单一的、确定的管理失误分化到若干不同的危险形态并导致事故发生,最终发展到多样的、程度不一的伤害。

二、检查表法

检查表法是指为了查找工程、系统中各种设施、物料、工件、操作、管理和组织措施中的风险因素,事先把检查对象加以分解,将大系统分割成若干子系统,以提问或打分的形式,逐项检查项目列表的方法。

编制检查表所需的资料主要包括:有关标准、规程、规范及规定;国内外事故案例;系统安全分析事例;研究的成果等有关资料。

检查表法是一种以经验为主的方法。风险评估人员从现有的检查表中选取一种适宜的检查表,如果没有具体的、现成的安全检查表可用,评估人员必须借助已有的经验,编制出合适的检查表。

三、鱼刺图法

鱼刺图法是把系统中产生事故的原因及造成的结果所构成的因果关系,采用简单的文字和线条加以全面表示的方法。由于分析图的形状像鱼刺,故称"鱼刺图"。

制作鱼刺图分两个步骤:分析问题的原因及结构,绘制鱼刺图。

(1)分析问题原因及结构:

①针对问题点,选择层别方法(如人员、机器、原料、方法、环境等);

②按头脑风暴分别对各层别找出所有可能原因(因素);
③将找出的各因素进行归类、整理,明确其从属关系;
④分析选取重要因素;
⑤检查各要素的描述方法,确保语言简明、意思明确。
(2)鱼刺图绘制过程:
①填写鱼头(要解决的问题);
②画出主骨(影响结果主要概况因素);
③画出大骨,填写大要因;
④画出中骨、小骨,填写中小要因。

在绘制鱼刺图时应召集建设、施工、监理、第三方咨询单位(如有)等相关人员共同分析,将所要解决问题遵从面、线、点规律依次细化。

四、故障树分析法

故障树分析法就是将系统的失效事件(称为顶上事件)分解成许多子事件的串、并联组合。在系统中各个基本事件的失效概率已知时,可沿故障树图的逻辑关系逆向求解系统的失效概率。故障树是一种特殊的树状逻辑因果关系图,它用规定的逻辑门和事件符号描述系统中各种事物之间的关系。故障树的编制要求分析人员十分熟悉工程系统情况,包括工作程序、各种参数、作业条件、环境影响因素及过去常发事故情况等。故障树分析流程如图1-3所示。

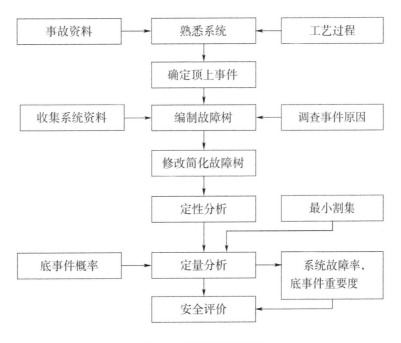

图1-3 故障树分析流程

港口工程故障树的绘制如图1-4所示,要分析的对象即为顶上事件(施工安全事故),按逻辑关系可向下罗列顶上事件发生的一级条件及原因(港口工程事故),一级是条件及原因转换为一级事件,再向下罗列二级事件及原因($A_1,A_2,\cdots,A_n$及$B_1,B_2,\cdots,$

B_n),依次类推直至事故的基本事件(A_{11},A_{12},…,A_{nn} 及 B_{11},B_{12},…,B_{nn})。现阶段主要以定性评估为主。

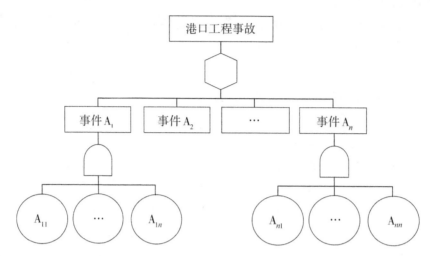

图1-4 港口工程故障树

注:故障树符号意义可参考《故障树名词术语和符号》(GB/T 4888—2009)。

第四节 常用风险评估方法的特点

用于工程施工安全风险评估的方法有很多种,从定性和定量角度可以将其分为定性分析方法、半定量分析方法及定量分析方法。

为了清晰地理解各类风险评估方法的特点,便于在工程施工阶段选取合理的评估方法,提高施工安全风险评估的准确性、完整性,总结常用风险评估方法的优缺点及适用范围,见表1-2。

常用风险评估方法的优缺点及适用范围　　　　表1-2

分类	名 称	优 点	缺 点	适用范围
定性分析方法	专家调查法（包括头脑风暴法、德尔菲法）	可防止由于专家多而产生当面交流困难、效率低的问题。避免因权威作用或人数多而压倒其他意见,可多次征询意见	由于专家不能当面交流,缺乏沟通,可能会坚持错误意见。由于是函询法,且又多次重复,会使某些专家最后不耐烦而不仔细考虑填写	1.难以借助精确的分析技术而可依靠集体的直观判断进行预测的风险分析问题。 2.问题复杂、专家代表不同的专业并没有交流的历史。 3.受时间、经费限制,或因专家之间存有分歧、隔阂不宜当面交换意见

续上表

分类	名　称	优　点	缺　点	适用范围
定性分析方法	"如果……怎么办"法（if then）	经济有效,可充分发挥专业人员的知识特长、集思广益,可找出一个工程所存在的危险、有害性及其程度,提出消除或降低其危险性、有害性的对策措施,比较醒目、直观	1.该方法要求参与人员要熟悉工艺、设备,并且要收集类似工程的有关情况,以便分析,综合判断。 2.该方法对于较大的系统进行分析时,表格数量多,工作量大,且容易产生错漏	该方法既可适用于一个系统,也可以适用于系统中某一环节,适用范围较广。但不适用于较大系统分析,只适用于系统中某一环节或小系统分析
定性分析方法	失效模式和后果分析法	对于一个系统内部每个不见的失效模式或不正常运行模式都可进行详细分析,并推断它对于整个系统的影响、可能产生的后果以及如何才能避免或减少损失	只能用于考虑非危险性失效,花费时间,一般不能考虑各种失效的综合因素	可用在整个系统的任何一级,常用于分析某些复杂的关键设备
半定量分析方法	故障树分析法	1.对导致灾害事故的各种因素及逻辑关系能作出全面、简洁和形象的描述。 2.便于查明系统内固有的或潜在的各种危险因素,为设计施工和管理提供科学依据。 3.便于进行逻辑运算,进行定性、定量分析和系统评价	步骤较多,计算较复杂	1.应用比较广,非常适合于复杂性较大的系统。 2.在工程设计阶段对事故查询时,都可以使用此法对它们的安全性作出评价。 3.经常用于直接经验较少的危险源辨识
半定量分析方法	事件树法	是一种图解形式,层次清楚、阶段明显,可进行多阶段、多因素复杂事件动态发展过程的分析,预测系统中事故发生的趋势	1.在国内外数据较少,进行定量分析还需做大量的工作。 2.用于大系统时,容易产生遗漏和错误。 3.该方法不能分析平行产生的后果,不能进行详细分析。 4.事件树的大小随着问题中变量个数呈指数增长	可以用来分析系统故障、设备失效、工艺异常、人的失误等,应用比较广泛

续上表

分类	名称	优点	缺点	适用范围
半定量分析方法	影响图方法	1.影响图能够明显地表示一个决策分析问题中变量之间的条件独立关系。2.能够清晰地表示变量之间的时序关系、信息关系和概率关系。3.这种图形表示方式适合决策者认识问题的思维过程。4.影响图的网络表示形式便于用计算机存储信息与操作处理	1.节点的边缘概率和节点间的条件概率难得到。2.进行主观概率估计时,可能会违反概率理论	影响图方法与事件树法适用性类似,由于影响图方法比事件树法有更多的优点,因此,也可以应用于较大的系统分析
半定量分析方法	原因-结果分析法	原因-结果分析法实质是事件树法和故障树法的结合使用,因此,它同时具有这两种方法的优点和缺点		其适用性与故障树分析法和事件树法类似,适用于在设计、操作时用来辨识事故的可能结果及原因。不适用于大型系统
半定量分析方法	风险矩阵法	根据系统层次按次序揭示系统、分系统和设备中的危险源,做到不漏任何一项,并按风险的可能性和严重性分类,以便分别按轻重缓急采取措施,更适合现场作业,可以进行定性和定量分析	主观性比较强,如果经验不足,会给分析带来麻烦。风险严重等级及风险发生频率是研究者自行确定的,存在较大的主观误差	该方法可根据使用的需求对风险等级划分进行修改,使其适用不同的分析系统,但要有一定的工程经验和数据资料做依据。其既可适用于整个系统,又可以适用于系统中某环节
定量分析方法	模糊数学综合评判法	模糊数学综合评判法给出了一个数学模型,它简单、易掌握,是对多因素、多层次的复杂问题评判效果比较好的方法,适用性较广	1.模糊数学综合评判法隶属函数或隶属度的确定、评价因素对评价对象的权重的确定都有很大的主观性,其结果也存在较大的主观性。2.同时对于多因素、多层次的复杂评价,其计算则比较复杂	适用于任何系统的任何环节,其适用性比较广

续上表

分类	名　称	优　点	缺　点	适用范围
定量分析方法	层次分析法	具有适用、简洁、使用方便和系统的特点	对于那种有较高定量要求的决策问题,单纯应用层次分析法的使用过程中,无论建立层次结构还是构造判断矩阵,人的主观判断、选择、偏好对结果的影响极大,判断失误即可能造成决策失误,这就使得用层次分析法进行决策主观成分很大	应用领域较广阔,可以分析社会、经济以及科学管理领域中的问题;但不适用于层次复杂的系统
定量分析方法	蒙特卡罗模拟法	1. 能够用于包括随机变量在内的任何计算类型。 2. 考虑的变量数目不受限制。 3. 用于计算的随机变量可以根据具体数据采用任何分布形式。 4. 可以更有效地发挥专家的作用	1. 能够在实际中采取的模拟系统非常复杂,建立模型很困难。 2. 没有计入风险因素之间的相互影响,使得风险估计结果可能偏小	1. 比较适合在大中型项目中应用。可以解决许多复杂的概率运算问题,以及适合于不允许进行真实试验的场合。对于那些费用高的项目或费时长的试验,具有很好的优越性。 2. 一般只在进行较精细的系统分析时才使用,适用于问题比较复杂,要求精度较高的场合,特别是对少数可行方案实行精选比较时十分必要
定量分析方法	等风险图法	方便直观、简单有效,对任何一个具体项目,只要得到其风险发生概率和风险后果,就可直接得到其风险系数	需要得到风险发生概率和风险后果两个变量值,而这两个值在实际操作中不易得到,需要借助其他分析方法,因此,也含有其他分析方法的缺点。同时,根据等风险图只能确定风险系数位于哪一个区间内,如果想得到具体数值,还需要进行计算	该方法适用于对结果要求精确度不高,只需要进行粗略分析的项目,同时,如果只进行一个项目一个方案分析,该方法相对烦琐,所以该方法适用于多个类似项目同时分析或一个项目的多个方案比较分析时使用

续上表

分类	名　称	优　点	缺　点	适用范围
定量分析方法	神经网络方法	具有很强的学习能力、抗故障性和并行性	神经网络综合评估模型在已知数据不足或无法准确构造训练样本集的情况下,需要结合其他综合评估方法得到训练样本集,才能实现对网络的训练	1. 预测问题、原因和结果的关系模糊的场合。 2. 模式辨识,设计模糊信息的场合。 3. 不一定非要得到最优解,主要是快速求得与之相近的次优解的场合。 4. 组合数量非常多,实际求解集合不可能的场合。 5. 对非线性很高的系统进行控制的场合
定量分析方法	主成分分析法	能将多个指标转化为少数几个指标进行降维处理。能够将指标之间的关联性考虑在内,但计算比较简单。在大样本的情况下,个别样本对主成本的影响不会很大	评价标准的不可继承性;评价工作的盲目性;评价结果和评价指导思想的矛盾性;需借助较多的统计资料	适用于各个领域,但其结果只是在比较相对大小时才有意义
综合分析方法	专家信心指数法	具有德尔菲法的优点,一定程度上克服了德尔菲法受个人主观因素影响大的缺点	同德尔菲法	同德尔菲法
综合分析方法	模糊层次综合评估方法	1. 同时拥有层次分析法和模糊数学综合评判法的优点。 2. 该方法克服了模糊数学综合评判法中评价因素对评价对象的权重确定主观性强等缺点	除了模糊数学综合评判法权重确定的主观性缺点之外,同时具有层次分析法和模糊数学综合评判法的缺点	适用范围与模糊数学综合评判法一致
综合分析方法	模糊故障树分析法	兼有模糊数学综合评判法和故障树法的优点。避免了对统计资料的强烈依赖性,为事故概率的估计提供了新思路	除了对统计资料的强烈依赖性之外,同时具有模糊数学综合评判法和故障树法的缺点	适用范围与故障树分析法相同。与故障树分析法相比,更适用于那些缺乏基本统计数据的项目

第二章 施工安全风险分级

在港口工程施工中,作业活动按照复杂程度分为一般作业活动和重大作业活动。常用的作业活动分级方法包括检查表法、LC 法、LEC 法(作业条件危险性评价法)、专家调查法、指标体系法等。

第一节 一般作业活动风险分级

一般作业活动风险分级可采用定性(如检查表法)或半定量方法(如 LC 法和 LEC 法)。以风险描述方式将一般作业活动的风险分级情况汇总,填入表 2-1。

一般作业活动风险分级汇总表　　表 2-1

一般作业活动	风险描述	理　由
一般作业活动 1		
……		
一般作业活动 N		

第二节 重大作业活动风险分级

重大作业活动风险分级可采用定性与定量相结合的方法。风险事件后果严重程度的分级一般采用专家调查法,风险事件可能性的分级一般采用指标体系法。

一、风险事件后果严重程度

风险事件后果严重程度的等级分为 5 级,主要考虑人员伤亡和直接经济损失。当多种后果同时产生时,采用就高原则确定风险事件后果严重程度等级。

(1)人员伤亡程度等级划分依据人员伤亡的类别和严重程度进行分级,见表 2-2。

人员伤亡程度等级标准范例(单位:人)　　表 2-2

等　级	定性描述	死亡人数 ND	重伤人数 NSI
1	小	—	$1 \leqslant NSI < 5$
2	一般	$1 \leqslant ND < 3$	$5 \leqslant NSI < 10$
3	较大	$3 \leqslant ND < 10$	$10 \leqslant NSI < 50$
4	重大	$10 \leqslant ND < 30$	$50 \leqslant NSI < 100$
5	特大	$ND \geqslant 30$	$NSI \geqslant 100$

(2)直接经济损失程度等级划分可依据经济损失或经济损失占项目建安费的比例进行分级;对于工程造价较低的公路水运工程,采用"经济损失占项目建安费的比例"这一相对指标进行判定。经济损失和经济损失占项目建安费的比例的等级划分见表2-3。

直接经济损失程度等级标准 表2-3

等级	定性描述	经济损失 Z(万元)	经济损失占项目建安费的比例 P_r(%)
1	小	$Z < 100$	$P_r < 1$
2	一般	$100 \leq Z < 1000$	$1 \leq P_r < 2$
3	较大	$1000 \leq Z < 5000$	$2 \leq P_r < 5$
4	重大	$5000 \leq Z < 10000$	$5 \leq P_r < 10$
5	特大	$Z \geq 10000$	$P_r \geq 10$

二、风险事件可能性

物的不安全状态、人的不安全行为以及两者的组合所导致的风险事件可能性等级分为5级,见表2-4。

风险事件可能性等级标准 表2-4

可能性等级描述	可能性等级	可能性等级描述	可能性等级
很可能	5	可能性很小	2
可能	4	几乎不可能	1
偶然	3		

物的不安全状态引起的风险事件可能性评估指标,根据可能发生的风险事件类型,从本质安全的角度出发,分析可能导致风险事件发生的致险因素,在此基础上选取提出。评估指标一般从工程自身特点、地质条件、气象水文条件、施工方案、施工作业环境等方面提出。

人的不安全行为引起的风险事件可能性评估指标一般采用安全管理评估指标,一般从企业资质、分包情况、作业班组及技术管理人员经验、安全管理人员配备、安全生产费用、机具设备配置及管理、施工组织设计、专项施工方案、企业工程业绩及信用情况等方面提出。

评估指标分值一般按式(2-1)进行计算。根据计算分值,对照表2-5找出安全管理调整系数(λ)。在对每个重大作业活动进行风险分级时,分别计算相应的安全管理调整系数。

$$M = A + B + C + D + E + F + G + H + I + J + K \tag{2-1}$$

式中:M——安全管理评估分值;
A——总包企业资质评估指标分值;
B——专业分包评估指标分值;
C——劳务分包评估指标分值;
D——作业班组经验评估指标分值;
E——项目技术管理人员经验评估指标分值;

F——项目安全管理人员配备评估指标分值；

G——安全生产费用评估指标分值；

H——船机设备配置及管理评估指标分值；

I——施工组织设计或专项施工方案评估指标分值；

J——企业工程业绩评估指标分值；

K——企业信用评价等级评估指标分值。

注：评估小组可结合工程实际情况、项目管理模式等，补充具体的评估指标。

安全管理评估指标分值与安全管理调整系数对照表　　　表2-5

安全管理评估分值 M	安全管理调整系数 λ	安全管理评估分值 M	安全管理调整系数 λ
$M \geq 16$	1.1	$7 \leq M < 10$	0.95
$13 \leq M < 16$	1.05	$M < 7$	0.9
$10 \leq M < 13$	1		

港口工程施工风险事件可能性大小按式(2-2)计算确定：

$$P = \lambda \times \sum X_{ij} = \lambda \times \sum R_{ij} \times \gamma_{ij} \quad (2\text{-}2)$$

式中：P——风险事件可能性评估分值；

λ——安全管理调整系数，按表2-5取值；

X_{ij}——评估指标的分值，$i=1,2,\cdots,m; j=1,2,\cdots,n$；其中 m 为项别的数量，n 为对应第 i 个项别包括的评估指标的数量；

R_{ij}——评估指标的取值，$i=1,2,\cdots,m; j=1,2,\cdots,n$；其中 m 为项别的数量，n 为对应第 i 个项别包括的评估指标的数量；

γ_{ij}——权重系数，$i=1,2,\cdots,m; j=1,2,\cdots,n$；其中 m 为项别的数量，n 为对应第 i 个项别包括的评估指标的数量。

计算得到 P 后，根据 P 值对照表2-6，确定各重大作业活动发生风险事件的可能性等级。

风险事件可能性等级标准　　　表2-6

可能性等级描述	可能性等级	P
很可能	5	$P > 60$
可能	4	$45 < P \leq 60$
偶然	3	$30 < P \leq 45$
可能性很小	2	$15 < P \leq 30$
几乎不可能	1	$P \leq 15$

注：若出现1个或多个重要性指标（评估小组集体讨论确定）取最大值，可调高一个可能性等级。

三、施工安全风险等级

根据风险事件发生的可能性、后果严重程度等级，可采用风险矩阵法确定重大作业活动的施工安全风险等级，划分标准见表2-7。

施工安全风险等级标准 表2-7

可能性等级		严重程度等级				
		小	一般	较大	重大	特大
		1	2	3	4	5
很可能	5	较大风险（Ⅲ）	较大风险（Ⅲ）	重大风险（Ⅳ）	重大风险（Ⅳ）	重大风险（Ⅳ）
可能	4	一般风险（Ⅱ）	较大风险（Ⅲ）	较大风险（Ⅲ）	重大风险（Ⅳ）	重大风险（Ⅳ）
偶然	3	一般风险（Ⅱ）	一般风险（Ⅱ）	较大风险（Ⅲ）	较大风险（Ⅲ）	重大风险（Ⅳ）
可能性很小	2	低风险（Ⅰ）	一般风险（Ⅱ）	一般风险（Ⅱ）	较大风险（Ⅲ）	较大风险（Ⅲ）
几乎不可能	1	低风险（Ⅰ）	低风险（Ⅰ）	一般风险（Ⅱ）	一般风险（Ⅱ）	较大风险（Ⅲ）

在港口工程施工中，可将风险等级用不同颜色在施工形象进度图中标识出来，形成"红橙黄蓝"四色施工安全风险分布图。以列表方式汇总重大作业活动风险等级，可填入表2-8。

重大作业活动风险等级汇总表 表2-8

重大作业活动	风险事件可能性等级	风险事件后果严重程度				风险等级
		人员伤亡	直接经济损失	……	风险事件后果严重程度等级	
重大作业活动1						
……						
重大作业活动N						

四、风险接受准则与控制措施

对于重大作业活动，一般根据不同的风险等级提出接受准则与控制措施，见表2-9。

重大作业活动风险接受准则与控制措施 表2-9

风险等级	接受准则	控制措施	分级控制措施			
等级Ⅰ（低风险）	可忽略	不需采取特别的风险防控措施	日常管理	—	—	—
等级Ⅱ（一般风险）	可接受	需采取风险防控措施，严格日常安全生产管理，加强现场巡视	日常管理	监控预警	专项整治	—
等级Ⅲ（较大风险）	不期望	应采取措施降低风险，将风险至少降低到可接受的程度	日常管理	监控预警	多方面专项整治	应急预案、应急准备
等级Ⅳ（重大风险）	不可接受	应暂停开工或施工；同时采取措施，综合考虑风险成本、工期及规避效果等，按照最优原则，将风险至少降低到可接受的程度，并加强监测和应急准备	日常管理	监控预警	暂停开工或施工、全面整治	应急预案、应急准备

第三节 施工安全风险分级方法

施工安全风险分级方法主要包括 LC 法、LEC 法（作业条件危险性评价法）、专家调查法、指标体系法、检查表法、风险矩阵法等，常用的方法介绍如下。

一、LC 法

根据《公路水路行业安全生产风险辨识评估管控基本规范（试行）》，风险等级大小（D）由风险事件发生的可能性（L）、后果严重程度（C）两个指标决定。

$$D = L \times C \tag{2-3}$$

1. 可能性分级标准

可能性统一划分为 5 个级别，分别是极高、高、中等、低、极低。可能性判断标准见表 2-10。

可能性判断标准 表 2-10

序 号	可能性级别	发生的可能性	取 值 区 间
1	极高	极易	(9,10]
2	高	易	(6,9]
3	中等	可能	(3,6]
4	低	不大可能	(1,3]
5	极低	极不可能	(0,1]

注：1. 可能性指标取值为区间内的整数或最多一位小数。
　　2. 区间符号"[　]"包括"等于"，"（　）"不包括"等于"。

2. 后果严重程度分级标准

后果严重程度统一划分为 4 个级别，分别是特别严重、严重、较严重、不严重。后果严重程度判断标准见表 2-11，后果严重程度等级取值表见表 2-12。

后果严重程度判断标准 表 2-11

后果严重程度	后果严重程度总体判断标准定义
特别严重	1. 人员伤亡：可能发生人员伤亡数量达到国务院《生产安全事故报告和调查处理条例》中特别重大事故伤亡标准； 2. 经济损失：可能发生经济损失达到国务院《生产安全事故报告和调查处理条例》中特别重大事故经济损失标准； 3. 环境污染：可能造成特别重大生态环境灾害或公共卫生事件； 4. 社会影响：可能对国家或区域的社会、经济、外交、军事、政治等产生特别重大影响

续上表

后果严重程度	后果严重程度总体判断标准定义
严重	1. 人员伤亡：可能发生人员伤亡数量达到国务院《生产安全事故报告和调查处理条例》中重大事故伤亡标准； 2. 经济损失：可能发生经济损失达到国务院《生产安全事故报告和调查处理条例》中重大事故经济损失标准； 3. 环境污染：可能造成重大生态环境灾害或公共卫生事件； 4. 社会影响：可能对国家或区域的社会、经济、外交、军事、政治等产生重大影响
较严重	1. 人员伤亡：可能发生人员伤亡数量达到国务院《生产安全事故报告和调查处理条例》中较大事故伤亡标准； 2. 经济损失：可能发生经济损失达到国务院《生产安全事故报告和调查处理条例》中较大事故经济损失标准； 3. 环境污染：可能造成较大生态环境灾害或公共卫生事件； 4. 社会影响：可能对国家或区域的社会、经济、外交、军事、政治等产生较大影响
不严重	1 人员伤亡：可能发生人员伤亡数量达到国务院《生产安全事故报告和调查处理条例》中一般事故伤亡标准； 2 经济损失：可能发生经济损失达到国务院《生产安全事故报告和调查处理条例》中一般事故经济损失标准； 3. 环境污染：可能造成一般生态环境灾害或公共卫生事件； 4. 社会影响：可能对国家或区域的社会、经济、外交、军事、政治等产生较小影响

注：表中同一等级的不同后果之间为"或"关系，即满足条件之一即可。

后果严重程度等级取值　　　　　　　　　　　　　　　　表2-12

后果严重程度等级	后果严重程度取值	后果严重程度等级	后果严重程度取值
特别严重	10	较严重	2
严重	5	不严重	1

3. 风险等级评估标准

风险等级（D）取值区间见表2-13。

风险等级取值区间　　　　　　　　　　　　　　　　　　表2-13

风险等级	风险等级取值区间	风险等级	风险等级取值区间
重大风险（Ⅳ级）	(55,100]	一般风险（Ⅱ级）	(5,20]
较大风险（Ⅲ级）	(20,55]	低风险（Ⅰ级）	(0,5]

注：区间符号"[ ]"包括"等于"，"( )"不包括"等于"。

二、LEC法

LEC法是根据作业人员在具有潜在危险性环境中作业，用与作业风险有关的三种因素指标值的乘积来评价风险的方法。

LEC 法的评价步骤介绍如下:
(1)组成专家组。
(2)对于一个具有潜在危险性的作业条件,确定事故类型,找出影响危险性的主要因素:事故发生的可能性(L);人员暴露于危险环境的频繁程度(E);发生事故可能造成的后果(C)。
(3)由专家组成员按规定标准对 L、E、C 分别评估,取分值集的平均值作为 L、E、C 的计算分值。用计算的危险性分值(D)来评价作业条件的危险性等级。其计算公式为:

$$D = L \times E \times C \tag{2-4}$$

式中:L——事故发生的可能性大小,取值见表 2-14;

E——人员暴露于危险环境的频繁程度,取值见表 2-15;

C——发生事故可能造成的后果,取值见表 2-16;

D——危险性分值,确定危险等级的划分标准见表 2-17。

事故发生的可能性分值 L 表 2-14

分数值	10	6	3	1	0.5	0.2	0.1
事故发生的可能性	完全会被预料到	相当可能	可能,但不经常	完全意外,可能小	可以设想,不太可能	极不可能	实际上不可能

暴露于危险环境的频繁程度分值 E 表 2-15

分数值	10	6	3	2	1	0.5
暴露于危险环境的频繁程度	连续暴露	每天工作时间内暴露	每周一次或偶然暴露	每月暴露一次	每年暴露几次	非常罕见暴露

事故造成的后果分值 C 表 2-16

分数值	100	40	15	7	3	1
事故造成的后果	10 人以上死亡	3 人以上 9 人以下死亡	1 人死亡	严重伤残	有伤残	轻伤,需救护

危险性等级划分标准(D) 表 2-17

危险性分数值	[320,+∞)	[160,320)	[70,160)	[20,70)	(0,20)
危险程度	极度危险,不能继续作业	高度危险,需要整改	显著危险,需要整改	比较危险,需要注意	稍有危险,可以接受
危险等级	5	4	3	2	1

一般情况下,事故发生的可能性越大,风险越大;暴露于危险环境的频繁程度越大,风险越大;事故产生的后果越大,风险越大。运用 LEC 法进行分析时,危险等级为 1~2 级的,可确定为属于可接受的风险;危险等级为 3~5 级的,则确定为属于不可接受的风险。

三、专家调查法

专家调查法,是专家针对工程复杂程度、施工环境、地质条件、气象水文、资料完整性等内容,分别进行风险评估,再综合各专家的评估结果提出评估小组的评估结果。专家类似工作经验,对评估结果的影响极大。考虑到专家所从事的专业不同,为防止对不熟悉的内容评估不合理,一般引入专家信心指数对评估结果进行调整。

所谓信心指数就是专家在作出相应判断时的信心程度,也可以理解为该数据的客观可靠程度。这意味着将由专家自己进行数据的可靠性或客观性评价,这就会大幅提高数据的可用性,也可以扩大数据采集对象的范围。通过这种方法,可以挖掘出专家调研数据的深层信息,即使数据采集对象并非该领域的专家,只要他对所作出的判断能够有一个正确的评价,那么这个数据就应该视为有效信息。

根据表2-18,每位专家分别对每个项别给出专家信心指数(W_i),按公式(2-5)计算出每位专家的评估结果(D_r),将D_r累加再除以专家总数得出平均值($\overline{D}_r$),作为评估小组的评估结果,按表2-19划分施工安全风险等级。

$$D_r = \frac{\sum(W_i \times R_i)}{\sum W_i} \quad (2-5)$$

式中:R_i——每个项别的风险等级评估分值(1~4);

W_i——每个项别的专家信心指数;

D_r——每位专家的评估结果。

专家信心指数　　　　　　　　　　　　　　　表2-18

信心描述	对评估内容非常熟悉,对评估结果很有信心	对评估内容比较熟悉,对评估结果比较有信心	对评估内容有一定了解,对评估结果有一定信心	对评估内容不太了解,对评估结果基本没把握
专家信心指数	0.9~1	0.7~0.9	0.4~0.7	0.1~0.4

确定风险等级　　　　　　　　　　　　　　　表2-19

$\overline{D}_r$值区间	风险等级	$\overline{D}_r$值区间	风险等级
$\overline{D}_r \geq 3.5$	重大风险(Ⅳ)	$2.5 > \overline{D}_r \geq 1.5$	一般风险(Ⅱ)
$3.5 > \overline{D}_r \geq 2.5$	较大风险(Ⅲ)	$\overline{D}_r < 1.5$	低风险(Ⅰ)

四、指标体系法

指标体系法选取指标一般遵循以下原则:

(1)科学性。指标能客观和真实地反映施工安全风险的大小。

(2)层次性。对于复杂的评估问题,采用分层处理的方法不仅结构清晰,易于理解和分析,而且逻辑性和科学性强。因此,评估指标构建时应进行层次性分解。

(3)全面性。选取的指标尽可能涵盖影响施工安全风险的各个方面,重要指标没有遗漏。

(4)代表性。指标便于定性描述和定量分级。

(5)独立性。各指标之间相互独立,保证同一指标因素不会重复计算。

评估小组根据影响施工安全风险的主要因素,将其分为多个项别,对每个项别细分提出若干评估指标,并确定指标的分级区间及对应的基本分值范围,从而建立评估指标体系。

评估指标取值首先由评估小组根据工程实际情况和指标分级情况,确定指标所在的分级区间,在分级区间的分值范围内,采用插值法等方法,集体讨论确定指标的分值。在确定指标所在的分级区间时,遵循最不利原则,越不利的情况取值越大。

权重系数反映了评估指标对风险影响的程度,目前还没有一种方法能准确确定其数值。权重系数可综合运用多种方法进行确定,如重要性排序法、层次分析法、复杂度分析法等,必要时可采用多种方法确定权重并进行比对。

重要性排序法是目前确定权重方法中最简单又相对科学的一种方法。重要性排序法是对评估指标按重要性排序(即确定指标权重的过程),视相邻指标权重系数差值相同,具有一定的合理性和科学性。采用重要性排序法,可根据表2-20选取权重系数进行简化处理。当出现两个或多个指标重要性相同时,则其指标权重可根据表2-20确立的权重系数进行均等化处理。

重要性排序法权重系数 表2-20

指标项目数量	权重系数	第1项	第2项	第3项	第4项	第5项	第6项	第7项	第8项	第9项	第10项	第11项	第12项	第13项	总权重
第1项	γ	1.00													$\sum \gamma = 1$
第2项	γ	0.75	0.25												$\sum \gamma = 1$
第3项	γ	0.56	0.33	0.11											$\sum \gamma = 1$
第4项	γ	0.44	0.31	0.19	0.06										$\sum \gamma = 1$
第5项	γ	0.36	0.28	0.20	0.11	0.05									$\sum \gamma = 1$
第6项	γ	0.31	0.25	0.19	0.14	0.08	0.03								$\sum \gamma = 1$
第7项	γ	0.27	0.22	0.18	0.14	0.10	0.06	0.03							$\sum \gamma = 1$
第8项	γ	0.23	0.20	0.17	0.14	0.11	0.08	0.05	0.02						$\sum \gamma = 1$
第9项	γ	0.21	0.19	0.16	0.14	0.11	0.09	0.06	0.03	0.01					$\sum \gamma = 1$
第10项	γ	0.19	0.17	0.15	0.13	0.11	0.09	0.07	0.05	0.03	0.01				$\sum \gamma = 1$
第11项	γ	0.17	0.16	0.14	0.13	0.11	0.09	0.07	0.06	0.04	0.03	0.01			$\sum \gamma = 1$
第12项	γ	0.16	0.15	0.13	0.12	0.11	0.09	0.08	0.06	0.05	0.03	0.02	0.01		$\sum \gamma = 1$
第13项	γ	0.15	0.14	0.12	0.11	0.10	0.09	0.08	0.06	0.05	0.04	0.03	0.02	0.01	$\sum \gamma = 1$

在采用重要性排序法确定权重系数时,评估小组通过工程类比分析,集体讨论等方式,结合工程实际情况,合理选取或补充评估指标并对其重要性进行排序。评估指标个数的选取一般不超过13个。

评估小组集体讨论确定并标识出重要性指标,重要性指标包括权重大、对施工安全风险影响不能忽略的指标,指标取值变化会对评估结果影响大的敏感指标,若干指标组合后对风险影响大的指标等。

第三章 港口工程常见施工作业程序分解

港口工程主要包括高桩码头（含装配式）、重力式码头、板桩码头等三种主要的码头工程，及防波堤与护岸工程、大临工程（围堰与临时作业平台）等。本章第一节至第五节分别列出了高桩码头工程、重力式码头工程、板桩码头工程、防波堤与护岸工程、大临工程的施工作业程序分解表。

第一节 高桩码头工程施工作业程序分解

表3-1列出了常见的高桩码头工程施工作业程序分解。

高桩码头工程施工作业程序分解　　　　　　　　　　　　　表3-1

分部工程	分项工程（作业环节）	施 工 工 序
基槽及岸坡开挖	水下岸坡开挖	设置水尺→原泥面测量→挖泥船定位/校对定位系统→分条分层开挖→岸坡开挖高程测量→核对土质→验收
	陆上岸坡开挖	陆上基槽开挖
桩基与墩台工程	预应力高强混凝土管桩（PHC桩或大管桩）制作	工厂化生产
	钢管桩制作	工厂化生产
	陆上沉桩	沉桩场地整平→桩位放样→桩机就位、对中、整平→起桩，稳桩并检查垂直度→锤击沉桩→沉桩完毕、检查验收→桩机移动至下一桩位继续施工
	构件水上起吊、运输	构件水上起吊、运输
	水上沉桩	运桩驳就位→桩船移位吊桩→立桩入龙口（接桩）→测量定位、扭角、垂直度→下桩、压锤→沉桩、高程贯入度观测→起锤退船→验收
	夹桩	用夹桩方木或抱箍夹桩→将所沉桩通过型钢纵横向固定
	灌注桩施工平台与桩机就位	灌注施工平台与桩机架设
	护筒施工	护筒安装一般应采用施工平台上起重机配合振动锤进行埋设施工或水上打桩船先打入施工
	钻孔、清渣	钻孔、清渣
	钢筋笼制作安装	钢筋笼制作安装
	混凝土灌注	混凝土灌注
	桩头处理	截桩平台搭设→剥除桩头钢筋保护层→钢筋或预应力筋割除→桩头吊除→桩头顶面修整→平台拆除
	墩台或桩帽施工	墩台或桩帽施工

续上表

分部工程	分项工程(作业环节)	施 工 工 序
上部结构施工	预制构件	预制构件
	钢引桥、钢梁制作	施工准备→材料进厂检验→杆、构件下料→杆、构件制作→整体组装焊接及焊缝探伤→除锈防腐→编号→运输、存放、吊装拼装→二次找补防腐→验收
	构件水上运输	构件水上运输
	构件安装	水上吊装、架桥机安装
	钢筋绑扎与装设	钢筋绑扎与装设
	模板架设与拆除	模板架设与拆除
	混凝土浇筑	搅拌船、陆上泵送、吊罐或其他
轨道、停靠船与防护设施	轨道安装	轨道安装
	铁栏杆、系船柱安装	铁栏杆、系船柱安装
	护舷、爬梯安装	施工准备→测量放线→橡胶护舷、爬梯安装
	护轮坎施工	护轮坎施工
护桩填抛	块石运输	块石运输
	块石填抛	块石备料装船→定位船定位→抛石船靠定位船抛石→抛石船返回码头装船→定位船移船重新定位→验收
接岸结构与回填	地基处理	砂垫层、塑料排水板、砂桩、碎石桩、搅拌桩、抛石基床
	现浇或砌石挡土墙施工	施工放样→挖基→基底验收→模板安装→挡墙浇(砌)筑→挡墙检验→填方施工
	打入式挡土墙施工	打入式挡土墙施工
	岸坡施工	岸坡抛石→块石护底→块石护面、人工块体护面
装配式上部结构	大型构件预制	钢筋运输、绑扎→模板吊安、拆除→大型构件厂内吊运、堆放
	大型构件运输	大型构件运输
	大型构件安装	下部构件桩芯型钢预埋施工→下部构件安装→上部构件安装
	节点连接施工	横梁空腔节点施工→现浇上横梁节点施工

第二节　重力式码头工程施工作业程序分解

表3-2列出了常见的重力式码头工程施工作业程序分解。

重力式码头工程施工作业程序分解　　　　　　　　表3-2

分部工程	分项工程(作业环节)	施 工 工 序
基础与换填地基	水下基槽开挖	施工准备→设置水尺→原泥面测量→挖泥船定位/校对定位系统→基槽开挖核对土质→验槽

续上表

分部工程	分项工程(作业环节)	施工工序
基础与换填地基	水下爆破	施工准备→炸礁船定位→钻孔→孔深检查→装药/检测→连线→总药量检查→移船/警戒→起爆→盲炮检查确认→清礁
	基床抛石	测量标志设立→定位船定位→抛石→打水检测→补抛→下层夯实/上层抛石(下一循环)
	基床夯实	施工准备→测量放线→基床粗平→夯船定位→初夯→复夯→验收
	基床整平	施工准备→测量放样→粗平→导轨、刮道安装→细平→验收
墙身	方块构件预制	方块构件预制
	方块吊运	方块吊运
	方块安装	方块安装
	沉箱预制	作业线开挖→底模基础处理→底模铺设→底层钢筋绑扎→安装底外模→安装芯模→验收/混凝土浇筑→拆除底层模板/养护→安装内钢筋绑扎架→安装外平台、外钢筋绑扎架→钢筋绑扎→拆除钢筋绑扎架→安装内芯模→安装外模→浇筑混凝土→拆除模板→下一循环→拆除模板→养护→构件出运
	沉箱气囊出运	底模冲砂、打磨边角→穿入气囊、充气顶升(穿入气囊、充气顶升、抽出底模工字钢)→沉箱横移(搭接牵引和溜尾钢丝绳索)→支垫枕木→抽横移气囊、放纵移气囊→气囊充气、抽出支垫枕木→沉箱纵移→支垫枕木→搭接溜尾钢丝绳索→上船准备工作→搭接、离驳潮水符合要求→沉箱上浮船坞→枕木支垫、抽出气囊→沉箱出运完成
	沉箱台车出运	轨道槽清理→台车组装及放入轨道槽→沉箱顶升(水囊或千斤顶)→台车移动(卷扬机牵引、液压顶推或电动牵引)→上船准备工作→搭接、离驳潮水符合要求→沉箱上浮船坞或半潜驳→固定台车→沉箱出运完成
	沉箱水上拖运、浮运	拖航前的准备(气象及拖运航线的选择,沉箱稳定计算,拖力计算,拖轮及缆绳的选用,拖轮和沉箱上号灯的安装,拖轮船队的组建)→压载封仓→拖航到安装现场→拆除号灯及封仓盖→安装
	沉箱安装(浮船坞或半潜驳)	施工准备→浮船坞或半潜驳运输沉箱在下潜坑位置定位→工作船或起重船就位→浮船坞或半潜驳下潜至指定深度/沉箱内同步灌水至预定水位→沉箱助浮、出驳→浮船坞或半潜驳起浮离场→沉箱安装定位→沉箱注水下沉→精准定位→沉箱坐落基床→检查沉箱安装质量→合格/不合格(合格,完成;不合格,抽水上浮,重新定位安放)
	沉箱吊运安装	沉箱吊运安装

续上表

分部工程	分项工程(作业环节)	施 工 工 序
墙身	沉箱海上临时存放	沉箱海上临时存放点的选定(收集水文地质资料并分析)→软弱海床应进行基础处理→沉箱稳定计算→沉箱运输到存放点→沉放就位→注水压载→设置警示标志→定期观测
	扶壁构件预制	扶壁构件预制
	扶壁吊运	扶壁吊运
	扶壁安装	扶壁安装
	箱格内回填	沉箱四个角立标→回填料运至现场→各箱格同步回填(片块石用反铲配合、碎石及砂用皮带船各仓同步均匀回填)
上部结构施工	现浇胸墙	施工准备→测量放线→钢筋绑扎→模板安装→预埋件安装→混凝土浇筑→拆模→养护
	预制构件	预制构件
	构件安装	构件安装
后方回填及面层施工	抛石棱体施工	块石备料装船→定位船定位→抛石船靠定位船抛石→抛石船返回码头装船→定位船移船重新定位→验收
端头护岸施工	基槽与岸坡开挖	基槽与岸坡开挖
	护面	护面
轨道、停靠船与防护设施	轨道安装	轨道安装
	铁栏杆、系船柱安装	铁栏杆、系船柱安装
	护舷、爬梯安装	施工准备→测量放线→橡胶护舷、爬梯安装
	护轮坎施工	护轮坎施工

第三节　板桩码头工程施工作业程序分解

表3-3列出了常见的板桩码头工程施工作业程序分解。

板桩码头工程施工作业程序分解　　　　　表3-3

分部工程	分项工程(作业环节)	施 工 工 序
基槽与岸坡开挖	水下岸坡开挖	设置水尺→原泥面测量→挖泥船定位/校对定位系统→分条分层开挖→岸坡开挖高程测量、核对土质→验收
	陆上岸坡开挖	陆上岸坡开挖
地基处理	地基处理	强夯、碎石桩、砂桩、塑料排水板、水泥搅拌站
前墙结构	预制构件(混凝土板桩,钢板桩加工)	预制构件(混凝土板桩、钢板桩加工),工厂化生产

续上表

分部工程	分项工程(作业环节)	施工工序
前墙结构	板桩沉桩	陆上沉桩：沉桩场地整平→桩位放样→桩机就位、对中、整平→起桩、稳桩并检查垂直度→沉桩→沉桩完毕、检查验收→桩机移动至下一桩位继续施工。 水上沉桩：运桩方驳就位→桩船移船吊桩→移船粗定位→调整桩架斜度→移船细定位→沉桩→沉桩完毕、检查验收→桩船移动至下一桩位继续施工
前墙结构	地下连续墙	导墙制作→泥浆制备→成槽施工→清槽除砂→钢筋笼制作、起吊、下放→安放锁口管→混凝土灌注→拔出锁口管→下一槽段施工
前墙结构	遮帘桩	导墙制作→泥浆制备→成槽施工→清槽除砂→钢筋笼制作、起吊、下放→混凝土灌注→下一槽段施工
上部结构	基坑开挖	胸墙与后锚碇结构导梁结构之间土方开挖
上部结构	胸墙	地连墙桩头凿除→浇筑垫层→钢筋制作、绑扎→模板支设→混凝土浇筑→养护
上部结构	遮帘桩导梁	遮帘桩桩头凿除→浇筑垫层→钢筋制作、绑扎→模板支设→混凝土浇筑→养护
上部结构	锚碇墙导梁	锚碇墙桩头凿除→浇筑垫层→钢筋制作、绑扎→模板支设→混凝土浇筑→养护
锚碇结构与拉杆	锚碇墙	导墙制作→泥浆制备→成槽施工→清槽除砂→钢筋笼制作、起吊、下放→混凝土灌注→下一槽段施工
锚碇结构与拉杆	灌注桩	埋设护筒→泥浆制备→成孔施工→清孔→钢筋笼制作、起吊、下放→混凝土灌注
锚碇结构与拉杆	拉杆制作与安装	拉杆加工→拉杆安装→包裹防腐材料→施工保护体
回填与面层	倒滤层	倒滤层
回填与面层	土方回填	土方回填
回填与面层	地基处理	碎石振冲桩、砂桩
回填与面层	基底整平与碾压	基底整平与碾压
回填与面层	垫层与基层	垫层与基层
回填与面层	面层	面层
轨道梁与轨道安装	现浇轨道梁	施工准备→测量放线→钢筋绑扎→模板安装→预埋件安装→混凝土浇筑→拆模→养护
轨道梁与轨道安装	轨道安装(含车挡与地锚)	轨道安装、车挡与地锚
停靠船与防护设施	系船柱	系船柱
停靠船与防护设施	护舷、爬梯安装	施工准备→测量放线→橡胶护舷、爬梯安装
停靠船与防护设施	护轮坎	护轮坎
停靠船与防护设施	堤头灯	堤头灯
码头前沿挖泥	码头前沿挖泥	码头前沿挖泥

第四节 防波堤与护岸工程施工作业程序分解

表3-4列出了常见的防波堤与护岸工程施工作业程序分解。

防波堤与护岸工程施工作业程序分解　　　　　　表3-4

分部工程	分项工程(作业环节)	施 工 工 序
基础工程	水下基槽开挖	水下基槽开挖
	水下抛砂	水下抛砂
	水下基床抛石	测量标志设立→定位船定位→抛石→打水检测→补抛→下层夯实/上层抛石(下一循环)
	水下基床夯实	测量放线→基床粗平→夯船定位→初夯→复夯→验收
	水下基床整平	测量放样→定位→安放导轨→粗平→复测导轨→细平→验收
	陆上或水下地基加固	陆上或水下地基加固
堤身工程	沉箱预制	作业线开挖→底模基础处理→底模铺设→底层钢筋绑扎→安装底外模→安装芯模→验收/混凝土浇筑→拆除底层模板/养护→安装内钢筋绑扎架→安装外平台、外钢筋绑扎架→钢筋绑扎→拆除钢筋绑扎架→安装内芯模→安装外模→浇筑混凝土→拆除模板→下一循环→拆除模板→养护→构件出运
	沉箱气囊出运	底模冲砂、打磨边角→穿入气囊、充气顶升(穿入气囊、充气顶升、抽出底模工字钢)→沉箱横移(搭接牵引和溜尾钢丝绳索)→支垫枕木→抽横移气囊、放纵移气囊→气囊充气、抽出支垫枕木→沉箱纵移→支垫枕木→搭接溜尾钢丝绳索→上船准备工作→搭接、离驳潮水符合要求→沉箱上浮船坞→枕木支垫、抽出气囊→沉箱出运完成
	沉箱台车出运	轨道槽清理→台车组装及放入轨道槽→沉箱顶升(水囊或千斤顶)→台车移动(卷扬机牵引、液压顶推或电动牵引)→上船准备工作→搭接、离驳潮水符合要求→沉箱上浮船坞或半潜驳→固定台车→沉箱出运完成
	沉箱水上拖运、浮运	拖航前的准备(气象及拖运航线的选择,沉箱稳定计算,拖力计算,拖轮及缆绳的选用,拖轮和沉箱上号灯的安装,拖轮船队的组建)→压载封仓→拖航到安装现场→拆除号灯及封仓盖→安装
	沉箱安装(浮船坞或半潜驳)	施工准备→浮船坞或半潜驳运输沉箱在下潜坑位置定位→工作船或起重船就位→浮船坞或半潜驳下潜至指定深度/沉箱内同步灌水至预定水位→沉箱助浮→出驳→浮船坞或半潜驳起浮离场→沉箱安装定位→沉箱注水下沉→精准定位→沉箱坐落基床→检查沉箱安装质量→合格/不合格(合格,完成;不合格,抽水上浮,重新定位安放)

续上表

分部工程	分项工程(作业环节)	施工工序
堤身工程	沉箱吊运安装	施工准备→沉箱水平移动至出运码头前沿→起重船拖往出运码头就位→起重船带缆、挂钩、稳定后沉箱吊运出海→起重船拖往安装位置→沉箱安装定位→沉箱注水下沉→精准定位→沉箱坐落基床→检查沉箱安装质量→合格/不合格(合格,完成;不合格,抽水上浮,重新定位安放)
	水下爆炸挤淤抛石	水下爆炸挤淤抛石
	堤心石抛石	堤心石抛石
	土工织物充填袋筑堤	土工织物充填袋筑堤
	理坡	堤身各层规格石抛理施工采用"先外侧,后内侧""先水下,后水上"的原则,实行多断面多点施工
护面工程	护面块体预制	护面块体预制
	护面块体安放	采用"先外侧,后内侧""先水下,后水上"的原则
上部结构	现浇混凝土结构	施工准备→测量放线→钢筋绑扎→模板安装→预埋件安装→混凝土浇筑→拆模→养护
	浆砌块石	施工准备→测量放样→挂线分皮坐浆卧砌→空隙堵塞砂浆→碎石嵌实→上下皮互相错缝、内外交错搭砌→验收
桶式防波堤基础工程	基槽开挖	施工准备→挖泥船定位→挖泥施工→抛泥区抛泥→浚后测量→验收
	钙质结核物处理	施工准备→钙质结核物处理船定位→振动沉管→移船至下一桩位施工→验收
	砂桩加固	施工准备→测量放线→砂桩船就位→测量定位→沉管→停锤→灌砂→拔管→验收
桶式防波堤堤身工程	桶体预制	施工准备→测量放线→底胎膜铺设→绑扎下桶一层钢筋→安装下桶一层模板→浇筑下桶一层混凝土→拆除下桶一层模板→绑扎下桶二层钢筋→安装下桶二层模板→浇筑下桶二层混凝土→拆除下桶二层模板→安装叠合板和盖板模板→绑扎盖板钢筋→浇筑盖板混凝土→吊装上桶钢筋笼→安装上桶一层模板→浇筑上桶一层混凝土→安装上桶二层模板→浇筑上桶二层混凝土→上桶模板拆除→混凝土养护
	桶体搬运及上船	搬运准备→现场清理→台车就位→移动桶体至码头出运台座上→移出小车→托盘就位→穿入气囊→气囊充气→锚机牵引纵向移动→桶体上船就位→气囊抽出→托运半潜驳至现场
	桶体运输及安装	钙核处理→桶体上船→驳运桶体至下潜坑就位→起重船就位→连接拖拽缆绳及后溜缆绳→半潜驳下潜→第一阶段下潜→排出气体→关闭排水、排气阀门→第二阶段下潜→连接充气管道→浇桶体气浮、调平→桶体出驳→后溜驳带缆→托运桶体→定位驳带缆→解除后溜缆绳→移动桶体初定位→桶体精确定位→桶体排气下沉→桶体排水、负压下沉→桶体安装结束

第五节 大临工程施工作业程序分解

表3-5列出了大临工程施工作业程序分解。

大临工程施工作业程序分解 　　　　表3-5

分部工程	分项工程(作业环节)	施 工 工 序
围堰	土石围堰	土石围堰
	钢板桩围堰	钢板桩围堰
	围堰拆除	围堰拆除
临时作业平台	临时码头搭设	钢管桩打设→承重梁安装→面板安装→附属
	施工便桥搭设	钢管桩打设→承重梁安装→面板安装→附属
	临时作业平台拆除	临时作业平台拆除

第四章 港口工程施工的典型风险事件类型

表 4-1～表 4-5 分别为高桩码头工程、重力式码头工程、板桩码头工程、防波堤与护岸工程、大临工程评估单元与典型风险事件类型对照表。

第一节 高桩码头工程施工的典型风险事件类型

表 4-1 列出了高桩码头工程施工的典型风险事件类型。

高桩码头工程施工的典型风险事件类型　　　　表 4-1

分部工程	评估单元	淹溺	物体打击	触电	坍塌	机械伤害	起重伤害	车船伤害	爆炸	高处坠落	火灾	滑桩	滑坡
基槽及岸坡开挖	水下岸坡开挖	√			√	√		√					√
	陆上岸坡开挖	√			√	√		√					
桩基与墩台工程	预应力高强混凝土管桩（PHC桩或大管桩制作）制作			√		√	√						
	钢管桩制作			√		√	√		√		√		
	陆上沉桩		√			√	√						
	构件水上起吊、运输	√	√				√	√					
	水上沉桩	√	√	√	√	√	√	√			√	√	√
	夹桩	√	√				√						
	灌注桩施工平台与桩机就位	√	√	√	√	√	√			√			√
	护筒施工	√	√	√	√	√	√					√	√
	钻孔、清渣			√	√	√							
	钢筋笼制作安装		√	√		√	√	√					
	混凝土灌注		√	√	√	√	√						
	桩头处理	√	√	√	√	√	√			√			
	墩台或桩帽施工	√	√	√	√	√	√			√			
上部结构施工	预制构件			√		√	√						
	钢引桥、钢梁制作		√	√		√	√		√		√		
	构件水上运输	√	√				√	√					
	构件安装	√	√			√	√			√			

续上表

分部工程	评估单元	淹溺	物体打击	触电	坍塌	机械伤害	起重伤害	车船伤害	爆炸	高处坠落	火灾	滑桩	滑坡
上部结构施工	钢筋绑扎与装设	√	√	√		√	√			√			
	模板架设与拆除	√	√	√	√		√			√			
	混凝土浇筑	√	√	√	√	√		√		√			
轨道、停靠船与防护设施	轨道安装		√	√		√	√	√					
	铁栏杆、系船柱安装	√		√		√	√			√			
	护舷、爬梯安装	√	√			√	√			√			
	护轮坎施工	√		√		√				√			
护桩填抛	块石运输	√						√					
	块石填抛	√	√			√		√					
接岸结构与回填	地基处理	√	√	√	√	√		√					
	现浇或砌石挡土墙施工	√	√	√		√	√			√			√
	打入式挡土墙施工	√	√	√		√	√						√
	岸坡施工	√	√			√	√						√
装配式上部结构	大型构件预制		√	√		√				√			
	大型构件运输	√	√				√	√					
	大型构件安装	√	√				√			√			
	节点连接施工	√								√			

注:"√"表示可能发生该风险事件。

第二节 重力式码头工程施工的典型风险事件类型

表4-2列出了重力式码头工程施工的典型风险事件类型。

重力式码头工程施工的典型风险事件类型　　表4-2

分部工程	评估单元	淹溺	物体打击	触电	坍塌	机械伤害	起重伤害	车船伤害	爆炸	高处坠落
基础与换填地基	基槽开挖	√			√	√		√		
	水下爆破	√			√			√	√	
	基床抛石	√	√			√		√		
	基床夯实	√				√	√			
	基床整平	√	√			√	√			
墙身	方块构件预制			√	√	√				√
	方块吊运	√	√				√			
	方块安装	√	√			√	√			

续上表

分部工程	评估单元	淹溺	物体打击	触电	坍塌	机械伤害	起重伤害	车船伤害	爆炸	高处坠落
墙身	沉箱预制		√	√		√	√	√		√
	沉箱气囊出运		√	√		√		√	√	
	沉箱台车出运		√	√		√	√			
	沉箱水上拖运、浮运	√				√				
	沉箱安装(浮船坞或半潜驳)	√	√			√	√	√		√
	沉箱吊运安装	√	√			√	√			√
	沉箱海上临时存放	√								
	扶壁构件预制		√	√		√	√			√
	扶壁吊运		√			√	√			√
	扶壁安装	√	√			√	√			√
	箱格内回填		√			√				
上部结构施工	现浇胸墙	√		√	√	√	√			√
	预制构件		√	√		√	√			√
	构件安装	√	√			√	√			√
后方回填及面层施工	抛石棱体施工	√	√			√		√		
端头护岸施工	基槽与岸坡开挖	√			√	√				
	护面									
轨道、停靠船与防护设施	轨道安装		√	√		√	√			
	铁栏杆、系船柱安装	√		√		√				√
	护舷、爬梯安装	√	√			√				√
	护轮坎施工	√		√		√			√	√

注:"√"表示可能发生该风险事件。

第三节 板桩码头工程施工的典型风险事件类型

表4-3列出了板桩码头泊位工程(板桩)施工的典型风险事件类型。

板桩码头工程施工的典型风险事件类型　　　　表4-3

分部工程	评估单元	淹溺	物体打击	触电	坍塌	机械伤害	起重伤害	车船伤害	爆炸	高处坠落	火灾	滑桩	滑坡
基槽及岸坡开挖	水下岸坡开挖	√			√	√		√					√
	陆上岸坡开挖	√			√	√		√					

续上表

分部工程	评估单元	淹溺	物体打击	触电	坍塌	机械伤害	起重伤害	车船伤害	爆炸	高处坠落	火灾	滑桩	滑坡
地基处理	地基处理	√	√	√	√		√						
前墙结构	预制构件（混凝土板桩、钢板桩加工）		√	√		√	√	√			√		
	板桩沉桩	√	√			√	√	√		√		√	√
	地下连续墙	√		√	√	√	√	√					√
	遮帘桩		√	√	√	√	√	√		√		√	
上部结构	基坑开挖				√	√							
	胸墙	√		√		√	√			√			
	遮帘桩导梁		√			√	√	√					
	锚碇墙导梁		√			√	√	√		√			
锚碇结构与拉杆	锚碇墙		√	√		√	√	√					
	灌注桩	√	√	√	√	√	√	√					
	拉杆制作与安装		√			√	√						
回填与面层	倒滤层					√	√						
	土方回填					√	√						√
	地基处理		√	√	√	√							
	基底整平与碾压					√							
	垫层与基层					√							
	面层			√		√	√						
轨道梁与轨道安装	现浇轨道梁		√		√	√	√	√					
	轨道安装（含车挡与地锚）		√	√		√	√						
停靠船与防护设施	系船柱	√				√	√			√			
	护舷、爬梯安装	√	√			√	√			√			
	护轮坎	√		√		√	√						
	堤头灯					√	√			√			
码头前沿挖泥	码头前沿挖泥	√			√		√			√			√

注："√"表示可能发生该风险事件。

第四节 防波堤与护岸工程施工的典型风险事件类型

表4-4列出了防波堤与护岸工程施工的典型风险事件类型。

防波堤与护岸工程施工的典型风险事件类型　　　　表4-4

分部工程	评估单元	淹溺	物体打击	触电	坍塌	机械伤害	起重伤害	车船伤害	爆炸	高处坠落	火灾
基础工程	水下基槽开挖	√			√	√		√			
	水下抛砂	√						√			
	水下基床抛石	√	√			√		√			
	水下基床夯实	√				√	√	√			
	水下基床整平	√	√			√		√			
	陆上或水下地基加固	√		√	√	√		√			
堤身工程	沉箱预制		√	√		√	√			√	
	沉箱气囊出运		√	√		√	√	√	√		
	沉箱台车出运		√	√		√	√	√			
	沉箱水上拖运、浮运	√				√		√			
	沉箱安装（浮船坞或半潜驳）	√	√			√	√	√		√	
	沉箱吊运安装	√	√			√	√	√			
	水下爆炸挤淤抛石	√			√	√		√	√		√
	堤心石抛石	√			√	√		√			
	土工织物充填袋筑堤	√				√					
	理坡	√			√						
护面工程	护面块体预制		√	√		√				√	
	护面块体安放	√	√		√	√					
上部结构	现浇混凝土结构	√		√	√	√				√	
	浆砌块石	√	√		√	√				√	
桶式防波堤基础工程	基槽开挖	√			√	√		√			
	钙质结核物处理		√	√		√					
	砂桩加固					√					
桶式防波堤堤身工程	桶体预制		√	√		√	√			√	
	桶体搬运及上船	√				√	√				
	桶体运输及安装	√				√	√			√	

注："√"表示可能发生该风险事件。

第五节 大临工程施工的典型风险事件类型

表 4-5 给出了大临工程施工的典型风险事件类型。

大临工程施工的典型风险事件类型　　　　　　表 4-5

分部工程	评估单元	淹溺	物体打击	触电	坍塌	机械伤害	起重伤害	车船伤害	火灾	高处坠落	坑底浸水	滑桩	滑坡
围堰	土石围堰	√	√		√	√		√		√	√		√
	钢板桩围堰	√	√	√	√	√	√	√			√	√	√
	围堰拆除	√	√	√	√	√	√	√	√	√			
临时作业平台	临时码头搭设	√	√	√	√	√	√	√	√	√		√	
	施工便桥搭设	√	√	√	√	√	√	√	√	√		√	
	临时作业平台拆除	√	√	√	√	√	√	√	√	√			

注:"√"表示可能发生该风险事件。

第五章 港口工程施工的主要安全风险分析

第一节 高桩码头工程施工的主要安全风险分析

高桩码头工程施工主要涉及基槽及基岸坡开挖,桩基与墩台工程,上部结构施工,轨道,上部结构与回填,装配式上部结构施工等施工内容;典型风险事件主要有淹溺、物体打击、触电、坍塌、施工船舶、附近通航船舶、爆炸、高处坠落、火灾、滑桩、滑坡等;致害物主要包含了运输车辆、水体、施工船舶、附近通航船舶、履带式起重机、汽车起重机等起重设备,不稳定土体、结构物、砌体等。风险事件的发生常常是因为人的因素、物的因素、环境因素、管理因素的管理、维护、设置等不到位应而导致,具体风险分析见表 5-1。

高桩码头工程施工的主要安全风险分析

表 5-1

分部工程	施工作业内容	典型风险事件	致害物	致险因素			风险事件后果类型			
				人的因素	物的因素	环境因素	管理因素	受伤人员类型 || 人员伤亡		
								本人	他人	轻伤	重伤	死亡
基槽及岸坡开挖	水下岸坡开挖	淹溺	水体	1.作业人员安全防护意识差; 2.违章操作; 3.未正确佩戴劳动防护品; 4.作业人员疲劳作业	水上作业未设置安全防护设施	风力超过 6 级、雨雾天气、夜间照明不良等条件下进行作业	1.交底培训不到位; 2.现场监督检查不到位	√			√	√

— 34 —

第五章 港口工程施工的主要安全风险分析

续上表

分部工程	施工作业内容	典型风险事件	致害物	致险因素				风险事件后果类型				
				人的因素	物的因素	环境因素	管理因素	受伤人员类型		人员伤亡		
								本人	他人	轻伤	重伤	死亡
基槽及岸坡开挖	水下岸坡开挖	坍塌	不稳定土体、砌体、结构物等	1.管理人员违章指挥、强令冒险作业（防护、放坡不及时）；2.人员心理异常、侥幸冒险心理等；3.作业人员操作错误；4.有违章作业、违反劳动纪律的行为（管理人员脱岗）	1.无警示信号或信号不清（紧急撤离信号）；2.现场无警示标识或标识破损（警戒区、标牌、反光锥等）；3.截排水设施维护不完善；4.防护形式错/防护材料不合格（材料强度不足等）；5.基坑边沿停放重型机械或堆放渣土	1.存在滑坡、偏压等不良地质；2.作业场地照明不足；3.强风、暴雨、大雪等不良天气	1.施工方案不完善或未落实（掏底开挖或上下重叠开挖，开挖完后未及时施工防护及排水）；2.安全教育、培训、交底或安全检查制度未落实；3.安投入不足		√	√	√	
		机械伤害	挖掘机等机械设备	1.人员违章进入危险区域；2.管理人员违章指挥；3.机械操作人员操作错误，违章作业(酒后作业)。4.操作人员身体健康状况异常、心理异常，感知异常（反应迟钝、辨识错误）；5.现场作业人员未正确使用安全防护用品（反光背心、安全帽等）；6.机械操作人员疲劳作业	1.现场无警示标识或标识破损（警戒区、标牌、反光贴等）；2.设备设施安全作业距离不足，设备设施"带病"作业，设备失效，运动或转动部位无防护或防护装置有缺陷等）；3.安全防护用品不合格（反光背心、安全帽、护目镜等）	1.强风、暴雨、大雾等不良天气；2.作业场地狭窄不平整、湿滑；3.夜间施工照明不足	1.机械设备安全管理制度不完善或未落实（检查维护保养不到位）；2.未对机械设备进行进场验收或验收不到位；3.安全教育、培训、交底、检查制度未落实，机械设备操作规程不规范或未落实；4.安全投入不足	√	√	√	√	

— 35 —

续上表

分部工程	施工作业内容	典型风险事件	致害物	致险因素			风险人员类型		风险事件后果类型		
				人的因素	物的因素	环境因素	管理因素	受伤人员类型		人员伤亡		
								本人	他人	轻伤	重伤	死亡
				1.不当操作造成车辆安全装置失效，人员冒险进入危险场所（车辆倒车盲区）； 2.车辆冒险进入边坡临边位置，有分散注意力的行为； 3.施工人员着不安全装束； 4.现场指挥、警戒不当； 5.管理人员违章指挥，强令人员冒险作业（进入驾驶人员视野盲区等）； 6.驾驶人员未持有效证件上岗，违章作业（违规载人，酒后驾驶，超速、超限，超载等）； 7.驾驶人员身体健康状况异常（反应迟钝，感知异常）、心理异常、辨识错误； 8.驾驶人员疲劳作业，现场使用安全防护用品不正确（反光背心、安全帽等）	1.运输车辆未经检验或有缺陷； 2.施工场地环境不良（如照明不佳、场地湿滑等）； 3.个人防护用品用具缺少或有缺陷； 4.安全警示标志、护栏等装置缺乏或人员无上岗资格证； 5.运输道路承载力不足； 6.现场无警示标识或标识破损、警戒区、标牌（反光锥，反光贴等）； 7.车辆带"病"作业（制动装置、喇叭、后视镜、警示灯等设施有缺陷）； 8.车辆作业安全距离不足	1.场地受限； 2.道路不符合要求； 3.大风，暴雨，低温等恶劣天气（不利于混凝土提升强度）； 4.不稳定坡体	1.技术上的缺陷； 2.操作者生理、心理上的缺陷； 3.教育、交底不到位，有缺陷； 4.管理工作上的缺陷； 5.未对车辆设备、安全防护用品等进行进场验收或验收不到位； 6.车辆安全管理制度不完善或落实（检查维护保养不到位）； 7.安全操作规程不规范或未落实（作业前未对车辆周围环境进行检查）					
基槽及岸坡开挖	水下岸坡开挖	车船伤害	运输车辆、施工船舶、附近通航船舶					√	√	√	√	

续上表

分部工程	施工作业内容	典型风险事件	致害物	致险因素				风险事件后果类型				
				人的因素	物的因素	环境因素	管理因素	受伤人员类型		人员伤亡		
								本人	他人	轻伤	重伤	死亡
基槽及岸坡开挖	水下岸坡开挖	滑坡	不稳定土体、砌体、结构物等	1. 管理人员违章指挥、强令冒险作业（防护、放坡不及时）； 2. 人员心理异常（冒险侥幸心理等）； 3. 作业人员操作错误； 4. 有违章作业、违反劳动纪律的行为（管理人员脱岗）	1. 无警示信号或信号不清； 2. 现场无警示标识或标识破损（警戒区、标牌，反光锥等）； 3. 截排水设施不完善； 4. 防护形式错误防护材料不合格（材料强度不足等）； 5. 基坑边沿停放重型机械或堆放渣土	1. 存在滑坡、偏压等不良地质； 2. 作业场地照明不足； 3. 强风、暴雨、大雪等不良天气	1. 施工方案不完善或未落实（掏底开挖、上下重叠开挖，开挖完后未及时防护及反及排水）； 2. 安全教育、培训、交底、检查制度不落实； 3. 安全投入不足	√			√	√
	陆上岸坡开挖	淹溺	水体	1. 作业人员安全防护意识差； 2. 违章操作； 3. 未正确佩戴劳动防护品； 4. 作业人员疲劳作业	水上作业未设置安全防护设施	风力超过6级、雨雾天气，夜间照明不良条件下进行作业	1. 交底培训不到位； 2. 现场监督检查不到位	√		√	√	√

续上表

分部工程	施工作业内容	典型风险事件	致害物	致险因素				风险人员类型		人员伤亡		
				人的因素	物的因素	环境因素	管理因素	受伤人员类型				
								本人	他人	轻伤	重伤	死亡
基槽及岸坡开挖	陆上岸坡开挖	坍塌	不稳定土体、副物体、结构物等	1. 管理人员违章指挥、强令冒险作业（防护、放坡不及时）；2. 人员心理异常（冒险侥幸心理等）；3. 作业人员操作错误；4. 有违章作业、违反劳动纪律的行为（管理人员脱岗）	1. 无警示信号或信号不清（紧急撤离信号）；2. 现场无警示标识或标识破损（警戒区、标牌、反光锥等）；3. 截排水设施不完善；4. 防护形式错或防护材料强度不合格（材料强度不足等）；5. 基坑边沿停放重型机械或堆放渣土	1. 存在滑坡、偏压等不良地质；2. 作业场地照明不足；3. 强风、暴雨、大雪等不良天气	1. 施工方案不完善或未落实（掏底开挖或上下重叠开挖，开挖完后未及时施工防护及排水）；2. 安全教育、培训，交底，检查制度不完善或未落实；3. 安全投入不足	√			√	
		机械伤害	挖掘机等机械设备	1. 人员违章进入危险区域；2. 管理人员违章指挥、强令冒险作业；3. 机械操作人员违章操作；4. 操作异常、心理异常、身体健康状况异常（酒后作业）、感知异常（反应迟钝、辨识错误）；5. 现场作业人员未正确使用安全防护用品（反光背心、安全帽等）；6. 机械操作人员疲劳作业	1. 现场无警示标识或标识破损（警戒区、标牌、反贴等）；2. 设备设施安全作业距离不足，设备"病"作业（设备没运动部件动装置失效、设备运动或防护装置有缺陷等）；3. 安全防护用品不合格（反光背心、安全帽、护目镜等）	1. 强风、暴雨、大雾、大雪等天气；2. 作业场地未整平、湿滑；3. 夜间施工照明不足	1. 机械设备安全管理制度不完善或落实不到位（检查维护保养不到位）；2. 未对机械设备、安全防护用品等进行进场验收或验收不到位；3. 安全教育、培训，交底，检查制度不完善或未落实；4. 机械设备操作规程不规范或未落实；5. 安全投入不足	√	√	√	√	

— 38 —

续上表

分部工程	施工作业内容	典型风险事件	致害物	致险因素			风险事件后果类型			
				人的因素	物的因素	环境因素	管理因素	受伤人员类型		人员伤亡		
								本人	他人	轻伤	重伤	死亡
基槽及岸坡开挖	陆上岸坡开挖	车船伤害	运输车辆、施工船舶、附近通航船舶	1.不当操作造成车辆安全装置失效,人员冒险进入危险场所(车辆倒车边坡); 2.车辆冒险进入边坡临边位置,有分散注意力的行为; 3.施工人员着装不安全装束; 4.现场指挥、警戒不当; 5.管理人员违章指挥、强令冒险作业(进入驾驶人员视野盲区等); 6.驾驶人员未持有效证件上岗、违章作业(违规操作错误,酒后驾驶、超载人,超速、超限、超载等); 7.驾驶人员身体健康状况异常、心理异常、感知异常(反应迟钝,辨识错误); 8.驾驶人员疲劳作业,现场使用安全防护用品(反光背心、安全帽等)	1.运输车辆未经检验或有缺陷; 2.施工场地环境不良(如照明不佳,场地湿滑等); 3.个人防护用品用具缺少或有缺陷; 4.安全警示标志、护栏等缺乏或有缺陷,车辆操作人员无上岗资格证; 5.运输道路承载力不足; 6.现场无警示标识或标识破损(警戒区、标牌、反光锥、反光贴等); 7.车辆带"病"作业(制动装置、喇叭、后视镜、警示灯等设施有缺陷); 8.车辆作业安全距离不足	1.场地受限; 2.道路不符合要求; 3.大风、暴雨、低温等恶劣天气(不利于混凝土提升强度); 4.不稳定坡体	1.技术上的缺陷; 2.操作者生理、心理上的缺陷; 3.教育、交底不到位的缺陷; 4.管理工作上的缺陷; 5.未对车辆设备、安全防护用品等进行进场验收或验收不到位; 6.车辆安全管理制度不完善或未落实(检查维护保养不到位); 7.安全操作规程不规范或未落实(作业前未对车辆周围环境进行检查)	√	√	√	√	

— 39 —

续上表

分部工程	施工作业内容	典型风险事件	致害物	致险因素			风险人员类型	人员伤亡		
				人的因素	物的因素	环境因素	管理因素	受伤人员类型	人员伤亡		
								本人 / 他人	轻伤	重伤	死亡

分部工程	施工作业内容	典型风险事件	致害物	人的因素	物的因素	环境因素	管理因素	本人	他人	轻伤	重伤	死亡
桩基与墩台工程	预应力高强混凝土管桩(PHC桩)或大管桩制作	触电	电焊机、发电机、配电箱、破损的电线、其他用电设备(钢筋加工机械)、钢筋等电材料	1.作业人员未正确使用安全防护用品(绝缘鞋、绝缘手套等); 2.作业人员操作错误或违章作业(带电检修维护); 3.管理人员违章指挥、强令冒险作业; 4.电工等特种人员未持有效证件上岗; 5.作业人员疲劳作业	1.电缆线、配电箱等电气设施设置不合格(线路破损、老化); 2.电气设施设置不规范(电缆拖地、配电箱无支架等); 3.带电设施无警示标识或标识破损,安全防护装置不规范(未接地、无漏电保护器、接线端子无防护罩等); 4.防护不当,防护距离不足(配电柜、发电机无遮雨棚,防护围挡防护破损); 5.张拉等设备损坏漏电	1.强风、雷雨、大雪等不良天气; 2.作业场地杂乱、潮湿或积水; 3.作业场地照明不足	1.临时用电方案不完善或未落实; 2.发电机等安全操作规程不规范或未落实; 3.电气设施材料等未进行进场验收; 4.无电工对用电设施进行巡查或巡查不到位; 5.机械设备安全管理制度未落实(张拉设备等机具检查维护保养不到位); 6.安全教育、培训、交底、检查制度不完善或未落实; 7.安全投入不足	√				√

— 40 —

续上表

分部工程	施工作业内容	典型风险事件	致害物	致险因素			风险事件后果类型			
				人的因素	物的因素	环境因素	管理因素	受伤人员类型 || 人员伤亡		
								本人	他人	轻伤	重伤	死亡
桩基与墩台合工程	预应力高强混凝土管桩(PHC桩)或大管桩制作	机械伤害	钢筋加工等机械设备	1. 人员违章进入危险区域； 2. 管理人员违章指挥，强令冒险作业； 3. 机械操作人员操作错误,违章作业(酒后作业)； 4. 操作人员身体健康状况异常,心理异常,感知异常(反应迟钝,辨识错误)； 5. 现场作业安全防护用品不正确使用安全防护用品(反光背心、安全帽等)； 6. 机械操作人员疲劳作业	1. 现场无警示标识或标识破损(警戒区、标牌、反光贴等)； 2. 设备设施安全作业距离不足,设备设施作业(设备失效,运动转动装置无防护或防护装置有缺陷等)； 3. 安全防护用品不合格(反光背心、安全帽、护目镜等)	1. 强风、暴雨、大雪、大雾等不良天气； 2. 作业场地板管不平整,湿滑； 3. 夜间施工照明不足	1. 机械设备安全管理制度不完善或未落实(检查维护保养不到位)； 2. 未对机械设备、安全防护用品等进行进场验收或验收验证不到位； 3. 安全教育、培训、交底、检查制度不完善或未落实； 4. 机械设备操作规程不规范或未落实； 5. 安全投入不足	√	√	√	√	

— 41 —

续上表

分部工程	施工作业内容	典型风险事件	致害物	致险因素			风险事件后果类型				
				人的因素	物的因素	环境因素	管理因素	受伤人员类型		人员伤亡	
								本人	他人	轻伤	重伤	死亡
桩基与墩台工程	预应力高强混凝土管桩（PHC桩）或大管桩制作	起重伤害	起重设备、吊索吊具	1.管理人员违章指挥，强令冒险作业；2.作业人员操作错误，违章作业；3.起重工、信号工未持有效证件上岗；4.现场作业人员未正确使用安全防护用品（安全帽等）；5.抗倾覆验算错误，人员违章进入危险区域；6.起重人员身体健康状况异常、心理异常、感知异常（反应迟钝、辨识错误）；7.作业人员疲劳作业	1.设备自身缺陷（强度、刚度不足，抗倾覆能力不足）；2.现场无警示标识或标识破损（警戒区、标牌、反光锥等）；3.安全防护用品不合格（安全帽等）；4.构件防锈处理不合格；5.支撑件不合格；6.支腿不平，现场无警示标识或标识破损（警戒区、标牌、反光锥等）；7.吊索吊具不合格或达到报废标准（钢丝绳、吊带、U形卸扣等）；8.支垫材料不合格（枕木、钢板等），无防护（防脱钩装置、限位装置等）；9.设备装置缺陷（制动装置等），距高压线等安全距离不足；10.安全防护用品不合格（反光背心、安全帽等）	1.强风、暴雨、大雪等不良天气；2.地基承载力不足，基础下沉；3.作业场地照明不足	1.施工方案不完善或未落实；2.安全教育、培训、交底、检查制度不完善或未落实；3.未对起重设备进行进场验收或验收不到位；4.安全投入不足；5.起重吊装作业时无专人监护；6.起重吊装安全操作规程不规范或未落实	√	√	√	√	√

— 42 —

续上表

分部工程	施工作业内容	典型风险事件	致害物	致险因素			风险事件后果类型					
				人的因素	物的因素	环境因素	管理因素	受伤人员类型		人员伤亡		
								本人	他人	轻伤	重伤	死亡
桩基与墩台工程	钢管桩制作	触电	电焊机、发电机、配电箱、破损的电线、其他用电设备（钢筋加工机械）、钢筋等导电材料	1.作业人员未正确使用安全防护用品（绝缘鞋、绝缘手套等）；2.作业人员操作错误或违章作业（带电检修维护）；3.管理人员违章指挥、强令冒险作业；4.电工等特种人员未持有效证件上岗；5.作业人员疲劳作业	1.电缆线、配电箱等电气设施不合格（线路破损、老化）；2.电气设施设置不规范（电缆拖地、配电箱无支架等）；3.带电设施无警示标识或装置破损、安全防护装置不规范（无漏电保护器、接线端子无防护等）；4.离电不当、防护距离不足（配电柜、发电机无遮雨棚、防护闸或防护破损）；5.设备损坏漏电	1.强风、雷雨、大雪等不良天气；2.作业场地杂乱、潮湿或积水；3.作业场地照明不足	1.临时用电方案不完善或未落实；2.发电机等安全操作规程不规范或未落实；3.电气设施材料未进行进场验收；4.无电工对用电设施进行检查或巡查不到位；5.机械设备安全管理制度未落实（设备检查维护保养不到位）；6.安全教育、培训、交底、检查制度不完善或未落实；7.安全投入不足	√		√	√	√

— 43 —

续上表

分部工程	施工作业内容	典型风险事件	致害物	致险因素			风险人员受伤类型		人员伤亡事件后果类型		
				人的因素	物的因素	环境因素	管理因素	本人	他人	轻伤	重伤	死亡
桩基与墩台工程	钢管桩制作	机械伤害	挖掘机等机械设备	1.人员违章进入危险区域；2.管理人员违章指挥、强令冒险作业；3.机械操作人员操作错误、违章作业（酒后作业）；4.操作人员身体健康状况异常、心理异常、感知异常（反应迟钝、辨识错误）；5.现场作业人员未正确使用安全防护用品（反光背心、安全帽）；6.机械操作人员疲劳作业	1.现场无警示标识或标识破损（警戒区、标牌、反光贴等）；2.设备设施不完善，设备设施存在"病害"、安全距离不足，运动或转动装置失效，装置无防护或防护装置有缺陷等；3.安全防护用品不合格（反光背心、安全帽、护目镜等）	1.强风、暴雨、大雪、大雾等天气不良；2.作业场地狭窄、不平整、湿滑；3.夜间施工照明不足	1.机械设备安全管理制度不完善或落实不到位（检查维护保养不到位）；2.未对机械设备、安全防护用品等进行进场验收或验收验厂不到位；3.安全教育培训、交底、检查制度不完善或未落实；4.机械规范操作规程不规范或未落实；5.安全投入不足	√	√	√	√	
		起重伤害	起重设备、吊索吊具	1.管理人员违章指挥、强令冒险作业；2.作业人员操作错误、违章作业；3.起重信号工未持有效证上岗	1.设备自身缺陷（强度、刚度不足、抗倾覆能力不足）；2.现场无警示标识或标识破损（警戒区、标牌、反光锥等）；	1.强风、暴雨、大雪等天气不良；2.地基承载力不足、基础下沉；3.作业场地照明不足	1.施工方案不完善或未落实；2.安全教育、培训、交底、检查制度不完善或未落实	√	√	√	√	√

续上表

分部工程	施工作业内容	典型风险事件	致害物	致险因素				风险人员类型		风险事件后果类型		
				人的因素	物的因素	环境因素	管理因素	受伤人员类型		人员伤亡		
								本人	他人	轻伤	重伤	死亡
桩基与墩台工程	钢管桩制作	起重伤害	起重设备、吊索吊具	4. 现场作业人员未正确使用安全防护用品（安全帽等）； 5. 抗倾覆验算错误，人员违章进入危险区域； 6. 起重人员身体健康状况异常，心理异常，感知异常（反应迟钝、辨识错误）； 7. 作业人员疲劳作业	3. 安全防护用品不合格（安全帽等）； 4. 支撑件不合格； 5. 构件防锈处理不合格； 6. 支腿不平，现场无警示标识或标识破损（警戒区、标牌、反光锥等）； 7. 吊索吊具不合格或达到报废标准（钢丝绳、吊带、U形卸扣等）； 8. 支垫材料不合格（枕木、钢板等），无防护或防护装置缺陷（防脱钩装置、限位装置等）； 9. 设备带"病"作业（制动装置等），距高压线等安全距离不足； 10. 安全防护用品不合格（反光背心、安全帽等）		3. 未对起重设备进行进场验收或验收不到位； 4. 安全投入不足； 5. 起重吊装作业时无专人监护； 6. 起重吊装安全操作规程不规范或未落实					

续上表

分部工程	施工作业内容	典型风险事件	致害物	致险因素				风险事件后果类型				
				人的因素	物的因素	环境因素	管理因素	受伤人员类型		人员伤亡		
								本人	他人	轻伤	重伤	死亡
桩基与墩台工程	钢管桩制作	爆炸	气瓶等	1.违规生火；2.违章焊接作业；3.气瓶违规运输、存储、使用等	1.焊接作业时周围有易燃易爆品；2.焊接设备不合格；3.气瓶不合格，压力不正常等	现场存放易燃易爆气体气瓶	1.技术上的缺陷；2.教育、交底不到位，有缺陷；3.管理工作上的缺陷	√	√	√	√	√
		火灾	易燃物	1.作业人员操作错误、违章作业；2.管理人员违章指挥、强令冒险作业	1.未配置消防器材或消防器材失效；2.易燃材料存放，防火安全距离不足；3.现场无警示标识或标识破损	1.高温、干燥、大风天气；2.作业场地杂乱	1.消防安全管理制度不完善或落实不落实；2.未对消防器材等进行进场验收或验收不到位；3.安全教育、培训、交底、检查制度不完善或未落实；4.安全投入不足	√	√	√	√	√

续上表

| 分部工程 | 施工作业内容 | 典型风险事件 | 致害物 | 致险因素 ||| 风险人员受伤类型 || 风险事件后果类型 人员伤亡 |||
				人的因素	物的因素	环境因素	管理因素	本人	他人	轻伤	重伤	死亡
桩基与墩台工程	陆上沉桩	物体打击	零散材料、工具等	1. 违章操作； 2. 违章指挥； 3. 未按方案施工	构件运输、安装过程中坠落	风力超过6级、雨雾天气、夜间照明不良等条件下进行作业	1. 交底培训不到位； 2. 现场监督检查不到位	√	√	√	√	
		机械伤害	现场机械设备	1. 人员违章进入危险区域； 2. 管理人员违章指挥、强令冒险作业； 3. 机械操作人员操作错误、违章作业(酒后作业)； 4. 操作人员身体健康状况异常、心理异常、感知异常(反应迟钝、辨识错误)； 5. 现场作业人员未正确使用安全防护用品(反光背心、安全帽等)； 6. 机械操作人员疲劳作业	1. 现场无警示标识或标识破损、标识距离不足，设置不合理(警戒区、标牌、反光贴等)； 2. 设备设施制动装置失效，运动或防护装置无防护或防护装置有缺陷等； 3. 安全防护用品不合格(反光背心、安全帽、护目镜等)	1. 强风、暴雨、大雪、大雾等恶劣天气； 2. 作业场地狭窄、不平整、湿滑； 3. 夜间施工照明不足	1. 机械设备安全管理制度不完善或未落实(检查、维护保养不到位)； 2. 未对机械设备、安全防护用品等进行进场验收或验收不到位； 3. 安全教育、培训、交底、检查制度不完善或未落实； 4. 机械设备操作规程不规范或未落实； 5. 安全投入不足	√	√	√	√	

续上表

分部工程	施工作业内容	典型风险事件	致害物	致险因素			风险事件后果类型				
				人的因素	物的因素	环境因素	管理因素	受伤人员类型			人员伤亡		
								本人	他人		轻伤	重伤	死亡
桩基与墩台工程	陆上沉桩	起重伤害	起重设备、吊索吊具	1.管理人员违章指挥、强令冒险作业； 2.作业人员操作错误、违章作业； 3.起重工、信号工未持有效证件上岗； 4.现场作业人员未正确使用安全防护用品（安全帽等）； 5.抗倾覆验算错误，人员违章进入危险区域； 6.起重人员身体健康状况异常、心理异常、感知异常（反应迟钝、辨识错误）； 7.作业人员疲劳作业	1.设备自身缺陷（强度、刚度不足、抗倾覆能力不足）； 2.现场无警示标识或标识破损（警戒区、警示牌、反光锥等）； 3.安全防护用品不合格（安全帽等）； 4.支撑件不合格； 5.构件防锈处理不合格； 6.支腿不平、现场无警示标识或标识破损（警戒区、标牌、反光锥等）； 7.吊索吊具不合格或达到报废标准（钢丝绳、吊带、U形卸扣等）； 8.支垫材料不合格（枕木、钢板等），无防护或防护装置缺陷（防脱钩装置、限位装置等）； 9.设备带"病"作业（制动装置等），距高压线安全距离不足； 10.安全防护用品不合格（反光背心、安全帽等）	1.强风、暴雨、大雪等不良天气； 2.地基承载力不足，基础下沉； 3.作业场地照明不足	1.施工方案不完善或未落实； 2.安全教育、培训、交底、检查制度不完善或未落实； 3.未对起重设备进行进场验收或验收不到位； 4.安全投入不足； 5.起重吊装作业时无专人监护； 6.起重吊装安全操作规程不规范或未落实	√	√		√	√	√

— 48 —

续上表

分部工程	施工作业内容	典型风险事件	致害物	致险因素 人的因素	致险因素 物的因素	致险因素 环境因素	致险因素 管理因素	风险人员 受伤人员类型 本人	风险人员 受伤人员类型 他人	风险事件后果类型 人员伤亡 轻伤	风险事件后果类型 人员伤亡 重伤	风险事件后果类型 人员伤亡 死亡
桩基与墩台工程	构件水上起吊、运输	淹溺	水体	1. 作业人员安全防护意识差；2. 违章操作；3. 未正确佩戴劳动防护品；4. 作业人员疲劳作业	水上作业未设置安全防护设施	风力超过6级、雨雾天气、夜间照明不良等条件下进行作业	1. 交底培训不到位；2. 现场监督检查不到位	√		√	√	√
		物体打击	零散材料、工具、构件等	1. 违章操作；2. 违章指挥；3. 未按方案施工	构件运输、安装过程中坠落	风力超过6级、雨雾天气、夜间照明不良等条件下进行作业	1. 交底培训不到位；2. 现场监督检查不到位	√	√	√	√	

— 49 —

续上表

分部工程	施工作业内容	典型风险事件	致害物	致险因素			风险人员受伤类型		风险事件后果类型 人员伤亡		
				人的因素	物的因素	环境因素	管理因素	本人	他人	轻伤	重伤	死亡
桩基与墩台工程	构件水上起吊、运输	起重伤害	起重设备、吊索吊具	1. 管理人员违章指挥，强令冒险作业；2. 作业人员操作错误，违章作业；3. 起重工、信号工未持有效证件上岗；4. 现场作业人员正确使用安全防护用品（安全帽等）；5. 抗倾覆验算错误，人员违章进入危险区域；6. 起重人员身体健康状况异常、心理异常、感知异常（反应迟钝、辨识错误）；7. 作业人员疲劳作业	1. 设备自身缺陷（强度、刚度不足，抗倾覆能力不足）；2. 现场无警示标识或标识破损（警戒区、标牌、反光锥等）；3. 安全防护用品不合格（安全帽等）；4. 支撑件不合格；5. 构件防锈处理不合格；6. 支腿不平，现场无警示标识或标识破损（警戒区、标牌、反光锥等）；7. 吊索吊具达到报废标准（钢丝绳、吊带、U形卸扣等）；8. 支垫材料不合格（枕木、钢板等），无防护或防护装置缺陷（防脱钩装置、限位装置等）；9. 设备带"病"作业（制动装置），距高压线等安全距离不足；10. 安全防护用品不合格（反光背心、安全帽等）	1. 强风、暴雨、大雪等不良天气；2. 地基承载力不足、基础下沉；3. 作业场地照明不足	1. 施工方案不完善或未落实；2. 安全教育、培训、交底、检查制度不完善或未落实；3. 未对起重设备进行进场验收或验收不到位；4. 安全投入不足；5. 起重吊装作业时无专人监护；6. 起重吊装安全操作规程不规范或未落实	√	√	√	√	√

— 50 —

续上表

分部工程	施工作业内容	典型风险事件	致害物	致险因素				风险事件后果类型				
				人的因素	物的因素	环境因素	管理因素	受伤人员类型		人员伤亡		
								本人	他人	轻伤	重伤	死亡
桩基与墩台工程	构件水上起吊、运输	车船伤害	运输车辆、施工船舶、附近通航船舶	1. 不当操作造成车辆安全装置失效,人员冒险进入危险区域(车辆倒车方向等); 2. 车辆冒险进入边坡临边位置,有分散注意力的行为; 3. 施工人员着不安全装束; 4. 现场指挥、警戒不当; 5. 管理人员违章指挥、强令冒险作业(进入驾驶人员视野盲区等); 6. 驾驶人员未持有效证上岗,违章作业(违规操作错误,酒后驾驶,超载人,超限,超载货等); 7. 驾驶人员身体健康状况异常、心理异常(反应迟钝,感知错误); 8. 驾驶人员疲劳作业,现场作业安全防护用品(反光背心,安全帽等)	1. 运输车辆未经检验或有缺陷; 2. 施工场地环境不良(如照明不足,场地湿滑等); 3. 个人防护用品用具缺少或有缺陷; 4. 安全警示标志,护栏等安全装置缺乏或有缺陷,车辆操作人员无上岗资格证; 5. 运输道路承载力不足; 6. 现场无警示标识或标识破损(警戒区,标牌,反光锥,反光贴等); 7. 车辆"病"作业(制动装置,喇叭,后视镜,警示灯等设施有缺陷); 8. 车辆作业安全距离不足	1. 场地受限; 2. 道路不符合要求; 3. 大风、暴雨、低温等恶劣天气(不利于混凝土提升强度); 4. 不稳定坡体	1. 技术上的缺陷; 2. 操作者生理、心理上的缺陷; 3. 教育、交底不到位的缺陷; 4. 管理工作上的缺陷; 5. 未对车辆设备、安全防护用品等进行进场验收验证不到位; 6. 车辆操作规程不规范或安全管理制度不完善(检查维护保养不到位); 7. 安全操作规程不规范或作业前未对车辆周围环境进行检查)	√	√	√	√	√

— 51 —

续上表

分部工程	施工作业内容	典型风险事件	致害物	致险因素				风险事件后果类型				
				人的因素	物的因素	环境因素	管理因素	受伤人员类型		人员伤亡		
								本人	他人	轻伤	重伤	死亡
桩基与墩台工程	水上沉桩	淹溺	水体	1. 作业人员安全防护意识差；2. 违章操作；3. 未正确佩戴劳动防护品；4. 作业人员疲劳作业	水上作业未设置安全防护设施	风力超过6级，雨雾天气，夜间照明不良等条件下进行作业	1. 交底培训不到位；2. 现场监督检查不到位	√			√	√
		物体打击	零散材料、工具、桩体等	1. 违章操作；2. 违章指挥；3. 未按方案施工	构件运输、安装过程中坠落	风力超过6级，雨雾天气，夜间照明不良等条件下进行作业	1. 交底培训不到位；2. 现场监督检查不到位	√	√	√	√	
		坍塌	结构物等	1. 管理人员违章指挥，强令冒险作业（防护、放坡不及时）；2. 人员心理异常（冒险侥幸心理等）；3. 作业人员操作错误；4. 有违章作业、违反劳动纪律的行为（管理人员脱岗）	1. 无警示信号或信号不清；2. 现场无警示标识或标识破损（警戒区、标牌、反光锥等）；3. 防护形式错或防护材料不合格（材料强度不足等）	1. 存在滑坡、偏压等不良地质；2. 作业场地照明不足；3. 强风、暴雨、大雪等不良天气	1. 施工方案不完善或未落实；2. 安全教育、培训、交底、检查制度不完善或未落实；3. 安全投入不足	√	√	√	√	

续上表

分部工程	施工作业内容	典型风险事件	致害物	致险因素				风险事件后果类型			
				人的因素	物的因素	环境因素	管理因素	受伤人员类型		人员伤亡		
								本人	他人	轻伤	重伤	死亡
桩基与墩台工程	水上沉桩	机械伤害	现场机械设备等	1. 人员违章进入危险区域； 2. 管理人员违章指挥，强令冒险作业； 3. 机械操作人员操作错误，违章作业（酒后作业）； 4. 操作人员身体健康状况异常，心理异常，感知异常（反应迟钝，辨识错误）； 5. 现场作业人员未正确使用安全防护用品（反光背心，安全帽等）； 6. 机械操作人员疲劳作业	1. 现场无警示标识或标识破损（警戒区，标牌，反光贴等）； 2. 设备设施安全作业距离不足（设备设施置失效，运动或转动装置无防护或防护装置有缺陷等）； 3. 安全防护用品不合格（反光背心、安全帽、护目镜等）	1. 强风、暴雨、大雪、大雾等天气； 2. 作业场地狭窄、不平整、湿滑； 3. 夜间施工照明不足	1. 机械设备安全管理制度不完善或未落实（检查维护保养不到位）； 2. 未对机械设备、安全防护用品等进行进场验收或验收把关不到位； 3. 安全教育、培训、交底，检查制度不完善或未落实； 4. 机械设备操作规程不规范或未落实； 5. 安全投入不足	√	√	√	√	

续上表

施工作业内容		典型风险事件	致害物	致险因素				风险事件后果类型				
分部工程				人的因素	物的因素	环境因素	管理因素	受伤人员类型		人员伤亡		
								本人	他人	轻伤	重伤	死亡
					1.设备自身缺陷(强度、刚度不足,抗倾覆能力不足); 2.现场无警示标识或标识破损(警戒区、标牌、反光锥等); 3.安全防护用品不合格(安全帽等); 4.支撑作不合格; 5.构件防锈处理不合格; 6.支腿不平,现场无警示标识或标识破损(警戒区、标牌、反光锥等); 7.吊索吊具不合格或达到报废标准(钢丝绳、吊带、U形卸扣等); 8.支垫材料不合格(枕木、钢板等); 9.无防护装置缺陷(防脱钩装置、限位装置等); 10.安全防护用品不合格(反光背心、安全帽等)							
桩基与墩台工程	水上沉桩	起重伤害	起重设备、吊索吊具	1.管理人员违章指挥、强令冒险作业; 2.作业人员违章作业; 3.起重工、信号工未持有效证件上岗; 4.现场作业人员未正确使用安全防护用品(安全帽等); 5.抗倾覆验算错误,人员违章进入危险区域; 6.起重人员身体健康状况异常、心理异常、感知异常(反应迟钝、辨识错误); 7.作业人员疲劳作业		1.强风、暴雨、大雪等不良天气; 2.地基承载力不足,基础下沉; 3.作业场地照明不足	1.施工方案不完善或未落实; 2.安全教育、培训、交底、检查制度不完善或未落实; 3.未对起重设备进行进场验收或验收不到位; 4.安全投入不足; 5.起重吊装作业时无专人监护; 6.起重吊装安全操作规程不规范或未落实	√	√	√	√	√

— 54 —

续上表

分部工程	施工作业内容	典型风险事件	致害物	致 险 因 素			风险事件后果类型			
				人的因素	物的因素	环境因素	管理因素	受伤人员类型 || 人员伤亡		
								本人	他人	轻伤	重伤	死亡
桩基与墩台工程	水上沉桩	车船伤害	运输车辆、施工船舶、附近通航船舶	1. 不当操作造成车辆安全装置失效，人员冒险进入危险场所（车辆倾倒区域）； 2. 车辆冒险进入边坡临边位置，有分散注意力的行为； 3. 施工人员着装不表来束； 4. 现场指挥、警戒不当； 5. 管理人员冒险作业（进入强令驾驶人员视野盲区等）； 6. 驾驶人员未持有效证上岗，违章作业（违规载人，酒后驾驶，超速、超限、超载等）； 7. 驾驶人员身体健康状况异常、心理应异常、感知异常（反应迟钝，辨识错误）； 8. 现场作业人员疲劳作业，未正确使用安全防护用品（反光背心、安全帽等）	1. 运输车辆未经检验或有缺陷； 2. 施工场地环境不良（如照明不佳，场地湿滑等）； 3. 个人防护用品用具缺少或有缺陷； 4. 安全警示标志、护栏等装置缺乏或有缺陷，车辆操作人员无上岗资格证； 5. 运输道路承载力不足； 6. 现场标识破损，标牌、反光锥、反光贴等）； 7. 车辆带"病"作业（制动装置、喇叭、后视镜、警示灯等设施有缺陷）； 8. 车辆作业安全距离不足	1. 场地受限； 2. 道路不符合要求； 3. 大风、暴雨、低温等恶劣天气（不利于混凝土提升强度）； 4. 不稳定坡体	1. 技术上的缺陷； 2. 操作者生理、心理上的缺陷； 3. 教育、交底不到位上有缺陷； 4. 管理工作上的缺陷； 5. 未对车辆设备、安全防护用品等进行进场验收或验收不到位； 6. 车辆安全管理制度不完善或落实不到位，维护保养不到位； 7. 安全操作规程不规范或作业前未对车辆周围环境进行检查	√	√	√	√	

续上表

分部工程	施工作业内容	典型风险事件	致害物	致险因素 人的因素	致险因素 物的因素	致险因素 环境因素	致险因素 管理因素	风险人员受伤类型 本人	风险人员受伤类型 他人	人员伤亡 轻伤	人员伤亡 重伤	人员伤亡 死亡
桩基与墩台工程	水上沉桩	高处坠落	无防护的作业平台，施工人员受自身的重力运动	1.作业人员未正确使用安全防护用品(安全带、防滑鞋等); 2.作业人员身体健康状况异常，心理异常，感知异常(有高血压、恐高症等禁忌症、反应迟钝、辨识错误); 3.作业人员疲劳作业，管理人员违章指挥、强令冒险作业; 4.作业人员操作错误或违章作业	1.高处作业场所未设置安全防护措施(安全绳索、防坠网); 2.未设置安全警示标志或标识破损; 3.安全防护用品质量不合格，存在缺陷; 4.未设置人员上下安全爬梯或设置不规范	1.大风、雷电、大雪、暴雨等恶劣天气; 2.夜间施工照明不足; 3.作业场地不平整、湿滑	1.安全教育、培训、交底、检查制度不完善或未落实; 2.职业健康、安全管理制度不完善(定期体检); 3.安全投入不足; 4.高处作业安全操作规程不规范或未落实; 5.安全防护用品等进行进场验收或验收不到位	√			√	√
		滑桩	沉桩施工时不稳或施工不当	1.不当操作造成车辆安全装置失效，人员冒险进入危险场所(车辆倾倒区域); 2.车辆冒险进入边坡临边位置，有分散注意力的行为; 3.施工人员着装不安全装; 4.现场指挥、警戒不当; 5.管理人员冒险作业指挥、强令人员视野盲区等;	1.施工设备未经检验或有缺陷; 2.施工场地环境不良(如照明不佳、场地湿滑等); 3.个人防护用品用具缺少或有缺陷; 4.安全警示标志、护栏等装置缺乏或有缺陷，车辆操作人员无上岗资格证;	1.场地受限; 2.施工环境不符合要求; 3.大风、暴雨、低温等恶劣天气(不利于混凝土提升强度); 4.设备、地基、承载平台等不稳定	1.技术上的缺陷; 2.操作者生理、心理上的缺陷; 3.教育、交底不到位有缺陷; 4.管理工作上的缺陷; 5.未对设备、安全防护用品等进行进场验收或验收不到位	√	√	√	√	

— 56 —

续上表

分部工程	施工作业内容	典型风险事件	致害物	致险因素			风险事件后果类型			
				人的因素	物的因素	环境因素	管理因素	受伤人员类型 || 人员伤亡		
								本人	他人	轻伤	重伤	死亡
		滑桩	沉桩施工时不稳或施工不当	6.驾驶人员未持有效证件上岗,违规操作错误,驾驶人员(违章,酒后驾驶,超速,超限,超载)；7.驾驶人员身体健康状况异常,心理异常,感知异常(反应迟钝,辨识错误)；8.驾驶人员疲劳作业,现场使用安全防护用品不正确(反光背心,安全帽等)	5.承载力不足；6.现场无警示标识或标识破损(警戒区,标牌,反光锥,反光贴等)；7.设备"带病"作业(制动装置,喇叭,后视镜,警示灯等设施有缺陷)；8.车辆作业安全距离不足		6.施工设备安全管理制度不完善或未落实(检查维护保养未落实到位)；7.安全操作规程不规范或未落实(作业前未对车辆周围环境进行检查)		√	√	√	
桩基与墩台工程	水上沉桩	滑坡	不稳定土体、构筑物等	1.管理人员违章指挥,强令冒险作业(防护,放坡不及时)；3.人员心理异常(冒险侥幸心理等)；3.作业人员操作错误；4.有违章作业,违反劳动纪律的行为(管理人员脱岗)	1.无警示信号或信号不清(紧急撤离信号)；2.现场无警示标识或标识破损(警戒区,标牌,反光锥等)；3.截排水设施不完善；4.防护形式错或防护材料不合格(材料强度不足等)；5.基坑边沿停放渣土机械或堆放重型	1.存在滑坡,偏压等不良地质；2.作业现场地照明不足；3.强风,暴雨,大雪等不良天气	1.施工方案不完善或未落实(掏底开挖或上下重叠开挖,开挖完后未及时施工防护及排水)；2.安全教育,培训,交底,检查制度不完善或未落实；3.安全投入不足	√	√	√	√	

续上表

分部工程	施工作业内容	典型风险事件	致害物	致险因素				风险人员类型		风险事件后果类型		
				人的因素	物的因素	环境因素	管理因素	受伤人员类型		人员伤亡		
								本人	他人	轻伤	重伤	死亡
桩基与墩台工程		淹溺	水体	1.作业人员安全防护意识差; 2.违章操作; 3.未正确佩戴劳动防护品; 4.作业人员疲劳作业	水上作业未设置安全防护设施	风力超过6级、雨雾天气、夜间照明不良等条件下进行作业		√			√	√
	夹桩	物体打击	零散材料、工具、桩等	1.违章操作; 2.违章指挥; 3.未按方案施工	构件运输、安装过程中坠落	风力超过6级、雨雾天气、夜间照明不良等条件下进行作业	1.交底培训不到位; 2.现场监督检查不到位	√	√	√	√	

续上表

分部工程	施工作业内容	典型风险事件	致害物	致险因素			风险人员类型			人员伤亡		
				人的因素	物的因素	环境因素	管理因素	受伤人员类型			轻伤	重伤	死亡
								本人	他人				
桩基与墩台工程	夹桩	起重伤害	起重设备、吊索具	1. 管理人员违章指挥、强令冒险作业； 2. 作业人员操作错误、违章作业； 3. 起重工、信号工未持有效证件上岗； 4. 现场作业人员未正确使用安全防护用品（安全帽等）； 5. 抗倾覆验算错误，人员违章进入危险区域； 6. 起重人员身体健康状况异常、心理异常、感知异常（反应迟钝、辨识错误）； 7. 作业人员疲劳作业	1. 设备自身缺陷（强度、刚度不足，抗倾覆能力不足）； 2. 现场无警示标识或标识破损（警戒区、标牌、反光锥等）； 3. 安全防护用品不合格（安全帽等）； 4. 支撑件不合格； 5. 构件防锈处理不合格； 6. 支腿不平，现场无警示标识或标识破损（警戒区、标牌、反光锥等）； 7. 吊索吊具不合格或达到报废标准（钢丝绳、吊带、U形卸扣等）； 8. 支垫材料不合格（枕木、钢板等），无防护或防护装置缺陷（防脱钩装置、限位装置等）；	1. 强风、暴雨、大雪等不良天气； 2. 地基承载力不足，基础下沉； 3. 作业场地照明不足	1. 施工方案不完善或未落实； 2. 安全教育、培训、交底、检查制度不完善或未落实； 3. 未对起重设备进行进场验收或验收不到位； 4. 安全投入不足； 5. 起重吊装作业时无专人监护； 6. 起重吊装安全操作规程不规范或未落实	√	√	√	√	√

— 59 —

续上表

分部工程	施工作业内容	典型风险事件	致害物	致险因素				风险人员类型		风险事件后果类型			
				人的因素	物的因素	环境因素	管理因素	本人	他人	轻伤	重伤	死亡
		起重伤害	起重设备、吊索吊具		9.设备带"病"作业（制动装置失灵等），距高压线等安全距离不足；10.安全防护用品不合格（反光背心、安全帽等）							
桩基与墩台工程	夹桩	高处坠落	无防护的作业平台、施工人员受自身的重力运动	1.作业人员未正确使用安全防护用品（安全带、防滑鞋等）；2.作业人员身体健康状况异常、心理异常，感知异常（有高血压、恐高症等禁忌症，反应迟钝，辨识错误）；3.管理人员疲劳作业、冒险指挥，强令冒险作业；4.作业人员违章作业或违章操作	1.高处作业防护措施未设置安全防护（安全绳索、防坠网）；2.未设置安全警示标志或标识破损；3.安全防护用品质量不合格，存在缺陷；4.未设置或设置不规范上下安全爬梯	1.大风、雷电、大雪、暴雨等恶劣天气；2.夜间施工照明不足；3.作业场地不平整、湿滑	1.安全教育、培训、交底、检查制度不完善或未落实；2.职业健康、安全管理制度不完善，未落实（定期体检）；3.安全投入不足；4.高处作业安全操作规程不规范或操作不落实；5.未对安全防护用品等进行进场验收或验收不到位	√		√	√	√

续上表

分部工程	施工作业内容	典型风险事件	致害物	致险因素 人的因素	致险因素 物的因素	致险因素 环境因素	致险因素 管理因素	受伤人员类型 本人	受伤人员类型 他人	人员伤亡 轻伤	人员伤亡 重伤	人员伤亡 死亡
桩基与墩台工程	灌注桩施工与桩机就位	淹溺	水体	1. 作业人员安全防护意识差；2. 违章操作；3. 未正确佩戴劳动防护用品；4. 作业人员疲劳作业	水上作业未设置安全防护设施	风力超过6级，雨雾天气、夜间照明不良等条件下进行作业	1. 交底培训不到位；2. 现场监督检查不到位	√			√	√
		物体打击	零散材料、工具等	1. 违章操作；2. 违章指挥；3. 未按方案施工	构件运输、安装过程中坠落	风力超过6级，雨雾天气、夜间照明不良等条件下进行作业	1. 交底培训不到位；2. 现场监督检查不到位	√	√	√	√	
		触电	电焊机、发电机、配电箱、破损的其他用电设备、钢筋加工机械、钢筋等导电材料	1. 作业人员未正确使用安全防护用品（绝缘鞋、绝缘手套等）；2. 作业人员操作错误或违章作业（带电检修维护）；3. 管理人员违章指挥、强令冒险作业；4. 电工等特种人员未持有效证件上岗；5. 作业人员疲劳作业	1. 电缆线、配电箱（线路破损、老化）；2. 电气设施设置不规范（电缆拖地、配电箱无支架等）；3. 带电设施破损，安全防护装置不规范（未接地、无漏电保护器、接线端子无防护罩等）	1. 强风、雷雨、大雪等不良天气；2. 作业场地杂乱、潮湿或积水；3. 作业场地照明不足	1. 临时用电方案不完善或未落实；2. 发电机等安全操作规程不规范或落实未到位；3. 电气设施材料未进行进场验收；4. 无电工对用电设施进行巡查或巡查不到位	√			√	√

— 61 —

续上表

分部工程	施工作业内容	典型风险事件	致害物	致险因素			风险事件后果类型			
				人的因素	物的因素	环境因素	管理因素	受伤人员类型		人员伤亡
								本人 他人	轻伤	重伤 死亡
		触电	电焊机、发电机、配电箱、破损的电线、其他用电设备（钢筋加工机械）钢筋等导电材料		4.防护不当，防护距离不足（配电柜、发电机无遮雨棚，防护围挡或防护破损）；5.设备损坏漏电		5.机械设备安全管理制度未落实（设备等保养检查维护具不到位）；6.安全教育、培训、交底、检查制度不完善或未落实；7.安全投入不足			
桩基与墩台工程	灌注桩施工平台与桩机就位	坍塌	不稳定土体、砌体结构物等	1.管理人员违章指挥，强令冒险作业（防护，放坡不及时）；2.人员心理异常（冒险侥幸心理等）；3.作业人员操作错误；4.有违章作业、违反劳动纪律的行为（管理人员脱岗）	1.无警示信号或信号不清（紧急撤离信号）；2.现场无警示标识或标识破损（警戒区、标牌、反光锥等）；3.截排水设施不完善；4.防护形式错防护材料不合格（材料强度不足等）；5.基坑边沿停放重型机械或堆放渣土	1.存在滑坡、偏压等不良地质；2.作业场地照明不足；3.强风、暴雨、大雪等不良天气	1.施工方案不完善未落实（揭底开挖或上下重叠开挖，开挖完后未反时施工防护及排水）；2.安全教育、培训、交底、检查制度不完善或未落实；3.安全投入不足	√ √	√	√

— 62 —

续上表

分部工程	施工作业内容	典型风险事件	致害物	致险因素				风险事件后果类型				
				人的因素	物的因素	环境因素	管理因素	受伤人员类型		人员伤亡		
								本人	他人	轻伤	重伤	死亡
桩基与墩台工程	灌注桩施工平台与桩机就位	机械伤害	现场机械设备	1. 人员违章进入危险区域； 2. 管理人员违章指挥、强令冒险作业； 3. 机械操作人员操作错误、违章作业(酒后作业)； 4. 操作人员身体健康状况异常、心理异常、感知异常(反应迟钝、辨识错误)； 5. 现场作业人员未正确使用安全防护用品(反光背心、安全帽、护目镜等)； 6. 机械操作人员疲劳作业	1. 现场无警示标识或标识破损(警戒区、标牌、反光贴等)； 2. 设备设施安全作业距离不足，设备带"病"作业(设备设施制动装置失效，运动防护装置无防护或防护装置有缺陷等)； 3. 安全防护用品不合格(反光背心、安全帽、护目镜等)	1. 强风、暴雨、大雪、大雾等不良天气； 2. 作业场地板不平整、湿滑； 3. 夜间施工照明不足	1. 机械设备安全管理制度不完善或执行不到位(检查维护保养不到位)； 2. 未对机械设备、安全防护用品等进行进场验收或验收不到位； 3. 安全教育、培训、交底、检查制度不完善或未落实； 4. 机械设备操作规程不规范或未落实； 5. 安全投入不足	√	√	√	√	

续上表

分部工程	施工作业内容	典型风险事件	致害物	致险因素			风险事件后果类型			
				人的因素	物的因素	环境因素	管理因素	受伤人员类型	人员伤亡	
								本人 / 他人	轻伤 / 重伤 / 死亡	
桩基与墩台工程	灌注桩施工平台与桩机就位	起重伤害	起重设备、吊索吊具	1.管理人员违章指挥,强令冒险作业; 2.作业人员操作错误,违章作业; 3.起重工、信号工未持有效证件上岗; 4.现场作业人员未正确使用安全防护用品(安全帽等); 5.抗倾覆验算错误,人员违章进入危险区域; 6.起重人员身体健康状况异常、心理异常、感知异常(反应迟钝、辨识错误); 7.作业人员疲劳作业	1.设备自身缺陷(强度、刚度不足,抗倾覆能力不足); 2.现场无警示标识或标牌破损(警戒区、反光锥等); 3.安全防护用品不合格(安全帽等); 4.支撑件不合格; 5.构件防锈处理不合格; 6.支腿不平,现场无警示标识或标牌破损(警戒区、反光锥等); 7.吊索吊具不合格或达到报废标准(钢丝绳、吊带、U形卸扣等); 8.支垫材料不合格(枕木、钢板等); 9.支座装置缺陷(防脱钩装置、限位装置等); 10.设备带"病"作业,距高压线等安全距离不足;安全防护用品不合格(反光背心、安全帽等)	1.强风、暴雨、大雪等不良天气; 2.地基承载力不足,基础下沉; 3.作业场地照明不足	1.施工方案不完善或未落实; 2.安全教育、培训、交底、检查制度不完善或未落实; 3.未对起重设备进行进场验收或验收不到位; 4.安全投入不足; 5.起重吊装作业时无专人监护; 6.起重吊装安全操作规程不规范或未落实	√ / √	√ / √ / √	

第五章 港口工程施工的主要安全风险分析

续上表

分部工程	施工作业内容	典型风险事件	致害物	致险因素				风险人员受伤类型		人员伤亡		
				人的因素	物的因素	环境因素	管理因素	本人	他人	轻伤	重伤	死亡
桩基与墩台工程	灌注桩施工平台	高处坠落	无防护的作业平台、施工人员受自身的重力运动	1.作业人员未正确使用安全防护用品(安全带、防滑鞋等); 2.作业人员身体健康状况异常、心理异常,感知异常(有高血压、恐高症等禁忌症,反应迟钝,辨识错误); 3.作业人员疲劳作业,管理人员违章指挥、强令冒险作业; 4.作业人员操作错误或违章作业	1.高处作业场所未设置安全防护等措施(安全绳索、防坠网); 2.未设置安全警示标志或标识破损; 3.安全防护用品质量不合格、存在缺陷; 4.未设置或设置不规范、全爬梯人员上下安全不规范	1.大风、雷电、大雪、暴雨等恶劣天气; 2.夜间施工照明不足; 3.作业场地不平整、湿滑	1.安全教育、培训,交底、检查制度不完善或未落实; 2.职业健康、安全管理制度不完善,未落实(定期体检); 3.安全投入不足; 4.高处作业安全操作规程不规范或操作未落实; 5.未对安全防护用品等进行进场验收或验收不到位	√			√	√
	桩机就位	滑坡	不稳定土体、砌体结构物等	1.管理人员违章指挥、强令冒险作业(防护、放坡不足); 2.人员心理异常(冒险侥幸心理等); 3.作业人员操作错误; 4.有违章纪律、劳动纪律的行为(管理人员脱岗)	1.无警示信号或信号不清(紧急撤离信号); 2.现场无警示标识或标识破损(警戒区、标牌、反光锥); 3.截排水设施不完善; 4.防护形式错或防护材料不合格(材料强度不足等); 5.基坑边沿停放渣土机械或堆放渣土	1.存在滑坡、不良地质; 2.作业场地照明不足; 3.强风、暴雨、大雪等不良天气	1.施工方案不完善或未落实(掏底开挖、开挖完成后未及时施工防护及排水); 2.安全教育、培训,交底、检查制度不完善未落实; 3.安全投入不足	√	√	√	√	

— 65 —

续上表

分部工程	施工作业内容	典型风险事件	致害物	致险因素			风险事件后果类型				
				人的因素	物的因素	环境因素	管理因素	受伤人员类型		人员伤亡	
								本人	他人	轻伤	重伤	死亡
		淹溺	水体	1.作业人员安全防护意识差；2.违章操作；3.未正确佩戴劳动防护用品；4.作业人员疲劳作业	水上作业未设置安全防护设施	风力超过6级，雨雾天气，夜间照明不良等条件下进行作业	1.交底培训不到位；2.现场监督检查不到位	√				√
		物体打击	零散材料、工具、护筒等	1.违章操作；2.违章指挥；3.未按方案施工	构件运输、安装过程中坠落	风力超过6级，雨雾天气，夜间照明不良等条件下进行作业	1.交底培训不到位；2.现场监督检查不到位	√	√	√	√	
桩基与墩台工程	护筒施工	机械伤害	挖掘机等机械设备	1.人员违章进入危险区域；2.管理人员违章指挥，强令冒险作业；3.机械操作人员操作错误，违章作业(酒后作业)；4.操作人员身体健康状况异常、心理异常、感知异常(反应迟钝、辨识错误)；5.现场作业人员未正确使用安全防护用品(反光背心、安全帽等)；6.机械操作人员疲劳作业	1.现场无警示标识或标识破损(警戒区、标牌、反光贴等)；2.设备设施安全作业距离失效，设备带"病"作业(设备设施制动装置无防护或转动装置有缺陷等)；3.安全防护用品不合格(反光背心、安全帽、护目镜等)	1.强风、暴雨、大雪、大雾等天气；2.作业场地狭窄，不平整、湿滑；3.夜间施工照明不足	1.机械设备安全管理制度不完善或落实(检查维护保养不到位)；2.未对机械设备、安全防护用品等进行进场验收或验收不到位；3.安全教育、培训、交底，检查制度未落实，机械设备操作规程不规范或未投入足；4.安全投入不足	√	√		√	

— 66 —

续上表

分部工程	施工作业内容	典型风险事件	致害物	致险因素				风险人员受伤人员类型			人员伤亡后果类型		
				人的因素	物的因素	环境因素	管理因素	本人	他人	轻伤	重伤	死亡
桩基与墩台工程	护筒施工	起重伤害	起重设备、吊索吊具	1.管理人员违章指挥，强令冒险作业； 2.作业人员操作错误，违章作业； 3.起重工、信号工未持有效证件上岗； 4.现场作业人员未正确使用安全防护用品（安全帽等）； 5.抗倾覆验算错误，人员违章进入危险区域； 6.起重人员身体健康状况异常，心理异常，感知异常（反应迟钝，辨识错误）； 7.作业人员疲劳作业	1.设备自身缺陷（强度、刚度不足，抗倾覆能力不足）； 2.现场无警示标识或标识破损（警戒区，标牌、反光锥等）； 3.安全防护用品不合格（安全帽等）； 4.支撑件不合格； 5.构件防锈处理不合格； 6.支腿不平，现场无警示标识或标识破损（警戒区，标牌，反光带等）； 7.吊索吊具不合格或达到报废标准（钢丝绳、吊带、U形卸扣等）； 8.支垫材料不合格（枕木、钢垫板等），无防脱钩装置缺陷（防脱钩装置，限位装置等）； 9.设备带"病"作业（制动装置等），距高压线等安全距离不足； 10.安全防护用品不合格（反光背心、安全帽等）	1.强风，暴雨，大雾等不良天气； 2.地基承载力不足，基础下沉； 3.作业场地照明不足	1.施工方案不完善或未落实； 2.安全教育、培训，交底、检查制度不完善或未落实； 3.未对起重设备进行进场验收或验收不到位； 4.安全投入不足； 5.起重吊装作业时无专人监护； 6.起重吊装安全操作规程不规范或未落实	√	√	√	√	√

续上表

分部工程	施工作业内容	典型风险事件	致害物	致险因素			风险人员类型		事件后果类型		
				人的因素	物的因素	环境因素	管理因素	受伤人员类型		人员伤亡	
								本人	他人	轻伤	重伤	死亡
桩基与墩台工程	护筒施工	车船伤害	运输车辆、施工船舶、附近通航船舶	1.不当操作造成车辆安全装置失效,人员冒险进入危险场所(车辆倒坡); 2.车辆冒险进入边坡临空位置,有分散注意力的行为; 3.施工人员着不安全装置; 4.现场指挥、警戒不当; 5.管理人员违章指挥,强令冒险作业(进入驾驶人员视野盲区等); 6.驾驶人员未持有效证件上岗,驾驶人员操作错误,违章作业(违规载人,酒后驾驶,超速,超限,超载等); 7.驾驶人员身体健康状况异常、心理异常、感知异常(反应迟钝,后视错误等); 8.驾驶人员疲劳作业,现场使用安全防护用品不正确(反光背心,安全帽等)	1.运输车辆未经检验或有缺陷; 2.施工场地环境不良(如照明不佳,场地湿滑等); 3.个人防护用品用具缺少或有缺陷; 4.安全警示标志、护栏等安全装置缺乏或缺陷,车辆操作人员无上岗资格证; 5.运输道路承载力不足; 6.现场无警示标识或标识破损(警戒区、标牌、反光锥、反贴等); 7.车辆带"病"作业(制动装置、喇叭、后视镜、警示灯等设施有缺陷); 8.车辆作业安全距离不足	1.场地受限; 2.道路不符合要求; 3.大风、暴雨、低温等恶劣天气(不利于混凝土提升强度); 4.不稳定坡体	1.技术上的缺陷; 2.操作者生理、心理上的缺陷; 3.教育、交底不到位有缺陷; 4.管理工作上的缺陷; 5.未对车辆设备、安全防护用品等进行进场验收或验收验证不到位; 6.车辆安全管理制度不完善或未落实(检查维护保养不到位); 7.安全操作规程不规范或未落实(作业前未对车辆周围环境进行检查)	√	√	√	√	

续上表

分部工程	施工作业内容	典型风险事件	致害物	致险因素			风险事件后果类型			
				人的因素	物的因素	环境因素	管理因素	受伤人员类型 || 人员伤亡		
								本人	他人	轻伤	重伤	死亡

分部工程	施工作业内容	典型风险事件	致害物	人的因素	物的因素	环境因素	管理因素	本人	他人	轻伤	重伤	死亡
桩基与墩台工程	护筒施工	滑桩	桩基工程施工时不稳或施工不当	1. 不当操作造成车辆安全装置失效，人员冒险进入危险场所（车辆倒坡等）；2. 车辆冒险进入边临位置，有分散注意力的行为；3. 施工人员着不安全装束；4. 现场指挥、警戒不当；5. 管理人员违章指挥、强令冒险作业；6. 驾驶人员未持有效证上岗，违章作业（违规操作错误、酒后驾驶、超载人、超限、超载作业）；7. 驾驶人员身体健康状况异常，心理异常（反应迟钝、感知知觉等错误）；8. 驾驶人员疲劳作业，现场作业人员未正确使用安全防护用品（反光背心、安全帽等）	1. 施工设备未经检验或有缺陷；2. 施工场地环境不良（如照明不佳、场地湿滑等）；3. 个人防护用品用具缺少或有缺陷；4. 安全警示标志、护栏等警示装置缺乏或有缺陷，车辆操作人员无上岗资格证；5. 承载力不足；6. 现场破损标识（警戒区、标牌、反光锥、反光贴等）；7. 设备带"病"作业（制动装置、喇叭、警示灯等有缺陷）；8. 车辆作业安全距离不足	1. 场地受限；2. 施工环境不符合要求；3. 大风、暴雨、低温等恶劣天气（不利于混凝土提升强度）；4. 设备、地基、承载平台等不稳定	1. 技术上的缺陷；2. 操作者生理、心理上的缺陷；3. 教育、交底不到位，有缺陷；4. 管理工作上的缺陷；5. 未对设备、安全防护用品等进行进场验收或验收不到位；6. 施工设备安全管理制度不完善或未落实（检查维护保养不到位）；7. 安全操作规程不规范或未落实（作业前未对车辆周围环境进行检查）	√	√	√	√	

续上表

分部工程	施工作业内容	典型风险事件	致害物	致险因素				风险事件后果类型			
				人的因素	物的因素	环境因素	管理因素	受伤人员类型	人员伤亡		
								本人 / 他人	轻伤	重伤	死亡
桩基与墩台工程	护筒施工	滑坡	不稳定土体、砌体、结构物等	1. 管理人员违章指挥，强令冒险作业（防护、放坡不及时）； 2. 人员心理异常（冒险侥幸心理等）； 3. 作业人员操作错误； 4. 有违章作业、违反劳动纪律的行为（管理人员脱岗）	1. 无警示信号或信号不清（紧急撤离信号）； 2. 现场无警示标识或标识破损（警戒区、标牌、反光锥等）； 3. 截排水设施不完善； 4. 防护形式错或防护材料不合格（材料强度不足等）； 5. 基坑边沿停放重型机械或堆放渣土	1. 存在滑坡、偏压等不良地质； 2. 作业场地照明不足； 3. 强风、暴雨、大雪等不良天气	1. 施工方案不完善或未落实（揭底开挖或上下重叠开挖、开挖完后未及时施工防护及排水）； 2. 安全教育、培训、交底、检查制度不完善或未落实； 3. 安全投入不足	√		√	√
	钻孔、清渣	物体打击	零散材料、工具等	1. 违章操作； 2. 违章指挥； 3. 未按方案施工	构件运输、安装过程中坠落	风力超过6级，雨雾天气，夜间照明不良条件下进行作业	1. 交底培训不到位； 2. 现场监督检查不到位	√	√	√	
		触电	电焊机、发电机、配电箱、破损的电缆及其他用电设备、钢筋等导电材料	1. 作业人员未正确使用安全防护用品（绝缘鞋、绝缘手套等）； 2. 作业人员操作错误或违章作业（带电检修维护）	1. 电缆线、配电箱等电气设施不合格（线路破损、老化）； 2. 电气设施设置不规范（电缆拖地、配电箱无支架等）	1. 强风、雷雨、大雪天气； 2. 作业场地杂乱、潮湿或积水； 3. 作业场地照明不足	1. 临时用电方案不完善或未落实； 2. 发电机等安全操作规程不规范或未落实； 3. 电气设施材料未进行进场验收； 4. 无电工对用电设施进行巡查或巡查不到位	√		√	√

续上表

分部工程	施工作业内容	典型风险事件	致害物	致险因素				风险事件后果类型				
				人的因素	物的因素	环境因素	管理因素	受伤人员类型		人员伤亡		
								本人	他人	轻伤	重伤	死亡
		触电	电焊机、发电机、配电箱、破损的电线、其他用电设备、钢筋等导电材料	3. 管理人员违章指挥，强令冒险作业；4. 电工等特种作业人员未持有效证件上岗；5. 作业人员疲劳作业	3. 带电设施无警示标识或标识破损，安全防护装置不规范（未接地、无漏电保护器、接线端子无防护罩等）；4. 防护不当，防护距离不足（配电柜、发电机无遮雨棚、防护闸挡或防护破损）；5. 设备损坏漏电		5. 机械设备安全管理制度未落实（设备等机具检查维护保养不到位）；6. 安全教育、培训、交底、检查制度不完善或未落实；7. 安全投入不足	√				
桩基与墩台工程	钻孔清渣	机械伤害	现场机械设备	1. 人员违章进入危险区域；2. 管理人员违章指挥，强令冒险作业；3. 机械操作人员操作错误、违章作业（酒后作业）；4. 操作人员身体健康状况异常、心理异常，感知异常（反应迟钝、辨识错误）；5. 现场作业人员安全防护用品不正确使用（反光背心、安全帽等）；6. 机械操作人员疲劳作业	1. 现场无警示标识或标识破损（警戒区、标牌，反光贴等）；2. 设备设施安全作业距离不足，设备带"病"作业（设备设施制动装置失效，运动或转动装置无防护或防护装置有缺陷等）；3. 安全防护用品不合格（反光背心、安全帽、护目镜等）	1. 强风、暴雨、大雪、大雾等天气；2. 作业场地地表不平整、湿滑；3. 夜间施工照明不足	1. 机械不完善或安全管理制度未落实（检查维护保养不到位）；2. 未对机械设备、安全防护用品等进行进场验收或验收验收不到位；3. 安全教育、培训、交底、检查制度不完善或未落实；4. 机械设备操作规程不规范或未落实；5. 安全投入不足	√	√	√	√	

— 71 —

续上表

分部工程	施工作业内容	典型风险事件	致害物	致险因素 - 人的因素	致险因素 - 物的因素	致险因素 - 环境因素	致险因素 - 管理因素	风险事件后果类型 - 受伤人员类型 - 本人	风险事件后果类型 - 受伤人员类型 - 他人	人员伤亡 - 轻伤	人员伤亡 - 重伤	人员伤亡 - 死亡
桩基与墩台工程	钢筋笼制作安装	物体打击	零散材料、工具等	1.违章操作；2.违章指挥；3.未按方案施工	构件运输、安装过程中坠落	风力超过6级，雨雾天气，夜间照明不良等条件下进行作业	1.交底培训不到位；2.现场监督检查不到位	√	√	√	√	
		触电	电焊机、发电机、配电箱、破损的电线、其他用电设备（钢筋加工机械）、钢筋等导电材料	1.作业人员未正确使用安全防护用品（绝缘鞋、绝缘手套等）；2.作业人员操作错误或违章作业（带电检修维护）；3.管理人员违章指挥、强令冒险作业；4.电工等特种人员未持有效证件上岗；5.作业人员疲劳作业	1.电缆线、配电箱等电气设施设置不规范（线路破损、老化）；2.电气设施设置不规范（电缆拖地、配电箱无支架等）；3.带电设施无警示标识或标示装置不规范（未接地、无漏电保护器、接线端子无防护罩等）；4.防护不当（防护距离不足（配电柜、发电机无遮雨棚、防护围挡或防护破损）	1.强风、雷雨、大雪等不良天气；2.作业场地杂乱、潮湿或积水；3.作业场地照明不足	1.临时用电方案不完善或未落实；2.发电机等安全操作规程不规范或未落实；3.电气设施材料等未进行进场验收；4.无电工对用电设施进行巡查或巡查不到位；5.机械设备安全管理制度落实不到位（设备等机具检查维护保养不到位）；6.安全教育、培训、交底、检查制度不完善或未落实；7.安全投入不足	√		√	√	√

— 72 —

第五章 港口工程施工的主要安全风险分析

续上表

分部工程	施工作业内容	典型风险事件	致害物	致险因素				风险事件后果类型				
				人的因素	物的因素	环境因素	管理因素	受伤人员类型			人员伤亡		
								本人	他人	轻伤	重伤	死亡
				1.人员违章进入危险区域；2.管理人员违章指挥，强令冒险作业；3.机械操作人员操作错误，违章作业（酒后作业）；4.操作人员身体健康状况异常，心理异常，感知异常（反应迟钝，辨识错误）；5.现场作业人员未正确使用安全防护用品（反光背心，安全帽等）；6.机械操作人员疲劳作业	1.现场无警示标识或标识破损（警戒区、标牌，反光贴等）；2.设备设施安全作业距离不足，设备设施运动部位防护或防转动装置失效，设备设施运动部件无防护或防护装置有缺陷等）；3.安全防护用品不合格（反光背心，安全帽，护目镜等）	1.强风，暴雨，大雪，大雾等不良天气；2.作业场地狭窄、不平整、湿滑；3.夜间施工照明不足	1.机械设备安全管理制度不完善或未落实（检查维护保养不到位）；2.未对机械设备、安全防护用品等进行进场验收或验收不到位；3.安全教育、培训、交底、检查制度未完善或未落实；4.机械设备操作规程不规范或未落实；5.安全投入不足					
桩基与墩台工程	钢筋笼制作安装	机械伤害	钢筋加工设备等					√	√	√		

— 73 —

续上表

分部工程	施工作业内容	典型风险事件	致害物	致险因素			风险人员类型		人员伤亡		
				人的因素	物的因素	环境因素	管理因素	受伤人员类型		人员事件后果类型	
								本人	他人	轻伤	重伤	死亡
桩基与墩台工程	钢筋笼制作安装	起重伤害	起重设备、吊索吊具	1. 管理人员违章指挥、强令冒险作业； 2. 作业人员操作错误、违章作业； 3. 起重工、信号工未持有效证件上岗； 4. 现场作业人员未正确使用安全防护用品（安全帽等）； 5. 抗倾覆验算错误，人员违章进入危险区域； 6. 起重人员身体健康状况异常、心理异常、感知异常（反应迟钝、辨识错误）； 7. 作业人员疲劳作业	1. 设备自身缺陷（强度、刚度不足，抗倾覆能力不足）； 2. 现场无警示标识或标识破损（警戒区、标牌、反光锥等）； 3. 安全防护用品不合格（安全帽等）； 4. 支撑件不合格； 5. 构件防锈处理不合格； 6. 支腿不平，现场无警示标识或标识破损（警戒区、标牌、反光锥等）； 7. 吊索吊具不合格或达到报废标准（钢丝绳、吊带、U形卸扣等）； 8. 支垫材料不合格（枕木、钢板等）； 9. 设备装置缺陷（防脱钩装置、限位装置等）； 10. 安全防护用品不合格（反光背心、安全帽等）	1. 强风、暴雨、大雪等不良天气； 2. 地基承载力不足，基础下沉； 3. 作业场地照明不足	1. 施工方案不完善或未落实； 2. 安全教育、培训、交底、检查制度不完善或未落实； 3. 未对起重设备进行进场验收或验收不到位； 4. 安全投入不足； 5. 起重吊装作业时无专人监护； 6. 起重吊装安全操作规程不规范或未落实	√	√		√	√

续上表

分部工程	施工作业内容	典型风险事件	致害物	致险因素			风险事件后果类型				
				人的因素	物的因素	环境因素	管理因素	受伤人员类型		人员伤亡		
								本人	他人	轻伤	重伤	死亡
桩基与墩台工程	钢筋笼制作安装	车船伤害	运输车辆、施工船舶、附近通航船舶	1.不当操作造成车辆安全装置失效,人员冒险进入危险区域(车辆倒车盲区); 2.车辆冒险进入边坡临边位置,有分散注意力的行为; 3.施工人员着不安全装束; 4.现场指挥、警戒不当; 5.管理人员违章指挥、强令冒险作业(进入驾驶人员视野盲区等); 6.驾驶人员未持有效证件上岗,违规操作错误,酒后驾驶,违规载人,超限、超载作业); 7.驾驶人员身体健康状况异常,心理异常,感知异常(反应迟钝、辨识错误); 8.驾驶人员疲劳作业,现场作业人员未正确使用安全防护用品(反光背心,安全帽等)	1.运输车辆未经检验或有缺陷; 2.施工场地环境不良(如照明不佳,场地湿滑等); 3.个人防护用品用具缺少或有缺陷; 4.安全警示标志、护栏等安全装置缺乏或有缺陷,车辆操作人员无上岗资格证; 5.运输道路承载力不足; 6.现场无警示标识或标识破损(警戒区、标牌、反光锥、反光贴等); 7.车辆带"病"作业(制动装置、喇叭、后视镜、警示灯等设施有缺陷); 8.车辆作业安全距离不足	1.场地受限; 2.道路不符合要求; 3.大风、暴雨、低温等恶劣天气(不利于混凝土提升强度); 4.不稳定坡体	1.技术上的缺陷; 2.操作者生理、心理上的缺陷; 3.教育、交底不到位有缺陷; 4.管理工作上的缺陷; 5.未对车辆设备、安全防护用品等进行进场验收或验收不到位; 6.车辆安全管理制度不完善或未落实(检查维护保养不到位); 7.安全操作规程不规范或未落实(作业前未对车辆周围环境进行检查)	√	√	√	√	

— 75 —

续上表

分部工程	施工作业内容	典型风险事件	致害物	致险因素				风险人员类型		人员伤亡		
				人的因素	物的因素	环境因素	管理因素	受伤人员类型				
								本人	他人	轻伤	重伤	死亡
桩基与墩台工程	混凝土灌注	物体打击	零散材料、工具等	1. 违章操作; 2. 违章指挥; 3. 未按方案施工	构件运输、安装过程中坠落	风力超过6级,雨雾天气,夜间照明不良等条件下进行作业	1. 交底培训不到位; 2. 现场监督检查不到位	√	√	√	√	
		触电	破损的电线及其他用电设备	1. 作业人员未正确使用安全防护用品(绝缘鞋、绝缘手套等); 2. 作业人员操作错误或违章作业(带电检修维护); 3. 管理人员违章指挥、强令冒险作业; 4. 电工等特种人员持证不有效上岗; 5. 作业人员疲劳作业	1. 电缆线、配电箱等电气设施设置不规范(线路破损、老化); 2. 电气设施设置不规范(电缆拖地、配电箱无支架); 3. 带电设施无警示标识或标识破损、安全防护装置不规范(未接地、无漏电保护器、接线端子无防护罩等); 4. 防护不当、防护距离不足(配电柜、发电机无遮雨棚、防护周挡或防护破损); 5. 设备损坏漏电	1. 强风、雷雨、大雪等不良天气; 2. 作业场地杂乱、潮湿或积水; 3. 作业场地照明不足	1. 临时用电方案不完善或未落实; 2. 发电机等安全操作规程不规范或未落实; 3. 电气设施未进行进场验收; 4. 无电工对用电设施进行巡查或巡查不到位; 5. 机械设备安全管理制度未落实(设备等工具检查维护保养不到位); 6. 安全教育、培训、交底、检查制度不完善或未落实; 7. 安全投入不足	√		√	√	√

第五章 港口工程施工的主要安全风险分析

续上表

分部工程	施工作业内容	典型风险事件	致害物	致险因素				风险人员类型		人员伤亡		
				人的因素	物的因素	环境因素	管理因素	本人	他人	轻伤	重伤	死亡
		坍塌	不稳定结构物体等	1.管理人员违章指挥,强令冒险作业(防护,放坡不及时); 2.人员心理异常(冒险侥幸心理等); 3.作业人员操作错误; 4.有违章作业、违反劳动纪律的行为(管理人员脱岗)	1.无警示信号或信号不清(紧急撤离信号); 2.现场无警示标识或标识破损(警戒区、标牌、反光锥等); 3.截排水设施不完善; 4.防护形式错或防护材料不合格(材料强度不足等); 5.基坑边沿停放重型机械或堆放渣土	1.存在滑坡、偏压等不良地质; 2.作业场地照明不足; 3.强风、暴雨、大雪等不良天气	1.安全教育、培训、交底,检查制度落实未到位; 2.安全投入不足	√			√	
桩基与墩台工程	混凝土灌注	机械伤害	现场机械设备等	1.人员违章进入危险区域; 2.管理人员违章指挥,强令冒险作业; 3.机械违章操作人员操作错误; 4.操作人员身体健康状况异常、心理异常、感知异常(反应迟钝、辨识错误); 5.现场作业人员未正确使用安全防护用品(反光背心、安全帽等); 6.机械操作人员疲劳作业	1.现场无警示设施或标识破损(警戒带、标牌、反光贴等); 2.设备不足,设备安全距离不足,运动或转动装置失效,设备设施制动装置无防护或防护装置有缺陷等; 3.安全防护用品不合格(反光背心、安全帽、护目镜等)	1.强风、暴雨、大雾等不良天气; 2.作业场地狭窄不平整、湿滑; 3.夜间施工照明不足	1.机械设备安全管理制度不完善或未落实(检查维护保养不到位); 2.未对机械设备进行安全防护验收或验收不到位; 3.安全教育、培训、交底,检查制度不完善或未落实; 4.机械设备操作规程不规范; 5.安全投入人不足	√	√	√	√	

续上表

分部工程	施工作业内容	典型风险事件	致害物	致险因素				风险人员类型		风险事件后果类型		
				人的因素	物的因素	环境因素	管理因素	受伤人员类型		人员伤亡		
								本人	他人	轻伤	重伤	死亡
				1. 不当操作造成车辆安全装置失效，人员冒险进入危险场所（车辆倒车区域）； 2. 车辆冒险进入边坡临边位置，有分散注意力的行为； 3. 施工人员着不安全装束； 4. 现场指挥、警戒不当； 5. 管理人员违章指挥，强令冒险作业（进入驾驶人员视野盲区等）； 6. 驾驶人员未持有效证件上岗，违章驾驶（违规操作错误，酒后驾驶，超载人，超限、超载作业）； 7. 驾驶人员身体健康状况异常、心理异常、感知异常（反应迟钝、辨识错误）； 8. 驾驶人员疲劳作业，现场作业人员未正确使用安全防护用品（使用反光背心、安全帽等）	1. 运输车辆未经检验或有缺陷； 2. 施工场地环境不良（如照明不佳、场地湿滑等）； 3. 个人防护用品用具缺少或有缺陷； 4. 安全警示标志、护栏等装置缺乏或有缺陷，车辆操作人员无上岗资格证； 5. 运输道路承载力不足； 6. 现场无警示标识或标牌，反光贴（反光镜、反光贴）有缺陷； 7. 车辆带"病"作业（制动装置、喇叭、后视镜、警示灯等有缺陷）； 8. 车辆作业安全距离不足	1. 场地受限； 2. 道路不符合要求； 3. 大风，暴雨，低温等恶劣天气（不利于混凝土提升强度）； 4. 不稳定坡体	1. 技术上的缺陷； 2. 操作者生理、心理上的缺陷； 3. 教育、交底不到位； 4. 管理工作上的缺陷； 5. 未对车辆设备、安全防护用品等进行验收或验收保养不到位； 6. 车辆安全管理制度不完善或未落实（检查维护保养不到位）； 7. 安全操作规程不规范或未落实（作业前未对车辆周围环境进行检查）	√	√	√	√	
桩基与墩台工程	混凝土灌注	车船伤害	现场船舶									

续上表

分部工程	施工作业内容	典型风险事件	致害物	致险因素 人的因素	致险因素 物的因素	致险因素 环境因素	致险因素 管理因素	风险人员类型 本人	风险人员类型 他人	人员伤亡 轻伤	人员伤亡 重伤	人员伤亡 死亡
桩基与墩台工程	桩头处理	淹溺	水体	1. 作业人员安全防护意识差； 2. 违章操作； 3. 未正确佩戴劳动防护品； 4. 作业人员疲劳作业	水上作业未设置安全防护设施	风力超过6级，雨雾天气，夜间照明不良等条件下进行作业	1. 交底培训不到位； 2. 现场监督检查不到位	√			√	√
		物体打击	零散材料、工具、桩头等	1. 违章操作； 2. 违章指挥； 3. 未按方案施工	构件运输、安装过程中坠落	风力超过6级，雨雾天气，夜间照明不良等条件下进行作业	1. 交底培训不到位； 2. 现场监督检查不到位	√		√		
		触电	破损的电线及其他用电设备	1. 作业人员未正确使用安全防护用品（绝缘鞋、绝缘手套等）； 2. 作业人员操作错误或违章作业（带电检修维护）； 3. 管理人员违章指挥、强令冒险作业；	1. 电缆线、配电箱等电气设施不合格（线路破损、老化）； 2. 电气设施设置不规范（电缆拖地，配电箱无支架等）； 3. 带电标识或警示标识装置不规范（未接地，无漏电保护器，接线端子无防护罩等）；	1. 强风、雷雨、大雪等不良天气； 2. 作业场地杂乱，潮湿或积水； 3. 作业场地照明不足	1. 临时用电方案不完善或未落实； 2. 发电机等安全操作规程不规范或未落实； 3. 电气设施材料等未进行进场验收； 4. 无电工对用电设施进行巡查或巡查不到位；	√			√	√

续上表

分部工程	施工作业内容	典型风险事件	致害物	致险因素				风险人员受伤人员类型			风险事件后果类型 人员伤亡		
				人的因素	物的因素	环境因素	管理因素	本人	他人		轻伤	重伤	死亡
桩基与墩台工程	桩头处理	触电	破损的电线及其他用电设备	4. 电工等特种人员未持有效证件上岗； 5. 作业人员疲劳作业	4. 防护不当，防护距离不足（配电柜、发电机无遮雨棚，防护围挡或防护破损）； 5. 设备损坏漏电		5. 机械设备安全管理制度未落实（设备等机具检查维护保养不到位）； 6. 安全教育、培训、交底、检查制度不完善或未落实； 7. 安全投入不足	√					
		机械伤害	现场机械设备等	1. 人员违章进入危险区域； 2. 管理人员违章指挥，强令冒险作业； 3. 机械操作人员操作错误，违章作业（酒后作业）； 4. 作业人员身体健康状况异常、心理异常、感知异常（反应迟钝、辨识错误）； 5. 现场作业安全防护用品使用不正确（反光背心、安全帽等）； 6. 机械操作人员疲劳作业	1. 现场无警示标识或标识破损（警戒区、标牌、反光贴等）； 2. 设备设施安全作业距离不足（设备设施运转动力装置失效、运动防护装置无防护或防护装置有缺陷等）； 3. 安全防护用品不合格（反光背心、安全帽、护目镜等）	1. 强风、暴雨、大雪、大雾等不良天气； 2. 作业场地较窄不平整、湿滑； 3. 夜间施工照明不足	1. 机械设备安全管理制度不完善或未落实（检查维护保养不到位）； 2. 未对机械设备、安全防护用品等进行进场验收或验收不到位； 3. 安全教育、培训、交底、检查制度不完善或未落实； 4. 机械设备操作规程不规范或未落实； 5. 安全投入不足		√	√	√	√	

— 80 —

续上表

分部工程	施工作业内容	典型风险事件	致害物	致险因素			风险事件后果类型				
				人的因素	物的因素	环境因素	管理因素	受伤人员类型		人员伤亡		
								本人	他人	轻伤	重伤	死亡
桩基与墩台工程	桩头处理	起重伤害	起重设备、吊索具	1.管理人员违章指挥、强令冒险作业；2.作业人员操作错误、违章作业；3.起重工、信号工未持有效证件上岗；4.现场作业人员未正确使用安全防护用品（安全帽等）；5.抗倾覆验算错误，人员违章进入危险区域；6.起重人员身体健康状况异常、心理异常、感知异常（反应迟钝、辨识错误）；7.作业人员疲劳作业	1.设备自身缺陷（强度、刚度不足，抗倾覆能力不足）；2.现场破损无警示标识或标牌、反光锥；3.安全防护用品不合格（安全帽等）；4.支撑件不合格；5.构件防锈处理不合格；6.支腿不平，现场无警示标识或标牌、反光锥（警戒区、标牌等）；7.吊索吊具不合格或达到报废标准（钢丝绳、吊带、U形卸扣等）；8.支垫材料不合格（枕木、钢板等），无防护装置或防护装置缺陷（防脱钩装置、限位装置等）；9.设备带"病"作业（制动装置、距离高压线等安全距离不足）；10.安全防护用品不合格（反光背心、安全帽等）	1.强风、暴雨、大雪等不良天气；2.地基承载力不足、基础下沉；3.作业场地照明不足	1.施工方案不完善或未落实；2.安全教育、培训、交底、检查制度不完善或未落实；3.未对起重设备进行进场验收或验收不到位；4.安全投入不足；5.起重吊装作业时无专人监护；6.起重吊装安全操作规程不规范或未落实	√	√	√	√	√

续上表

分部工程	施工作业内容	典型风险事件	致害物	致险因素			风险事件后果类型				
				人的因素	物的因素	环境因素	管理因素	受伤人员类型		人员伤亡	
								本人	他人	轻伤	重伤	死亡
桩基与墩台工程	桩头处理	车船伤害	运输车辆、施工船舶、附近通航船舶	1.不当操作造成车辆安全装置未经检验或有缺陷；2.车辆冒险进入边坡临边位置，有分散注意力的行为；3.施工人员着不安全装束；4.现场指挥、警戒不当；5.管理人员违章指挥、强令冒险作业(进入驾驶人员视野盲区等)；6.驾驶人员未持有效证件上岗，违章驾驶操作错误，酒后驾驶，超载载人，违规超限、超载作业(违规、超限、超载等)；7.驾驶人员身体健康状况异常、心理应异常、感知异常(反应迟钝，辨识错误)；8.驾驶人员疲劳作业，现场作业人员未正确使用安全防护用品(反光背心、安全帽等)	1.运输车辆未经检验安全装置失效，人员冒险进入危险场所(车辆倒车区域)；2.施工场地环境不良(如照明不佳，场地湿滑等)；3.个人防护用品用具缺少或有缺陷；4.安全警示标志、护栏等装置缺乏或有缺陷，车辆操作人员无上岗资格证；5.运输道路承载力不足；6.现场无警示标识或标识破损(警戒区、标牌、反光锥、反光贴等)；7.车辆"带病"作业(制动装置、喇叭、后视镜、警示灯等有缺陷)；8.车辆作业安全距离不足	1.场地受限；2.道路不符合要求；3.大风、暴雨、低温等恶劣天气(不利于混凝土提升强度)；4.不稳定坡体	1.技术上的缺陷；2.操作者生理、心理上的缺陷；3.教育、交底不到位有缺陷；4.管理工作上的缺陷；5.未对车辆设备、安全防护用品等进行进场验收或验收不到位；6.车辆安全管理制度不完善或未落实(检查维护保养不到位)；7.安全操作规程不规范或未落实(作业前未对车辆周围环境进行检查)	√	√	√	√	

— 82 —

第五章 港口工程施工的主要安全风险分析

续上表

分部工程	施工作业内容	典型风险事件	致害物	致险因素 人的因素	致险因素 物的因素	致险因素 环境因素	致险因素 管理因素	风险人员类型 受伤人员类型 本人	风险人员类型 受伤人员类型 他人	人员伤亡 轻伤	人员伤亡 重伤	人员伤亡 死亡
桩基与墩台工程	桩头处理	高处坠落	无防护的作业平台、施工人员受自身的重力运动	1.作业人员未正确使用安全防护用品（安全带、防滑鞋等）；2.作业人员身体健康状况异常、心理异常，感知异常（有高血压、恐高症等禁忌症，反应迟钝辨识错误）；3.管理人员违章指挥，强令冒险作业；4.作业人员违章作业或违章作业	1.高处作业场所未设置安全防护等措施（安全绳索、防坠网）；2.未设置安全警示标志或标识破损；3.安全防护用品质量不合格，存在缺陷；4.未设置或设置不规范全爬梯设置不规范	1.大风、雷电、大雪、暴雨等恶劣天气；2.夜间施工照明不足；3.作业场地不平整、湿滑	1.安全教育、培训、交底、检查制度不完善或未落实；2.职业健康、安全管理制度不完善，未落实（定期体检）；3.安全投入不足；4.高处作业安全操作规程不规范；5.安全防护用品等未进行进场验收或验收不到位	√			√	√
	墩台或桩帽施工	淹溺	水体	1.作业人员安全防护意识差；2.违章操作；3.未正确佩戴劳动防护用品；4.作业人员疲劳作业	水上作业未设置安全防护设施	风力超过6级、雨雾天气，夜间照明不良等条件下进行作业	1.交底培训不到位；2.现场监督检查不到位	√		√	√	√

续上表

分部工程	施工作业内容	典型风险事件	致害物	致险因素				风险人员类型		风险事件后果类型			
				人的因素	物的因素	环境因素	管理因素	受伤人员		人员伤亡			
								本人	他人	轻伤	重伤	死亡	
桩基与墩台工程	墩台或桩帽施工	物体打击	零散材料、工具等	1.违章操作；2.违章指挥；3.未按方案施工	构件运输、安装过程中坠落	风力超过6级、雨雾天气、夜间照明不良等条件下进行作业	1.交底培训不到位；2.现场监督检查不到位	√		√	√		
		触电	电焊机、发电机、配电箱、破损的电线、其他用电设备（钢筋加工机械）、钢筋等导电材料	1.作业人员未正确使用安全防护用品（绝缘鞋、绝缘手套等）；2.作业人员操作错误或违章作业（带电检修维护）；3.管理人员违章指挥、强令冒险作业；4.电工等特种人员未持有效证件上岗；5.作业人员疲劳作业	1.电缆线、配电箱等电气设施设置不合格（线路破损、老化）；2.电气设施设置不规范（电缆拖地、配电箱无支架等）；3.带电设施无警示标识或标识设置不规范（未接地、接线端无漏电保护器、安全防护装置破损、无防护罩等）；4.防护不当，防护距离不足（配电柜、发电机无遮雨棚、防护围挡或防护破损）；5.设备损坏漏电	1.强风、雷雨、大雪等不良天气；2.作业场地杂乱、潮湿或积水；3.作业场地照明不足	1.临时用电方案不完善或未落实；2.发电机等安全操作规程不规范或未落实；3.电气设施材料等未进行进场验收；4.无电工对用电设施进行巡查或巡查不到位；5.机械设备安全管理制度未落实（设备等机具检查维护保养不完善或未落实）；6.安全教育、培训、交底、检查不完善，未落实；7.安全投入不足	√		√	√	√	

— 84 —

续上表

分部工程	施工作业内容	典型风险事件	致害物	致险因素 人的因素	致险因素 物的因素	致险因素 环境因素	致险因素 管理因素	风险人员类型 本人	风险人员类型 他人	人员伤亡 轻伤	人员伤亡 重伤	人员伤亡 死亡
桩基与墩台工程	墩台或桩帽施工	坍塌	不稳定土体、砌体、结构物等	1. 管理人员违章指挥、强令冒险作业（防护、放坡不及时）；2. 人员心理异常（冒险侥幸心理等）；3. 作业人员操作错误；4. 有违章作业、违反劳动纪律的行为（管理人员脱岗）	1. 无警示信号或信号不清（紧急撤离信号）；2. 现场无警示标识或标识破损（警戒区、标牌、反光锥）；3. 截排水设施不完善；4. 防护形式错或防护材料不合格（材料强度不足等）；5. 基坑边沿停放重型机械或堆放渣土	1. 存在滑坡、偏压等不良地质；2. 作业场地照明不足；3. 强风、暴雨、大雪等不良天气	1. 施工方案不落实或未落实（掏底开挖或上下重叠开挖、开挖完后未及时施工防护及排水）；2. 安全教育、培训、交底、检查制度不完善或未落实；3. 安全投入不足		√		√	√
		机械伤害	现场机械设备	1. 人员违章进入危险区域；2. 管理人员违章指挥、强令冒险作业；3. 机械操作人员操作错误、违章操作（酒后作业）；4. 操作人员身体健康状况异常、心理异常、感知异常（反应迟钝、辨识错误）；5. 现场作业人员未正确使用安全防护用品（反光背心、安全帽等）；6. 机械操作人员疲劳作业	1. 现场无警示标识或标识破损（警戒区、标牌、反光贴等）；2. 设备设施安全作业距离失效，设备设施带"病"作业；3. 安全防护用品不合格（反光背心、安全帽、护目镜等）	1. 强风、暴雨、大雪、大雾等不良天气；2. 作业场地狭窄、不平整、湿滑；3. 夜间施工照明不足	1. 机械设备安全管理制度不完善或未落实（检查维护保养不到位）；2. 未对机械设备进行进场验收或验收不到位；3. 安全教育、培训、交底、检查制度不完善或未落实；4. 机械设备操作规程不规范；5. 安全投入不足	√	√	√	√	√

续上表

分部工程	施工作业内容	典型风险事件	致害物	致险因素				风险人员类型		风险事件后果类型		
				人的因素	物的因素	环境因素	管理因素	受伤类型		人员伤亡		
								本人	他人	轻伤	重伤	死亡
桩基与墩台工程	墩台或桩帽施工	起重伤害	起重设备、吊索吊具	1. 管理人员违章指挥，强令冒险作业； 2. 作业人员操作错误，违章作业； 3. 信号工无证上岗，信号工、信号工未持有效证件上岗； 4. 现场作业人员未正确使用安全防护用品（安全帽等）； 5. 抗倾覆验算错误，人员违章进入危险区域； 6. 起重人员身体健康状况异常，心理异常，感知异常（反应迟钝，辨识错误）； 7. 作业人员疲劳作业	1. 设备自身缺陷（强度、刚度不足，抗倾覆能力不足）； 2. 现场无警示标识或标识破损（警戒区、标牌、反光锥等）； 3. 安全防护用品不合格（安全帽等）； 4. 支撑作业不合格； 5. 构件防锈处理不合格； 6. 支腿不平，现场无警示标识或标识破损（警戒区、标牌、反光锥等）； 7. 吊索吊具不合格或达到报废标准（钢丝绳、吊带、U形卸扣等）； 8. 支垫材料不合格（枕木、钢板等）； 9. 支撑装置缺陷，无防护或防脱钩装置（防脱钩装置、限位装置等）； 9. 设备带"病"作业，距高压线等安全距离不足（制动装置等）； 10. 安全防护用品不合格（反光背心、安全帽等）	1. 强风、暴雨、大雪等不良天气； 2. 地基承载力不足，基础下沉； 3. 作业场地照明不足	1. 施工方案不完善或未落实； 2. 安全教育、培训、交底、检查制度不完善或未落实； 3. 未对起重设备进行进场验收或验收不到位； 4. 安全投入不足； 5. 起重吊装作业时无专人监护； 6. 起重吊装安全操作规程不规范或未落实	√	√	√	√	√

— 86 —

续上表

分部工程	施工作业内容	典型风险事件	致害物	致险因素			风险事件后果类型				
				人的因素	物的因素	环境因素	管理因素	受伤人员类型		人员伤亡	
								本人	他人	轻伤	重伤	死亡
桩基与墩台工程	墩台或桩帽施工	车船伤害	运输车辆、施工船舶、附近通航船舶	1.不当操作造成车辆安全装置失效，人员冒险进入危险场所（车辆倒车区域）； 2.车辆冒险进入边坡临边位置，有分散注意力的行为； 3.施工人员着不安全装束； 4.现场指挥、警戒不当； 5.管理人员违章指挥、强令冒险作业（进入驾驶人员视野盲区等）； 6.驾驶人员未持有效证件上岗，违章操作错误，违章驾驶（违规载人，酒后驾驶，超速、超限、超载作业）； 7.驾驶人员身体异常、状况异常、心理异常（反应迟钝，感知异常）错误； 8.驾驶人员疲劳作业，现场作业人员未正确使用安全防护用品（反光背心，安全帽等）	1.运输车辆未经检验或有缺陷； 2.施工场地环境不良（如照明不佳，场地湿滑等）； 3.个人防护用品用具缺少或有缺陷； 4.安全警示标志，护栏等警示装置缺乏或有缺陷，车辆操作人员无上岗资格； 5.运输道路承载力不足； 6.现场无警示标识或标识破损（警戒区，标牌，反光锥，反光贴等）； 7.车辆带"病"作业（制动装置，喇叭，后视镜，警示灯等设施有缺陷）； 8.车辆作业安全距离不足	1.场地受限； 2.道路不符合要求； 3.大风、暴雨、低温等恶劣天气（不利于混凝土提升强度）； 4.不稳定坡体	1.技术上的缺陷； 2.操作者生理、心理上的缺陷； 3.教育、交底不到位有缺陷； 4.管理工作上的缺陷； 5.未对车辆设备、安全防护用品等进行进场验收或验收不到位； 6.车辆安全管理制度不完善或未落实（检查、维护保养不到位）； 7.安全操作规程不规范或未落实（作业前未对车辆周围环境进行检查）	√	√	√	√	

续上表

分部工程	施工作业内容	典型风险事件	致害物	致险因素 人的因素	致险因素 物的因素	致险因素 环境因素	致险因素 管理因素	风险人员受伤类型 本人	风险人员受伤类型 他人	人员伤亡 轻伤	人员伤亡 重伤	人员伤亡 死亡
桩基与墩台工程	墩台或桩帽施工	高处坠落	无防护的作业平台、施工人员自身受的重力运动	1. 作业人员未正确使用安全防护用品（安全带、防滑鞋等）；2. 作业人员身体健康状况异常、心理异常，感知异常（有高血压、恐高症等禁忌症，反应迟钝、辨识错误）；3. 作业人员疲劳作业、管理人员违章指挥、强令冒险作业；4. 作业人员操作错误或违章作业	1. 高处作业场所未设置安全防护等措施（安全绳索（防坠网）；2. 未设置安全警示标志或标识破损；3. 安全防护用品质量不合格，存在缺陷；4. 未设置人员上下安全爬梯或设置不规范	1. 大风、雷电、大雪、暴雨等恶劣天气；2. 夜间施工照明不足；3. 作业场地不平整、湿滑	1. 安全教育、培训、交底、检查制度不完善或未落实；2. 职业健康、安全管理制度不完善，未落实（定期体检）；3. 安全投入不足；4. 高处作业不规范或操作规程不规范，安全防护用品等验收不进行进场验收或验收不到位		√	√	√	√
上部结构施工	预制构件	触电	电焊机、发电机、配电箱、破损的电线、其他用电设备（钢筋加工机械）、钢筋等导电材料	1. 作业人员未正确使用安全防护用品（绝缘鞋、绝缘手套等）；2. 作业人员操作错误或违章作业（带电检修、维护）；3. 管理人员违章指挥、强令冒险作业	1. 电缆线、配电箱等电气设施（线路）破损、老化；2. 电气设施设置不规范（电缆拖地、配电箱无支架等）；3. 带电标识或警示标识或安装置破损、安全防护装置不规范、未接地，无漏电保护器、接线端子无防护罩等；	1. 强风、雷雨、大雪等不良天气；2. 作业场地杂乱、潮湿或积水；3. 作业场地照明不足	1. 临时用电方案不完善或未落实；2. 发电机等安全操作规程不规范或未落实；3. 电气设施材料等未进行进场验收；4. 无电工对用电设施进行巡查或巡查不到位	√		√	√	√

— 88 —

续上表

分部工程	施工作业内容	典型风险事件	致害物	致险因素				风险人员类型		风险事件后果类型		
				人的因素	物的因素	环境因素	管理因素	本人	他人	轻伤	重伤	死亡
		触电	电焊机、发电机、配电箱、破损的电线、其他用电设备（钢筋加工机械）、钢筋等导电材料	4. 电工等特种人员未持有效证件上岗； 5. 作业人员疲劳作业	4. 防护不当，防护距离不足（配电柜、发电机无遮雨棚，防护围挡或防护破损）； 5. 张拉等设备损坏漏电		5. 机械设备安全管理制度未落实（张拉设备等机具检查维护保养不到位）； 6. 安全教育、培训、交底、检查制度不完善或未落实； 7. 安全投入不足					
上部结构施工	预制构件	机械伤害	现场机械设备	1. 人员违章进入危险区域； 2. 管理人员违章指挥、强令冒险作业； 3. 机械操作人员操作错误、违章作业（酒后作业）； 4. 操作人员身体健康状况异常、心理异常、感知迟钝（反应迟钝、辨识错误）； 5. 现场作业人员未正确使用安全防护用品（反光背心、安全帽、护目镜等）； 6. 机械操作人员疲劳作业	1. 现场无警示标识或标识破损、标牌反光贴差； 2. 设备设施安全距离不足（设备设施安全作业、运转动装置失效，运动防护或防护装置有缺陷等）； 3. 安全防护用品不合格（反光背心、安全帽、护目镜等）	1. 强风、暴雨、大雪、大雾等天气； 2. 作业场地狭窄不平整、湿滑； 3. 夜间施工照明不足	1. 机械设备安全管理制度不完善或未落实（检查维护保养不到位）； 2. 未对机械设备、安全防护用品等进行进场验收或验收不到位； 3. 安全教育、培训、交底、检查制度不完善或未落实； 4. 机械设备操作规程不规范或未落实； 5. 安全投入不足	√	√	√	√	

续上表

分部工程	施工作业内容	典型风险事件	致害物	致险因素			受伤人员类型		风险事件后果类型		
				人的因素	物的因素	环境因素	管理因素	本人	他人	人员伤亡	
										轻伤	重伤	死亡
上部结构施工	预制构件	起重伤害	起重设备、吊索吊具	1.管理人员违章指挥、强令冒险作业；2.作业人员操作错误、违章作业；3.起重工、信号工未持有效证件上岗；4.现场作业人员正确使用安全防护用品（安全帽等）；5.抗倾覆验算错误，人员倾覆进入危险区域；6.起重人员身体健康状况异常、心理异常、感知异常（反应迟钝、辨识错误）；7.作业人员疲劳作业	1.设备自身缺陷（强度、刚度不足,抗倾覆能力不足）；2.现场无警示标识或标识破损（警戒区、标牌、反光锥等）；3.安全防护用品不合格（安全帽等）；4.支撑件不合格；5.构件防锈处理不合格；6.支腿不平、现场无警示标识或标识破损（警戒区、标牌、反光锥等）；7.吊索吊具达到报废标准（钢丝绳、吊带、U形卸扣等）；8.支垫材料不合格（枕木、钢板等），无防护或防护装置缺陷（防脱钩装置、限位装置等）；9.设备带"病"作业（制动装置等），距高压线等安全距离不足；10.安全防护用品不合格（反光背心、安全帽等）	1.强风、暴雨、大雪等不良天气；2.地基承载力不足，基础下沉；3.作业场地照明不足	1.施工方案不完善或未落实；2.安全教育、培训、交底、检查制度不完善或未落实；3.未对起重设备进行进场验收或验收不到位；4.安全投入不足；5.起重吊装作业时无专人监护；6.起重吊装安全操作规程不规范或未落实	√	√	√	√	√

续上表

分部工程	施工作业内容	典型风险事件	致害物	致险因素 人的因素	致险因素 物的因素	致险因素 环境因素	致险因素 管理因素	风险人员类型 受伤人员类型 本人	风险人员类型 受伤人员类型 他人	风险事件后果类型 人员伤亡 轻伤	风险事件后果类型 人员伤亡 重伤	风险事件后果类型 人员伤亡 死亡
				1. 不当操作造成车辆安全装置失效，人员冒险进入危险场所（车辆倒车时）；2. 车辆冒险进入边坡临近位置，有力的行为；3. 施工人员着不安全装束；4. 现场指挥、警戒不当；5. 管理人员违章指挥，强令冒险作业（驾驶人员视野盲区等）；6. 驾驶人员未持有效证件上岗，违章作业（违规载人、酒后驾驶、超速、超限、超载等）；7. 驾驶人员身体健康状况异常、心理异常，知觉异常（反应迟钝、辨识错误）；8. 驾驶人员疲劳作业，现场作业人员未正确使用安全防护用品（反光背心、安全帽等）	1. 运输车辆未经检验或有缺陷；2. 施工场地环境不佳（如照明不足，场地湿滑等）；3. 个人防护用品用具缺少或有缺陷；4. 安全警示标志、护栏等警示装置缺乏或有缺陷，车辆操作人员无上岗资格证；5. 运输道路承载力不足；6. 现场无警示标识（警戒区、标牌等）；7. 车辆带"病"作业（制动装置、喇叭、后视镜，警示灯等设施有缺陷）；8. 车辆作业安全距离不足	1. 场地受限；2. 道路不符合要求；3. 大风、暴雨、低温等恶劣天气（不利于混凝土提升强度）；4. 不稳定坡体	1. 技术上的缺陷；2. 操作者生理、心理上的缺陷；3. 教育、交底不到位，有缺陷；4. 管理工作上的缺陷；5. 未对车辆设备、安全防护用品等进行进场验收或验收不到位；6. 车辆安全管理制度不完善或落实不到位，维护保养不到位；7. 安全操作规程不规范或落实不到位（作业前未对车辆周围环境进行检查）					
上部结构施工	预制构件	车船伤害	运输车辆、施工船舶、附近通航船舶					√	√	√	√	

续上表

分部工程	施工作业内容	典型风险事件	致害物	致险因素				风险事件后果类型			
				人的因素	物的因素	环境因素	管理因素	受伤人员类型		人员伤亡		
								本人	他人	轻伤	重伤	死亡
上部结构施工	钢板桥、钢梁制作	物体打击	零散材料、工具等	1.违章操作；2.违章指挥；3.未按方案施工	构件运输、安装过程中坠落	风力超过6级,雨雾天气、夜间照明不良等条件下进行作业	1.交底培训不到位；2.现场监督检查不到位		√	√	√	
		触电	电焊机、发电机、配电箱、破损的电线、其他用电设备等导电材料	1.作业人员未正确使用安全防护用品（绝缘鞋、绝缘手套等）；2.作业人员操作错误或违章作业（带电检修维护）；3.管理人员违章指挥、强令冒险作业；4.电工等特种人员未持有效证上岗；5.作业人员疲劳作业	1.电缆线、配电箱等电气设施不合格（线路破损、老化）；2.电气设施设置不规范（电缆拖地、配电箱无支架等）；3.带电设施无警示标识或安装装置不规范（无漏电保护器、接线端子无防护罩等）；4.防护不当、防护距离不足（配电柜、发电机无遮雨棚、防护围挡或防护破损）；5.设备损坏漏电	1.强风、雷雨、大雪等不良天气；2.作业场地杂乱、潮湿或积水；3.作业场地照明不足	1.临时用电方案不完善或未落实；2.发电机等安全操作规程不规范或未落实；3.电气设施材料等未进行进场验收；4.无电工对用电设施进行巡查或巡查不到位；5.机械设备安全管理制度未落实（设备等机具检查维护保养不到位）；6.安全教育、培训、交底、检查制度不完善或未落实；7.安全投入不足	√		√	√	√

续上表

分部工程	施工作业内容	典型风险事件	致害物	致险因素				风险事件后果类型					
				人的因素	物的因素	环境因素	管理因素	受伤人员类型			人员伤亡		
								本人	他人		轻伤	重伤	死亡
上部结构施工	钢防撞、钢梁制作	机械伤害	现场机械设备	1. 人员违章进入危险区域； 2. 管理人员违章指挥、强令冒险作业； 3. 机械操作人员操作错误，违章作业； 4. 操作人员身体健康状况异常、心理异常、感知异常（反应迟钝、辨识错误）； 5. 现场作业人员未正确使用安全防护用品（反光背心、安全帽等）； 6. 机械操作人员疲劳作业	1. 现场无警示标识或标识破损（警戒区、标牌、反光贴等）； 2. 设备设施安全作业距离不足（设备设施、设备带"病"作业，运动防护或转动装置失效，运动防护装置无防护或装置有缺陷等）； 3. 安全防护用品不合格（反光背心、安全帽、护目镜等）	1. 强风、暴雨、大雪、大雾等不良天气； 2. 作业场地湿滑、不平整； 3. 夜间施工照明不足	1. 机械设备安全管理制度不完善或保养不到位（检查维护保养不到位）； 2. 未对机械设备、安全防护用品等进行进场验收或验收不到位； 3. 安全教育、培训、交底、检查制度不完善或未落实； 4. 机械设备操作规程不规范或未落实； 5. 安全投入不足	√	√		√	√	

续上表

分部工程	施工作业内容	典型风险事件	致害物	致险因素				风险事件后果类型				
				人的因素	物的因素	环境因素	管理因素	受伤人员类型		人员伤亡		
								本人	他人	轻伤	重伤	死亡
上部结构施工	钢桥、钢梁制作	起重伤害	起重设备、吊索吊具	1. 管理人员违章指挥、强令冒险作业；2. 作业人员操作错误、违章作业；3. 起重工、信号工未持有效证件上岗；4. 现场作业人员未正确使用安全防护用品（安全帽等）；5. 抗倾覆验算错误，人员违章进入危险区域；6. 起重人员身体健康状况异常、心理异常（反应迟钝、辨识知异常）错误；7. 作业人员疲劳作业	1. 设备自身缺陷（强度、刚度不足，抗倾覆能力不足）；2. 现场无警示标识（警戒区、标牌、反光锥等）；3. 安全防护用品不合格（安全帽等）；4. 支撑件不合格；5. 构件防锈处理不合格；6. 支腿不平，现场无警示标识或标识破损（警戒区、标牌、反光锥等）；7. 吊索吊具不合格或达到报废标准（钢丝绳、吊带、U形卸扣等）；8. 支垫材料不合格（枕木、钢板等）；9. 设备带"病"作业（制动装置等），距高压线等安全距离不合格（反光背心、安全帽等）	1. 强风、暴雨、大雪等不良天气；2. 地基承载力不足，基础下沉；3. 作业场地照明不足	1. 施工方案不完善或未落实；2. 安全教育、培训、交底、检查制度不完善或未落实；3. 未对起重设备进行进场验收或验收不到位；4. 安全投入不足；5. 起重吊装作业时无专人监护；6. 起重吊装安全操作规程不规范或未落实	√	√	√	√	√

第五章 港口工程施工的主要安全风险分析

续上表

分部工程	施工作业内容	典型风险事件	致害物	致险因素 - 人的因素	致险因素 - 物的因素	致险因素 - 环境因素	致险因素 - 管理因素	风险人员受伤类型 - 本人	风险人员受伤类型 - 他人	人员伤亡 - 轻伤	人员伤亡 - 重伤	人员伤亡 - 死亡
上部结构施工	钢栈桥钢梁制作	车船伤害	运输车辆、施工船舶、附近通航船舶	1. 不当操作造成车辆安全装置失效，人员冒险进入危险场所（车辆倒车区域）；2. 车辆冒险进入边坡临空位置，有分散注意力的行为；3. 施工人员着装不安全装束；4. 现场指挥、警示不当；5. 管理人员冒险指挥、强令冒险作业，驾驶员视野盲区等）；6. 驾驶人员未持有效证件上岗，违章驾驶作业（违规载人、酒后驾驶、超速、超限、超载等）；7. 驾驶人员身体健康状况异常、心理异常，疾劳作业，反应迟钝，感知错误（反光镜，反光贴等错误）；8. 现场作业人员未正确使用安全防护用品（反光背心、安全帽等）	1. 运输车辆未经检验或有缺陷；2. 施工场地环境不良（如照明不佳，场地湿滑等）；3. 个人防护用品用具缺少或有缺陷；4. 安全警示标志、护栏等装置缺乏或有缺陷；5. 运输道路承载能力不足；6. 现场无警示标识或标识破损（警戒区、标牌、反光带、反光贴等）；7. 车辆"带病"作业（制动装置、喇叭、后视镜、警示灯等设施缺陷）；8. 车辆作业安全距离不足	1. 场地受限；2. 道路不符合要求；3. 大风、暴雨、低温等恶劣天气（不利于混凝土提升强度）；4. 不稳定坡体	1. 技术上的缺陷；2. 操作者生理、心理上的缺陷；3. 教育、交底不到位有缺陷；4. 管理工作上的缺陷；5. 未对车辆设备、安全防护用品等进行进场验收或验收不到位；6. 车辆安全管理制度不完善未落实（检查、维护保养不规范）；7. 安全操作规程不规范或未落实（作业前未对车辆周围环境进行检查）	√	√	√	√	

— 95 —

续上表

分部工程	施工作业内容	典型风险事件	致害物	致险因素				风险事件后果类型				
				人的因素	物的因素	环境因素	管理因素	受伤人员类型		人员伤亡		
								本人	他人	轻伤	重伤	死亡
上部结构施工	钢桥、钢梁制作	高处坠落	无防护的作业平台、施工人员自身的重力运动	1.作业人员未正确使用安全防护用品（安全带、防滑鞋等）；2.作业人员身体健康状况异常、心理异常、感知异常（有高血压、恐高症等禁忌症，反应迟钝、辨识错误）；3.作业人员疲劳作业、管理人员上下安全、强令冒险作业；4.作业人员操作错误或违章作业	1.高处作业场所未设置安全防护等措施（安全绳索、防坠网）；2.未设置安全警示标志或标识破损；3.安全防护用品质量不合格，存在缺陷；4.安全爬梯或设置不规范	1.大风、雷电、大雪、暴雨等恶劣天气；2.夜间施工照明不足；3.作业场地不平整、湿滑	1.安全教育、培训、交底、检查制度不完善或未落实；2.职业健康安全管理制度不完善、未落实（定期体检）；3.安全投入不足；4.高处作业安全操作规程不规范或未落实；5.安全防护用品等未进行进场验收或验收不到位	√			√	√
		火灾	易燃物	1.作业人员操作错误、违章作业；2.管理人员违章指挥、强令冒险作业	1.未配置消防器材或消防器材失效；2.易燃材料料存放、防火安全距离不足；3.现场无警示标识或标识破损	1.高温、干燥、大风天气；2.作业场地杂乱	1.消防安全管理制度不完善或未落实；2.未对进场消防器材等进行验收或验收不到位；3.安全教育、培训、交底、检查制度不完善或未落实；4.安全投入不足	√		√	√	√

续上表

分部工程	施工作业内容	典型风险事件	致害物	致险因素				风险人员受伤人员类型		风险事件后果类型 人员伤亡		
				人的因素	物的因素	环境因素	管理因素	本人	他人	轻伤	重伤	死亡
上部结构施工		淹溺	水体	1. 作业人员安全防护意识差； 2. 违章操作； 3. 未正确佩戴劳动防护品； 4. 作业人员疲劳作业	水上作业未设置安全防护设施	风力超过6级，雨雾天气、夜间照明不良等条件下进行作业	1. 交底培训不到位； 2. 现场监督检查不到位	√			√	√
	构件水上运输	物体打击	零散材料、工具、构件等	1. 违章操作； 2. 违章指挥； 3. 未按方案施工	构件运输、安装过程中坠落	风力超过6级，雨雾天气、夜间照明不良等条件下进行作业	1. 交底培训不到位； 2. 现场监督检查不到位	√	√	√	√	

续上表

分部工程	施工作业内容	典型风险事件	致害物	致险因素			风险人员类型		人员伤亡后果类型		
				人的因素	物的因素	环境因素	管理因素	受伤人员类型			
								本人	他人	轻伤	重伤	死亡
上部结构施工	构件水上运输	起重伤害	起重设备、吊索吊具	1.管理人员违章指挥、强令冒险作业；2.作业人员操作错误、违章作业；3.起重、信号工未持有效证件上岗；4.现场作业人员未正确使用安全防护用品（安全帽等）；5.抗倾覆验算错误，人员违章进入危险区域；6.起重人员身体健康状况异常、心理异常、感知异常（反应迟钝、辨识错误）；7.作业人员疲劳作业	1.设备自身缺陷（强度、刚度不足，抗倾覆能力不足）；2.现场无警示标识或标识破损（警戒区、标牌、反光锥等）；3.安全防护用品不合格（安全帽等）；4.支撑件不合格；5.构件防锈处理不合格；6.支腿不平，现场无警示标识或标识破损（警戒区、标牌、反光锥等）；7.吊索吊具不合格或达到报废标准（钢丝绳、吊带、U形卸扣等）；8.支垫材料不合格（枕木、钢板等），无防护或防护装置缺陷（防脱钩装置、限位器等）；9.设备带"病"作业（制动装置、距高压线等安全距离不足；10.安全防护用品不合格（反光背心、安全帽等）	1.强风、暴雨、大雪等不良天气；2.地基承载力不足，基础下沉；3.作业场地照明不足	1.施工方案不完善或未落实；2.安全教育、培训、交底、格查制度不完善或未落实；3.未对起重设备进行进场验收或验收不到位；4.安全投入不足；5.起重吊装作业时无专人监护；6.起重吊装安全操作规程不规范或未落实	√	√	√	√	√

— 98 —

续上表

分部工程	施工作业内容	典型风险事件	致害物	致险因素			风险事件后果类型				
				人的因素	物的因素	环境因素	管理因素	受伤人员类型		人员伤亡		
								本人	他人	轻伤	重伤	死亡
				1.不当操作造成车辆安全装置失效，人员冒险进入危险场所（车辆倒车等）； 2.车辆冒险进入边坡临边位置，有分散注意力的行为； 3.施工人员着不安全装束； 4.现场指挥、警戒不当； 5.管理人员违章指挥、强令冒险作业（进人驾驶人员视野盲区等）； 6.驾驶人员未持有效证上岗，违规作业（违章载人，酒后驾驶，超速，超限，超载作业）； 7.驾驶人员身体健康状况异常，心理异常、感知异常（反应迟钝，辨识错误）； 8.驾驶人员疲劳作业，现场作业人员未正确使用安全防护用品（反光背心，安全帽等）	1.运输车辆未经检验或有缺陷； 2.施工场地环境不良（如照明不佳，场地湿滑等）； 3.个人防护用品用具缺少或有缺陷； 4.安全警示标志、护栏等装置缺乏或有缺陷，车辆操作人员无上岗资格证； 5.运输道路承载力不足； 6.现场无警示标识或标识破损（警戒区，标牌，反光锥，反光贴等）； 7."车辆带病"作业（制动装置、喇叭、后视镜、警示灯等设施有缺陷）； 8.车辆作业安全距离不足		1.技术上的缺陷； 2.操作者生理、心理上的缺陷； 3.教育、交底不到位有缺陷； 4.管理工作上的缺陷					
上部结构施工	构件水上运输	车船伤害	运输车辆，施工船舶，附近通航船舶			1.场地受限； 2.道路不符合要求； 3.大风，暴雨，低温等恶劣天气（不利于混凝土提升强度）； 4.不稳定坡体	1.技术上的缺陷； 2.操作者生理、心理上的缺陷； 3.教育、交底不到位有缺陷； 4.管理工作上的缺陷； 5.未对车辆设备、安全防护用品等进行进场验收或验收不到位； 6.车辆安全管理制度不完善或管理未落实（检查维护保养不到位）； 7.安全操作规程不规范或安全落实不规范或对车辆周围环境进行检查）	√	√	√	√	

续上表

分部工程	施工作业内容	典型风险事件	致害物	致险因素				风险事件后果类型				
				人的因素	物的因素	环境因素	管理因素	受伤人员类型		人员伤亡		
								本人	他人	轻伤	重伤	死亡
上部结构施工		淹溺	水体	1. 作业人员安全防护意识差； 2. 违章操作； 3. 未正确佩戴劳动防护用品； 4. 作业人员疲劳作业	水上作业未设置安全防护设施	风力超过6级、雨雾天气、夜间照明不良等条件下进行作业	1. 交底培训不到位； 2. 现场监督检查不到位	√		√	√	√
	构件安装	物体打击	零散材料、工具等	1. 违章操作； 2. 违章指挥； 3. 未按方案施工	构件运输、安装过程中坠落	风力超过6级、雨雾天气、夜间照明不良等条件下进行作业	1. 交底培训不到位； 2. 现场监督检查不到位	√	√	√	√	

续上表

施工作业内容	典型风险事件	致害物	致险因素				风险事件后果类型				
			人的因素	物的因素	环境因素	管理因素	受伤人员类型		人员伤亡		
							本人	他人	轻伤	重伤	死亡
分部工程				1. 设备自身缺陷（强度、刚度不足，抗倾覆能力不足）； 2. 现场无警示标识或标牌、反光锥等）； 3. 安全防护用品不合格（安全帽等）； 4. 支撑不合格； 5. 构件防锈处理不合格；							
上部结构施工	起重伤害	起重设备、吊索吊具	1. 管理人员违章指挥，强令冒险作业； 2. 作业人员操作错误，违章作业； 3. 起重工、信号工未持有效证件上岗； 4. 现场作业人员未正确使用安全防护用品（安全帽等）； 5. 抗倾覆验算错误，人员违章进入危险区域； 6. 起重人员身体健康状况异常，心理异常，感知异常（反应迟钝、辨识错误）； 7. 作业人员疲劳作业	1. 设备自身缺陷（强度、刚度不足，抗倾覆能力不足）； 2. 现场无警示标识或标牌、反光锥等）； 3. 安全防护用品不合格（安全帽）； 4. 支撑不合格； 5. 构件防锈处理不合格； 6. 支腿不平，现场无警示标识或标牌破损（警戒区、标牌、反光锥等）； 7. 吊具吊索达到报废标准（钢丝绳、吊带、U形卸扣等）； 8. 支垫材料不合格（枕木、钢板等），无防护或防护装置缺陷（防脱钩装置、限位装置等）； 9. 设备带"病"作业（制动安全距离等），距高压线安全距离不足； 10. 安全防护用品不合格（反光背心、安全帽等）	1. 强风、暴雨、大雪等不良天气； 2. 地基承载力不足，基础下沉； 3. 作业场地照明不足	1. 施工方案不完善或未落实； 2. 安全教育、培训、交底、检查制度不完善或未落实； 3. 未对起重设备进行进场验收或验收不到位； 4. 安全投入不足； 5. 起重吊装作业时无专人监护； 6. 起重吊装安全操作规程不规范或未落实	√	√	√	√	√

— 101 —

续上表

分部工程	施工作业内容	典型风险事件	致害物	致险因素				风险事件后果类型			
				人的因素	物的因素	环境因素	管理因素	受伤人员类型		人员伤亡		
								本人	他人	轻伤	重伤	死亡
上部结构施工	构件安装	车船伤害	运输车辆、施工船舶、附近通航船舶	1. 不当操作造成车辆安全装置失效，人员冒险进入危险场所（车辆倒车区域）； 2. 车辆冒险进入边坡临边位置，有分散注意力的行为； 3. 施工人员着不安全装束； 4. 现场指挥、警戒不当； 5. 管理人员违章指挥、强令冒险作业（进入驾驶员视野盲区等）； 6. 驾驶人员未持有效证件上岗，违章驾驶，操作错误，违规作业（违章载人、酒后驾驶、超速、超限、超载作业）； 7. 驾驶人员身体健康状况异常、心理异常，感知异常（反应迟钝、辨识错误）； 8. 驾驶人员疲劳作业，现场作业人员未正确使用安全防护用品（反光背心、安全帽等）	1. 运输车辆未经检验或有缺陷； 2. 施工场地环境不良（如照明不佳、场地湿滑等）； 3. 个人防护用品用具缺少或有缺陷； 4. 安全警示标志、栏杆等安全装置缺陷，车辆操作人员无上岗资格证； 5. 运输道路承载力不足； 6. 现场无警示标识或标识破损（警戒区、标牌、反光锥、反光贴等）； 7. 车辆带"病"作业（制动装置、喇叭、后视镜、警示灯等设施有缺陷）； 8. 车辆作业安全距离不足	1. 场地受限； 2. 道路不符合要求； 3. 大风、暴雨、低温等恶劣天气（不利于混凝土提升强度）； 4. 不稳定坡体	1. 技术上的缺陷； 2. 操作者生理、心理上的缺陷； 3. 教育、交底不到位有缺陷； 4. 管理工作上的缺陷； 5. 未对车辆设备、安全防护用品等进行进场验收或验收不到位； 6. 车辆安全管理制度不完善或落实（检查、维护保养不到位）； 7. 安全操作规程不规范或未落实（作业前未对车辆周围环境进行检查）	√	√	√	√	

续上表

分部工程	施工作业内容	典型风险事件	致害物	致险因素				风险人员		风险事件后果类型			
				人的因素	物的因素	环境因素	管理因素	受伤人员类型		人员伤亡			
								本人	他人	轻伤	重伤	死亡	
上部结构施工	构件安装	高处坠落	无防护的作业平台、施工人员自身的重力运动	1.作业人员未正确使用安全防护用品（安全带、防滑鞋等）； 2.作业人员身体健康状况异常、心理异常，感知异常（有高血压，恐高症等禁忌症，反应迟钝、辨识错误）； 3.作业人员违章作业，管理人员指挥强令冒险作业； 4.作业人员操作错误或违章作业	1.高处作业场所未设置安全防护等措施（安全绳索、防坠网）； 2.未设置安全警示标志或标识破损； 3.安全防护用品质量不合格，存在缺陷； 4.未设置防护栏杆或安全爬梯等设置不规范	1.大风、雷电、大雪、暴雨等恶劣天气； 2.夜间施工照明不足； 3.作业场地不平整、湿滑	1.安全教育、培训、交底，检查制度不完善或未落实； 2.职业健康、安全管理制度不完善、未落实（定期体检）； 3.安全投入不足； 4.高处作业安全操作规程不规范或未落实； 5.安全防护用品等未进行进场验收或验收不到位		√	√	√	√	
	钢筋绑扎与装设	淹溺	水体	1.作业人员安全防护意识差； 2.违章操作； 3.未正确佩戴劳动防护用品； 4.作业人员疲劳作业	水上作业未设置安全防护设施	风力超过6级，雨雾天气，夜间照明不良等条件下进行作业	1.交底培训不到位； 2.现场监督检查不到位	√		√	√	√	

续上表

分部工程	施工作业内容	典型风险事件	致害物	致险因素				受伤人员类型			人员伤亡		
				人的因素	物的因素	环境因素	管理因素	本人	他人		轻伤	重伤	死亡
上部结构施工	钢筋绑扎与装设	物体打击	零散材料、工具、钢筋等	1.违章操作；2.违章指挥；3.未按方案施工	构件运输、安装过程中坠落	风力超过6级,雨雾天气、夜间照明不良等条件下进行作业	1.交底培训不到位；2.现场监督检查不到位		√		√		
		触电	电焊机、发电机、配电箱、破损的电线、其他用电设备（钢筋加工机械）、钢筋等导电材料	1.作业人员未正确使用安全防护用品（绝缘鞋、绝缘手套等）；2.作业人员操作错误或违章作业（带电检修维护）；3.管理人员违章指挥、强令冒险作业；4.电工等特种人员未持有效证件上岗；5.作业人员疲劳作业	1.电缆线、配电箱等电气设施设置不合格（线路破损、老化）；2.电气设施设置不规范（电缆拖地、配电箱无支架等）；3.带电设施无警示标识或标识破损,装置不规范（未接地、无漏电保护器、接线端子无防护等）；4.防护不当,防护距离不足（配电柜、发电机无遮雨棚、防护用围挡或防护破损）；5.设备损坏漏电	1.强风、雷雨、大雪等不良天气；2.作业场地杂乱、潮湿或积水；3.作业场地照明不足	1.临时用电方案不完善或未落实；2.发电机等安全操作规程不规范或未落实；3.电气设施材料未进行进场验收；4.无电工对用电设施进行巡查或巡查不到位；5.机械设备安全管理制度未落实（设备等机具检查维护保养不到位）；6.安全教育、培训、交底、检查制度不完善或未落实；7.安全投入不足	√				√	√

— 104 —

续上表

分部工程	施工作业内容	典型风险事件	致害物	致险因素				风险事件后果类型				
				人的因素	物的因素	环境因素	管理因素	受伤人员类型		人员伤亡		
								本人	他人	轻伤	重伤	死亡
上部结构施工	钢筋绑扎与装设	机械伤害	现场机械设备	1. 人员违章进入危险区域； 2. 管理人员违章指挥、强令冒险作业； 3. 机械操作人员操作错误、违章作业（酒后作业）； 4. 操作人员身体健康状况异常、心理异常、感知异常（反应迟钝、辨识错误）； 5. 现场作业人员未正确使用安全防护用品（反光背心、安全帽等）； 6. 机械操作人员疲劳作业	1. 现场无警示标识或标识破损（警戒区、标牌、反光贴等）； 2. 设备设施安全作业距离不足，设备设施运转动制动装置失效，设备运动或防护装置无防护装置有缺陷等）； 3. 安全防护用品不合格（反光背心、安全帽、护目镜等）	1. 强风、暴雨、大雪、大雾等不良天气； 2. 作业场地狭窄、平整、湿滑； 3. 夜间施工照明不足	1. 机械设备安全管理制度不完善或保养未落实（检查维护保养未到位）； 2. 未对机械设备、安全防护用品等进行进场验收或验收不到位； 3. 安全教育、培训、交底、检查制度不完善或未落实； 4. 机械设备操作规程不规范或未落实； 5. 安全投入不足	√	√	√	√	

续上表

分部工程	施工作业内容	典型风险事件	致害物	致险因素				风险人员受伤类型		风险事件后果类型 人员伤亡		
				人的因素	物的因素	环境因素	管理因素	本人	他人	轻伤	重伤	死亡
上部结构施工	钢筋绑扎与装设	起重伤害	起重设备、吊索吊具	1. 管理人员违章指挥，强令冒险作业；2. 作业人员操作错误，违章作业；3. 起重、信号工未持有效证件上岗；4. 现场作业人员未正确使用安全防护用品（安全帽等）；5. 抗倾覆验算错误，人员进入危险区域；6. 起重人员身体健康状况异常，心理异常，感知异常（反应迟钝、辨识错误）；7. 作业人员疲劳作业	1. 设备自身缺陷（强度、刚度不足、抗倾覆能力不足）；2. 现场无警示标识或标识破损（警戒区、反光锥等）；3. 安全防护用品不合格（安全帽等）；4. 支撑件不合格；5. 构件防锈处理不合格；6. 支腿不平，现场无警示标识或标识破损（警戒区、标牌、反光锥等）；7. 吊索吊具不合格或达到报废标准（钢丝绳、吊带、U形卸扣等）；8. 支垫材料不合格（枕木、钢板等）；9. 防护装置缺陷（防脱钩装置、限位装置等）；10. 安全防护用品不合格（反光背心、安全帽等）；设备带"病"作业（制动装置等），距高压线等安全距离不足；	1. 强风、暴雨、大雪等不良天气；2. 地基承载力不足、基础下沉；3. 作业场地照明不足	1. 施工方案不完善或未落实；2. 安全教育、培训、交底、检查制度不完善或未落实；3. 未对起重设备进行进场验收或验收不到位；4. 安全投入不足；5. 起重吊装作业时无专人监护；6. 起重吊装安全操作规程不规范或未落实	√	√	√	√	√

— 106 —

续上表

分部工程	施工作业内容	典型风险事件	致害物	致险因素 人的因素	致险因素 物的因素	致险因素 环境因素	致险因素 管理因素	风险事件后果类型 受伤人员类型 本人	受伤人员类型 他人	人员伤亡 轻伤	人员伤亡 重伤	人员伤亡 死亡
上部结构施工	钢筋绑扎与安设	高处坠落	无防护的作业平台，施工人员受自身的重力运动	1.作业人员未正确使用安全防护用品（安全带，防滑鞋等）；2.作业人员身体健康状况异常，心理异常，感知等异常（有高血压，恐高症等禁忌症，反应迟钝，辨识错误）；3.作业人员疲劳作业，管理人员违章指挥，强令冒险作业；4.作业人员违章作业或违章操作	1.高处作业场所未设置安全防护等措施（安全绳索[防坠网]）；2.未设置安全警示标志或标识破损；3.安全防护用品质量不合格，存在缺陷；4.未设置安全爬梯或设置不规范	1.大风，雷电，大雪，暴雨等恶劣天气；2.夜间施工照明不足；3.作业场地不平整，湿滑	1.安全教育，培训，交底，检查制度不完善或未落实；2.职业健康，安全管理制度不完善（定期体检）；3.安全投入不足；4.高处作业不规范操作规程不落实；5.安全防护用品等未进行进场验收或验收不到位	√		√	√	√
	模板架设与拆除	淹溺	水体	1.作业人员安全防护意识差；2.违章操作；3.未正确佩戴劳动防护用品；4.作业人员疲劳作业	水上作业未设置安全防护设施	风力超过6级，雨雾天气，夜间照明不良等条件下进行作业	1.交底培训不到位；2.现场监督检查不到位	√		√	√	√

— 107 —

续上表

分部工程	施工作业内容	典型风险事件	致害物	致险因素				风险事件后果类型				
				人的因素	物的因素	环境因素	管理因素	受伤人员类型		人员伤亡		
								本人	他人	轻伤	重伤	死亡
上部结构施工	模板架设与拆除	物体打击	零散材料、工具、模板等	1.违章操作；2.违章指挥；3.未按方案施工	构件运输、安装过程中坠落等	风力超过6级，雨雾天气、夜间照明不良等条件下进行作业	1.交底培训不到位；2.现场监督检查不到位	√	√	√	√	√
		触电	发电机、配电箱、破损的电线、其他用电设备等导电材料	1.作业人员未正确使用安全防护用品（绝缘鞋、绝缘手套等）；2.作业人员操作错误或违章作业（带电检修维护）；3.管理人员违令冒险指挥，强令冒险作业；4.电工等特种人员未持有效证件上岗；5.作业人员疲劳作业	1.电缆线、配电箱等电气设施不合格（线路破损、老化）；2.电气设施设置不规范（电缆拖地、配电箱无支架等）；3.带电设施无警示标识或标识破损、安全防护装置不规范（未接地、接线端子无防护罩等）；4.防护不当（防护距离不足（配电柜、发电机无遮雨棚、发电机防护围挡破损）；5.张拉等设备损坏漏电	1.强风、雷雨、大雪等不良天气；2.作业场地杂乱、潮湿或积水；3.作业场地照明不足	1.临时用电方案不完善或发电机等安全操作规程不规范或材料等设施进场验收；3.电气设施破损等未进行巡查维护；4.无电工对用电设施进行巡查或巡查不到位；5.机械设备安全管理制度落实不到位（张拉设备等机具检查维护保养不到位）；6.安全教育、培训、交底、检查制度不完善或未落实；7.安全投入不足	√		√	√	

续上表

分部工程	施工作业内容	致害物	典型风险事件	致险因素				风险人员受伤人员类型		风险事件后果类型 人员伤亡		
				人的因素	物的因素	环境因素	管理因素	本人	他人	轻伤	重伤	死亡
		不稳定土体、砌体、结构物等	坍塌	1. 管理人员违章指挥，强令冒险作业（防护放坡不及时）； 2. 人员心理异常（冒险侥幸心理等）； 3. 作业人员操作错误； 4. 有违章作业、违反劳动纪律的行为（管理人员脱岗）	1. 无警示信号或信号不清（紧急撤离信号）； 2. 现场无警示标识或标识破损（警戒区、标牌、反光锥等）； 3. 截排水设施不完善； 4. 防护形式错或防护材料强度（材料强度不足等）； 5. 基坑边沿停放重型机械或堆放渣土	1. 存在滑坡、偏压等不良地质； 2. 作业场地照明不足； 3. 强风、暴雨、大雪等不良天气	1. 施工方案不完善或未落实（掏底开挖或上下重叠开挖时，开挖完后未反施工防护及排水）； 2. 安全教育、培训、交底，检查制度不完善或未落实； 3. 安全投入不足	√	√	√	√	
上部结构施工	模板架设与拆除	起重设备、吊索吊具	起重伤害	1. 管理人员违章指挥，强令冒险作业； 2. 作业人员操作错误，违章作业； 3. 起重工、信号工未持有效证件上岗； 4. 现场作业人员未正确使用安全防护用品（安全帽等）	1. 设备自身缺陷（强度、刚度不足，抗倾覆能力不足）； 2. 现场无警示标识或标识破损（警戒区、标牌、反光锥等）； 3. 安全防护用品不合格（安全帽）； 4. 构件不合格； 5. 构件防锈处理不合格； 6. 支腿不平，现场无警示标识或标识破损（警戒区、标牌、反光锥等）	1. 强风、暴雨、大雪等不良天气； 2. 地基承载力不足，基础下沉； 3. 作业场地照明不足	1. 施工方案不完善或未落实； 2. 安全教育、培训、交底，检查制度不完善或未落实； 3. 未对起重设备进行进场验收或验收不到位	√	√	√	√	√

续上表

分部工程	施工作业内容	典型风险事件	致害物	致险因素				风险事件后果类型				
				人的因素	物的因素	环境因素	管理因素	受伤人员类型		人员伤亡		
								本人	他人	轻伤	重伤	死亡
		起重伤害	起重设备、吊索具	5.抗倾覆验算错误，人员违章进入危险区域；6.起重人员身体健康状况异常、心理异常，感知异常(反应迟钝、辨识错误)；7.作业人员疲劳作业	7.吊索吊具不合格或达到报废疲劳标准(钢丝绳、吊带、U形卸扣等)；8.支垫材料不合格(枕木、钢板等)，无防护或防护装置缺陷(防脱钩装置、限位装置等)；9.设备带"病"作业(制动装置等，距离高压线等安全距离不足)；10.安全防护用品不合格(反光背心、安全帽等)		4.安全投入不足；5.起重吊装作业时无专人监护；6.起重吊装安全操作规程不规范或落实	√			√	√
上部结构施工	模板架设与拆除	高处坠落	无防护的作业平台、施工人员自身的重力运动	1.作业人员未正确使用安全防护用品(安全带、防滑鞋等)；2.作业人员身体异常、心理异常，感知异常(有高血压、恐高症等禁忌症，反应迟钝，辨识错误)；3.管理人员违章指挥，强令冒险作业；4.作业人员操作错误或违章作业	1.高处作业场所未设置安全防护等措施(安全绳索、防坠网)；2.未设置安全警示标志或标识破损；3.安全防护用品质量不合格，存在缺陷；4.未设置或设置不规范安全爬梯或上下安	1.大风、雷电、大雪、暴雨等恶劣天气；2.夜间施工照明不足；3.作业场地不平整、湿滑	1.安全教育、培训、交底、检查制度不完善或未落实；2.职业健康安全管理制度不完善，未落实(定期体检)；3.安全投入不足；4.高处作业安全操作规程不规范或未落实；5.安全防护用品未进行进场验收或验收不到位	√		√	√	√

— 110 —

续上表

分部工程	施工作业内容	典型风险事件	致害物	致险因素 人的因素	致险因素 物的因素	致险因素 环境因素	致险因素 管理因素	风险人员受伤类型 本人	风险人员受伤类型 他人	人员伤亡 轻伤	人员伤亡 重伤	人员伤亡 死亡
上部结构施工	上部混凝土浇筑	淹溺	水体	1. 作业人员安全防护意识差；2. 违章操作；3. 未正确佩戴劳动防护用品；4. 作业人员疲劳作业	水上作业未设置安全防护设施	风力超过6级，雨雾天气，夜间照明不良等条件下进行作业	1. 交底培训不到位；2. 现场监督检查不到位	√			√	√
		物体打击	零散材料、工具等	1. 违章操作；2. 违章指挥；3. 未按方案施工	构件运输、安装过程中坠落	风力超过6级，雨雾天气，夜间照明不良等条件下进行作业	1. 交底培训不到位；2. 现场监督检查不到位	√	√	√	√	
		触电	发电机、配电箱、破损的电线、其他用电设备等导电材料	1. 作业人员未正确使用安全防护用品（绝缘鞋、绝缘手套等）；2. 作业人员操作错误或违章作业（带电检修维护）；3. 管理人员违章指挥、强令冒险作业	1. 电缆线、配电箱等电气设施不合格（线路破损、老化）；2. 电气设施设置不规范（电缆拖地、配电箱无支架等）；3. 带电设施无警示标识或安装置破损、安全防护装置不规范（未接地、无漏电保护器、接线端子无防护罩等）	1. 强风、雷雨大雪等不良天气；2. 作业场地杂乱，潮湿或有积水；3. 作业场地照明不足	1. 临时用电方案不完善或执行不落实；2. 发电机等安全操作规程不规范或落实不到位；3. 电气设施材料等未进行进场验收；4. 无电工对用电设施进行巡查或巡查不到位	√	√	√	√	√

续上表

分部工程	施工作业内容	典型风险事件	致害物	致险因素				风险人员受伤类型			人员伤亡			
				人的因素	物的因素	环境因素	管理因素	本人	他人		轻伤	重伤	死亡
		触电	发电机、配电箱、破损的电线、其他用电设备等导电材料	4.电工等特种人员未持有效证件上岗；5.作业人员疲劳作业	4.防护不当，防护距离不足（配电柜、发电机无遮雨棚、防护围挡防护破损）；5.张拉等设备损坏漏电		5.机械设备安全管理制度未落实（张拉设备等机具检查维护保养不到位）；6.安全教育、培训、交底、检查制度不落实；7.安全投入不足						
上部结构施工	混凝土浇筑	坍塌	不稳定土体、砌体、结构物等	1.管理人员违章指挥，强令冒险作业（防护、放坡不及时）；2.人员心理异常（冒险侥幸心理等）；3.作业人员操作错误；4.有违章作业、违反劳动纪律的行为（管理人员脱岗）	1.无警示信号或信号不清（紧急撤离信号）；2.现场破损无警示标识或标牌、反光锥等）；3.截排水设施不完善；4.防护形式错或防护材料不合格（材料强度不足等）；5.基坑边沿停放重型机械或堆放渣土	1.存在滑坡、偏压等不良地质；2.作业场地照明不足；3.强风、暴雨、大雪等不良天气	1.施工方案不完善或未落实（掏底开挖或上下重叠开挖，开挖完后未及时施工防护及排水）；2.安全教育、培训、交底、检查制度不完善未落实；3.安全投入不足	√	√		√	√	

续上表

分部工程	施工作业内容	典型风险事件	致害物	致险因素				风险人员类型		风险事件后果类型		
				人的因素	物的因素	环境因素	管理因素	受伤人员类型		人员伤亡		
								本人	他人	轻伤	重伤	死亡
上部结构施工	混凝土浇筑	机械伤害	现场机械设备	1. 人员违章进入危险区域； 2. 管理人员违章指挥，强令冒险作业； 3. 机械操作人员操作错误，违章作业(酒后作业)； 4. 操作人员身体健康状况异常，心理异常，感知异常(反应迟钝,辨识错误)； 5. 现场作业人员未正确使用安全防护用品(反光背心,安全帽等)； 6. 机械操作人员疲劳作业	1. 现场无警示标识或标识破损(警戒区,标牌,反光贴等)； 2. 设备设施安全作业距离不足,设备"带病"作业(设备设施或转动装置失效,运动防护或防护装置无防护或装置有缺陷等)； 3. 安全防护用品不合格(反光背心,安全帽,护目镜等)	1. 强风、暴雨、大雪、大雾等不良天气； 2. 作业场地狭窄,平整,湿滑； 3. 夜间施工照明不足	1. 机械设备安全管理制度不完善或保养不到位(检查维护保养未落实到位)； 2. 未对机械设备、安全防护用品等进行进场验收或验收不完善； 3. 安全教育、培训、交底、检查制度不落实； 4. 机械设备操作规程不规范或未落实； 5. 安全投入不足	√	√	√	√	

续上表

分部工程	施工作业内容	典型风险事件	致害物	致险因素			风险人员		风险事件后果类型		
				人的因素	物的因素	环境因素	管理因素	受伤人员类型	人员伤亡		
								本人	他人	轻伤	重伤	死亡
上部结构施工	混凝土浇筑	车船伤害	运输车辆、施工船舶、附近通航船舶	1.不当操作造成车辆安全装置失效,人员冒险进入危险场所(车辆倾倒区域); 2.车辆冒险进入边坡临边位置,有分散注意力的行为; 3.施工人员着不安全装束; 4.现场指挥、警戒不当; 5.管理人员违章指挥,强令冒险作业(驾驶人员视野盲区等); 6.驾驶人员未持有效证件上岗,违章作业(违规操作错误,酒后驾驶,感人,超限、超载作业); 7.驾驶人员身体健康状况异常,心理异常,感知异常(反应迟钝,后视错误); 8.驾驶人员疲劳作业,现场作业人员未正确使用个人防护用品(反光背心、安全帽等)	1.运输车辆未经检验安全装置缺陷; 2.施工场地环境不良(如照明不佳,场地湿滑等); 3.个人防护用品用具缺少或有缺陷; 4.安全警示装置缺乏,安全栏等警示人员无上岗资格证; 5.运输道路承载力不足; 6.现场无警示标识或标牌,反光贴等; 7.车辆"带病"作业(制动装置、喇叭,后视镜、警示灯等设施有缺陷); 8.车辆作业安全距离不足	1.场地受限; 2.道路不符合要求; 3.大风,暴雨,低温等恶劣天气(不利于混凝土提升强度); 4.不稳定坡体	1.技术上的缺陷; 2.操作者生理、心理上的缺陷; 3.教育、交底不到位有缺陷; 4.管理工作上的缺陷; 5.未对车辆设备、安全防护用品等进行进场验收或验收不到位; 6.车辆安全管理制度不完善或落实(检查维护保养未到位); 7.安全操作规程未规范(作业前未对车辆周围环境进行检查)	√	√	√	√	

— 114 —

续上表

分部工程	施工作业内容	典型风险事件	致害物	致险因素				风险事件后果类型				
				人的因素	物的因素	环境因素	管理因素	受伤人员类型		人员伤亡		
								本人	他人	轻伤	重伤	死亡
上部结构施工	混凝土浇筑	高处坠落	无防护的作业平台，施工人员受自身的重力运动	1.作业人员未正确使用安全防护用品（安全带、防滑鞋等）； 2.作业人员身体健康状况异常，心理异常，感知异常（有高血压、恐高症等禁忌症，反应迟钝、辨识错误）； 3.作业人员疲劳作业，管理人员违章指挥，强令冒险作业； 4.作业人员操作错误或违章作业	1.高处作业场所未设置安全防护等措施（安全绳索、防坠网）； 2.未设置安全警示标志或标识破损； 3.安全防护用品质量不合格，存在缺陷； 4.未设置或设置不规范全爬梯人员上下安	1.大风、雷电、大雪、暴雨等恶劣天气； 2.夜间施工照明不足； 3.作业场地不平整、湿滑	1.安全教育、培训、交底、检查制度落实未落实； 2.职业健康、安全管理制度不完善或未落实（定期体检）； 3.安全投入不足； 4.高处作业安全操作规程不规范或未落实； 5.安全防护用品等未进行进场验收或验收不到位	√			√	√
轨道、停靠靠船与防护设施	轨道安装	物体打击	零散材料、工具、轨道等	1.违章操作； 2.违章指挥； 3.未按方案施工	构件运输、安装过程中坠落	风力超过6级，雨雾天气、夜间照明不良等条件下进行作业	1.交底培训不到位； 2.现场监督检查不到位	√	√	√	√	

— 115 —

续上表

分部工程	施工作业内容	典型风险事件	致害物	致险因素				风险人员受伤类型		人员伤亡		
				人的因素	物的因素	环境因素	管理因素	本人	他人	轻伤	重伤	死亡
轨道、停靠船与防护设施	轨道安装	触电	电焊机、发电机、配电箱、破损的电线、其他用电设备（钢筋加工机械）、钢筋等导电材料	1.作业人员未正确使用安全防护用品（绝缘鞋、绝缘手套等）； 2.作业人员操作错误或违章作业（带电检修维护）； 3.管理人员违章指挥、强令冒险作业； 4.电工等特种人员未持有效证件上岗； 5.作业人员疲劳作业	1.电缆线、配电箱等电气设施不合格（线路破损、老化）； 2.电气设施设置不规范（电缆拖地、配电箱无支架等）； 3.带电设施无警示标识或标识破损、安全防护装置不规范（未接地、无漏电保护器、接线端子无防护罩等）； 4.防护不当、防护距离不足（配电柜、发电机无遮雨棚、防护围挡或防护破损）； 5.设备损坏漏电	1.强风、雷雨、大雪等不良天气； 2.作业场地杂乱、潮湿或积水； 3.作业场地照明不足	1.临时用电方案不完善或未落实； 2.发电机等安全操作规程不规范或操作未落实； 3.电气设施材料未进行进场验收； 4.无电工对用电设施进行巡查或巡查不到位； 5.机械设备安全管理制度未落实（设备器具检查维护保养等不到位）； 6.安全教育、培训、交底、检查制度不完善或未落实； 7.安全投入不足	√		√	√	√

— 116 —

续上表

分部工程	施工作业内容	典型风险事件	致害物	致险因素				风险事件后果类型			
				人的因素	物的因素	环境因素	管理因素	受伤人员类型		人员伤亡	
								本人	他人	轻伤	重伤	死亡
轨道、停靠船与防护设施	轨道安装	机械伤害	现场机械设备	1. 人员违章进入危险区域； 2. 管理人员违章指挥，强令冒险作业； 3. 机械操作人员操作错误，违章作业(酒后作业)； 4. 操作人员身体健康状况异常，心理异常，感知异常(反应迟钝，辨识错误)； 5. 现场作业人员未正确使用安全防护用品(反光背心、安全帽、护目镜等)； 6. 机械操作人员疲劳作业	1. 现场无警示标识或标识破损(警戒区、标牌、反光贴等)； 2. 设备设施安全作业距离不足(设备设施或装置失效，运动或转动装置无防护装置有缺陷等)； 3. 安全防护用品不合格(反光背心、安全帽、护目镜等)	1. 强风、暴雨、大雪、大雾等天气不良； 2. 作业场地狭窄，不平整、湿滑； 3. 夜间施工照明不足	1. 机械设备安全管理制度不完善或未落实(检查保养未养不到位)； 2. 未对机械设备、安全防护用品等进行进场验收或验收不到位； 3. 安全教育，培训，交底，检查制度不完善未落实； 4. 机械设备操作规程不规范未落实； 5. 安全投入不足	√	√	√	√	

续上表

分部工程	施工作业内容	典型风险事件	致害物	致险因素			风险事件后果类型				
				人的因素	物的因素	环境因素	管理因素	受伤人员类型		人员伤亡		
								本人	他人	轻伤	重伤	死亡
轨道、停靠船与防护设施	轨道安装	起重伤害	起重设备、吊索吊具	1. 管理人员违章指挥，强令冒险作业； 2. 作业人员操作错误，违章作业； 3. 起重工、信号工未持有效证件上岗； 4. 现场作业人员未正确使用安全防护用品（安全帽等）； 5. 抗倾覆验算错误，人员违章进入危险区域； 6. 起重人员身体健康状况异常，心理异常，感知异常（反应迟钝、辨识错误）； 7. 作业人员疲劳作业	1. 设备自身缺陷（强度、刚度不足，抗倾覆能力不足）； 2. 现场无警示标识或标识破损（警戒区、标牌、反光锥等）； 3. 安全防护用品不合格（安全帽等）； 4. 支撑件不合格； 5. 构件防锈处理不合格； 6. 支腿不平，现场无警示标识或标识破损（警戒区、标牌、反光锥等）； 7. 吊索吊具不合格或达到报废标准（钢丝绳、吊带、U形卸扣等）； 8. 支撑材料不合格（枕木、钢板等）； 9. 设备"带病"作业，距高压线等安全距离不足（制动装置、防护装置缺陷（防脱钩装置、限位装置等）； 10. 安全防护用品不合格（反光背心、安全帽等）	1. 强风、暴雨、大雪等不良天气； 2. 地基承载力不足，基础下沉； 3. 作业场地照明不足	1. 施工方案不完善或未落实； 2. 安全教育、培训、交底、检查制度不完善或未落实； 3. 未对起重设备进行进场验收或验收不到位； 4. 安全投入不足； 5. 起重吊装作业时无专人监护； 6. 起重吊装安全操作规程不规范或未落实	√	√	√	√	√

续上表

分部工程	施工作业内容	典型风险事件	致害物	致险因素			风险事件后果类型			
				人的因素	物的因素	环境因素	管理因素	受伤人员类型	人员伤亡	
								本人	他人	轻伤	重伤	死亡

（接上表数据行1）

人的因素：
1. 不当操作造成车辆安全装置失效，人员冒险进入危险场所（车辆倒车区域）；
2. 车辆冒险进入边坡临边位置，有分散注意力的行为；
3. 施工人员着不安全装束；
4. 现场指挥、警戒不当；
5. 管理人员违章指挥，强令冒险作业（进入驾驶员视野盲区等）；
6. 驾驶人员未持有效证件上岗、违章驾驶操作错误，酒后驾驶作业（违规载人、超载、超限、超速）；
7. 驾驶人员身体健康状况异常、心理异常、感知异常（反应迟钝、辨识错误）；
8. 驾驶人员疲劳作业、现场作业人员未正确使用安全防护用品（反光背心、安全帽等）

物的因素：
1. 运输车辆未经检验或有缺陷；
2. 施工场地环境不良（如照明不佳、场地湿滑等）；
3. 个人防护用品用具缺少或有缺陷；
4. 安全警示标志、护栏等警示装置缺乏或有缺陷，车辆操作人员无上岗资格证；
5. 运输道路承载力不足；
6. 现场无警示标识或标识破损（警戒区、标牌、反光锥、反光贴等）；
7. 车辆"带病"作业（制动装置、喇叭、后视镜、警示灯等设施有缺陷）；
8. 车辆作业安全距离不足

环境因素：
1. 场地受限；
2. 道路不符合要求；
3. 大风、暴雨、低温等恶劣天气（不利于混凝土提升强度）；
4. 不稳定坡体

管理因素：
1. 技术上的缺陷；
2. 操作者生理、心理上的缺陷；
3. 教育、交底不到位有缺陷；
4. 管理工作上的缺陷；
5. 未对车辆设备、安全防护用品等进行进场验收或验收不到位；
6. 车辆安全管理制度不完善或落实不到位（检查、维护保养不到位）；
7. 安全操作规程不规范或落实不到位（作业前未对车辆周围环境进行检查）

分部工程	施工作业内容	典型风险事件	致害物	受伤人员类型		人员伤亡		
				本人	他人	轻伤	重伤	死亡
轨道、停靠船与防护设施	轨道安装	车船伤害	运输车辆、施工船舶、附近通航船舶	√	√	√	√	

— 119 —

续上表

分部工程	施工作业内容	典型风险事件	致害物	致险因素				风险事件后果类型				
				人的因素	物的因素	环境因素	管理因素	受伤人员类型		人员伤亡		
								本人	他人	轻伤	重伤	死亡
轨道、铁栏杆、系靠船柱与防护设施安装		淹溺	水体	1. 作业人员安全防护意识差； 2. 违章操作； 3. 未正确佩戴劳动防护用品； 4. 作业人员疲劳作业	水上作业未设置安全防护设施	风力超过6级，雨雾天气、夜间照明不良等条件下进行作业	1. 交底培训不到位； 2. 现场监督检查不到位		√		√	√
		触电	电焊机、发电机、配电箱、破损的电线、其他用电设备等导电材料	1. 作业人员未正确使用安全防护用品（绝缘鞋、绝缘手套等）； 2. 作业人员操作错误或违章作业（带电检修维护）； 3. 管理人员违章指挥、强令冒险作业； 4. 电工等特种人员未持有效证件上岗； 5. 作业人员疲劳作业	1. 电缆线、配电箱等电气设施不合格（线路破损、老化）； 2. 电气设施设置不规范（电缆拖地、配电箱无支架等）； 3. 带电设施无警示标识或标识不规范，安全防护装置不齐全（未接地、无漏电保护器、接线端子无防护罩等）； 4. 防护不当、防护距离不够（配电柜、发电机无遮雨棚、防护间距防护破损）； 5. 张拉等设备损坏漏电	1. 强风、雷雨、大雪等不良天气； 2. 作业场地杂乱、潮湿或积水； 3. 作业场地照明不足	1. 临时用电方案不完善或安全操作规程不规范或安全操作规程等安全措施未落实； 2. 发电机等安全操作规程不规范或安全操作规程等未落实； 3. 电气设施材料等未进行进场验收； 4. 无电工对用电设施进行巡查或巡查不到位； 5. 机械设备安全管理制度未落实（张拉设备等设施维护保养不到位）； 6. 安全教育、培训、交底、检查制度不完善未落实； 7. 安全投入不足	√		√	√	√

— 120 —

续上表

分部工程	施工作业内容	典型风险事件	致害物	致险因素				风险人员类型		风险事件后果类型		
				人的因素	物的因素	环境因素	管理因素	受伤人员类型		人员伤亡		
								本人	他人	轻伤	重伤	死亡
轨道、铁栏杆、停靠船系防护与设施	机械伤害	机械伤害	现场机械设备	1. 人员违章进入危险区域； 2. 管理人员违章指挥，强令冒险作业； 3. 机械操作人员操作错误，违章作业（酒后作业）； 4. 操作人员身体健康状况异常、心理异常、感知异常（反应迟钝、辨识错误）； 5. 现场作业人员未正确使用安全防护用品（反光背心、安全帽等）； 6. 机械操作人员疲劳作业	1. 现场无警示标识或标识破损（警戒区、标牌、反光贴等）； 2. 设备设施安全作业距离不足，设备带"病"作业（设备设施制动装置失效，运动防护装置或防护装置有缺陷等）； 3. 安全防护用品不合格（反光背心、安全帽、护目镜等）	1. 强风、暴雨、大雪、大雾等不良天气； 2. 作业场地狭窄、不平整、湿滑； 3. 夜间施工照明不足	1. 机械设备安全管理制度不完善或未落实（检查维护保养不到位）； 2. 未对机械设备、安全防护用品等进行进场验收或验收不到位； 3. 安全教育、培训、交底、检查制度不落实未落实； 4. 机械设备操作规程不规范或未落实； 5. 安全投入不足	√	√	√	√	

续上表

分部工程	施工作业内容	典型风险事件	致害物	致险因素			风险事件后果类型				
				人的因素	物的因素	环境因素	管理因素	受伤人员类型		人员伤亡		
								本人	他人	轻伤	重伤	死亡
轨道、铁栏杆、系船柱与防护设施	安装	起重伤害	起重设备、吊索具	1.管理人员违章指挥,强令冒险作业; 2.作业人员操作错误,违章作业; 3.起重工、信号工未持有效证件上岗; 4.现场作业人员未正确使用安全防护用品(安全帽等); 5.抗倾覆验算错误,人员进入危险区域; 6.起重人员身体健康状况异常、心理异常、感知异常(反应迟钝或辨识错误); 7.作业人员疲劳作业	1.设备自身缺陷(强度、刚度不足,抗倾覆能力不足); 2.现场无警示标识或标识破损(警戒区、反光锥等); 3.安全防护用品不合格(安全帽等); 4.支撑件不合格; 5.构件防锈处理不合格; 6.支腿不平,现场无警示标识或标识破损(警戒区、标牌、反光锥等); 7.吊索吊具不合格或达到报废标准(钢丝绳、吊带、U形卸扣等); 8.支垫材料不合格(枕木、钢板等); 9.防护装置缺陷(防脱钩装置、限位装置等); 10.安全防护用品不合格(反光背心、安全帽等)	1.强风,暴雨、大雪等不良天气; 2.地基承载力不足,基础下沉; 3.作业场地照明不足	1.施工方案不完善或未落实; 2.安全教育、培训、交底、检查制度不完善或未落实; 3.未对起重设备进行进场验收或验收不到位; 4.安全投入不足; 5.起重吊装作业时无专人监护; 6.起重吊装安全操作规程不规范或未落实	√	√	√	√	√

— 122 —

续上表

分部工程	施工作业内容	典型风险事件	致害物	致险因素			风险事件后果类型				
				人的因素	物的因素	环境因素	管理因素	受伤人员类型	人员伤亡		
								本人	他人	轻伤	重伤	死亡
轨道、停靠船与防护设施	铁栏杆、系船柱安装	高处坠落	无防护的作业平台,作业施工人员受自身的重力运动	1. 作业人员未正确使用安全防护用品(安全带、防滑鞋等); 2. 作业人员身体健康状况异常、心理异常,知异常(有高血压、恐高症等禁忌症),反应迟钝、辨识错误; 3. 作业人员违章作业,管理人员违章指挥、强令冒险作业; 4. 作业人员操作错误或违章作业	1. 高处作业场所未设置安全防护措施(安全绳索、防坠网); 2. 未设置安全警示标志或标识破损; 3. 安全防护用品质量不合格,存在缺陷; 4. 未设置或设置不规范的安全爬梯	1. 大风、雷电、大雪、暴雨等恶劣天气; 2. 夜间施工照明不足; 3. 作业场地不平整、湿滑	1. 安全教育、培训,交底、检查制度不完善或未落实; 2. 职业健康安全管理制度不完善,未落实(定期体检); 3. 安全投入不足; 4. 高处作业安全操作规程不规范; 5. 安全防护用品等未进行进场验收或验收不到位	√			√	√
	护舷、爬梯安装	淹溺	水体	1. 作业人员安全防护意识差; 2. 违章操作; 3. 未正确佩戴劳动防护用品; 4. 作业人员疲劳作业	水上作业未设置安全防护设施	风力超过6级,雨雾天气、夜间照明不良等条件下进行作业	1. 交底培训不到位; 2. 现场监督检查不到位	√		√	√	√

— 123 —

续上表

分部工程	施工作业内容	典型风险事件	致害物	致险因素				风险人员类型		人员伤亡		
				人的因素	物的因素	环境因素	管理因素	本人	他人	轻伤	重伤	死亡
轨道、停靠船与防护设施	护舷、爬梯安装	物体打击	零散材料、工具、爬梯等	1.违章操作； 2.违章指挥； 3.未按方案施工	构件运输、安装过程中坠落	风力超过6级、雨雾天气、夜间照明不良等条件下进行作业	1.交底培训不到位； 2.现场监督检查不到位	√	√	√	√	
		机械伤害	现场机械设备	1.人员违章进入危险区域； 2.管理人员违章指挥、强令冒险作业； 3.机械操作人员操作错误、违章作业（酒后作业）； 4.操作人员身体健康状况异常、心理异常、感知异常（反应迟钝、辨识错误）； 5.现场作业人员未正确使用安全防护用品（反光背心、安全帽等）； 6.机械操作人员疲劳作业	1.现场无警示标识或标识破损（警戒区、标牌、反光贴等）； 2.设备设施安全作业距离不足，设备"带病"作业（设备设施制动装置失效，运动或转动装置无防护或防护装置有缺陷等）； 3.安全防护用品不合格（反光背心、安全帽、护目镜等）	1.强风、暴雨、大雪、大雾等不良天气； 2.作业场地狭窄、平整、湿滑； 3.夜间施工照明不足	1.机械设备安全管理制度不完善或落实不到位（检查保养维护检查不到位）； 2.未对机械设备、安全防护用品等进行进场验收或验收不到位； 3.安全教育、培训、交底、检查制度不完善或未落实； 4.机械设备操作规程不规范或未落实； 5.安全投入人不足		√	√	√	

续上表

分部工程	施工作业内容	典型风险事件	致害物	致险因素			风险事件后果类型				
				人的因素	物的因素	环境因素	管理因素	受伤人员类型		人员伤亡	
								本人	他人	轻伤	重伤	死亡
轨道、停靠船与防护设施	护舷、爬梯安装	起重伤害	起重设备、吊索吊具	1. 管理人员违章指挥，强令冒险作业； 2. 作业人员操作错误，违章作业； 3. 起重工、信号工未持有效证件上岗； 4. 现场作业人员未正确使用安全防护用品（安全帽等）； 5. 抗倾覆验算错误，人员违章进入危险区域； 6. 起重人员身体健康状况异常、心理异常，感知异常（反应迟钝、辨识错误）； 7. 作业人员疲劳作业	1. 设备自身缺陷（强度、刚度不足，抗倾覆能力不足）； 2. 现场无警示标识或标识破损（警戒区、标牌、反光锥等）； 3. 安全防护用品不合格（安全帽等）； 4. 支撑件不合格； 5. 构件防锈处理不合格； 6. 支腿不平，现场无警示标识或标识破损（警戒区、标牌、反光锥等）； 7. 吊索吊具不合格或达到报废标准（钢丝绳、吊带，U形卸扣等）； 8. 支垫材料不合格（枕木、钢板等），无防护装置缺陷（防脱钩装置、限位装置等）； 9. 设备带"病"作业（制动安全距离不足等）； 10. 安全防护用品不合格（反光背心，安全帽等）	1. 强风，暴雨，大雪等不良天气； 2. 地基承载力不足，基础下沉； 3. 作业场地照明不足	1. 施工方案不完善或未落实； 2. 安全教育，培训、交底、检查制度不完善或未落实； 3. 未对起重设备进行进场验收或验收不到位； 4. 安全投入不足； 5. 起重吊装作业时无专人监护； 6. 起重吊装安全操作规程不规范或未落实	√	√	√	√	√

— 125 —

续上表

分部工程	施工作业内容	典型风险事件	致害物	致险因素			风险事件后果类型				
				人的因素	物的因素	环境因素	管理因素	受伤人员类型			人员伤亡		
								本人	他人		轻伤	重伤	死亡
轨道、停靠船与防护设施	护舷、爬梯安装	高处坠落	无防护的作业平台、施工人员受自身的重力运动	1. 作业人员未正确使用安全防护用品（安全带、防滑鞋等）；2. 作业人员身体健康状况异常，心理异常、感知异常（有高血压、恐高症等禁忌症，反应迟钝、辨识错误）；3. 作业人员违章作业、管理人员违章指挥、强令冒险作业；4. 作业人员操作错误或违章作业	1. 高处作业场所未设置安全防护措施（安全绳索、防坠网）；2. 未设置安全警示标志或标识破损、不合格，存在缺陷；3. 安全防护用品质量不合格，存在缺陷；4. 未设置爬梯或设置不安全、人员上下不规范	1. 大风、雷电、大雪、暴雨等恶劣天气；2. 夜间施工照明不足；3. 作业场地不平整、湿滑	1. 安全教育、培训、交底、检查制度不完善或未落实；2. 职业健康安全管理制度不完善（定期体检）；3. 安全投入不足；4. 高处作业安全操作规程不规范或未落实；5. 安全防护用品等未进行进场验收或验收不到位	√			√	√	√
	护轮坎施工	淹溺	水体	1. 作业人员安全防护意识差；2. 违章操作；3. 未正确佩戴劳动防护品；4. 作业人员疲劳作业	水上作业未设置安全防护设施	风力超过6级，雨雾天气、夜间照明不良等条件下进行作业	1. 交底培训不到位；2. 现场监督检查不到位	√			√	√	√

续上表

分部工程	施工作业内容	典型风险事件	致害物	致险因素				风险事件后果类型				
				人的因素	物的因素	环境因素	管理因素	受伤人员类型		人员伤亡		
								本人	他人	轻伤	重伤	死亡
轨道、停靠靠船护轮坎与防护设施	施工	触电	电焊机、发电机、配电箱、破损电线、其他用电设备等导电材料	1.作业人员未正确使用安全防护用品（绝缘鞋、绝缘手套等）；2.作业人员操作错误或违章作业（带电检修维护）；3.管理人员违章指挥、强令冒险作业；4.电工等特种人员未持有效证件上岗；5.作业人员疲劳作业	1.电缆线、配电箱等电气设施不合格（线路破损、老化）；2.电气设施设置不规范（电缆拖地、配电箱无支架等）；3.带电设施无警示标识或防护装置不规范，安全防护装置破损（未接地、漏电保护器、接线端子无防护罩等）；4.防护不当，防护距离不足（配电柜、发电机无遮雨棚、防护间挡或防护破损）；5.设备损坏漏电	1.强风、雷雨、大雪等不良天气；2.作业场地杂乱，潮湿或积水；3.作业场地照明不足	1.临时用电方案不完善或未落实；2.发电机等安全操作规程不规范或未落实；3.电气设施材料等未进行进场验收；4.无电工对用电设施进行巡查或巡查不到位；5.机械设备安全管理制度落实，设备保养不到位；6.安全教育、培训、交底、检查制度不完善或未落实；7.安全投入不足	√			√	√

续上表

分部工程	施工作业内容	典型风险事件	致害物	致险因素				风险人员受伤类型		风险事件后果类型 人员伤亡		
				人的因素	物的因素	环境因素	管理因素	本人	他人	轻伤	重伤	死亡
轨道、停靠船护轮坎与防护设施施工		机械伤害	现场机械设备等	1. 人员违章进入危险区域；2. 管理人员违章指挥，强令冒险作业；3. 机械操作人员操作错误，违章作业（酒后作业）；4. 操作人员身体健康状况异常，心理异常，感知异常（反应迟钝、辨识错误）；5. 现场作业人员未正确使用安全防护用品（反光背心、安全帽等）；6. 机械操作人员疲劳作业	1. 现场无警示标识或标识破损（警戒区、标牌、反光贴等）；2. 设备设施安全作业距离不足，设备"带病"作业，设备设施制动装置失效，运动或转动装置无防护或防护装置有缺陷等；3. 安全防护用品不合格（反光背心、安全帽、护目镜等）	1. 强风、暴雨、大雪、大雾等不良天气；2. 作业场地狭窄，不平整、湿滑；3. 夜间施工照明不足	1. 机械设备安全管理制度不完善或落实不到位（检查维护保养不到位）；2. 未对机械设备、安全防护用品等进行进场验收或验收不到位；3. 安全教育、培训、交底、检查制度不完善或未落实；4. 机械设备操作规程不规范或落实不到位；5. 安全投入不足	√	√	√	√	

— 128 —

续上表

分部工程	施工作业内容	典型风险事件	致害物	致险因素				风险事件后果类型			
				人的因素	物的因素	环境因素	管理因素	受伤人员类型		人员伤亡		
								本人	他人	轻伤	重伤	死亡
轨道、停靠船与防护设施	船舶护轮坎施工	车船伤害	运输车辆、施工船舶、附近通航船舶	1. 不当操作造成车辆安全装置失效，人员冒险进入危险场所（车辆倒车区域）；2. 车辆冒险进入边坡临边位置，有分散注意力的行为；3. 施工人员着不安全装束；4. 现场指挥、警戒不当；5. 管理人员违章指挥，强令冒险作业（进入驾驶人员视野盲区等）；6. 驾驶人员未持有效证件上岗，违章驾驶（违规载人、酒后驾驶、超速、超限等）；7. 驾驶人员身体健康状况异常、心理应异常（反应迟钝、感知异常）、疲劳作业、现场作业人员未正确使用个人防护用品（反光背心、安全帽等）	1. 运输车辆未经检验或有缺陷；2. 施工场地环境不良（如照明不佳、场地湿滑等）；3. 个人防护用品用具缺少或有缺陷；4. 安全警示标志、护栏等警戒作业人员无上岗资格证；5. 运输道路承载力不足；6. 现场无警示标识或标识破损（警戒区、标牌、反光锥贴等）；7. 车辆带"病"作业（制动装置、喇叭、后视镜、警示灯等有缺陷）；8. 车辆作业安全距离不足	1. 场地受限；2. 道路不符合要求；3. 大风、暴雨、低温等恶劣天气（不利于混凝土提升强度）；4. 不稳定坡体	1. 技术上的缺陷；2. 操作者生理、心理上的缺陷；3. 教育、交底不到位有缺陷；4. 管理工作上的缺陷；5. 未对车辆设备、安全防护用品等进行进场验收或验收不到位；6. 车辆安全管理制度不完善或未落实（检查维护保养不到位）；7. 安全操作规程不规范或未落实（作业前未对车辆周围环境进行检查）	√	√	√	√	

续上表

分部工程	施工作业内容	典型风险事件	致害物	致险因素			风险事件后果类型					
				人的因素	物的因素	环境因素	管理因素	受伤人员类型		人员伤亡		
								本人	他人	轻伤	重伤	死亡
轨道、停靠船舶护轮坎与防护设施	施工	高处坠落	无防护的作业平台、施工人员受自身的重力运动	1.作业人员未正确使用安全防护用品（安全带、防滑鞋等）；2.作业人员身体健康状况异常、心理异常、感知异常（有高血压、恐高症等禁忌症、反应迟钝、辨识错误）；3.作业人员违章作业、管理人员违章指挥、强令冒险作业；4.作业人员操作错误或违章作业	1.高处作业场所未设置安全防护等措施（安全绳索、防坠网）；2.未设置安全警示标志或标识破损；3.安全防护用品质量不合格、存在缺陷；4.未设置或设置不规范	1.大风、雷电、大雪、暴雨等恶劣天气；2.夜间施工照明不足；3.作业场地不平整、湿滑	1.安全教育、培训、交底、检查制度不完善或未落实；2.职业健康、安全管理制度不完善，未落实（定期体检）；3.安全投入不足；4.高处作业安全操作规程不规范或未落实；5.安全防护用品等未进行进场验收或验收不到位	√			√	√
护桩填抛	块石运输	淹溺	水体	1.作业人员安全防护意识差；2.违章操作；3.未正确佩戴劳动防护用品；4.作业人员疲劳作业	水上作业未设置安全防护设施	风力超过6级、雨雾天气、夜间照明不良等条件下进行作业	1.交底培训不到位；2.现场监督检查不到位	√	√	√	√	

— 130 —

续上表

分部工程	施工作业内容	典型风险事件	致害物	致险因素			风险事件后果类型			
				人的因素	物的因素	环境因素	管理因素	受伤人员类型		人员伤亡
								本人	他人	轻伤	重伤	死亡
				1. 不当操作造成车辆安全装置失效，人员冒险进入危险场所（车辆倒车等）； 2. 车辆冒险进入边坡临边位置，有分散注意力的行为； 3. 施工人员着不安全装束； 4. 现场指挥、警戒不当； 5. 管理人员违章指挥、强令冒险作业（进入驾驶人员视野盲区等）； 6. 驾驶人员未持有效证件上岗，违规操作错误，违规驾驶（违章载人、酒后驾驶、超速、超限、超载作业）； 7. 驾驶人员身体健康状况异常，心理异常（反应迟钝、辨识知觉错误）； 8. 驾驶人员疲劳作业，现场作业人员未正确使用安全防护用品（反光背心、安全帽等）	1. 运输车辆未经检验或有缺陷； 2. 施工场地环境不良（如照明不足，场地湿滑等）； 3. 个人防护用品用具缺少或有缺陷； 4. 安全警示标志、护栏等装置缺乏或有缺陷，车辆操作人员上岗资格证； 5. 运输道路承载力不足； 6. 现场无警示标识或标识破损（警戒区、标牌、反光锥、反光贴等）； 7. 车辆带"病"作业（制动装置、喇叭、后视镜、警示灯等设施缺陷）； 8. 车辆作业安全距离不足	1. 场地受限； 2. 道路不符合要求； 3. 大风、暴雨、低温等恶劣天气（不利于混凝土提升强度）； 4. 不稳定坡体	1. 技术上的缺陷； 2. 操作者生理、心理上的缺陷； 3. 教育、交底不到位有缺陷； 4. 管理工作上的缺陷； 5. 未对车辆设备、安全防护用品等进行进场验收或验收不到位； 6. 车辆安全管理制度不完善或未落实（检查维护保养不到位）； 7. 安全操作规程不规范或作业落实（作业前未对车辆周围环境进行检查）					
护岸抛填	块石运输	车船伤害	运输车辆、施工船舶、附近通航船舶					√	√	√	√	

续上表

分部工程	施工作业内容	典型风险事件	致害物	致险因素				风险人员类型		人员伤亡		
				人的因素	物的因素	环境因素	管理因素	本人	他人	轻伤	重伤	死亡
护桩填抛	块石填抛	淹溺	水	1.作业人员安全防护意识差； 2.违章操作； 3.未正确佩戴劳动防护用品； 4.作业人员疲劳作业	水上作业未设置安全防护设施	风力超过6级、雨雾天气、夜间照明不良条件下进行作业	1.交底培训不到位； 2.现场监督检查不到位	√				√
		物体打击	零散材料、工具、块石等	1.违章操作； 2.违章指挥； 3.未按方案施工	构件运输、安装过程中坠落	风力超过6级、雨雾天气、夜间照明不良条件下进行作业	1.交底培训不到位； 2.现场监督检查不到位	√	√	√	√	
		机械伤害	挖掘机等机械设备	1.人员违章进入危险区域； 2.管理人员违章指挥、强令冒险作业； 3.机械操作人员操作错误、违章操作(酒后作业)； 4.操作人员身体健康状况异常、心理异常、感知异常（反应迟钝、辨识错误）； 5.现场作业人员未正确使用安全防护用品(反光背心、安全帽等)； 6.机械操作人员疲劳作业	1.现场无警示标识或标识破损（警戒区、标牌、反光贴等）； 2.设备设施安全作业距离不足，设备带"病"作业，运动部件动装置失效、无防护或防护装置有缺陷等； 3.安全防护用品不合格(反光背心、安全帽、护目镜等)	1.强风、暴雨、大雪、大雾等天气； 2.作业场地狭窄，不平整、湿滑； 3.夜间施工照明不足	1.机械设备安全管理制度不完善或保养不到位（检查维护保养不到位）； 2.未对机械设备、安全防护用品等进行进场验收或验收不完善； 3.安全教育、培训、交底、检查制度未落实； 4.机械设备操作规程不规范或未落实； 5.安全投入不足	√	√		√	

— 132 —

续上表

分部工程	施工作业内容	典型风险事件	致害物	致险因素				风险事件后果类型				
				人的因素	物的因素	环境因素	管理因素	受伤人员类型		人员伤亡		
								本人	他人	轻伤	重伤	死亡
护桩填抛	块石填抛	车船伤害	运输车辆、施工船舶、附近通航船舶	1.不当操作造成车辆安全装置失效,人员冒险进入危险场所(车辆倒车区域); 2.车辆冒险进入边坡临边位置,有分散注意力的行为; 3.施工人员着不安全装束; 4.现场指挥、警戒不当; 5.管理人员违章指挥、强令冒险作业(进人驾驶人员视野盲区等); 6.驾驶人员未持有效证件上岗,违章作业(违规载人,酒后驾驶,超速,超限,超载作业); 7.驾驶人员身体健康状况异常、心理异常(反应迟钝、辨识错误); 8.驾驶人员疲劳作业,现场作业人员未正确使用安全防护用品(反光背心、安全帽等)	1.运输车辆未经检验或有缺陷; 2.施工场地环境不良(如照明不佳,场地湿滑等); 3.个人防护用品用具缺少或有缺陷; 4.安全警示标志、护栏等装置缺乏或有缺陷,车辆操作人员无上岗资格证; 5.运输道路承载力不足; 6.现场无警示标识或标识破损(警戒区、标牌、反光锥、喇叭贴等); 7.车辆带"病"作业(制动装置、警示灯、反光镜、后视镜等有缺陷); 8.车辆作业安全距离不足	1.场地受限; 2.道路不符合要求; 3.大风,暴雨,低温等恶劣天气(不利于混凝土提升强度); 4.不稳定坡体	1.技术上的缺陷; 2.操作者生理、心理上的缺陷; 3.教育、交底不到位有缺陷; 4.管理工作上的缺陷; 5.未对车辆设备、安全防护用品等进行验收或验收不到位; 6.车辆安全管理制度不完善或未落实(检查、维护保养不到位); 7.安全操作规程不规范或未落实(作业前未对车辆周围环境进行检查)	√	√	√	√	

续上表

分部工程	施工作业内容	典型风险事件	致害物	致险因素				风险事件后果类型				
				人的因素	物的因素	环境因素	管理因素	受伤人员类型		人员伤亡		
								本人	他人	轻伤	重伤	死亡
接岸结构与回填	地基处理	淹溺	水体	1.作业人员安全防护意识差; 2.违章操作; 3.未正确佩戴劳动防护用品; 4.作业人员疲劳作业	水上作业未设置安全防护设施	风力超过6级，雨雾天气，夜间照明不良等条件下进行作业	1.交底培训不到位; 2.现场监督检查不到位	√				√
		物体打击	零散材料、工具等	1.违章操作; 2.违章指挥; 3.未按方案施工	构件运输、安装过程中坠落	风力超过6级，雨雾天气，夜间照明不良等条件下进行作业	1.交底培训不到位; 2.现场监督检查不到位	√	√	√	√	
		触电	破损的电线及其他用电设备	1.作业人员未正确使用安全防护用品（绝缘鞋、绝缘手套等）; 2.作业人员操作错误或违章作业（带电检修或维护）; 3.管理人员违章指挥，强令冒险作业;	1.电气设施、配电箱等电气设备不合格（线路破损、老化）; 2.电气设施设置不规范（电缆拖地、配电箱无支架等）; 3.带电标识或警示标识或装置不规范、安全防护装置不规范（未接地、无漏电保护器、接线端子无防护罩等）;	1.强风、雷雨、大雪等不良天气; 2.作业场地杂乱、潮湿或积水; 3.作业场地照明不足	1.临时用电方案不完善或未落实; 2.发电机等安全操作规程不规范或未落实; 3.电气设施材料未进行进场验收; 4.无电工对用电设施进行巡查或巡查不到位;	√		√	√	√

续上表

分部工程	施工作业内容	典型风险事件	致害物	致险因素				风险事件后果类型				
				人的因素	物的因素	环境因素	管理因素	受伤人员类型		人员伤亡		
								本人	他人	轻伤	重伤	死亡
		触电	破损的电线及其他用电设备	4.电工等特种人员未持有效证件上岗；5.作业人员疲劳作业	4.防护不当，防护距离不足（配电柜、发电机无遮雨棚，防护闸挡或防护破损）；5.设备损坏漏电		5.机械设备安全管理制度未落实（设备保养等不到位）；6.安全教育、培训、交底、检查制度落实不到位；7.安全投入不足	√	√	√		
护岸结构与回填	地基处理	坍塌	不稳定土体、砌体、结构物等	1.管理人员违章指挥，强令冒险作业（防护、放坡不及时）；2.人员心理异常（冒险侥幸心理等）；3.作业人员操作失误；4.有违章作业，违反劳动纪律的行为（管理人员脱岗）	1.无警示信号或信号不清（紧急撤离信号）；2.现场无警示标识或标识破损（警戒区、标牌、反光锥等）；3.截排水设施不完善；4.防护形式错或防护材料不合格（材料强度不足等）；5.基坑边沿停放重型机械或堆放渣土	1.存在滑坡、偏压等不良地质；2.作业场地照明不足；3.强风、暴雨、大雪等不良天气	1.施工方案不完善或未落实（掏底开挖或上下重叠开挖，开挖完后未及时施工防护及排水）；2.安全教育、培训、交底、检查制度落实不到位；3.安全投入不足		√	√	√	

续上表

分部工程	施工作业内容	典型风险事件	致害物	致险因素				风险人员受伤人员类型		人员伤亡		
				人的因素	物的因素	环境因素	管理因素	本人	他人	轻伤	重伤	死亡
接岸结构与回填	地基处理	机械伤害	挖机等机械设备	1.人员违章进入危险区域；2.管理人员违章指挥，强令冒险作业；3.机械操作人员操作错误、违章作业（酒后作业）；4.操作人员身体健康状况异常、心理异常、感知异常（反应迟钝、辨识错误）；5.现场作业人员未正确使用安全防护用品（反光背心、安全帽等）；6.机械操作人员疲劳作业	1.现场无警示标识或标识破损（警戒区、标牌、反光贴等）；2.设备设施安全作业距离不足，设备带"病"作业（设施设备制动装置失效、运动或转动装置无防护或防护装置有缺陷等）；3.安全防护用品不合格（反光背心、安全帽、护目镜等）	1.强风、暴雨、大雪、大雾等不良天气；2.作业场地狭窄、不平整、湿滑；3.夜间施工照明不足	1.机械设备安全管理制度不完善或未落实（检查维护保养不到位）；2.未对机械设备、安防护用品等进行进场验收或验收不完善；3.安全教育、培训、交底、检查制度不完善或未落实；4.机械设备操作规程不规范或未落实；5.安全投入不足	√	√	√	√	

— 136 —

续上表

分部工程	施工作业内容	典型风险事件	致害物	致险因素			风险事件后果类型			
				人的因素	物的因素	环境因素	管理因素	受伤人员类型 || 人员伤亡		
								本人	他人	轻伤	重伤	死亡
接岸结构与回填	地基处理	车船伤害	运输车辆、施工船舶、附近通航船舶	1.不当操作造成车辆安全装置失效,人员冒险进入危险场所(车辆倒车区域); 2.车辆冒险进入边坡临边位置,有分散注意力的行为; 3.施工人员着不安全装束; 4.现场指挥、警戒不当; 5.管理人员违章指挥,强令冒险作业,驾驶人员视野盲区等; 6.驾驶人员未持有效证件上岗,违章作业(违规载人、酒后驾驶、超速、超限、超载驾驶); 7.驾驶人员身体健康状况异常,心理异常,感知异常(反应迟钝,辨识错误); 8.驾驶人员疲劳作业,现场作业人员未正确使用安全防护用品(反光背心、安全帽等)	1.运输车辆未经检验或有缺陷; 2.施工场地环境不良(如照明不佳,场地湿滑等); 3.个人防护用品用具缺少或有缺陷; 4.安全警示标志、护栏等警示装置缺乏或有缺陷,车辆操作人员无上岗资格证; 5.运输道路承载力不足; 6.现场无警示标识或标识破损(警戒区,标牌,反光锥等); 7.车辆带"病"作业(制动装置、喇叭,后视镜、警示灯等设施贴有缺陷); 8.车辆作业安全距离不足	1.场地受限; 2.道路不符合要求; 3.大风、暴雨、低温等恶劣天气(不利于混凝土提升强度); 4.不稳定坡体	1.技术上的缺陷; 2.操作者生理、心理上的缺陷; 3.教育、交底不到位有缺陷; 4.管理工作上的缺陷; 5.未对车辆设备、安全防护用品等进行进场验收或验收不到位; 6.车辆安全管理制度不完善或落实(检查、维护保养不到位); 7.安全操作规程不规范或落实(作业前未对车辆周围环境进行检查)	√	√	√	√	

续上表

分部工程	施工作业内容	典型风险事件	致害物	致险因素 人的因素	致险因素 物的因素	致险因素 环境因素	致险因素 管理因素	受伤人员类型 本人	受伤人员类型 他人	人员伤亡 轻伤	人员伤亡 重伤	人员伤亡 死亡
挡岸结构与回填	现浇或砌石挡土墙施工	淹溺	水体	1.作业人员安全防护意识差；2.违章操作；3.未正确佩戴劳动防护品；4.作业人员疲劳作业	水上作业未设置安全防护设施	风力超过6级，雨雾天气，夜间照明不良条件下进行作业	1.交底培训不到位；2.现场监督检查不到位		√		√	√
		物体打击	零散材料、工具、模板等	1.违章操作；2.违章指挥；3.未按方案施工	构件运输、安装过程中坠落	风力超过6级，雨雾天气，夜间照明不良条件下进行作业	1.交底培训不到位；2.现场监督检查不到位	√		√	√	
		触电	电焊机、发电机、配电箱、破损的电线、其他用电设备等电材料	1.作业人员未正确使用安全防护用品（绝缘鞋、绝缘手套等）；2.作业人员操作错误或违章作业（带电检修维护）；3.管理人员违章指挥、强令冒险作业；	1.电气设施不合格电缆线、配电箱等（线路破损、老化）；2.电气设施设置不规范（电缆拖地、配电箱无支架等）；3.带电设施无警示标识或标识破损，安全防护装置不规范（未接地、无漏电保护器、接线端子无防护罩等）；	1.强风、雷雨、大雪等不良天气；2.作业场地杂乱、潮湿或积水；3.作业场地照明不足	1.临时用电方案不完善或未落实；2.发电机等安全操作规程不规范或未落实；3.电气设施材料未进行进场验收；4.无电工对用电设施进行巡查或巡查不到位；	√		√	√	√

第五章 港口工程施工的主要安全风险分析

续上表

分部工程	施工作业内容	典型风险事件	致害物	致险因素				风险事件后果类型				
				人的因素	物的因素	环境因素	管理因素	受伤人员类型		人员伤亡		
								本人	他人	轻伤	重伤	死亡
		触电	电焊机、发电机、配电箱、破损的电线、其他用电设备等导电材料	4.电工等特种人员未持有效证件上岗；5.作业人员疲劳作业	4.防护不当，防护距离不足（配电柜、发电机无遮雨棚、防护围挡或防护破损）；5.设备损坏漏电		5.机械设备安全管理制度未落实（设备等器具检查维护保养不到位）；6.安全教育、培训、交底、检查制度不完善或未落实；7.安全投入不足					
按岸结构与回填	现浇或砌石挡土墙施工	坍塌	不稳定土体、砌体、结构物等	1.管理人员违章指挥、强令冒险作业（防护、放坡不及时）；2.人员心理异常（冒险侥幸心理等）；3.作业人员操作错误；4.有违章作业、违反劳动纪律的行为（管理人员脱岗）	1.无警示信号或信号不清（紧急撤离信号）；2.现场无警示标识或标识破损，反光锥等）；3.截排水设施不完善；4.防护形式错防护、材料不合格（材料强度不足等）；5.基坑边沿停放重型机械或堆放渣土	1.存在滑坡、偏压等不良地质；2.作业场地照明不足；3.强风、暴雨、大雪等不良天气	1.施工方案不完善或未落实（掏底开挖或上下重叠开挖，开挖完后未及时施工防护及排水）；2.安全教育、培训、交底、检查制度不完善或未落实；3.安全投入不足	√	√	√	√	

— 139 —

续上表

分部工程	施工作业内容	典型风险事件	致害物	致险因素			风险事件后果类型			
				人的因素	物的因素	环境因素	管理因素	受伤人员类型 || 人员伤亡		
								本人	他人	轻伤	重伤	死亡
接岸结构与回填	现浇石或砌土墙施工	机械伤害	现场机械设备	1.人员违章进入危险区域； 2.管理人员违章指挥，强令冒险作业； 3.机械操作人员操作错误，违章作业(酒后作业)； 4.操作人员身体健康状况异常、心理异常、感知异常(反应迟钝、辨识错误)； 5.现场作业人员未正确使用安全防护用品(反光背心、安全帽等)； 6.机械操作人员疲劳作业	1.现场无警示标识或标识破损(警戒区、标牌、反光贴等)； 2.设备设施安全作业距离不足，设备带"病"作业(设备设施动制动装置失效，运动或转动装置无防护或防护装置有缺陷等)； 3.安全防护用品不合格(反光背心、安全帽、护目镜等)	1.强风、暴雨、大雪、大雾等不良天气； 2.作业场地板板不平整、湿滑； 3.夜间施工照明不足	1.机械设备安全管理制度不完善或未落实(检查维护保养不到位)； 2.未对机械设备、安全防护用品等进行进场验收或验收不到位； 3.安全教育、培训、交底、检查制度不完善未落实； 4.机械设备操作规程不规范或未落实； 5.安全投入不足	√	√	√	√	

— 140 —

续上表

分部工程	施工作业内容	典型风险事件	致害物	致险因素				风险人员类型		风险事件后果类型		
				人的因素	物的因素	环境因素	管理因素	受伤人员类型		人员伤亡		
								本人	他人	轻伤	重伤	死亡
接岸结构与回填	现浇或砌石挡土墙施工	起重伤害	起重设备、吊索吊具	1. 管理人员违章指挥,强令冒险作业; 2. 作业人员操作错误,违章作业; 3. 起重工、信号工未持有效证件上岗; 4. 现场作业人员未正确使用安全防护用品(安全帽等); 5. 抗倾覆验算错误,人员违章进入危险区域; 6. 起重人员身体健康状况异常,心理异常,感知异常(反应迟钝,辨识错误); 7. 作业人员疲劳作业	1. 设备自身缺陷(强度,刚度不足,抗倾覆能力不足); 2. 现场无警示标识或标识破损(警戒区、标牌,反光锥等); 3. 安全防护用品不合格(安全帽等); 4. 支撑件不合格; 5. 构件防锈处理不合格; 6. 支腿不平,现场无警示标识或标识破损(警戒区,标牌,反光锥等); 7. 吊索吊具不合格或达到报废标准(钢丝绳、吊带、U形卸扣等); 8. 支垫材料不合格(枕木、钢板等),无防护装置缺陷(防脱钩装置、限位装置等); 9. 设备带"病"作业(制动装置失灵、距高压线等安全距离不足); 10. 安全防护用品不合格(反光背心、安全帽等)	1. 强风、暴雨、大雪等不良天气; 2. 地基承载力不足,基础下沉; 3. 作业场地照明不足	1. 施工方案不完善或未落实; 2. 安全教育、培训、交底、检查制度不完善或未落实; 3. 未对起重设备进行进场验收或验收不到位; 4. 安全投入不足; 5. 起重吊装作业时无专人监护; 6. 起重吊装安全操作规程不规范或未落实	√	√	√	√	√

续上表

分部工程	施工作业内容	典型风险事件	致害物	致险因素			风险事件后果类型				
				人的因素	物的因素	环境因素	管理因素	受伤人员类型		人员伤亡		
								本人	他人	轻伤	重伤	死亡
接岸结构与回填	现浇砌石挡土墙施工	车船伤害	运输车辆、施工船舶、附近通航船舶	1.不当操作造成车辆安全装置失效，人员冒险进入危险场所（车辆倾倒区域）； 2.车辆冒险进入边坡临边位置，有分散注意力的行为； 3.施工人员着不安全装束； 4.现场指挥、警戒不当； 5.管理人员违章指挥、强令冒险作业（进入驾驶人员视野盲区等）； 6.驾驶人员未持有效证件上岗，违章作业（违规载人、酒后驾驶、超速、超限、超载作业）； 7.驾驶人员身体健康状况异常、心理异常、感知异常（反应迟钝、辨识错误）； 8.现场作业人员疲劳作业，现场作业人员未正确使用安全防护用品（反光背心、安全帽等）	1.运输车辆未经检验或有缺陷； 2.施工场地环境不良（如照明不良、场地湿滑等）； 3.个人防护用品用具缺少或有缺陷； 4.安全警示标志、护栏等缺乏或有缺陷，车辆操作人员无上岗资格证； 5.运输道路承载力不足； 6.现场无警示标识或标识破损（警戒区、标牌、反光贴等）； 7.车辆"带病"作业（制动装置、喇叭、后视镜、警示灯等设施有缺陷）； 8.车辆作业安全距离不足	1.场地受限； 2.道路不符合要求； 3.大风、暴雨、低温等恶劣天气（不利于混凝土提升强度）； 4.不稳定坡体	1.技术上的缺陷； 2.操作者生理、心理上的缺陷； 3.教育、交底不到位的缺陷； 4.管理工作上的缺陷； 5.未对车辆设备、安全防护用品等进行进场验收或验收不到位； 6.车辆安全管理制度不完善或未落实（检查、维护保养不到位）； 7.安全操作规程不规范或未落实（作业前未对车辆周围环境进行检查）	√	√	√	√	

— 142 —

续上表

分部工程	施工作业内容	典型风险事件	致害物	致险因素				风险人员受伤类型		风险事件后果类型 人员伤亡		
				人的因素	物的因素	环境因素	管理因素	本人	他人	轻伤	重伤	死亡
		高处坠落	无防护的作业平台、施工人员受自身的重力运动	1. 作业人员未正确使用安全防护用品（安全带、防滑鞋等）；2. 作业人员身体健康状况异常、心理异常，感知异常（有高血压、恐高症等禁忌症，反应迟钝，辨识错误）；3. 作业人员疲劳作业，管理人员违章指挥、强令冒险作业；4. 作业人员操作错误或违章作业	1. 高处作业场所未设置安全防护等措施（安全绳索、防坠网）；2. 未设置安全警示标志或标识破损；3. 安全防护用品质量不合格、存在缺陷；4. 未设置或设置不规范全爬梯	1. 大风、雷电、大雪、暴雨等恶劣天气；2. 夜间施工照明不足；3. 作业场地不平整、湿滑	1. 安全教育、培训、交底、检查制度不完善，未落实；2. 职业健康、安全管理制度不完善，未落实（定期体检）；3. 安全投入不足；4. 高处作业安全操作规程不规范、未落实；5. 安全防护用品或验收未进行进场验收不到位	√		√	√	√
接岸结构与回填施工	现浇或砌石挡土墙施工	滑坡	不稳定土体、砌体、结构物等	1. 管理人员违章指挥、强令冒险作业（防护、放坡不及时）；2. 人员心理异常（冒险侥幸心理）；3. 作业人员操作错误；4. 有违章作业、违反劳动纪律的行为（管理人员脱岗）	1. 无警示信号或信号不清（紧急撤离信号）；2. 现场无警示标识或标识破损（警戒区、反光锥等）；3. 截排水设施不完善；4. 防护形式错误或防护材料强度不合格（材料强度不足等）；5. 基坑边沿停放重型机械或堆放渣土	1. 存在滑坡、不良地质；2. 作业场地照明不足；3. 强风、暴雨、大雪等不良天气	1. 施工方案不完善或未落实（掏底开挖、开挖完成后未及时施工防护及排水）；2. 安全教育、培训、交底、检查制度不完善，未落实；3. 安全投入不足	√	√	√	√	

续上表

分部工程	施工作业内容	典型风险事件	致害物	致险因素				风险人员受伤类型		人员伤亡		
				人的因素	物的因素	环境因素	管理因素	本人	他人	轻伤	重伤	死亡
		淹溺	水体	1.作业人员安全防护意识差; 2.违章操作; 3.未正确佩戴劳动防护用品; 4.作业人员疲劳作业	水上作业未设置安全防护设施	风力超过6级,雨雾天气,夜间照明不良等条件下进行作业	1.交底培训不到位; 2.现场监督检查不到位	√				√
		物体打击	零散材料、工具等	1.违章操作; 2.违章指挥; 3.未按方案施工	构件运输、安装过程中坠落	风力超过6级,雨雾天气,夜间照明不良等条件下进行作业	1.交底培训不到位; 2.现场监督检查不到位	√	√	√	√	
接岸结构与回填	打入式挡土墙施工	机械伤害	现场机械设备	1.人员违章进入危险区域; 2.管理人员违章指挥、强令冒险作业; 3.机械操作人员操作错误,违章作业(酒后作业); 4.操作人员身体健康状况异常、心理异常、感知异常(反应迟钝、辨识错误); 5.现场作业人员未正确使用安全防护用品(反光背心、安全帽等); 6.机械操作人员疲劳作业	1.现场无警示标识或标识破损(警戒区、标牌、反光贴等); 2.设备设施安全作业距离不足,设备带"病"作业(设备设施制动装置失效、运动防护装置无防护或防护装置有缺陷等); 3.安全防护用品不合格(反光背心、安全帽、护目镜等)	1.强风、暴雨、大雪、大雾等不良天气; 2.作业场地较不平整、湿滑; 3.夜间施工照明不足	1.机械设备安全管理制度不完善或维护保养不到位(检查维护保养不到位); 2.未对机械设备、安全防护用品等进行进场验收或验收不到位; 3.安全教育、培训、交底、检查制度不落实或未落实; 4.机械设备操作规程不规范或不完善; 5.安全投入不足	√	√	√	√	

— 144 —

续上表

分部工程	施工作业内容	典型风险事件	致害物	致险因素			风险事件后果类型				
				人的因素	物的因素	环境因素	管理因素	受伤人员类型		人员伤亡		
								本人	他人	轻伤	重伤	死亡
接岸结构与回填	打入式挡土墙施工	起重伤害	起重设备、吊索吊具	1.管理人员违章指挥,强令冒险作业; 2.作业人员操作错误,违章作业; 3.起重工、信号工未持有效证件上岗; 4.现场作业人员未正确使用安全防护用品(安全帽等); 5.抗倾覆验算错误,人员违章进入危险区域; 6.起重人员身体健康状况异常,心理异常,感知异常(反应迟钝、辨识错误等); 7.作业人员疲劳作业	1.设备自身缺陷(强度、刚度不足,抗倾覆能力不足); 2.现场无警示标识或标牌(警示标牌、反光锥等); 3.安全防护用品不合格(安全帽等); 4.支撑件不合格; 5.构件防锈处理不合格; 6.支腿不平,现场无警示标识或标识破损(警戒区、标牌、反光锥等); 7.吊索吊具不合格或达到报废标准(钢丝绳、吊带、U形卸扣等); 8.支垫材料不合格(枕木、钢板等); 9.支护装置无防护装置缺陷(防脱钩装置、限位装置等); 10.安全防护用品不合格(反光背心、安全帽等)	1.强风、暴雨、大雪等不良天气; 2.地基承载力不足,基础下沉; 3.作业场地照明不足	1.施工方案不完善或未落实; 2.安全教育、培训、交底,检查制度不完善或未落实; 3.未对起重设备进行进场验收或验收不到位; 4.安全投入不足; 5.起重吊装作业时无专人监护; 6.起重吊装安全操作规程不规范或未落实	√	√	√	√	√

— 145 —

续上表

分部工程	施工作业内容	典型风险事件	致害物	致险因素			风险人员受伤人员类型		风险事件后果类型 人员伤亡		
				人的因素	物的因素	环境因素	管理因素	本人	他人	轻伤	重伤	死亡
接岸结构与回填	打入式挡土墙施工	车船伤害	运输车辆、施工船舶、附近通航船舶	1.不当操作造成车辆安全装置失效,人员冒险进入危险场所(车辆倒车区域);2.车辆冒险进入边坡临边位置,有分散注意力的行为;3.施工人员着不安全装束;4.现场指挥、警戒不当;5.管理人员违章指挥、强令冒险作业,驾驶人员视野不良;6.驾驶人员未持有效证件上岗,违章作业(违规载人,酒后驾驶,超速、超限、超载等);7.驾驶人员身体健康状况异常、心理异常,感知异常(反应迟钝,后视错误等);8.驾驶作业人员疲劳作业,现场作业人员未正确使用安全防护用品(反光背心、安全帽等)	1.运输车辆未经检验或有缺陷;2.施工场地环境不良(如照明不佳、场地湿滑等);3.个人防护用品用具缺少或有缺陷;4.安全警示标志、护栏等警示装置缺乏或有缺陷,车辆操作人员无上岗资格证;5.运输道路承载力不足;6.现场无警示标识或标识破损(警戒区,标牌,反光锥,反光贴等);7.车辆"带病"作业(制动装置、喇叭、后视镜、警示灯等有缺陷);8.车辆作业安全距离不足	1.场地受限;2.道路不符合要求;3.大风、暴雨、低温等恶劣天气(不利于混凝土提升强度);4.不稳定坡体	1.技术上的缺陷;2.操作者生理、心理上的缺陷;3.教育、交底不到位有缺陷;4.管理工作上的缺陷;5.未对车辆设备、安全防护用品等进行进场验收或验收不到位;6.车辆安全管理制度不完善或落实不到位(检查、维护保养不到位);7.安全操作规程不规范或未落实(作业前未对车辆周围环境进行检查)	√	√	√	√	

续上表

分部工程	施工作业内容	典型风险事件	致害物	致险因素				风险事件后果类型				
				人的因素	物的因素	环境因素	管理因素	受伤人员类型		人员伤亡		
								本人	他人	轻伤	重伤	死亡
接岸结构与回填	打入式挡土墙施工	滑坡	不稳定土体、砌体、结构物等	1. 管理人员违章指挥，强令冒险作业（防护、放坡不及时）；2. 人员心理异常（冒险侥幸心理等）；3. 作业人员操作错误；4. 有违章作业、违反劳动纪律（管理人员脱岗）	1. 无警示信号或信号不清（紧急撤离信号）；2. 现场无警示标识或标识破损（警戒区、标牌、反光锥等）；3. 截排水设施不完善；4. 防护形式错或防护材料不合格（材料强度不足等）；5. 基坑边沿停放重型机械或堆放渣土	1. 存在滑坡、偏压等不良地质；2. 作业场地照明不足；3. 强风、暴雨、大雪等不良天气	1. 施工方案不完善或未落实（掏底开挖或上下叠重开挖，开挖完后未及时施工防护及排水）；2. 安全教育、培训、交底、检查制度不完善或未落实；3. 安全投入不足	√			√	
	岸坡施工	淹溺	水体	1. 作业人员安全防护意识差；2. 违章操作；3. 未正确佩戴劳动防护品；4. 作业人员疲劳作业	水上作业未设置安全防护设施	风力超过6级，雨雾天气，夜间照明不良等条件下进行作业	1. 交底培训不到位；2. 现场监督检查不到位	√	√	√	√	√
		物体打击	零散材料、工具等	1. 违章操作；2. 违章指挥；3. 未按方案施工	构件运输、安装过程中坠落	风力超过6级，雨雾天气，夜间照明不良等条件下进行作业	1. 交底培训不到位；2. 现场监督检查不到位	√	√	√	√	

续上表

分部工程	施工作业内容	典型风险事件	致害物	致险因素				风险人员类型		人员伤亡		
				人的因素	物的因素	环境因素	管理因素	本人	他人	轻伤	重伤	死亡
接岸结构与回填	岸坡施工	机械伤害	现场机械设备	1.人员违章进入危险区域；2.管理人员违章指挥，强令冒险作业；3.机械操作人员操作错误、违章作业（酒后作业）；4.操作人员身体健康状况异常、心理异常、感知异常（反应迟钝、辨识错误）；5.现场作业人员未正确使用安全防护用品（反光背心、安全帽等）；6.机械操作人员疲劳作业	1.现场无警示标识或标识破损（警戒区、标牌、反光贴等）；2.设备设施"安全作业距离不足，设备带"病"作业（设备设施制动装置失效、运动或转动装置无防护或防护装置有缺陷等）；3.安全防护用品不合格（反光背心、安全帽、护目镜等）	1.强风、暴雨、大雪、大雾等不良天气；2.作业场地狭窄、不平整、湿滑；3.夜间施工照明不足	1.机械设备安全管理制度不完善或未落实（检查维护保养不到位）；2.未对机械设备、安全防护用品等进行进场验收或验收不到位；3.安全教育、培训、交底、检查制度不完善或未落实；4.机械设备操作规程不规范或未落实；5.安全投入不足	√	√	√	√	

— 148 —

续上表

分部工程	施工作业内容	典型风险事件	致害物	致险因素			风险事件后果类型				
				人的因素	物的因素	环境因素	管理因素	受伤人员类型		人员伤亡		
								本人	他人	轻伤	重伤	死亡
接岸结构与回填	岸坡施工	起重伤害	起重设备、吊索吊具	1.管理人员违章指挥，强令冒险作业；2.作业人员操作错误，违章作业；3.起重工、信号工未持有效证件上岗；4.现场作业人员未正确使用安全防护用品（安全帽等）；5.抗倾覆验算错误，人员违章进入危险区域；6.起重人员身体健康状况异常、心理异常，感知异常（反应迟钝，辨识错误）；7.作业人员疲劳作业。	1.设备自身缺陷（强度、刚度不足，抗倾覆能力不足）；2.现场无警示标识或标识破损（警戒区、警示牌、反光锥等）；3.安全防护用品不合格（安全帽等）；4.支撑件不合格；5.构件防锈处理不合格；6.支腿不平，现场无警示标识或标识破损（警戒区、标牌、反光锥等）；7.吊索吊具不合格或达到报废标准（钢丝绳、吊带、U形卸扣等）；8.支垫材料不合格（枕木、钢板等）；9.设备带"病"作业（制动装置缺陷（防脱钩装置、限位装置等）；9.设备带"病"作业（制动装置缺陷，距高压线等安全距离不足；10.安全防护用品不合格（反光背心、安全帽等）	1.强风，暴雨，大雪等不良天气；2.地基承载力不足，基础下沉；3.作业场地照明不足	1.施工方案不完善或未落实；2.安全教育，培训，交底，检查制度不完善或未落实；3.未对起重设备进行进场验收或验收不到位；4.安全投入不足；5.起重吊装作业时无专人监护；6.起重吊装安全操作规程不规范或未落实	√	√	√	√	√

续上表

分部工程	施工作业内容	典型风险事件	致害物	致险因素			风险事件后果类型			
				人的因素	物的因素	环境因素	管理因素	受伤人员类型		人员伤亡		
								本人	他人	轻伤	重伤	死亡
接岸结构与回填	岸坡施工	车船伤害	运输车辆、施工船舶、附近通航船舶	1.不当操作造成车辆安全装置失效,人员冒险进入危险场所(车辆倒车区域); 2.车辆冒险进入边坡临边位置,有分散注意力的行为; 3.施工人员着不安全装束; 4.现场指挥、警戒不当; 5.管理人员违章指挥、强令冒险作业(进入驾驶人员视野盲区等); 6.驾驶人员未持有效证件上岗,违章驾驶(违章操作错误,酒后驾驶,超载,超限、超速作业); 7.驾驶人员身体健康状况异常、心理异常(反应迟钝,感知异常)、辨识错误; 8.驾驶人员疲劳作业,现场作业人员未正确使用安全防护用品(反光背心、安全帽等)	1.运输车辆未经检验或有缺陷; 2.施工场地环境不良(如照明不佳,场地湿滑等); 3.个人防护用品用具缺少或有缺陷; 4.安全警示标志、护栏等警示装置缺乏或有缺陷,车辆操作人员无上岗资格证; 5.运输道路承载力不足; 6.现场无警示标识或标识破损(警戒区、标牌、反光锥、反光贴等); 7.车辆"带病"作业(制动装置、喇叭、后视镜、警示灯等设施有缺陷); 8.车辆作业安全距离不足	1.场地受限; 2.道路不符合要求; 3.大风、暴雨、低温等恶劣天气(不利于混凝土提升强度); 4.不稳定坡体	1.技术上的缺陷; 2.操作者生理、心理上的缺陷; 3.教育、交底不到位有缺陷; 4.管理工作上的缺陷; 5.未对车辆设备、安全防护用品等进行进场验收或验收不到位; 6.车辆安全管理制度不完善或未落实(检查、维护保养不到位); 7.安全操作规程不规范或未落实(作业前未对车辆周围环境进行检查)	√	√	√	√	

— 150 —

续上表

分部工程	施工作业内容	典型风险事件	致害物	致险因素				风险人员类型		人员伤亡		
				人的因素	物的因素	环境因素	管理因素	本人	他人	轻伤	重伤	死亡
接岸结构与回填	岸坡施工	岸坡滑坡	不稳定土体、砌体结构物等	1.管理人员违章指挥,强令冒险作业(防护、放坡不及时);2.人员心理异常(冒险侥幸心理等);3.作业人员操作错误;4.有违章作业、违反劳动纪律的行为(管理人员脱岗)	1.无警示信号或信号不清(紧急撤离信号);2.现场无警示标识或标识破损(警戒区、标牌、反光锥等);3.截排水设施不完善;4.防护形式错或防护材料不合格(材料强度不足等);5.基坑边沿放停重型机械或堆放渣土	1.存在滑坡、偏压等不良地质;2.作业场地照明不足;3.强风、暴雨、大雪等不良天气	1.施工方案不完善未落实(揭底开挖或上下重叠开挖,开挖完后未及时施工防护及排水);2.安全教育、培训、交底、检查制度不完善未落实;3.安全投入不足	√	√	√	√	
装配式上部结构	大型构件预制	物体打击	零散材料、工具、模板等	1.违章操作;2.违章指挥;3.未按方案施工	构件运输、安装过程中坠落	风力超过6级,雨雾天气,夜间照明不良等条件下进行作业	1.交底培训不到位;2.现场监督检查不到位	√	√	√	√	

续上表

分部工程	施工作业内容	典型风险事件	致害物	致险因素			风险人员受伤人员类型		风险事件后果类型 人员伤亡		
				人的因素	物的因素	环境因素	管理因素	本人	他人	轻伤	重伤	死亡

分部工程	施工作业内容	典型风险事件	致害物	人的因素	物的因素	环境因素	管理因素	本人	他人	轻伤	重伤	死亡
装配式上部结构	大型构件预制	触电	电焊机、发电机、配电箱、破损的电线、其他用电设备（钢筋加工机械）、钢筋等导电材料	1.作业人员未正确使用安全防护用品（绝缘鞋、绝缘手套等）；2.作业人员操作错误或违章作业（带电检修维护）；3.管理人员违章指挥、强令冒险作业；4.电工等特种人员未持有效证件上岗；5.作业人员疲劳作业	1.电缆线、配电箱等电气设施不合格（线路破损、老化）；2.电气设施设置不规范（电缆拖地、配电箱无支架等）；3.带电设施无警示标识或标识破损、安全防护装置不规范（未接地、无漏电保护器、接线端子无防护罩等）；4.防护不当，防护距离不足（配电柜、发电机无遮雨棚、防护围挡或防护破损）；5.张拉等设备损坏漏电	1.强风、雷雨、大雪等不良天气；2.作业场地杂乱、潮湿或积水；3.作业场地照明不足	1.临时用电方案不完善或未落实；2.发电机等安全操作规程不规范或未落实；3.电气设施材料等未进场进行验收；4.无电工对用电设施进行巡查或巡查不到位；5.机械设备安全管理制度未落实（张拉设备等机具检查维护保养不到位）；6.安全教育、培训、交底、检查制度不完善或未落实；7.安全投入不足	√		√	√	√

— 152 —

续上表

分部工程	施工作业内容	典型风险事件	致害物	致险因素				风险事件后果类型			
				人的因素	物的因素	环境因素	管理因素	受伤人员类型		人员伤亡		
								本人	他人	轻伤	重伤	死亡
装配式上部结构	大型构件预制	机械伤害	钢筋加工设备等机械设备	1. 人员违章进入危险区域； 2. 管理人员违章指挥，强令冒险作业； 3. 机械操作人员操作错误、违章作业（酒后作业）； 4. 操作人员身体健康状况异常、心理异常、感知异常（反应迟钝、辨识错误）； 5. 现场作业人员未正确使用安全防护用品（反光背心、安全帽等）； 6. 机械操作人员疲劳作业	1. 现场无警示标识或标识破损（警戒区、标牌、反光贴等）； 2. 设备设施安全作业距离不足，设备"病"作业（设施设备制动装置失效、运动防护或转动防护装置有缺陷等）； 3. 安全防护用品不合格（反光背心、安全帽、护目镜等）	1. 强风、暴雨、大雪、大雾等不良天气； 2. 作业场地狭窄，不平整、湿滑； 3. 夜间施工照明不足	1. 机械设备安全管理制度不完善或未落实（检查维护保养不到位）； 2. 未对机械设备、安全防护用品等进行进场验收或验收不到位； 3. 安全教育、培训、交底，检查制度不完善或未落实； 4. 机械设备操作规程不规范或未落实； 5. 安全投入不足	√	√	√	√	

续上表

分部工程	施工作业内容	典型风险事件	致害物	致险因素			风险人员类型		风险事件后果类型		
				人的因素	物的因素	环境因素	管理因素	受伤人员类型	人员伤亡		
								本人 / 他人	轻伤	重伤	死亡
装配式上部结构	大型构件预制	起重伤害	起重设备、吊索吊具	1. 管理人员违章指挥，强令冒险作业；2. 作业人员操作错误，违章作业；3. 起重、信号工未持有效证件上岗；4. 现场作业人员未正确使用安全防护用品（安全帽等）；5. 抗倾覆验算错误，人员违章进入危险区域；6. 起重人员身体健康状况异常、心理异常、感知异常（反应迟钝、辨识错误）；7. 作业人员疲劳作业	1. 设备自身缺陷（强度、刚度不足，抗倾覆能力不足）；2. 现场无警示标识或标识破损（警戒区、标牌等）；3. 安全防护用品不合格（安全帽等）；4. 支撑件不合格；5. 构件防锈处理不合格；6. 支腿不平，现场无警示标识或标识破损（警戒区、标牌、反光锥等）；7. 吊索吊具不合格或达到报废标准（钢丝绳、吊带、U形卸扣等）；8. 支垫材料不合格（枕木、钢板等），无防护或防护装置缺陷（防脱钩装置、限位装置等）；9. 设备带"病"作业（制动装置等），距高压线等安全距离不足；10. 安全防护用品不合格（反光背心、安全帽等）	1. 强风、暴雨、大雪等不良天气；2. 地基承载力不足，基础下沉；3. 作业场地照明不足	1. 施工方案不完善或未落实；2. 安全教育、培训，交底、检查制度不完善或未落实；3. 未对起重设备进行进场验收或验收不到位；4. 安全投入不足；5. 起重吊装作业时无专人监护；6. 起重吊装安全操作规程不规范或未落实	√ / √	√	√	√

续上表

分部工程	施工作业内容	典型风险事件	致害物	致险因素 人的因素	致险因素 物的因素	致险因素 环境因素	致险因素 管理因素	受伤人员类型 本人	受伤人员类型 他人	人员伤亡 轻伤	人员伤亡 重伤	人员伤亡 死亡
装配式上部结构	大型构件预制	车船伤害	运输车辆、施工船舶、附近通航船舶	1.不当操作造成车辆安全装置失效，人员冒险进入危险场所（车辆倒车区域）； 2.车辆冒险进入边坡临危位置，有分散注意力的行为； 3.施工人员着不安全装束； 4.现场指挥、警戒不当； 5.管理人员违章指挥，强令人员违章作业（进入驾驶人员视野盲区等）； 6.驾驶人员未持有效证件上岗，违规作业（违规载人、酒后驾驶、超速、超限、超载等）； 7.驾驶人员身体健康状况异常、心理异常（反应迟钝，辨识知觉异常，反应错误等）； 8.驾驶人员疲劳作业，现场作业人员未正确使用安全防护用品（反光背心、安全帽等）	1.运输车辆未经检验或有缺陷； 2.施工场地环境不良（如照明不良，场地湿滑等）； 3.个人防护用品用具缺少或有缺陷； 4.安全警示标志、护栏等安全装置缺乏或有缺陷，车辆操作人员无上岗资格证； 5.运输道路承载力不足； 6.现场无警示标识标牌（警戒区、标牌、反光锥、反光贴等）； 7.车辆带"病"作业（制动装置、喇叭、后视镜、警示灯等设施有缺陷）； 8.车辆作业安全距离不足	1.场地受限； 2.道路不符合要求； 3.大风、暴雨、低温等恶劣天气（不利于混凝土提升强度）； 4.不稳定坡体	1.技术上的缺陷； 2.操作者生理、心理上的缺陷； 3.教育、交底不到位有缺陷； 4.管理工作上的缺陷； 5.未对车辆设备、安全防护用品等进行进场验收或验收验不到位； 6.车辆安全管理制度不完善或落实不到位（检查维护保养不到位）； 7.安全操作未落实，作业规范不规范（作业前未对车辆周围环境进行检查）	√	√	√	√	

— 155 —

续上表

分部工程	施工作业内容	典型风险事件	致害物	致险因素				风险人员类型		人员伤亡		
				人的因素	物的因素	环境因素	管理因素	受伤人员	他人	轻伤	重伤	死亡
								本人				
装配式上部结构	大型构件预制	高处坠落	无防护的作业平台、施工人员受自身的重力运动	1. 作业人员未正确使用安全防护用品（安全带、防滑鞋等）；2. 作业人员身体健康状况异常、心理异常、感知异常（有高血压、恐高症等禁忌症，反应迟钝、辨识错误）；3. 作业人员违章作业，管理人员违章指挥、强令冒险作业；4. 作业人员操作错误或违章作业	1. 高处作业场所未设置安全防护等措施（安全绳索、防坠网）；2. 未设置安全警示标志或标识破损；3. 安全防护用品质量不合格、存在缺陷；4. 未设置人员上下安全爬梯或设置不规范	1. 大风、雷电、大雪、暴雨等恶劣天气；2. 夜间施工照明不足；3. 作业场地不平整、湿滑	1. 安全教育、培训、交底、检查制度不完善或未落实；2. 职业健康、安全管理制度不完善、未落实（定期体检）；3. 安全投入不足；4. 高处作业安全操作规程不规范或未落实；5. 安全防护用品等未进行进场验收或验收不到位	√		√	√	√
	大型构件运输	淹溺	水体	1. 作业人员安全防护意识差；2. 违章操作；3. 未正确佩戴劳动防护用品；4. 作业人员疲劳作业	水上作业未设置安全防护设施	风力超过6级，雨雾天气、夜间照明不良条件下进行作业	1. 交底培训不到位；2. 现场监督检查不到位	√	√	√	√	√
		物体打击	零散材料、工具等	1. 违章操作；2. 违章指挥；3. 未按方案施工	构件运输、安装过程中坠落	风力超过6级，雨雾天气、夜间照明不良条件下进行作业	1. 交底培训不到位；2. 现场监督检查不到位	√	√	√	√	

续上表

分部工程	施工作业内容	典型风险事件	致害物	致险因素			风险事件后果类型				
				人的因素	物的因素	环境因素	管理因素	受伤人员类型		人员伤亡	
								本人	他人	轻伤	重伤	死亡
装配式上部结构	大型构件运输	起重伤害	起重设备、吊索吊具	1. 管理人员违章指挥、强令冒险作业；2. 作业人员操作错误、违章作业；3. 起重工、信号工未持有效证件上岗；4. 现场作业人员未正确使用安全防护用品（安全帽等）；5. 抗倾覆验算错误，人员违章进入危险区域；6. 起重人员身体健康状况异常、心理异常、感知异常（反应迟钝、辨识错误）；7. 作业人员疲劳作业	1. 设备自身缺陷（强度、刚度不足，抗倾覆能力不足）；2. 现场无警示标识或标识破损（警戒区、标牌、反光锥等）；3. 安全防护用品不合格（安全帽等）；4. 支撑件不合格；5. 构件防锈处理不合格；6. 支腿不平、现场无警示标识或标识破损（警戒区、标牌、反光锥等）；7. 吊索吊具不合格或达到报废标准（钢丝绳、吊带、U形卸扣等）；8. 支垫材料不合格（枕木、钢板等），无防护或防护装置缺陷（防脱钩装置、限位装置等）；9. 设备带"病"作业（制动安全距离不足、距高压线等安全距离不足；10. 安全防护用品不合格（反光背心、安全帽等）	1. 强风、暴雨、大雪等不良天气；2. 地基承载力不足，基础下沉；3. 作业场地照明不足	1. 施工方案不完善或未落实；2. 安全教育、培训、交底、检查制度不完善或未落实；3. 未对起重设备进行进场验收或验收不到位；4. 安全投入不足；5. 起重吊装作业时无专人监护；6. 起重吊装安全操作规程不规范或未落实	√	√	√	√	√

续上表

分部工程	施工作业内容	典型风险事件	致害物	致险因素			风险事件后果类型				
				人的因素	物的因素	环境因素	管理因素	受伤人员类型		人员伤亡	
								本人	他人	轻伤	重伤	死亡
装配式上部结构	大型构件运输	车船伤害	运输车辆、施工船舶、附近通航船舶	1. 不当操作造成车辆安全装置失效，人员冒险进入危险场所（车辆倒车区域）；2. 车辆冒险进入边坡临边位置，有分散注意力的行为；3. 施工人员着不安全装束；4. 现场指挥、警示不当；5. 管理人员违章指挥、强令冒险作业（进入驾驶人员视野盲区等）；6. 驾驶人员未持有效证件上岗，违章驾驶（违规载人、酒后驾驶、超速、超限、超载作业）；7. 驾驶人员身体健康状况异常、心理异常，知异常（反应迟钝、辨识错误）；8. 驾驶人员疲劳作业，现场作业人员未正确使用安全防护用品（反光背心、安全帽等）	1. 运输车辆未经检验或有缺陷；2. 施工场地环境不良（如照明不佳、场地湿滑等）；3. 个人防护用品用具缺少或有缺陷；4. 安全警示标志、护栏等警示缺乏或有缺陷，车辆操作人员无上岗资格证；5. 运输道路承载力不足；6. 现场无警示标识或标识破损（警戒区、标牌、反光贴等）；7. 车辆带"病"作业（制动装置、喇叭、后视镜、警示灯等设施有缺陷）；8. 车辆作业安全距离不足	1. 场地受限；2. 道路不符合要求；3. 大风、暴雨、低温等恶劣天气（不利于混凝土提升强度）；4. 不稳定坡体	1. 技术上的缺陷；2. 操作者生理、心理上的缺陷；3. 教育、交底不到位有缺陷；4. 管理工作上的缺陷；5. 未对车辆设备、安全防护用品等进行进场验收或验收不到位；6. 车辆安全管理制度不完善或落实（检查维护保养不到位）；7. 安全操作规程不规范或未落实（作业前未对车辆周围环境进行检查）	√	√	√	√	

— 158 —

续上表

分部工程	施工作业内容	典型风险事件	致害物	致险因素				风险事件后果类型				
				人的因素	物的因素	环境因素	管理因素	受伤人员类型		人员伤亡		
								本人	他人	轻伤	重伤	死亡
		淹溺	水体	1. 作业人员安全防护意识差； 2. 违章操作； 3. 未正确佩戴劳动防护用品； 4. 作业人员疲劳作业	水上作业未设置安全防护设施	风力超过6级，雨雾天气、夜间照明不良等条件下进行作业	1. 交底培训不到位； 2. 现场监督检查不到位		√		√	√
装配式上部结构	大型构件安装	物体打击	零散材料、工具等	1. 违章操作； 2. 违章指挥； 3. 未按方案施工	构件运输、安装过程中坠落	风力超过6级，雨雾天气、夜间照明不良等条件下进行作业	1. 交底培训不到位； 2. 现场监督检查不到位	√	√	√	√	

续上表

分部工程	施工作业内容	典型风险事件	致害物	致险因素 人的因素	致险因素 物的因素	致险因素 环境因素	致险因素 管理因素	风险人员类型 本人	风险人员类型 他人	人员伤亡 轻伤	人员伤亡 重伤	人员伤亡 死亡
装配式上部结构	大型构件安装	起重伤害	起重设备、吊索具	1. 管理人员违章指挥，强令冒险作业；2. 作业人员操作错误，违章作业；3. 起重工、信号工未持有效证件上岗；4. 现场作业人员未正确使用安全防护用品（安全帽等）；5. 抗倾覆验算错误，人员违章进入危险区域；6. 起重人员身体健康状况异常、心理异常、感知异常（反应迟钝、辨识错误）；7. 作业人员疲劳作业	1. 设备自身缺陷（强度、刚度不足，抗倾覆能力不足）；2. 现场无警示标识或标识破损（警戒区、标牌、反光锥等）；3. 安全防护用品不合格（安全帽等）；4. 支撑作不合格；5. 构件防锈处理不合格；6. 支腿不平，现场无警示标识或标识破损（警戒区、标牌、反光锥等）；7. 吊索吊具不合格或达到报废标准（钢丝绳、吊带、U形卸扣等）；8. 支垫材料不合格（枕木、钢板等），无防护或防护装置缺陷（防脱钩装置、限位装置等）；9. 设备带"病"作业（制动装置等）、距高压线安全距离不足；10. 安全防护用品不合格（反光背心、安全帽等）	1. 强风、暴雨、大雪等不良天气；2. 地基承载力不足，基础下沉；3. 作业场地照明不足	1. 施工方案不完善或未落实；2. 安全教育、培训、交底、检查制度不完善或未落实；3. 未对起重设备进行进场验收或验收不到位；4. 安全投入不足；5. 起重吊装作业时无专人监护；6. 起重吊装安全操作规程不规范或未落实	√	√	√	√	√

— 160 —

续上表

分部工程	施工作业内容	典型风险事件	致害物	致险因素				风险事件后果类型			
				人的因素	物的因素	环境因素	管理因素	受伤人员类型		人员伤亡		
								本人	他人	轻伤	重伤	死亡
装配式上部结构	大型构件安装	车船伤害	运输车辆、施工船舶、附近通航船舶	1. 不当操作造成车辆安全装置失效,人员冒险进入危险场所（车辆倒车区域）； 2. 车辆冒险进入边坡临边位置,有分散注意力的行为； 3. 施工人员着不安全装束； 4. 现场指挥、警戒不当； 5. 管理人员违章指挥、强令冒险作业（进入驾驶人员视野盲区等）； 6. 驾驶人员未持有效证件上岗,违规作业,违章作业（违规载人,酒后驾驶,超速、超限、超载等）； 7. 驾驶人员身体健康状况异常,心理异常（反应迟钝、感知异常、错误等）；	1. 运输车辆未经检验或有缺陷； 2. 施工场地环境不良（如照明不佳,场地湿滑等）； 3. 个人防护用品用具缺少或有缺陷； 4. 安全警示标志、护栏等装置缺乏或人员无上岗资格证； 5. 运输道路承载力不足； 6. 现场无警示标识或标识破损（警戒区、标牌、反光锥、反光贴等）； 7. 车辆带"病"作业（制动装置、喇叭、后视镜、警示灯等设施有缺陷）； 8. 车辆作业安全距离不足	1. 场地受限； 2. 道路不符合要求； 3. 大风、暴雨、低温等恶劣天气（不利于混凝土提升强度）； 4. 不稳定坡体	1. 技术上的缺陷； 2. 操作者生理、心理上的缺陷； 3. 教育、交底不到位有缺陷； 4. 管理工作上的缺陷； 5. 未对车辆设备、安全防护用品等进行进场验收或验收不到位； 6. 车辆安全管理制度不完善或落实不到位,维护保养不到位； 7. 安全操作规程不规范或未落实（作业前未对车辆周围环境进行检查）	√	√	√	√	

— 161 —

续上表

分部工程	施工作业内容	典型风险事件	致害物	致险因素				风险事件后果类型				
				人的因素	物的因素	环境因素	管理因素	受伤人员类型		人员伤亡		
								本人	他人	轻伤	重伤	死亡
		车船伤害	运输车辆、施工船舶、附近通航船舶	8.驾驶人员疲劳作业,现场作业人员未正确使用安全防护用品(反光背心、安全帽等)								
装配式上部结构	大型构件安装	高处坠落	无防护的作业平台,施工人员受自身的重力运动	1.作业人员未正确使用安全防护用品(安全带、防滑鞋等); 2.作业人员身体健康状况异常,心理异常,感知异常(有高血压、恐高症等禁忌症,反应迟钝,辨识错误); 3.作业人员违章作业,管理人员违章指挥,强令冒险作业; 4.作业人员操作错误或违章作业	1.高处作业场所未设置安全防护等措施(安全绳索、防坠网); 2.未设置安全警示标志或标识破损; 3.安全防护用品质量不合格,存在缺陷; 4.未设置爬梯或设置不规范,施工人员上下安全爬梯或设置不规范	1.大风、雷电、大雪、暴雨等恶劣天气; 2.夜间施工照明不足; 3.作业场地不平整,湿滑	1.安全教育、培训,交底,检查制度不完善或未落实; 2.职业健康、安全管理制度不完善,未落实(定期体检); 3.安全投入不足; 4.高处作业安全操作规程不规范或未落实; 5.安全防护用品等未进行进场验收或验收不到位	√		√	√	√

续上表

分部工程	施工作业内容	典型风险事件	致害物	致险因素				风险事件后果类型				
				人的因素	物的因素	环境因素	管理因素	受伤人员类型		人员伤亡		
								本人	他人	轻伤	重伤	死亡
		淹溺	水体	1.作业人员安全防护意识差； 2.违章操作； 3.未正确佩戴劳动防护用品； 4.作业人员疲劳作业	水上作业未设置安全防护设施	风力超过6级，雨雾天气，夜间照度不良等条件下进行作业	1.交底培训不到位； 2.现场监督检查不到位	√			√	√
装配式上部结构	节点连接施工	高处坠落	无防护的作业平台、施工人员受自身的重力运动	1.作业人员未正确使用安全防护用品（安全带,防滑鞋等）； 2.作业人员身体健康状况异常,心理异常（有高血压,恐高症等禁忌症,反应迟钝,辨识错误）； 3.管理人员违章指挥,强令冒险作业； 4.作业人员操作错误或违章作业	1.高处作业场所未设置安全防护等措施（安全绳索,防坠网）； 2.未设置安全警示标志或标识破损； 3.安全防护用品质量不合格； 4.未设置或设置不规范,存在缺陷； 5.未设置爬梯或设置不规范	1.大风,雷电,大雪,暴雨等恶劣天气； 2.夜间施工照明不足； 3.作业场地不平整,湿滑	1.安全教育,培训,交底,检查监督不完善或未落实； 2.职业健康,安全管理制度不完善,未定期(体检)； 3.安全投入不足； 4.高处作业安全操作规程不规范,安全操作未落实； 5.安全防护用品等未进行进场验收或验收不到位	√		√	√	√

第二节 重力式码头工程施工的主要安全风险分析

重力式码头工程施工主要涉及基础与换填地基、墙身、上部结构施工与上部结构施工；典型风险事件主要有淹溺、物体打击、触电、坍塌、机械伤害、起重伤害、车船伤害、高处坠落等；致害物主要包含恶劣天气、水体、施工船舶、附近通航船舶、炸药等火工品、不稳定土体、结构、不合格的作业平台、起重设备等。风险事件的发生常常是因为人的因素、物的因素、环境因素、管理因素不到位而导致，具体风险分析见表5-2。

表5-2 重力式码头工程施工的主要安全风险分析

分部工程	施工作业内容	典型风险事件	致害物	致险因素			风险人员受伤类型		人员伤亡后果类型		
				人的因素	物的因素	环境因素	管理因素	本人	他人	轻伤	重伤	死亡
基础与换填地基	基槽开挖	淹溺	水体	1.作业人员安全防护意识差；2.违章操作；3.未正确佩戴劳动防护用品；4.作业人员疲劳作业	水上作业未设置安全防护设施	风力超过6级、雨雾天气、夜间照明不良等条件下进行作业	1.交底培训不到位；2.现场监督检查不到位	√			√	√
		坍塌	不稳定断面	1.管理人员违章指挥，强令冒险作业；2.开挖方式不当，防护不及时；3.作业人员操作错误，违章作业；4.有违反劳动纪律的行为	1.地质不稳定；2.无警示信号或信号不清；3.防护形式错误或防护材料不合格	1.作业场地照明不足；2.大风大雨等不良天气	1.施工方案不完善或未落实；2.安全教育，培训，交底，检查制度不完善或未落实；3.安全投入不足	√	√	√	√	

续上表

分部工程	施工作业内容	典型风险事件	致害物	致险因素				风险人员类型		人员伤亡		
				人的因素	物的因素	环境因素	管理因素	受伤人员类型				
								本人	他人	轻伤	重伤	死亡
基础与换填地基	基槽开挖	机械伤害	挖掘机等机械设备	1. 人员违章进入危险区域； 2. 管理人员违章指挥，强令冒险作业； 3. 机械操作人员未持有效证件上岗； 4. 机械操作人员操作错误、违章作业； 5. 操作人员身体健康状况异常； 6. 现场作业人员未正确使用安全防护用品； 7. 机械操作人员疲劳作业	1. 现场无警示标识或标识破损； 2. 设备设施安全装置距离不足； 3. 设备带"病"作业（设备设施制动装置失效、运动或防护或转动装置无防护或转动装置有缺陷等）； 4. 安全防护用品不合格	1. 强风、暴雨、大雪、大雾等不良天气； 2. 夜间施工照明不足； 3. 作业场地狭窄	1. 机械设备安全管理制度不完善或落实，安全防护用品等进行验收或验收不到位； 3. 安全教育、培训、交底、检查制度未落实； 4. 机械设备安全操作规程不完善； 5. 安全投入不足	√			√	
		车船伤害	挖泥船等船舶	1. 人员违章进入危险区域； 2. 管理人员违章指挥，强令冒险作业； 3. 操作人员未持有效证件上岗； 4. 机械操作人员操作错误、违章作业； 5. 操作人员身体健康状况异常； 6. 现场作业人员未正确使用安全防护用品； 7. 机械操作人员疲劳作业	1. 现场无警示标识或标识破损； 2. 船舶安全装置失效； 3. 作业安全距离不足； 4. 安全防护用品不合格	1. 强风、暴雨、大雪、大雾等不良天气； 2. 夜间施工照明不足； 3. 作业场地狭窄	1. 未对设备、安全防护用品等进行验收或验收不到位； 2. 设备安全管理制度不完善； 3. 操作规程不规范或未落实。安全教育、培训、交底、检查制度不完善或未落实； 4. 职业健康管理制度不完善或未落实； 5. 安全投入不足	√	√	√	√	

续上表

分部工程	施工作业内容	典型风险事件	致害物	致险因素				风险事件后果类型				
				人的因素	物的因素	环境因素	管理因素	受伤人员类型			人员伤亡		
								本人	他人		轻伤	重伤	死亡
		淹溺	水体	1. 作业人员安全防护意识差； 2. 违章操作； 3. 未正确佩戴劳动防护用品； 4. 作业人员疲劳作业	水上作业未设置安全防护设施	风力超过6级、雨雾天气、夜间照明不良等条件下进行作业	1. 交底培训不到位； 2. 现场监督检查不到位	√				√
基础与换填地基	水下爆破	坍塌	爆破后不稳定的岩石等	1. 管理人员违章指挥、强令冒险作业； 2. 开挖方式不当、防护不及时； 3. 作业人员操作错误、违章作业； 4. 有违反劳动纪律的行为	1. 地质不稳定； 2. 无警示信号或信号不清； 3. 防护形式错误或防护材料不合格	1. 作业场地照明不足； 2. 大风大雨等不良天气	1. 施工方案不完善或未落实； 2. 安全教育、培训、交底、检查制度不完善或未落实； 3. 安全投入不足	√	√	√		√	

续上表

分部工程	施工作业内容	典型风险事件	致害物	致险因素			风险事件后果类型			
				人的因素	物的因素	环境因素	管理因素	受伤人员类型 || 人员伤亡		
								本人	他人	轻伤	重伤	死亡
基础与换填地基	水下爆破	车船伤害	运输车辆、施工船舶、附近通航船舶	1. 不当操作造成车辆安全装置失效，人员冒险进入危险场所（车辆倾倒区域）； 2. 车辆冒险进入边坡临边位置，有分散注意力的行为； 3. 施工人员着不安全装束； 4. 现场指挥、警戒不当； 5. 管理人员违章指挥，强令冒险作业（进入驾驶员视野盲区等）； 6. 驾驶人员未持有效证件上岗，违章驾驶操作错误，酒后驾驶，超载人员，超限、超载作业（超速、超限、超载作业）； 7. 驾驶人员身体健康状况异常、心理异常、感知异常（反应迟钝，后视错误）； 8. 驾驶员疲劳作业，现场作业人员未正确使用安全防护用品（反光背心、安全帽等）	1. 运输车辆未经检验安全装置失效或有缺陷； 2. 施工场地环境不良（如照明不佳，场地湿滑等）； 3. 个人防护用品用具缺少或有缺陷； 4. 安全警示标志、护栏等装置缺乏或有缺陷，车辆操作人员无上岗资格证； 5. 运输道路承载力不足； 6. 现场无警示标识或标识破损（警戒区、标牌、反光锥、反光带等）； 7. 车辆带"病"作业（制动装置、喇叭、警示灯等反光装置有缺陷）； 8. 车辆作业安全距离不足	1. 场地受限； 2. 道路不符合要求； 3. 大风、暴雨、低温等恶劣天气（不利于混凝土提升强度）； 4. 不稳定坡体	1. 技术上的缺陷； 2. 操作者生理、心理上的缺陷； 3. 教育、交底不到位有缺陷； 4. 管理工作上的缺陷； 5. 未对车辆设备、安全防护用品等进行进场验收或验收不到位； 6. 车辆安全管理制度不完善或未落实（检查维护保养不到位）； 7. 安全操作规程不规范或未落实（作业前未对车辆周围环境进行检查）	√	√	√	√	

续上表

分部工程	施工作业内容	典型风险事件	致害物	致险因素				风险人员受伤类型		人员伤亡后果类型		
				人的因素	物的因素	环境因素	管理因素	本人	他人	轻伤	重伤	死亡
基础与换填地基	水下爆破	爆炸	火工品	1. 爆破相关作业人员未持有效证件上岗; 2. 作业人员操作错误或违章作业; 3. 现场作业人员未正确使用安全防护用品; 4. 管理人员违章指挥、强令冒险作业; 5. 作业人员违章作业; 6. 人员身体健康状况异常; 7. 警戒人员现场警戒不到位; 8. 人员违章进入爆破区域	1. 现场无警示标识或标识破损; 2. 爆破无指挥信号或信号不清; 3. 爆破器材不合格或发生故障; 4. 爆破的安全距离不足	1. 雷电、暴雨、大雪、大雾等恶劣天气; 2. 作业区域光照明不足	1. 爆破专项施工方案不完善或未落实; 2. 安全教育、培训、交底、检查制度不完善或未落实; 3. 火工品管理制度不完善或未落实; 4. 未对爆破人员队伍、作业人员进行资质审查; 5. 爆破作业安全操作规程不规范或未落实; 6. 安全投入不足	√	√	√	√	√
	基床抛石	淹溺	水体	1. 作业人员安全防护意识差; 2. 违章操作; 3. 未正确佩戴劳动防护用品; 4. 作业人员疲劳作业	水上作业未设置安全防护设施	风力超过6级,雨雾天气,夜间照明不良等条件下进行作业	1. 交底培训不到位; 2. 现场监督检查不到位	√		√	√	√

续上表

分部工程	施工作业内容	典型风险事件	致害物	致险因素 人的因素	致险因素 物的因素	致险因素 环境因素	致险因素 管理因素	受伤人员类型 本人	受伤人员类型 他人	人员伤亡 轻伤	人员伤亡 重伤	人员伤亡 死亡
		物体打击	碎石等	1.现场作业人员未正确使用安全防护用品；2.人员违章进入危险区域；3.管理人员违章指挥、强令冒险作业；4.作业人员身体健康状况异常；5.作业人员操作错误、违章作业	1.安全防护用品不合格；2.现场无警示标识或标识破损；3.作业过程中产生或坠落物	1.作业场地杂乱；2.作业场地照明不足	1.施工方案不完善或未落实；2.安全教育、培训、交底、检查制度不落实；3.安全防护用品等进行进场验收不到位；4.安全投入不足	√	√		√	
基础与换填地基	基床抛石	坍塌	不稳定的基础	1.管理人员违章指挥、强令冒险作业；2.开挖方式不当，防护不及时；3.作业人员操作错误、违章作业；4.有违反劳动纪律的行为	1.地质不稳定；2.无警示信号或信号不清；3.防护形式错误或防护材料不合格	1.作业场地照明不足；2.大风大雨等不良天气	1.施工方案不完善或未落实；2.安全教育、培训、交底、检查制度不落实；3.安全投入不足	√	√	√	√	

续上表

分部工程	施工作业内容	典型风险事件	致害物	致险因素				风险人员类型		人员伤亡		
				人的因素	物的因素	环境因素	管理因素	本人	他人	轻伤	重伤	死亡
基础与换填地基	基床抛石	机械伤害	挖掘机等机械设备	1.人员违章进入危险区域；2.管理人员违章指挥，强令冒险作业；3.操作人员未持有效证件上岗；4.机械操作人员操作错误，违章作业；5.操作人员身体健康状况异常；6.现场作业人员未正确使用安全防护用品；7.机械操作人员疲劳作业。	1.现场无警示标识或标识破损；2.设备设施安全距离不足；3.设备"带病"作业（设备运动或转动装置失效，防护或防护装置有缺陷等）；4.安全防护用品不合格。	1.强风、暴雨、大雪、大雾等不良天气；2.夜间施工照明不足；3.作业场地狭窄。	1.机械设备安全管理制度不完善或落实不到位；2.未对机械设备、安全防护用品等进行进场验收或验收不到位；3.安全教育、培训、交底、检查制度不完善或未落实；4.机械设备安全操作规程不规范或未落实；5.安全投入不足。	√	√	√	√	
		车船伤害	抛石船等船舶	1.人员违章进入危险区域；2.管理人员违章指挥，强令冒险作业；3.操作人员未持有效证件上岗；4.机械操作人员操作错误，违章作业；5.操作人员身体健康状况异常；6.现场作业人员未正确使用安全防护用品；7.机械操作人员疲劳作业。	1.现场无警示标识或标识破损；2.船舶安全装置失效；3.作业安全距离不足；4.安全防护用品不合格。	1.强风、暴雨、大雪、大雾等不良天气；2.夜间施工照明不足；3.作业场地狭窄。	1.未对设备、安全防护用品等进行进场验收或验收不到位；2.设备安全管理制度不完善或落实不到位；3.安全操作规程不规范或未落实，安全教育、培训、交底、检查制度不完善或未落实；4.职业健康管理制度不落实；5.安全投入不足。	√	√	√	√	

续上表

分部工程	施工作业内容	典型风险事件	致害物	致险因素				风险事件后果类型				
				人的因素	物的因素	环境因素	管理因素	受伤人员类型		人员伤亡		
								本人	他人	轻伤	重伤	死亡
基础与填换地基		淹溺	水体	1. 作业人员安全防护意识差； 2. 违章操作； 3. 未正确佩戴劳动防护用品； 4. 作业人员疲劳作业	水上作业未设置安全防护设施	风力超过6级、雨雾天气、夜间照明不良等条件下进行作业	1. 交底培训不到位； 2. 现场监督检查不到位	√	√		√	√
	基床夯实	物体打击	碎石等	1. 现场作业人员未正确使用安全防护用品； 2. 人员违章进入危险区域； 3. 管理人员违章指挥、强令冒险作业； 4. 作业人员身体健康状况异常； 5. 作业人员操作错误、违章作业	1. 安全防护用品不合格； 2. 现场无警示标识或标识破损； 3. 作业过程中产生的坠落物	1. 作业场地杂乱； 2. 作业场地照明不足	1. 施工方案不完善或未落实； 2. 安全教育、培训、交底、检查制度不完善或未落实； 3. 安全防护用品等进行进场验收或验收不到位； 4. 安全投入不足	√	√	√	√	

续上表

分部工程	施工作业内容	典型风险事件	致害物	致险因素				风险人员受伤类型		风险事件后果类型		
				人的因素	物的因素	环境因素	管理因素	本人	他人	轻伤	重伤	死亡
基础与换填地基	基床夯实	机械伤害	夯实机械等	1. 人员违章进入危险区域； 2. 管理人员违章指挥、强令冒险作业； 3. 机械操作人员未持有效证件上岗； 4. 机械操作人员操作错误、违章作业； 5. 操作人员身体健康状况异常； 6. 现场未正确使用安全防护用品； 7. 机械操作人员疲劳作业	1. 现场无警示标识或标识破损； 2. 设备设施安全作业距离不足； 3. 设备带"病"作业（设备运动或转动装置失效、防护装置无防护或防护装置有缺陷等）； 4. 安全防护用品不合格	1. 强风、暴雨、大雪、大雾等不良天气； 2. 夜间施工照明不足； 3. 作业场地狭窄	1. 机械设备安全管理制度不完善或落实不到位； 2. 未对机械设备、安全防护用品等进行进场验收或验收不到位； 3. 安全教育、培训、交底、检查制度不完善或未落实； 4. 机械设备不规范； 5. 安全投入不足	√	√	√	√	
		起重伤害	起重设备、吊索、吊具	1. 人员违章进入危险区域； 2. 管理人员违章指挥、强令冒险作业； 3. 起重作业人员、司索信号工未持有效证件上岗； 4. 起重作业人员操作错误、违章作业； 5. 作业人员身体健康状况异常； 6. 作业人员疲劳作业； 7. 现场未正确使用安全防护用品	1. 现场无警示标识或标识破损； 2. 吊索吊具不合格或达到报废标准； 3. 无防护或防护装置有缺陷； 4. 安全防护用品不合格	1. 雷电、暴雨、大风（6级以上）、大雾等恶劣天气； 2. 夜间施工照明不足	1. 起重吊装专项施工方案不完善或未落实； 2. 机械设备安全管理制度不完善或落实不到位； 3. 起重吊装安全操作规程不规范或未落实； 4. 安全教育、培训、交底、检查制度不完善或未落实； 5. 未对机械设备、安全防护用品等进行进场验收或验收不到位； 6. 安全投入不足	√	√	√	√	√

续上表

分部工程	施工作业内容	典型风险事件	致害物	致险因素 - 人的因素	致险因素 - 物的因素	致险因素 - 环境因素	致险因素 - 管理因素	风险人员类型 - 受伤人员类型 本人	风险人员类型 - 受伤人员类型 他人	人员伤亡 - 轻伤	人员伤亡 - 重伤	人员伤亡 - 死亡
基础与换填地基	基床夯实	车船伤害	打夯船等船舶	1. 人员违章进入危险区域；2. 管理人员违章指挥，强令冒险作业；3. 操作人员未持有效证件上岗；4. 机械操作人员操作错误、违章作业；5. 操作人员身体健康状况异常；6. 现场作业人员未正确使用安全防护用品；7. 机械操作人员疲劳作业	1. 现场无警示标识或标识破损；2. 船舶安全装置失效；3. 作业安全距离不足；4. 安全防护用品不合格	1. 强风、暴雨、大雪、大雾等天气；2. 夜间施工照明不足；3. 作业场地狭窄	1. 未对设备、安全防护用品等进行进场验收或验收不到位；2. 设备安全管理制度不完善或落实不到位；3. 安全操作规程不规范或未落实，安全教育培训、交底未落实；4. 职业健康管理制度不完善或未落实；5. 安全投入不足	√	√	√	√	
	基床整平	淹溺	水	1. 作业人员安全防护意识差；2. 违章操作；3. 未正确佩戴劳动防护用品；4. 作业人员疲劳作业	水上作业未设置安全防护设施	风力超过 6 级，雨雾天气，夜间照明不良等条件下进行作业	1. 交底培训不到位；2. 现场监督检查不到位	√		√	√	√

续上表

分部工程	施工作业内容	典型风险事件	致害物	致险因素				风险事件后果类型				
				人的因素	物的因素	环境因素	管理因素	受伤人员类型		人员伤亡		
								本人	他人	轻伤	重伤	死亡
基础与换填地基	基床整平	物体打击	碎石等	1.现场作业人员未正确使用安全防护用品；2.人员违章进入危险区域；3.管理人员违章指挥、强令冒险作业；4.作业人员身体健康状况异常；5.作业人员操作错误、违章作业	1.安全防护用品不合格；2.现场无警示标识或标识破损；3.作业过程中产生的坠落物	1.作业场地杂乱；2.作业场地照明不足	1.施工方案不完善或未落实；2.安全教育、培训、交底、检查制度不完善或未落实；3.安全防护验收或进行进场验收不到位；4.安全投入不足	√	√	√	√	
		机械伤害	挖掘机等机械设备	1.人员违章进入危险区域；2.管理人员违章指挥、强令冒险作业；3.机械操作人员未持有效证件上岗；4.机械操作人员操作错误、违章作业；5.操作人员身体健康状况异常；6.现场作业人员未正确使用安全防护用品；7.机械操作人员疲劳作业	1.现场无警示标识或标识破损；2.设备设施安全作业距离不足；3.设备"带病"作业（设备运动转动装置失效、防护或防动装置无防护或防动装置有缺陷等）；4.安全防护用品不合格	1.强风、暴雨、大雪、大雾等不良天气；2.夜间施工照明不足；3.作业场地狭窄	1.机械设备安全管理制度不完善或未落实；2.未对机械设备、安全防护用品等进行进场验收或验收不到位；3.安全教育、培训、交底、检查制度不完善或未落实；4.机械操作规范不规范或安全操作规程不规范；5.安全投入不足	√	√	√	√	

续上表

分部工程	施工作业内容	典型风险事件	致害物	致险因素				风险事件后果类型				
				人的因素	物的因素	环境因素	管理因素	受伤人员类型		人员伤亡		
								本人	他人	轻伤	重伤	死亡
基础与换填地基	基床整平	起重伤害	起重设备、吊索具	1.人员违章进入危险区域；2.管理人员违章指挥，强令冒险作业；3.起重号工未持有效证件上岗；4.起重作业人员操作错误，违章作业；5.信号人员操作错误；6.作业人员疲劳作业，状况异常；7.现场作业人员未正确使用安全防护用品	1.现场无警示标识或标识破损；2.吊索具吊具不合格或达到报废标准；3.无防护或防护装置缺陷；4.安全防护用品不合格	1.雷电、暴雨、大风(6级以上)、大雾等恶劣天气；2.夜间施工照明不足	1.起重吊装专项施工方案不完善或未落实；2.机械设备安全管理制度或未落实；3.起重吊装安全操作规程不规范或未落实；4.安全教育、培训、交底、检查制度或未落实；5.未对机械设备、安全防护用品等进行验收或验收不到位；6.安全投入不足	√	√	√	√	√
墙身	方块构件预制	物体打击	模板、钢筋等	1.现场作业人员未正确使用安全防护用品；2.人员违章进入危险区域；3.管理人员违章指挥，强令冒险作业；4.作业人员身体健康状况异常；5.作业人员操作错误，违章作业	1.安全防护用品不合格；2.现场无警示标识或标识破损；3.作业过程中产生的坠落物	1.作业场地杂乱；2.作业场地照明不足	1.施工方案不完善或未落实；2.安全教育、培训、交底、检查制度或未落实；3.安全防护用品等进行进场验收或验收不到位；4.安全投入不足		√	√	√	

续上表

分部工程	施工作业内容	典型风险事件	致害物	致险因素				风险人员受伤人员类型		风险事件后果类型 人员伤亡		
				人的因素	物的因素	环境因素	管理因素	本人	他人	轻伤	重伤	死亡
墙身	方块构件预制	触电	破损的电缆线等	1. 作业人员未正确使用安全防护用品；2. 作业人员操作错误或违章作业；3. 强令冒险作业，管理人员违章指挥；4. 电工等特种人员未持有效证件上岗；5. 作业人员疲劳作业	1. 电缆线、配电箱等电气设施不合格；2. 电气设施设置不规范；3. 带电设施无警示标识或标识破损；4. 安全防护装置不规范；5. 防护不当，防护距离不足；6. 发电机等设备损坏带电	1. 雷电、暴雨、大雪、大雾等恶劣天气；2. 作业场地杂乱，不平整；3. 作业场地照明不足	1. 临时用电方案不完善或未落实；2. 发电机等安全操作规程不规范或未落实；3. 电气设施材料等未进行进场验收；4. 无电工对用电设施进行巡查或机具检查不到位；5. 发电机等机具检查维护保养不到位；6. 安全教育、培训、交底、检查制度不完善或未落实；7. 安全投入不足	√			√	√
		机械伤害	钢筋弯曲机等机械设备	1. 人员违章进入危险区域；2. 管理人员违章指挥、强令冒险作业；3. 机械操作人员未持有效证件上岗；4. 机械操作人员操作错误、违章作业；5. 操作人员身体健康状况异常；6. 现场作业人员未正确使用安全防护用品；7. 机械操作人员疲劳作业	1. 现场无警示标识或标识破损；2. 设备设施破损，距离不足；3. 设备带"病"作业（设备设施制动装置失效、运动或防护转动装置无防护或防护装置有缺陷等）；4. 安全防护用品不合格	1. 强风、暴雨、大雪、大雾等不良天气；2. 夜间施工照明不足；3. 作业场地狭窄	1. 机械设备安全管理制度不完善或未落实，安全操作规程不规范或未落实；2. 未对机械设备进行进场验收或验收不到位；3. 安全教育、培训、交底、检查制度不完善或未落实；4. 机械设备安全操作规程不规范或未落实；5. 安全投入不足	√	√	√	√	

第五章 港口工程施工的主要安全风险分析

续上表

分部工程	施工作业内容	典型风险事件	致害物	致险因素				风险人员受伤类型		人员伤亡		
				人的因素	物的因素	环境因素	管理因素	本人	他人	轻伤	重伤	死亡
墙身	方块构件预制	起重伤害	汽车起重机等起重设备、吊索吊具	1. 人员违章进入危险区域； 2. 管理人员违章指挥，强令冒险作业； 3. 起重司索信号工未持有效证件上岗； 4. 起重作业人员操作错误，违章作业； 5. 起重人员身体健康状况异常； 6. 作业人员疲劳作业； 7. 现场作业人员未正确使用安全防护用品	1. 现场无警示标识或标识破损； 2. 吊索吊具不合格或达到报废标准； 3. 无防护或防护装置缺陷； 4. 安全防护用品不合格	1. 雷电、暴雨、大风(6级以上)、大雾等恶劣天气； 2. 夜间施工照明不足	1. 起重吊装专项施工方案不完善或未落实； 2. 机械设备安全管理制度不完善或未落实； 3. 起重吊装安全操作规程不规范或未落实； 4. 安全教育、培训、交底、检查制度不完善或未落实； 5. 未对机械设备、安全防护用品等进行验收或验收不到位； 6. 安全投入不足	√	√		√	√
		高处坠落	无防护的作业平台、施工人员受自身重力运动	1. 作业人员未正确使用安全防护用品（安全带、防滑鞋等）； 2. 作业人员身体健康状况异常（有高血压、恐高症等禁忌症，反应迟钝，辨识错误）； 3. 作业人员疲劳作业、管理人员违章指挥、强令冒险作业； 4. 作业人员操作错误或违章作业	1. 高处作业场所未设置安全防护等措施（安全绳索、防坠网）； 2. 未设置安全警示标志或警示标志破损； 3. 安全防护用品质量不合格、存在缺陷； 4. 未设置或设置不规范或全爬梯设置不规范	1. 大风、雷电、大雪、暴雨等恶劣天气； 2. 夜间施工照明不足； 3. 作业场地不平整、湿滑	1. 安全教育、培训、交底、检查制度不完善或未落实； 2. 职业健康、安全管理制度不完善或未落实（定期体检）； 3. 安全投入不足； 4. 高处作业安全操作规范不落实； 5. 安全防护用品等进行进场验收或验收不到位	√		√	√	√

— 177 —

续上表

分部工程	施工作业内容	典型风险事件	致害物	致险因素				风险事件后果类型				
				人的因素	物的因素	环境因素	管理因素	受伤人员类型		人员伤亡		
								本人	他人	轻伤	重伤	死亡
墙身		淹溺	水体	1. 作业人员安全防护意识差； 2. 违章操作； 3. 未正确佩戴劳动防护用品； 4. 作业人员疲劳作业	水上作业未设置安全防护设施	风力超过6级，雨雾天气，夜间照明不良等条件下进行作业	1. 交底培训不到位； 2. 现场监督检查不到位	√			√	√
	方块吊运	物体打击	掉落的零部件等	1. 现场作业人员未正确使用安全防护用品； 2. 人员违章进入危险区域； 3. 管理人员违章指挥、强令冒险作业； 4. 作业人员身体健康状况异常； 5. 作业人员操作错误、违章作业	1. 安全防护用品不合格； 2. 现场无警示标识或标识破损； 3. 作业过程中产生的坠落物	1. 作业场地杂乱； 2. 作业场地照明不足	1. 施工方案不完善或未落实； 2. 安全教育、培训、交底、检查制度不完善或未落实； 3. 安全防护用品等进行进场验收或验收不到位； 4. 安全投入不足	√	√	√	√	

续上表

分部工程	施工作业内容	典型风险事件	致害物	致险因素				风险事件后果类型				
				人的因素	物的因素	环境因素	管理因素	受伤人员类型		人员伤亡		
								本人	他人	轻伤	重伤	死亡
墙身		机械伤害	现场机械设备	1.人员违章进入危险区域；2.管理人员违章指挥,强令冒险作业；3.机械操作人员未持有效证件上岗；4.机械操作人员操作错误,违章作业；5.操作人员身体健康状况异常；6.现场作业人员未正确使用安全防护用品；7.机械操作人员疲劳作业	1.现场无警示标识或标识破损；2.设备设施安全作业距离不足；3.设备带"病"作业（设备设施动制动装置失效,运动部件防护或转动装置无防护或防护装置有缺陷等）；4.安全防护用品不合格	1.强风、暴雨、大雪、大雾等不良天气；2.夜间施工照明不足；3.作业场地狭窄	1.机械设备安全管理制度不完善或落实不到位；2.未对机械设备、安全防护用品等进行进场验收或验收不到位；3.安全教育、培训、交底、检查制度不完善或未落实；4.机械设备安全操作规程不规范或未落实；5.安全投入不足	√	√	√	√	
	方块吊运	起重伤害	汽车起重机等起重设备、吊索吊具	1.人员违章进入危险区域；2.管理人员违章指挥,强令冒险作业；3.起重作业人员、司索信号工未持有效证件上岗；4.起重作业人员操作错误,违章作业；	1.现场无警示标识或标识破损；2.吊索吊具不合格或达到报废标准；3.无防护或防护装置有缺陷；4.安全防护用品不合格	1.雷电、暴雨、大风（6级以上）、大雾等恶劣天气；2.夜间施工照明不足	1.起重吊装专项施工方案不完善或落实不到位；2.机械设备安全管理制度不完善或未落实；3.起重吊装安全操作规程不规范或未落实；	√	√	√	√	√

— 179 —

续上表

分部工程	施工作业内容	典型风险事件	致害物	致险因素				风险人员受伤人员类型			人员伤亡		
				人的因素	物的因素	环境因素	管理因素	本人	他人		轻伤	重伤	死亡
		起重伤害	汽车起重机等起重设备、吊索吊具	5.起重人员身体健康状况异常；6.作业人员疲劳作业；7.现场作业人员未正确使用安全防护用品			4.安全教育、培训、交底、检查制度不完善或未落实；5.未对机械设备、安全防护用品等进行进场验收或验收不到位；6.安全投入不足						
墙身	方块吊运	车船伤害	运输船等船舶	1.人员违章进入危险区域；2.管理人员违章指挥、强令冒险作业；3.操作人员未持有效证件上岗；4.机械操作人员操作错误、违章作业；5.操作人员身体健康状况异常；6.现场作业人员未正确使用安全防护用品；7.机械操作人员疲劳作业	1.现场无警示标识或标识破损；2.船舶安全装置失效；3.作业安全距离不足；4.安全防护用品不合格	1.强风、暴雨、大雪、大雾等不良天气；2.夜间施工照明不足；3.作业场地狭窄	1.未对设备、安全防护用品等进行进场验收或验收不到位；2.设备安全管理制度或验收未落实；3.安全操作规程不规范或培训、交底、教育、检查制度不完善或未落实；4.职业健康管理制度不完善或未落实；5.安全投入不足	√	√		√	√	

续上表

分部工程	施工作业内容	典型风险事件	致害物	致险因素				风险事件后果类型				
				人的因素	物的因素	环境因素	管理因素	受伤人员类型		人员伤亡		
								本人	他人	轻伤	重伤	死亡
墙身		淹溺	水体	1.作业人员安全防护意识差； 2.违章操作； 3.未正确佩戴劳动防护用品； 4.作业人员疲劳作业	水上作业未设置安全防护设施	风力超过6级，雨雾天气，夜间照明不良等条件下进行作业	1.交底培训不到位； 2.现场监督检查不到位	√			√	√
	方块吊运	物体打击	掉落的零部件等	1.现场作业人员未正确使用安全防护用品； 2.人员违章进入危险区域； 3.管理人员违章指挥，强令冒险作业； 4.作业人员身体健康状况异常； 5.作业人员操作错误，违章作业	1.安全防护用品不合格； 2.现场无警示标识或标识破损； 3.作业过程中产生的坠落物	1.作业场地杂乱； 2.作业场地照明不足	1.施工方案不完善或未落实； 2.安全教育，培训，交底，检查制度不完善或未落实； 3.安全防护用品等进行进场验收或验收不到位； 4.安全投入不足	√	√	√	√	

续上表

分部工程	施工作业内容	典型风险事件	致害物	致险因素				风险事件后果类型				
				人的因素	物的因素	环境因素	管理因素	受伤人员类型		人员伤亡		
								本人	他人	轻伤	重伤	死亡
墙身	方块吊运	机械伤害	现场机械设备	1.人员违章进入危险区域； 2.管理人员违章指挥，强令冒险作业； 3.机械操作人员未持有效证上岗； 4.机械操作人员操作错误，违章作业； 5.操作人员身体健康状况异常； 6.现场作业人员未正确使用安全防护用品； 7.机械操作人员疲劳作业。	1.现场无警示标识或标识破损； 2.设备设施安全作业距离不足； 3.设备带"病"作业（设备设施制动装置失效，运动或转动装置无防护或防护装置有缺陷等）； 4.安全防护用品不合格。	1.强风、暴雨、大雪、大雾等不良天气； 2.夜间施工照明不足； 3.作业场地狭窄。	1.机械设备安全管理制度不完善或未落实； 2.未对机械设备、安全防护用品等进行进场验收或验收不到位； 3.安全教育、培训、交底、检查制度不完善或未落实； 4.机械设备安全操作规程不规范或未落实； 5.安全投入不足。	√	√	√	√	
		起重伤害	汽车起重机等起重设备、吊索吊具	1.人员违章进入危险区域； 2.管理人员违章指挥，强令冒险作业； 3.起重信号工、司索作业人员未持有效证件上岗； 4.起重作业人员操作错误，违章作业。	1.现场无警示标识或标识破损； 2.吊索吊具不合格或达到报废标准； 3.无防护或防护装置有缺陷； 4.安全防护用品不合格。	1.雷电、暴雨、大风（6级以上）、大雾等恶劣天气； 2.夜间施工照明不足。	1.起重吊装专项施工方案不完善或未落实； 2.机械设备安全管理制度不完善或未落实； 3.起重吊装安全操作规程不规范或未落实。	√	√	√	√	√

第五章 港口工程施工的主要安全风险分析

续上表

分部工程	施工作业内容	典型风险事件	致害物	致险因素				风险人员受伤人员类型		风险事件后果类型 人员伤亡		
				人的因素	物的因素	环境因素	管理因素	本人	他人	轻伤	重伤	死亡
墙身	方块吊运	起重伤害	汽车起重机等吊装设备、吊索吊具	5. 起重人员身体健康状况异常；6. 作业人员疲劳作业；7. 现场作业人员未正确使用安全防护用品			4. 安全教育、培训、交底、检查制度不完善或未落实；5. 未对机械设备、安全防护用品等进行进场验收或验收不到位；6. 安全投入不足	√			√	√
		车船伤害	运输船等	1. 人员违章进入危险区域；2. 管理人员违章指挥、强令冒险作业；3. 操作人员未持有效证件上岗；4. 机械操作人员操作错误、违章作业；5. 操作人员身体健康状况异常；6. 现场作业人员未正确使用安全防护用品；7. 机械操作人员疲劳作业	1. 现场无警示标识或标识破损；2. 船舶安全装置失效；3. 作业安全距离不足；4. 安全防护用品不合格	1. 强风、暴雨、大雪、大雾等不良天气；2. 夜间施工照明不足；3. 作业场地狭窄	1. 未对设备、安全防护用品等进行进场验收或验收不到位；2. 设备安全管理制度不完善或未落实；3. 安全操作规程、范或未落实，安全教育、培训、交底、检查制度不完善或未落实；4. 职业健康管理制度不完善或未落实；5. 安全投入不足		√	√	√	√

续上表

分部工程	施工作业内容	典型风险事件	致害物	致险因素				风险人员受伤人员类型		风险事件后果类型 人员伤亡		
				人的因素	物的因素	环境因素	管理因素	本人	他人	轻伤	重伤	死亡
墙身	沉箱预制	物体打击	模板、钢筋等	1.现场作业人员未正确使用安全防护用品;2.人员违章进入危险区域;3.管理人员违章指挥、强令冒险作业;4.作业人员身体健康状况异常;5.作业人员操作错误、违章作业	1.安全防护用品不合格;2.现场无警示标识或标识破损;3.作业过程中产生的坠落物	1.作业场地杂乱;2.作业场地照明不足	1.施工方案不完善或未落实;2.安全教育、培训、交底、检查制度不完善或未落实;3.安全防护用品等进行进场验收或验收不到位;4.安全投入不足	√			√	
		触电	破损的电缆线等	1.作业人员未正确使用安全防护用品;2.作业人员操作错误或违章作业;3.管理人员违章指挥、强令冒险作业;4.电工等特种人员未持有效证件上岗;5.作业人员疲劳作业	1.电缆线、配电箱等电气设施不合格;2.电气设施设置不规范;3.带电设施无警示标识或标识破损;4.安全防护装置不规范;5.防护不当,防护距离不足;6.发电机等设备损坏带电	1.雷电、暴雨、大雪、大雾等恶劣天气;2.作业场地杂乱,不平整;3.作业场地照明不足	1.临时用电方案不完善或未落实;2.发电机等安全操作规程不规范或未落实;3.电气设施材料等进行进场验收;4.无电工对用电设施进行巡查或巡查不到位;5.发电机等机具检查维护保养未到位;6.安全教育、培训、交底、检查制度不完善或未落实;7.安全投入不足	√		√	√	√

— 184 —

续上表

分部工程	施工作业内容	典型风险事件	致害物	致险因素 人的因素	致险因素 物的因素	致险因素 环境因素	致险因素 管理因素	风险事件后果类型 受伤人员类型 本人	风险事件后果类型 受伤人员类型 他人	人员伤亡 轻伤	人员伤亡 重伤	人员伤亡 死亡
		机械伤害	钢筋弯曲机等机械	1. 人员违章进入危险区域；2. 管理人员违章指挥，强令冒险作业；3. 机械操作人员未持有效证件上岗；4. 机械操作人员操作错误，违章作业；5. 操作人员身体健康状况异常；6. 现场作业人员未正确使用安全防护用品；7. 机械操作人员疲劳作业	1. 现场无警示标识或标识破损；2. 设备设施安全作业距离不足；3. 设备带"病"作业（设备设施制动装置失效，运动或转动装置无防护或防护装置有缺陷等）；4. 安全防护用品不合格	1. 强风、暴雨、大雪、大雾等不良天气；2. 夜间施工照明不足；3. 作业场地狭窄	1. 机械设备安全管理制度不完善或制度不落实，安全防护用品等进行进验收或验收不到位；3. 安全教育、培训、交底、检查制度不完善或未落实；4. 机械设备安全操作规范不规范或未落实；5. 安全投入不足		√	√	√	
墙身	沉箱预制	起重伤害	汽车起重机等起重设备、吊索吊具	1. 人员违章进入危险区域；2. 管理人员违章指挥，强令冒险作业；3. 起重司索信号工未持有效证件上岗；4. 起重作业人员、司机操作错误，违章作业；5. 起重人员身体健康状况异常；6. 作业人员疲劳作业；7. 现场作业人员未正确使用安全防护用品	1. 现场无警示标识或标识破损；2. 吊索吊具不合格或达到报废标准；3. 无防护或防护装置有缺陷；4. 安全防护用品不合格	1. 雷电、暴雨、大风（6级以上）、大雾等恶劣天气；2. 夜间施工照明不足	1. 起重吊装专项施工方案不完善或制度不落实，安全防护用品等进行进验收或验收不到位；3. 起重吊装安全操作规范不规范或未落实；4. 安全教育、培训、交底、检查制度不完善或未落实；5. 未对机械设备、安全防护用品等进行进验收或验收不到位；6. 安全投入不足	√	√	√	√	√

— 185 —

续上表

分部工程	施工作业内容	典型风险事件	致害物	致险因素				风险人员类型		人员伤亡		
				人的因素	物的因素	环境因素	管理因素	受伤人员类型		后果类型		
								本人	他人	轻伤	重伤	死亡
		车船伤害	运输船等船舶	1.人员违章进入危险区域；2.管理人员违章指挥，强令冒险指挥；3.操作人员未持有效证等上岗；4.机械操作人员操作错误，违章作业；5.操作人员身体健康状况异常；6.现场作业人员未正确使用安全防护用品；7.机械操作人员疲劳作业。	1.现场无警示标识或标识破损；2.船舶安全装置失效；3.作业安全距离不足；4.安全防护用品不合格	1.强风、暴雨、大雪、大雾等不良天气；2.夜间施工照明不足；3.作业场地狭窄	1.未对设备、安全防护用品等进行进场验收或验收不到位；2.设备安全管理制度不完善或未落实；3.安全操作规程不规范或教育、培训、交底、安全教育、检查制度不完善或未落实；4.职业健康管理制度不完善或未落实；5.安全投入不足	√	√		√	
墙身	沉箱预制	高处坠落	无防护的作业平台，施工人员受自身的重力运动	1.作业人员未正确使用安全防护用品（安全带，防滑鞋等）；2.作业人员身体健康状况异常（有高血压，恐高症等禁忌症，反应迟钝，感知异常，辨识错误）；3.作业人员疲劳作业，管理人员违章指挥，强令冒险作业；4.作业人员操作错误或违章作业	1.高处作业场所未设置安全防护等措施（安全绳索（防坠网）；2.未设置标识或标志等破损；3.安全防护用品不合格，存在鉴漏；4.未设置爬梯或设置不规范	1.大风、雷电、大雪、暴雨等恶劣天气；2.夜间施工照明不足；3.作业场地不平整、湿滑	1.安全教育、培训、交底、检查制度未落实；2.职业健康管理制度不完善或未定期（体检）；3.安全投入不足；4.高处作业不规范规程不落实；5.安全防护用品等验收不到位	√		√	√	√

第五章 港口工程施工的主要安全风险分析

续上表

分部工程	施工作业内容	典型风险事件	致害物	致险因素				风险人员类型		人员伤亡		
				人的因素	物的因素	环境因素	管理因素	受伤人员类型				
								本人	他人	轻伤	重伤	死亡
墙身	沉箱气囊出运	物体打击	掉落的零部件	1.现场作业人员未正确使用安全防护用品；2.人员违章进入危险区域；3.管理人员违章指挥、强令冒险作业；4.作业人员身体健康状况异常；5.作业人员操作错误、违章作业	1.安全防护用品不合格；2.现场无警示标识或标识破损；3.作业过程中产生的坠落物	1.作业场地杂乱；2.作业场地照明不足	1.施工方案不完善或未落实；2.安全教育、培训、交底、检查制度不完善或未落实；3.安全防护用品等验收未进行进场验收或验收不到位；4.安全投入不足	√	√	√	√	
		触电	破损的电缆线等	1.作业人员未正确使用安全防护用品；2.作业人员操作错误或违章作业；3.管理人员违章指挥、强令冒险作业；4.电工等特种人员未持有效证件上岗；5.作业人员疲劳作业	1.电缆线、配电箱等电气设施不合格；2.电气设施设置不规范；3.带电设施无警示标识或标识破损；4.安全防护装置不规范；5.防护不当，防护距离不足；6.发电机等设备损坏带电	1.雷电、暴雨、大雪、大雾等恶劣天气；2.作业场地不平整；3.作业场地照明不足	1.临时用电方案不完善或未落实；2.发电机等安全操作规程不规范或操作规程未落实；3.电气设施材料未进行进场验收；4.无电工对用电设施进行巡查或巡查不到位；5.发电机等机具检查维护保养不到位；6.安全教育、培训、交底、检查制度不完善或未落实；7.安全投入不足	√		√	√	√

— 187 —

续上表

分部工程	施工作业内容	典型风险事件	致害物	致险因素				风险人员类型		人员伤亡		
				人的因素	物的因素	环境因素	管理因素	受伤本人	他人	轻伤	重伤	死亡
墙身	沉箱气囊出运	机械伤害	现场机械设备	1. 人员违章进入危险区域; 2. 管理人员违章指挥、强令冒险作业; 3. 机械操作人员未持有效证件上岗; 4. 机械操作人员操作错误、违章作业; 5. 操作人员身体健康状况异常; 6. 现场人员安全防护用品使用不正确; 7. 机械操作人员疲劳作业	1. 现场无警示标识或标识破损; 2. 设备设施安全距离不足; 3. 设备带"病"运动或制动装置失效,运动或转动装置无防护或防护装置有缺陷等); 4. 安全防护用品不合格	1. 强风、暴雨、大雪、大雾等不良天气; 2. 夜间施工照明不足; 3. 作业场地狭窄	1. 机械设备安全管理制度不完善或落实不到位; 2. 未对机械设备、安全防护用品等进行进场验收或验收不到位; 3. 安全教育、培训、交底、检查制度不完善或未落实; 4. 机械设备操作规程不规范或未落实; 5. 安全投入不足	√			√	
		车船伤害	运输船等船舶	1. 人员违章进入危险区域; 2. 管理人员违章指挥、强令冒险作业; 3. 操作人员未持有效证件上岗; 4. 机械操作人员操作错误、违章作业; 5. 操作人员身体健康状况异常; 6. 现场作业人员安全防护用品使用不正确; 7. 机械操作人员疲劳作业	1. 现场无警示标识或标识破损; 2. 船舶安全装置失效; 3. 作业安全距离不足; 4. 安全防护用品不合格	1. 强风、暴雨、大雪、大雾等不良天气; 2. 夜间施工照明不足; 3. 作业场地狭窄	1. 未对设备、安全防护用品等进行进场验收或验收不到位; 2. 设备安全管理制度不完善或落实不到位; 3. 安全操作规程不规范或安全操作不落实,培训、交底、教育不完善,检查制度不落实; 4. 职业健康管理制度不完善或未落实; 5. 安全投入不足	√	√	√	√	

续上表

分部工程	施工作业内容	典型风险事件	致害物	致险因素				风险事件后果类型				
				人的因素	物的因素	环境因素	管理因素	受伤人员类型		人员伤亡		
								本人	他人	轻伤	重伤	死亡
墙身	沉箱气囊出运	爆炸	气囊等	1. 冲压过量； 2. 未按操作规程施工	气囊不合规	气温过高	1. 技术上的缺陷； 2. 教育、交底不到位有缺陷； 3. 管理工作上的缺陷	√		√	√	
		物体打击	掉落的零部件	1. 现场作业人员未正确使用安全防护用品； 2. 人员违章进入危险区域； 3. 管理人员违章指挥、强令冒险作业； 4. 作业人员身体健康状况异常； 5. 作业人员操作错误、违章作业	1. 安全防护用品不合格； 2. 现场无警示标识或标识破损； 3. 作业过程中产生的坠落物	1. 作业场地杂乱； 2. 作业场地照明不足	1. 施工方案不完善或未落实； 2. 安全教育、培训、交底、检查制度不完善或未落实； 3. 安全防护用品等进行进场验收或验收不到位	√	√	√	√	
	沉箱台车出运	触电	破损的电缆线等	1. 作业人员未正确使用安全防护用品； 2. 作业人员操作错误或违章作业	1. 电缆线、配电箱等电气设施不合格； 2. 电气设施设置不规范； 3. 带电设施无警示标识或标识破损	1. 雷电、暴雨、大雪、大雾等恶劣天气； 2. 作业场地不平整； 3. 作业场地照明不足	1. 临时用电方案不完善或未落实； 2. 发电机等安全操作规程不规范或未落实； 3. 电气设施材料等未进行进场验收； 4. 安全投入不足	√		√	√	√

续上表

分部工程	施工作业内容	典型风险事件	致害物	致险因素			风险事件后果类型				
				人的因素	物的因素	环境因素	管理因素	受伤人员类型		人员伤亡		
								本人	他人	轻伤	重伤	死亡
墙身	沉箱出运	触电	破损的电缆线等	3. 管理人员违章指挥，强令冒险作业；4. 电工等特种人员未持有效证件上岗；5. 作业人员疲劳作业	4. 安全防护装置不规范；5. 防护不当，防护距离不足；6. 发电机等设备损坏带电		4. 无电工对用电设施进行巡查或巡查不到位；5. 发电机等机具检查维护保养不到位；6. 安全教育、培训，交底、检查制度不完善或未落实；7. 安全投入不足					
		机械伤害	现场机械设备	1. 人员违章进入危险区域；2. 管理人员违章指挥，强令冒险作业；3. 机械操作人员未持有效证件上岗；4. 机械操作人员操作错误，违章作业；5. 操作人员身体健康状况异常；6. 现场作业人员未正确使用安全防护用品；7. 机械操作人员疲劳作业	1. 现场无警示标识或标识破损；2. 设备设施安全作业距离不足；3. 设备带"病"作业（设备设施运动制动装置失效，运动部件防护装置无防护或防护装置有缺陷等）；4. 安全防护用品不合格	1. 强风、暴雨、大雪、大雾等天气不良；2. 夜间施工照明不足；3. 作业场地狭窄	1. 机械设备安全管理制度不完善；2. 未对机械设备、安全防护用品等进行进场验收或验收未落实；3. 安全教育、培训，交底、检查制度不完善或未落实；4. 机械设备安全操作规程不规范或未落实；5. 安全投入不足	√	√	√	√	

第五章 港口工程施工的主要安全风险分析

续上表

分部工程	施工作业内容	典型风险事件	致险因素				风险事件后果类型					
			致害物	人的因素	物的因素	环境因素	管理因素	受伤人员类型		人员伤亡		
								本人	他人	轻伤	重伤	死亡
墙身	沉箱台车出运	车船伤害	运输船等船舶	1.人员违章进入危险区域；2.管理人员违章指挥，强令冒险作业；3.操作人员未持有效证件上岗；4.机械操作人员操作错误，违章作业；5.操作人员身体健康状况异常；6.现场未正确使用安全防护用品；7.机械操作人员疲劳作业	1.现场无警示标识或标识破损；2.船舶安全装置失效；3.作业安全距离不足；4.安全防护用品不合格	1.强风、暴雨、大雪、大雾等天气；2.夜间施工照明不足；3.作业场地狭窄	1.未对设备、安全防护用品等进行进场验收或验收不到位；2.设备安全管理制度不完善或未落实；3.安全操作规程不规范或未落实。安全教育、培训、交底、检查制度不完善或管理不到位；4.职业健康管理制度不完善或未落实；5.安全投入不足	√	√	√	√	
	沉箱水上拖运、浮运	淹溺	水体	1.作业人员安全防护意识差；2.违章操作；3.未正确佩戴劳动防护用品；4.作业人员疲劳作业	水上作业未设置安全防护设施	风力超过6级，雨雾天气、夜间照明不良等条件下进行作业	1.交底培训不到位；2.现场监督检查不到位	√			√	√

— 191 —

续上表

分部工程	施工作业内容	典型风险事件	致害物	致险因素			风险人员类型		风险事件后果类型		
				人的因素	物的因素	环境因素	管理因素	受伤人员类型	人员伤亡		
								本人 / 他人	轻伤	重伤	死亡
墙身	沉箱水上拖运、浮运	机械伤害	现场机械设备	1. 人员违章进入危险区域； 2. 管理人员违章指挥、强令冒险作业； 3. 机械操作人员未持有效证件上岗； 4. 机械操作人员操作错误、违章作业； 5. 操作人员身体健康状况异常； 6. 现场作业人员未正确使用安全防护用品； 7. 机械操作人员疲劳作业	1. 现场无警示标识或标识破损； 2. 设备设施安全距离不足； 3. 设备带"病"作业（设备设施运动制动装置失效、运动或防护装置无防护或防护装置有缺陷等）； 4. 安全防护用品不合格	1. 强风、暴雨、大雪、大雾等不良天气； 2. 夜间施工照明不足； 3. 作业场地狭窄	1. 机械设备安全管理制度不完善或未落实； 2. 未对机械设备、安全防护用品等进行进场验收或验收不到位； 3. 安全教育、培训、交底，检查制度不完善或未落实； 4. 机械设备安全操作规程不规范或未落实； 5. 安全投入不足	√			√
		车船伤害	运输船等船舶	1. 人员违章进入危险区域； 2. 管理人员违章指挥、强令冒险作业； 3. 船舶操作人员未持有效证件上岗； 4. 机械操作人员操作错误、违章作业； 5. 操作人员身体健康状况异常； 6. 现场作业人员未正确使用安全防护用品； 7. 机械操作人员疲劳作业	1. 现场无警示标识或标识破损； 2. 船舶安全装置失效； 3. 作业安全距离不足； 4. 安全防护用品不合格	1. 强风、暴雨、大雪、大雾等不良天气； 2. 夜间施工照明不足； 3. 作业场地狭窄	1. 未对设备、安全防护用品等进行进场验收或验收不到位； 2. 设备安全管理制度不完善或未落实； 3. 安全操作规程不规范或未落实、安全教育、培训、交底，检查制度不完善； 4. 职业健康管理制度不完善或未落实； 5. 安全投入不足	√	√	√	√

续上表

分部工程	施工作业内容	典型风险事件	致害物	致险因素				风险人员类型		人员伤亡后果类型		
				人的因素	物的因素	环境因素	管理因素	本人	他人	轻伤	重伤	死亡
墙身	沉箱安装（浮船坞或半潜驳）	淹溺	水体	1. 作业人员安全防护意识差； 2. 违章操作； 3. 未正确佩戴劳动防护用品； 4. 作业人员疲劳作业	水上作业未设置安全防护设施	风力超过6级，雨雾天气，夜间照明不良等条件下进行作业	1. 交底培训不到位； 2. 现场监督检查不到位	√			√	√
		物体打击	掉落的零部件	1. 现场作业人员未正确使用安全防护用品； 2. 人员违章进入危险区域； 3. 管理人员违章指挥、强令冒险作业； 4. 作业人员身体健康状况异常； 5. 作业人员操作错误、违章作业	1. 安全防护用品不合格； 2. 现场无警示标识或标识破损； 3. 作业过程中产生的坠落物	1. 作业场地杂乱； 2. 作业场地照明不足	1. 施工方案不完善或未落实； 2. 安全教育、培训、交底、检查制度不完善或未落实； 3. 安全防护用品等进行进场验收或验收不到位； 4. 安全投入不足	√	√	√	√	

续上表

分部工程	施工作业内容	典型风险事件	致害物	致险因素				风险人员类型		风险事件后果类型		
				人的因素	物的因素	环境因素	管理因素	受伤人员类型		人员伤亡		
								本人	他人	轻伤	重伤	死亡
墙身	沉箱安装（浮船坞或半潜驳）	机械伤害	现场机械设备	1.人员违章进入危险区域；2.管理人员违章指挥，强令冒险作业；3.机械操作人员未持有效证件上岗；4.机械操作人员操作错误，违章作业；5.操作带"病"作业状况异常；6.现场作业人员未正确使用安全防护用品；7.机械操作人员疲劳作业	1.现场无警示标识或标识破损；2.设备设施安全作业距离不足；3.设备设施制动装置失效，运动或防护装置有缺陷（设备设施转动装置无防护或防护装置有缺陷等）；4.安全防护用品不合格	1.强风、暴雨、大雪、大雾等不良天气；2.夜间施工照明不足；3.作业场地狭窄	1.机械设备安全管理制度不完善或未落实；2.未对机械设备、安全防护用品等进行进场验收或验收不到位；3.安全教育、培训、交底、检查制度不完善或未落实；4.机械设备安全操作规程不规范或未落实；5.安全投入不足	√		√	√	
		起重伤害	起重设备、吊索、吊具	1.人员违章进入危险区域；2.管理人员违章指挥，强令冒险作业；3.起重作业人员、司索信号工未持有效证件上岗；4.起重作业人员操作错误，违章作业；	1.现场无警示标识或标识破损；2.吊索具不合格或达到报废标准；3.无防护装置或防护装置缺陷；4.安全防护用品不合格	1.雷电、暴雨、大风（6级以上）、大雾等恶劣天气；2.夜间施工照明不足	1.起重吊装专项施工方案不完善或未落实；2.机械设备安全管理制度不完善或未落实；3.起重吊装安全操作规程不规范或未落实	√	√	√	√	√

续上表

分部工程	施工作业内容	典型风险事件	致害物	致险因素				风险事件后果类型				
				人的因素	物的因素	环境因素	管理因素	受伤人员类型		人员伤亡		
								本人	他人	轻伤	重伤	死亡
		起重伤害	起重设备、吊索、吊具	5. 起重人员身体健康状况异常；6. 作业人员疲劳作业；7. 现场作业人员未正确使用安全防护用品			4. 安全教育、培训、交底、检查制度不完善或未落实；5. 未对机械设备、安全防护用品等进行进场验收或验收验收不到位；6. 安全投入不足					
墙身	沉箱安装（浮船坞或半潜驳）	车船伤害	运输船等	1. 人员违章进入危险区域；2. 管理人员违章指挥，强令冒险作业；3. 操作人员未持有效证件上岗；4. 机械操作人员操作错误、违章作业；5. 作业人员身体健康状况异常；6. 现场作业人员未正确使用安全防护用品；7. 机械操作人员疲劳作业	1. 现场无警示标识或标识破损；2. 船舶安全装置失效；3. 作业安全距离不足；4. 安全防护用品不合格	1. 强风、暴雨、大雪、大雾等不良天气；2. 夜间施工照明不足；3. 作业场地狭窄	1. 未对设备、安全防护用品等进行进场验收或验收验收不到位；2. 设备安全管理制度不完善或未落实；3. 安全操作规程不规范或未落实，安全教育、培训、交底、检查制度不完善或未落实；4. 职业健康管理制度不完善或未落实；5. 安全投入不足	√	√	√	√	

— 195 —

续上表

分部工程	施工作业内容	典型风险事件	致害物	致险因素				风险事件后果类型				
				人的因素	物的因素	环境因素	管理因素	受伤人员类型		人员伤亡		
								本人	他人	轻伤	重伤	死亡
墙身	沉箱安装（浮船坞或半潜驳）	高处坠落	无防护的作业平台，施工人员受自身的重力运动	1.作业人员未正确使用安全防护用品（安全带、防滑鞋等）； 2.作业人员身体健康状况异常，心理异常，感知异常（有高血压，恐高症等禁忌症，反应迟钝，辨识错误）； 3.管理人员违章指挥，强令冒险作业； 4.作业人员疲劳作业或违章作业	1.高处作业场所未设置安全防护等措施（安全绳索（防坠网）； 2.未设置安全警示标志或标识破损； 3.安全防护用品质量不合格，存在缺陷； 4.未设置人员上下安全爬梯或设置不规范	1.大风、雷电、大雪、暴雨等恶劣天气； 2.夜间施工照明不足； 3.作业场地不平整、湿滑	1.安全教育、培训，交底、检查制度不完善或未落实； 2.职业健康、安全管理制度不完善，未落实（定期体检）； 3.安全投入不足； 4.高处作业安全操作规程不规范或未落实； 5.安全防护用品等进行进场验收或验收不到位		√	√	√	√
	沉箱吊运安装	淹溺	水体	1.作业人员安全防护意识差； 2.违章操作； 3.未正确佩戴劳动防护用品； 4.作业人员疲劳作业	水上作业未设置安全防护设施	风力超过6级、雨雾天气、夜间照明不良条件下进行作业	1.交底培训不到位； 2.现场监督检查不到位	√		√	√	√

— 196 —

第五章 港口工程施工的主要安全风险分析

续上表

分部工程	施工作业内容	典型风险事件	致害物	致险因素				风险事件后果类型			
				人的因素	物的因素	环境因素	管理因素	受伤人员类型		人员伤亡	
								本人	他人	轻伤	重伤	死亡
		物体打击	掉落的零部件	1.现场作业人员未正确使用安全防护用品;2.人员违章进入危险区域;3.管理人员违章指挥、强令冒险作业;4.作业人员身体健康状况异常;5.作业人员操作错误、违章作业	1.安全防护用品不合格;2.现场无警示标识或标识破损;3.作业过程中产生的坠落物	1.作业场地杂乱;2.作业场地照明不足	1.施工方案不完善或未落实;2.安全教育、培训、交底、检查制度不完善或未落实;3.安全防护用品等进行进场验收或验收不到位;4.安全投入不足	√			√	
墙身	沉箱吊运安装	机械伤害	现场机械设备	1.人员违章进入危险区域;2.管理人员违章指挥、强令冒险作业;3.机械操作人员未持有效证件上岗;4.机械操作人员违章操作;5.操作人员身体健康状况异常;6.现场作业人员未正确使用安全防护用品;7.机械操作人员疲劳作业	1.现场无警示标识或标识破损;2.设备设施安全作业距离不足;3.设备带"病"作业(设备运动或转动装置失效、运动或防护装置有缺陷等);4.安全防护用品不合格	1.强风、暴雨、大雪、大雾等天气不良天气;2.夜间施工照明不足;3.作业场地狭窄	1.机械设备安全管理制度不完善或未落实;2.未对机械设备、安全防护用品等进场验收或验收不到位;3.安全教育、培训、交底、检查制度不完善或未落实;4.机械设备操作规程不规范或未落实;5.安全投入不足	√	√	√		√

— 197 —

续上表

分部工程	施工作业内容	典型风险事件	致害物	致险因素				风险事件后果类型			
				人的因素	物的因素	环境因素	管理因素	受伤人员类型		人员伤亡		
								本人	他人	轻伤	重伤	死亡
墙身	沉箱吊运安装	起重伤害	起重设备、吊索吊具	1. 人员违章进入危险区域； 2. 管理人员违章指挥，强令冒险作业； 3. 起重作业人员、司索信号工未持有效证件上岗； 4. 起重作业人员操作错误，违章作业； 5. 起重人员身体健康状况异常； 6. 作业人员疲劳作业； 7. 现场作业人员未正确使用安全防护用品	1. 现场无警示标识或标识破损； 2. 吊索吊具不合格或达到报废标准； 3. 无防护或防护装置有缺陷； 4. 安全防护用品不合格	1. 雷电、暴雨、大风（6级以上）、大雾等恶劣天气； 2. 夜间施工照明不足	1. 起重吊装专项施工方案不完善或未落实； 2. 机械设备安全管理制度不完善或未落实； 3. 起重吊装安全操作规程不规范或未落实； 4. 安全教育、培训、交底、检查制度不完善或未落实； 5. 未对机械设备、安全防护用品等进行进场验收或验收不到位； 6. 安全投入不足	√	√	√	√	√
		车船伤害	运输船舶等船舶	1. 人员违章进入危险区域； 2. 管理人员违章指挥，强令冒险作业； 3. 操作人员未持有效证件上岗； 4. 机械操作人员操作错误，违章作业；	1. 现场无警示标识或标识破损； 2. 船舶安全装置失效； 3. 作业安全距离不足； 4. 安全防护用品不合格	1. 强风、暴雨、大雪、大雾等不良天气； 2. 夜间施工照明不足； 3. 作业场地狭窄	1. 未对设备、安全防护用品等进行进场验收或验收不到位； 2. 设备安全管理制度不完善或未落实；	√	√	√	√	

第五章 港口工程施工的主要安全风险分析

续上表

分部工程	施工作业内容	典型风险事件	致害物	致险因素 人的因素	致险因素 物的因素	致险因素 环境因素	致险因素 管理因素	风险事件后果类型 受伤人员类型 本人	受伤人员类型 他人	人员伤亡 轻伤	人员伤亡 重伤	人员伤亡 死亡
		车船伤害	运输船等船舶	5.操作人员身体健康状况异常；6.现场作业人员未正确使用安全防护用品；7.机械操作人员疲劳作业			3.安全操作规程不规范或交底不落实，安全教育、培训、交底、检查制度不完善或未落实；4.职业健康管理制度不完善或未落实；5.安全投入不足					
墙身	沉箱吊运安装	高处坠落	无防护的作业平台、施工人员受自身的重力运动	1.作业人员未正确使用安全防护用品（安全带、防滑鞋等）；2.作业人员身体健康状况异常，心理异常，感知异常（有高血压、恐高症等禁忌症，反应迟钝、辨识错误）；3.作业人员疲劳作业，管理人员违章指挥、冒险作业；4.作业人员违章操作或违反规范	1.高处作业场所未设置安全防护等措施（安全绳索、防坠网）；2.未设置安全警示标志或警识标志破损；3.安全防护用品质量不合格、存在缺陷；4.未设置或设置不规范全爬梯	1.大风、雷电、大雪、暴雨等恶劣天气；2.夜间施工照明不足；3.作业场地不平整、湿滑	1.安全教育、培训、交底、检查制度不完善或未落实；2.职业健康、安全管理制度不完善或未落实（定期体检）；3.安全投入不足；4.高处作业安全操作规程不规范或未落实；5.安全防护用品等进行进场验收或验收不到位	√		√	√	√

— 199 —

续上表

分部工程	施工作业内容	典型风险事件	致害物	致险因素 人的因素	致险因素 物的因素	致险因素 环境因素	致险因素 管理因素	风险人员受伤人员类型 本人	风险人员受伤人员类型 他人	人员伤亡 轻伤	人员伤亡 重伤	人员伤亡 死亡
墙身	沉箱海上临时存放	淹溺	水体	1. 作业人员安全防护意识差； 2. 违章操作； 3. 未正确佩戴劳动防护用品； 4. 作业人员疲劳作业	水上作业未设置安全防护设施	风力超过6级，雨雾天气，夜间照明不良等条件下进行作业	1. 交底培训不到位； 2. 现场监督检查不到位	√			√	√
		车船伤害	运输船舶等船舶	1. 人员违章进入危险区域； 2. 管理人员违章指挥，强令冒险作业； 3. 操作人员未持有效证件上岗； 4. 机械操作人员操作错误，违章作业； 5. 操作人员身体健康状况异常； 6. 现场作业人员未正确使用安全防护用品； 7. 机械操作人员疲劳作业	1. 现场无警示标识或标识破损； 2. 船舶安全装置失效； 3. 作业安全距离不足； 4. 安全防护用品不合格	1. 强风、暴雨、大雪、大雾等不良天气； 2. 夜间施工照明不足； 3. 作业场地狭窄	1. 未对设备、安全防护用品等进行进场验收或验收不完善； 2. 设备安全管理制度不完善或未落实； 3. 安全操作规程不规范或未落实，安全教育、培训、交底、检查制度不完善或未落实； 4. 职业健康管理制度不完善或未落实； 5. 安全投入不足	√	√	√	√	

续上表

分部工程	施工作业内容	典型风险事件	致害物	致险因素				风险人员类型			人员伤亡		
				人的因素	物的因素	环境因素	管理因素	本人	他人	轻伤	重伤	死亡
墙身	沉箱海上临时存放	高处坠落	无防护的作业平台、施工人员受自身的重力运动	1. 作业人员未正确使用安全防护用品（安全带、防滑鞋等）；2. 作业人员身体健康状况异常、心理异常，感知觉异常（有高血压、恐高症等禁忌症，反应迟钝，辨识错误）；3. 作业人员疲劳作业，管理人员违章指挥，强令冒险作业；4. 作业人员操作错误或违章作业	1. 高处作业场所未设置安全防护等措施（安全绳索、防坠网）；2. 未设置安全警示标志或标识破损；3. 安全防护用品质量不合格，存在缺陷；4. 未设置或设置不规范安全爬梯等	1. 大风、雷电、大雪、暴雨等恶劣天气；2. 夜间施工照明不足；3. 作业场地不平整、湿滑	1. 安全教育、培训、交底、检查制度不完善或未落实；2. 职业健康、安全管理制度不完善、未落实（定期体检）；3. 安全投入不足；4. 高处作业安全操作规程不规范或操作未落实；5. 安全防护用品等进行进场验收或验收不到位	√			√	√
	扶壁构件预制	物体打击	模板、钢筋等	1. 现场作业人员未正确使用安全防护用品；2. 人员违章进入危险区域；3. 管理人员违章指挥，强令冒险作业；4. 作业人员身体健康状况异常；5. 作业人员操作错误、违章作业	1. 安全防护用品不合格；2. 现场无警示标识或标识破损；3. 作业过程中产生的坠落物	1. 作业场地杂乱；2. 作业场地照明不足	1. 施工方案不完善或未落实；2. 安全教育、培训、交底、检查制度不完善或未落实；3. 安全防护用品等进行进场验收或验收不到位；4. 安全投入不足	√	√	√	√	

续上表

分部工程	施工作业内容	典型风险事件	致害物	致险因素				风险事件后果类型				
				人的因素	物的因素	环境因素	管理因素	受伤人员类型		人员伤亡		
								本人	他人	轻伤	重伤	死亡
墙身	扶壁构件预制	触电	破损的电缆线等	1.作业人员未正确使用安全防护用品；2.作业人员操作错误或违章作业；3.管理人员违章指挥、强令冒险作业；4.电工等特种人员未持有效证件上岗；5.作业人员疲劳作业；	1.电缆线、配电箱等电气设施不合格；2.电气设施设置不规范；3.带电设施破损、标识或警示标识不规范；4.安全防护装置不规范；5.防护不当、防护距离不足；6.发电机等设备损坏带电	1.雷电、暴雨、大雪、大雾等恶劣天气；2.作业场地杂乱、不平整；3.作业场地照明不足	1.临时用电方案不完善或未落实；2.发电机等安全操作规程不规范或未落实；3.电气设施材料等未进行进场验收；4.无电工对用电设施进行巡查或巡查不到位；5.发电机等机具检查维护保养不到位；6.安全教育、培训、交底、检查制度不完善或未落实；7.安全投入不足	√			√	√
		机械伤害	钢筋弯曲机等机械设备	1.人员违章进入危险区域；2.管理人员违章指挥、强令冒险作业；3.机械操作人员未持有效证件上岗；4.机械操作人员操作错误、违章作业；	1.现场无警示标识或标识破损；2.设备设施安全作业距离不足；3.设备带"病"作业(设备设施制动装置失效、运动或转动装置无防护或防护装置有缺陷等)；	1.强风、暴雨、大雪、大雾等不良天气；2.夜间施工照明不足；3.作业场地狭窄	1.机械设备安全管理制度不完善或未落实；2.未对机械设备、安全防护用品等进行进场验收或验收不到位；3.安全教育、培训、交底、检查制度不完善或未落实	√	√	√	√	

续上表

分部工程	施工作业内容	典型风险事件	致害物	致险因素 人的因素	致险因素 物的因素	致险因素 环境因素	致险因素 管理因素	风险事件后果类型 受伤人员类型 本人	受伤人员类型 他人	人员伤亡 轻伤	人员伤亡 重伤	人员伤亡 死亡
墙身	扶壁构件预制	机械伤害	钢筋弯曲机等机械设备	5. 操作人员身体健康状况异常；6. 现场作业人员未正确使用安全防护用品；7. 机械操作人员疲劳作业	4. 安全防护用品不合格		4. 机械设备安全操作规程不完善或未落实；5. 安全投入不足					
		起重伤害	汽车起重机等设备、吊索吊具	1. 人员违章进入危险区域；2. 管理人员违章指挥、强令冒险作业；3. 起重信号工未持有效证件上岗；4. 起重作业人员操作错误、违章作业；5. 起重作业人员身体健康状况异常；6. 作业人员疲劳作业；7. 现场作业人员未正确使用安全防护用品	1. 现场无警示标识或标识破损；2. 吊索吊具不合格或达到报废标准；3. 无防护或防护装置缺陷；4. 安全防护用品不合格	1. 雷电、暴雨、大风(6级以上)、大雾等恶劣天气；2. 夜间施工照明不足	1. 起重吊装专项施工方案不完善或未落实；2. 机械设备安全管理制度不完善或未落实；3. 起重吊装安全操作规程不完善或未落实；4. 安全教育、培训、交底、检查等安全管理未落实；5. 未对机械设备、安全防护用品等进行进场验收或验收不到位；6. 安全投入不足	√	√	√	√	√

续上表

分部工程	施工作业内容	典型风险事件	致害物	致险因素				风险人员类型		人员伤亡后果类型			
				人的因素	物的因素	环境因素	管理因素	本人	他人	轻伤	重伤	死亡
墙身	扶壁构件预制	车船伤害	运输船舶等船舶	1. 人员违章进入危险区域；2. 管理人员违章指挥、强令冒险作业；3. 操作人员未持有效证件上岗；4. 机械操作人员操作错误，违章作业；5. 操作人员身体健康状况异常；6. 现场作业人员未正确使用安全防护用品；7. 机械操作人员疲劳作业	1. 现场无警示标识或标识破损；2. 船舶安全装置失效；3. 作业安全距离不足；4. 安全防护用品不合格	1. 强风、暴雨、大雪、大雾等不良天气；2. 夜间施工照明不足；3. 作业场地狭窄	1. 未对设备、安全防护用品等进行进场验收或验收不到位；2. 设备安全管理制度不完善或未落实；3. 安全操作规程不规范或未落实，交底、培训未落实，检查不完善或未落实；4. 职业健康管理制度不完善或未落实；5. 安全投入不足	√	√	√		
		高处坠落	无防护的作业平台，施工人员受自身的重力运动	1. 作业人员未正确使用安全防护用品（安全带、防滑鞋等）；2. 作业人员身体健康状况异常、心理异常，感知异常（有高血压、恐高症等禁忌症，反应迟钝，辨识错误）；3. 作业人员疲劳作业，管理人员违章指挥、强令冒险作业；4. 作业人员操作错误或违章作业	1. 高处作业场所未设置安全防护措施（安全绳索（防坠网））；2. 未设置安全警示标志或标识破损；3. 安全防护用品质量不合格，存在缺陷；4. 未设置或设置上下安全爬梯或设置不规范	1. 大风、雷电、大雪、暴雨等恶劣天气；2. 夜间施工照明不足；3. 作业场地不平整，湿滑	1. 安全教育、培训，交底、检查制度不完善或未落实；2. 职业健康、安全管理制度不完善，未落实（定期体检）；3. 安全投入不足；4. 高处作业安全操作规程不规范或未落实；5. 安全防护验收或验收不到位	√		√	√	√

第五章 港口工程施工的主要安全风险分析

续上表

分部工程	施工作业内容	典型风险事件	致害物	致险因素				风险人员类型		人员伤亡		
				人的因素	物的因素	环境因素	管理因素	受伤人员类型		轻伤	重伤	死亡
								本人	他人			
		物体打击	掉落的零部件	1. 现场作业人员未正确使用安全防护用品；2. 人员违章进入危险区域；3. 管理人员违章指挥、强令冒险作业；4. 作业人员身体健康状况异常；5. 作业人员操作错误、违章作业	1. 安全防护用品不合格；2. 现场无警示标识或标识破损；3. 作业过程中产生的坠落物	1. 作业场地杂乱；2. 作业场地照明不足	1. 施工方案不完善或未落实；2. 安全教育、培训、交底、检查制度不完善或未落实；3. 安全防护用品等进行进场验收或验收不到位；4. 安全投入不足	√	√	√	√	
墙身	扶壁吊运	机械伤害	现场机械设备	1. 人员违章进入危险区域；2. 管理人员违章指挥、强令冒险作业；3. 机械操作人员持有效证件上岗；4. 机械操作人员操作错误、违章作业；5. 操作人员身体健康状况异常；6. 现场作业人员未正确使用安全防护用品；7. 机械操作人员疲劳作业	1. 现场无警示标识或标识破损；2. 设备设施安全作业距离不足；3. 设备带"病"作业（设备运动或转动装置失效、运动或防护装置无防护装置有缺陷等）；4. 安全防护用品不合格	1. 强风、暴雨、大雪、大雾等不良天气；2. 夜间施工照明不足；3. 作业场地狭窄	1. 机械设备安全管理制度不完善或未落实；2. 未对机械设备、安全防护用品等进行进场验收或验收不到位；3. 安全教育、培训、交底、检查制度不完善或未落实；4. 机械设备安全操作规程不规范或未落实；5. 安全投入不足	√	√	√	√	

— 205 —

续上表

分部工程	施工作业内容	典型风险事件	致害物	致险因素				风险人员类型		风险事件后果类型		
				人的因素	物的因素	环境因素	管理因素	受伤人员类型		人员伤亡		
								本人	他人	轻伤	重伤	死亡
墙身	扶壁吊运	起重伤害	起重设备、吊索、吊具	1.人员违章进入危险区域； 2.管理人员违章指挥，强令冒险作业； 3.起重作业人员、司索信号工未持有效证件上岗； 4.起重作业人员操作错误，违章作业； 5.起重人员身体健康状况异常； 6.作业人员疲劳作业； 7.现场作业人员未正确使用安全防护用品	1.现场无警示标识或标识破损； 2.吊索吊具不合格或达到报废标准； 3.无防护或防护装置缺陷； 4.安全防护用品不合格	1.雷电、暴雨、大风(6级以上)、大雾等恶劣天气； 2.夜间施工照明不足	1.起重吊装专项施工方案不完善或未落实； 2.机械设备安全管理制度不完善或未落实； 3.起重吊装安全操作规程不完善或未落实； 4.安全教育、培训、交底、检查制度不完善或未落实； 5.未对机械设备、安全防护用品等进行进场验收或验收不到位； 6.安全投入不足	√	√	√	√	√
		车船伤害	运输船等船舶	1.人员违章进入危险区域； 2.管理人员违章指挥，强令冒险作业； 3.操作人员未持有效证件上岗； 4.机械操作人员操作错误，违章作业；	1.现场无警示标识或标识破损； 2.船舶安全装置失效； 3.作业安全距离不足；	1.强风、暴雨、大雪、大雾等不良天气； 2.夜间施工照明不足； 3.作业场地狭窄	1.未对设备、安全防护用品等进行进场验收或验收不到位； 2.设备安全管理制度不完善或未落实；	√	√	√	√	

第五章 港口工程施工的主要安全风险分析

续上表

分部工程	施工作业内容	典型风险事件	致害物	致险因素				风险事件后果类型				
				人的因素	物的因素	环境因素	管理因素	受伤人员类型		人员伤亡		
								本人	他人	轻伤	重伤	死亡
		车船伤害	运输船舶等船舶	5. 操作人员身体健康状况异常；6. 现场作业人员未正确使用安全防护用品；7. 机械操作人员疲劳作业	4. 安全防护用品不合格		3. 安全操作规程不落实，交底或安全教育、培训不落实，交底未落实；4. 职业健康管理制度不完善或未落实；5. 安全投入不足					
墙身	扶壁吊运	高处坠落	没有防护的作业平台	1. 作业人员未正确使用安全防护用品；2. 作业人员身体健康状况异常；3. 作业人员疲劳作业；4. 管理人员违章指挥、强令冒险作业；5. 作业人员操作错误或违章作业	1. 安全防护用品不合格；2. 现场无警示标识或标识破损；3. 作业平台未设置安全稳固的安全护栏	1. 未设置人员上下安全通道或设置不规范；2. 作业场地狭窄，不平整、湿滑；3. 作业施工照明不足	1. 高处作业安全操作规程不规范或未落实；2. 施工方案不完善或未落实；3. 安全教育、培训、交底、检查制度不完善或未落实；4. 职业健康管理制度不完善或未落实；5. 安全防护用品等进行进场验收或验收不到位	√		√	√	√

续上表

分部工程	施工作业内容	典型风险事件	致害物	致险因素			风险事件后果类型				
				人的因素	物的因素	环境因素	管理因素	受伤人员类型		人员伤亡		
								本人	他人	轻伤	重伤	死亡
墙身	扶壁安装	淹溺	水体	1. 作业人员安全防护意识差； 2. 违章操作； 3. 未正确佩戴劳动防护用品； 4. 作业人员疲劳作业	水上作业未设置安全防护设施	风力超过6级，雨雾天气，夜间照明不良等条件下进行作业	1. 交底培训不到位； 2. 现场监督检查不到位	√			√	√
		物体打击	掉落的零部件	1. 现场作业人员未正确使用安全防护用品； 2. 人员违章进入危险区域； 3. 管理人员违章指挥、强令冒险作业； 4. 作业人员身体健康状况异常； 5. 作业人员操作错误、违章作业	1. 安全防护用品不合格； 2. 现场无警示标识或标识破损； 3. 作业过程中产生的坠落物	1. 作业场地杂乱； 2. 作业场地照明不足	1. 施工方案不完善或未落实； 2. 安全教育、培训，交底、检查制度不完善或未落实； 3. 安全防护用品等进行进场验收或验收不到位； 4. 安全投入不足	√	√	√	√	

续上表

分部工程	施工作业内容	典型风险事件	致害物	致险因素 人的因素	致险因素 物的因素	致险因素 环境因素	致险因素 管理因素	风险人员类型 本人	风险人员类型 他人	人员伤亡 轻伤	人员伤亡 重伤	人员伤亡 死亡
墙身		机械伤害	现场机械设备	1.人员违章进入危险区域；2.管理人员违章指挥,强令冒险作业；3.机械操作人员未持有效证件上岗；4.机械操作人员操作错误,违章；5.操作人员身体健康状况异常；6.现场作业人员防护用品使用不正确；7.机械操作人员疲劳作业	1.现场无警示标识或标识破损；2.设备设施安全作业距离不足；3.设备带"病"作业（设备运动转动装置失效,运动或防护装置无防护或防护装置有缺陷等）；4.安全防护用品不合格	1.强风,暴雨,大雪,大雾等不良天气；2.夜间施工照明不足；3.作业场地狭窄	1.机械设备安全管理制度不完善或制度未落实；2.未对机械设备,安全防护用品等进行进场验收或验收不到位；3.安全教育,培训,交底,检查制度不完善或未落实；4.机械设备规范或规程不规范,未落实；5.安全投入不足	√			√	
	扶壁安装	起重伤害	起重设备、吊索、吊具	1.人员违章进入危险区域；2.管理人员违章指挥,强令冒险作业；3.起重作业人员、司索信号工未持有效证件上岗；4.起重作业人员操作错误,违章；5.起重人员身体健康状况异常；6.作业人员疲劳作业；7.现场作业人员安全防护用品使用不正确	1.现场无警示标识或标识破损；2.吊索具不合格或达到报废标准；3.无防护或防护装置缺陷；4.安全防护用品不合格	1.雷电、暴雨、大风（6级以上）、大雾等恶劣天气；2.夜间施工照明不足	1.起重吊装专项施工方案不完善或未落实；2.机械设备安全管理制度不完善或制度未落实；3.起重吊装安全操作规范不规范,未落实；4.安全教育,培训,交底,检查制度不完善或未落实；5.未对防护用品等验收或验收不到位；6.安全投入不足	√	√	√	√	√

续上表

分部工程	施工作业内容	典型风险事件	致害物	致险因素				风险事件后果类型				
				人的因素	物的因素	环境因素	管理因素	受伤人员类型		人员伤亡		
								本人	他人	轻伤	重伤	死亡
墙身	扶壁安装	车船伤害	运输船等船舶	1. 人员违章进入危险区域；2. 管理人员违章指挥、强令冒险作业；3. 操作人员未持有效证件上岗；4. 机械操作人员操作错误、违章作业；5. 操作人员身体健康状况异常；6. 现场作业人员未正确使用安全防护用品；7. 机械操作人员疲劳作业	1. 现场无警示标识或标识破损；2. 船舶安全装置失效；3. 作业安全距离不足；4. 安全防护用品不合格	1. 强风、暴雨、大雪、大雾等不良天气；2. 夜间施工照明不足；3. 作业场地狭窄	1. 未对设备、安全防护用品等进行进场验收或验收不到位；2. 设备安全管理制度不完善或未落实；3. 安全操作规程不规范或未落实，安全教育、培训、交底、检查制度不完善或未落实；4. 职业健康管理制度不落实或未落实；5. 安全投入不足	√	√		√	
	箱格内回填	淹溺	水体	1. 作业人员安全防护意识差；2. 违章操作；3. 未正确佩戴劳动防护用品；4. 作业人员疲劳作业	水上作业未设置安全防护设施	风力超过6级，雨雾天气，夜间照明不良等条件下进行作业	1. 交底培训不到位；2. 现场监督检查不到位	√		√	√	√

续上表

分部工程	施工作业内容	典型风险事件	致害物	致险因素				风险事件后果类型				
				人的因素	物的因素	环境因素	管理因素	受伤人员类型		人员伤亡		
								本人	他人	轻伤	重伤	死亡
墙身	箱格内回填	物体打击	零散材料、工具等	1. 违章操作； 2. 违章指挥； 3. 未按方案施工	构件运输、安装过程中坠落	风力超过6级，雨雾天气，夜间照明不良等条件下进行作业	1. 交底培训不到位； 2. 现场监督检查不到位	√	√	√	√	
		机械伤害	挖掘机等机械设备	1. 人员违章进入危险区域； 2. 管理人员违章指挥，强令冒险作业； 3. 机械操作人员操作错误，违章带"病"作业； 4. 操作人员身体健康状况异常，心理异常，感知异常（反应迟钝、辨识错误）； 5. 现场作业人员未正确使用安全防护用品（反光背心、安全帽、护目镜等）； 6. 机械操作人员疲劳作业	1. 现场无警示标识或标识破损（警戒区、标牌、反光贴等）； 2. 设备设施不足，设备设施距离安全作业距离不足（设备设施运动或转动装置失效，运动部件无防护或防护装置有缺陷等）； 3. 安全防护用品不合格（反光背心、安全帽、护目镜等）	1. 强风、暴雨、大雪、大雾等不良天气； 2. 作业场地狭窄、不平整、湿滑； 3. 夜间施工照明不足	1. 机械设备安全管理制度不完善或落实（检查、维护保养不到位）； 2. 未对机械设备、安全防护用品等进行进场验收或验收不落实； 3. 安全教育、培训、交底、检查制度不完善或未落实； 4. 机械设备操作规程不规范或未落实； 5. 安全投入不足	√	√	√	√	

续上表

分部工程	施工作业内容	典型风险事件	致害物	致险因素 人的因素	致险因素 物的因素	致险因素 环境因素	管理因素	受伤人员类型 本人	受伤人员类型 他人	人员伤亡 轻伤	人员伤亡 重伤	人员伤亡 死亡
墙身	箱格内回填	起重伤害	起重设备、吊索吊具	1. 管理人员违章指挥，强令冒险作业；2. 作业人员操作错误，违章作业；3. 施工、信号工未持有效证件上岗；4. 现场作业人员未正确使用安全防护用品（安全帽等）；5. 抗倾覆验算错误，人员违章进入危险区域；6. 起重人员身体健康状况异常、心理异常，感知异常（反应迟钝、辨识错误）；7. 作业人员疲劳作业	1. 设备自身缺陷（强度、刚度不足、抗倾覆能力不足）；2. 现场无警示标识或标识破损（警戒区、标牌、反光锥等）；3. 安全防护用品不合格（安全帽等）；4. 构件防锈处理不合格；5. 支腿不平，现场无警示标识或标识破损（警戒区、标牌、反光锥等）；6. 支腿不平，现场无警示标识或标识破损（警戒区、标牌、反光锥等）；7. 吊索吊具不合格或达到报废标准（钢丝绳、吊带、U形卸扣等）；8. 支垫材料不合格（枕木、钢板等），无防护或防护装置缺陷（防脱钩装置、限位装置等）；9. 设备带"病"作业（制动装置等）、距高压线等安全距离不足；10. 安全防护用品不合格（反光背心、安全帽等）	1. 强风、暴雨、大雪等不良天气；2. 地基承载力不足，基础下沉；3. 作业场地照明不足	1. 施工方案不完善或未落实；2. 安全教育、培训、交底、检查制度不完善或未落实；3. 未对起重设备进行进场验收或验收不到位；4. 安全投入不足；5. 起重吊装作业时无专人监护；6. 起重吊装安全操作规程不规范或未落实	√	√	√	√	√

续上表

分部工程	施工作业内容	典型风险事件	致害物	致险因素			风险人员受伤类型		人员伤亡后果类型		
				人的因素	物的因素	环境因素	管理因素	本人	他人	轻伤	重伤	死亡
墙身	箱格内回填	车船伤害	运输车辆、施工船舶、附近通航船舶	1. 不当操作造成车辆安全装置失效，人员冒险进入危险场所（车辆倒车区域）； 2. 车辆冒险进入边坡临边位置，有分散注意力的行为； 3. 施工人员着不安全装束； 4. 现场指挥、警戒不当； 5. 管理人员违章指挥、强令冒险作业（进入驾驶人员视野盲区等）； 6. 驾驶人员未持有效证件上岗，违章驾驶作业（违规载人、酒后驾驶、超速、超限、超载作业）； 7. 驾驶人员身体健康状况异常、心理异常、感知异常（反应迟钝、辨识错误）； 8. 驾驶人员疲劳作业、现场作业人员未正确使用安全防护用品（反光背心、安全帽等）	1. 运输车辆未经检验或有缺陷； 2. 施工场地环境不良（如照明不佳、场地湿滑等）； 3. 个人防护用品用具缺少或有缺陷； 4. 安全警示标志、护栏等安全装置缺乏或有缺陷，车辆操作人员无上岗资格证； 5. 运输道路承载力不足； 6. 现场无警示标识或标识破损（警戒区、标牌、反光锥、反光贴等）； 7. 车辆带"病"作业（制动装置、喇叭、后视镜、警示灯等设施有缺陷）； 8. 车辆作业安全距离不足	1. 场地受限； 2. 道路不符合要求； 3. 大风、暴雨、低温等恶劣天气（不利于混凝土提升强度）； 4. 不稳定坡体	1. 技术上的缺陷； 2. 操作者生理、心理上的缺陷； 3. 教育、交底不到位有缺陷； 4. 管理工作上的缺陷； 5. 未对车辆设备、安全防护用品等进行进场验收或验收不到位； 6. 车辆安全管理制度不完善或未落实（检查、维护保养不到位）； 7. 安全操作规程不规范或未落实（作业前未对车辆周围环境进行检查）	√	√	√	√	

— 213 —

续上表

分部工程	施工作业内容	典型风险事件	致害物	致险因素				风险事件后果类型				
				人的因素	物的因素	环境因素	管理因素	受伤人员类型		人员伤亡		
								本人	他人	轻伤	重伤	死亡
墙身	箱格内回填	高处坠落	无防护的作业平台、施工人员受自身的重力运动	1.作业人员未正确使用安全防护用品(安全带、防滑鞋等); 2.作业人员身体健康状况异常,心理异常,感知异常(有高血压,恐高症或禁忌症,反应迟钝,辨识错误); 3.作业人员疲劳作业,管理人员违章指挥、强令冒险作业; 4.作业人员操作错误或违章作业	1.高处作业场所未设置安全防护等措施(安全绳索、防坠网); 2.未设置安全警示标志或标识破损; 3.安全防护用品质量不合格,存在缺陷; 4.未设置梯或设置安全爬梯或设置不安全规范	1.大风、雷电、大雪、暴雨等恶劣天气; 2.夜间施工照明不足; 3.作业场地不平整、湿滑	1.安全教育,培训,交底,检查制度不完善或未落实; 2.职业健康安全管理制度不完善,未落实(定期体检); 3.安全投入不足; 4.高处作业安全操作规程不规范或未落实; 5.安全防护用品等进行进场验收或验收不到位	√			√	√
上部结构施工	现浇胸墙	淹溺	水体	1.作业人员安全防护意识差; 2.违章操作; 3.未正确佩戴劳动防护用品; 4.作业人员疲劳作业	水上作业未设置安全防护设施	风力超过6级,雨雾天气、夜间照明不良等条件下进行作业	1.交底培训不到位; 2.现场监督检查不到位	√		√	√	√

续上表

分部工程	施工作业内容	典型风险事件	致害物	致险因素				风险人员类型		人员伤亡		
				人的因素	物的因素	环境因素	管理因素	本人	他人	轻伤	重伤	死亡
上部结构施工	现浇胸墙	触电	破损的电缆线等	1.作业人员未正确使用安全防护用品；2.作业人员操作错误或违章作业；3.管理人员违章指挥,强令冒险作业；4.电工等特种人员未持有效证件上岗；5.作业人员疲劳作业	1.电缆线,配电箱等电气设施不合格；2.电气设施设置不规范；3.带电设施无警示标识或标识破损；4.安全防护装置不规范；5.防护不当,防护距离不足；6.发电机等设备损坏带电	1.雷电,暴雨,大雪,大雾等恶劣天气；2.作业场地杂乱,不平整；3.作业场地照明不足	1.临时用电方案不完善或未落实；2.发电机等安全操作规程不规范或操作未落实；3.电气设施材料未进行进场验收；4.无电工对用电设施进行巡查或巡查不到位；5.发电机等机具检查维护保养不到位；6.安全教育,培训,交底,检查制度不完善,未落实；7.安全投入不足	√		√	√	√
		坍塌	不稳定的支架等	1.管理人员违章指挥,强令冒险作业；2.作业人员操作错误,违章作业；3.架子工未持有效证件上岗；4.现场作业人员未正确使用安全防护用品	1.支架设施缺陷；2.现场无警示标识或标识破损；3.基础排水设施不完善；4.安全防护用品不合格	1.强风,暴雨,大雪等不良天气；2.地基承载力不足,基础下沉；3.作业场地照明不足	1.施工方案不完善或未落实；2.安全教育,培训,交底,检查制度不完善或未落实；3.未对支架材料,安全防护用品等进行验收或验收不到位；4.安全投入不足	√	√	√	√	

续上表

分部工程	施工作业内容	典型风险事件	致害物	致险因素				风险人员受伤类型			风险事件后果类型 人员伤亡		
				人的因素	物的因素	环境因素	管理因素	本人	他人		轻伤	重伤	死亡
上部结构施工	现浇胸墙	机械伤害	现场机械设备	1. 人员违章进入危险区域； 2. 管理人员违章指挥，强令冒险作业； 3. 机械操作人员未持有效证件上岗； 4. 机械操作人员操作错误，违章作业； 5. 操作人员身体健康状况异常； 6. 现场作业人员未正确使用安全防护用品； 7. 机械操作人员疲劳作业	1. 现场无警示标识或标识破损； 2. 设备设施安全作业距离不足； 3. 设备带"病"作业（设备设施制动装置失效、运动或转动装置无防护或防护装置有缺陷等）； 4. 安全防护用品不合格	1. 强风、暴雨、大雪、大雾等不良天气； 2. 夜间施工照明不足； 3. 作业场地狭窄	1. 机械设备安全管理制度不完善或落实不到位； 2. 未对机械设备、安全防护用品等进行进场验收或验收不到位； 3. 安全教育、培训、交底、检查制度不完善或未落实； 4. 机械设备安全操作规程不规范或未落实； 5. 安全投入不足	√	√		√	√	

— 216 —

第五章 港口工程施工的主要安全风险分析

续上表

<table>
<tr><th rowspan="3">分部工程</th><th rowspan="3">施工作业内容</th><th rowspan="3">典型风险事件</th><th rowspan="3">致害物</th><th colspan="4">致 险 因 素</th><th colspan="2" rowspan="2">风险事件后果类型</th><th colspan="3" rowspan="2"></th></tr>
<tr><th rowspan="2">人的因素</th><th rowspan="2">物的因素</th><th rowspan="2">环境因素</th><th rowspan="2">管理因素</th></tr>
<tr><th colspan="2">受伤人员类型</th><th colspan="3">人员伤亡</th></tr>
<tr><th></th><th></th><th></th><th></th><th></th><th></th><th></th><th></th><th>本人</th><th>他人</th><th>轻伤</th><th>重伤</th><th>死亡</th></tr>
<tr>
<td rowspan="2">上部结构施工</td>
<td rowspan="2">现浇胸墙</td>
<td rowspan="2">起重伤害</td>
<td rowspan="2">起重设备、吊索吊具</td>
<td>1. 管理人员违章指挥,强令冒险作业;
2. 作业人员操作错误,违章作业;
3. 起重工、信号工未持有效证上岗;
4. 现场作业人员未正确使用安全防护用品(安全帽等);
5. 抗倾覆验算错误,人员违章进入危险区域;
6. 起重人员身体健康状况异常,心理异常,感知异常(反应迟钝,辨识错误);
7. 作业人员疲劳作业</td>
<td>1. 设备自身缺陷(强度、刚度不足,抗倾覆能力不足);
2. 现场无警示标识标牌、警戒区(警戒区、标牌、反光锥等);
3. 安全防护用品不合格(安全帽等);
4. 支撑作不合格;
5. 构件防锈处理不合格;
6. 支腿不平,现场无警示标识或标识破损(警戒区、标牌、反光锥等);
7. 吊索吊具不合格或达到报废标准(钢丝绳、吊带、U形卸扣等);
8. 支垫材料不合格(枕木、钢板等),无防护或防护装置缺陷(防脱钩装置、限位装置等);
9. 设备"带病"作业(制动装置等,距高压线安全距离不足);
10. 安全防护用品不合格(反光背心、安全帽等)</td>
<td>1. 强风、暴雨、大雪等不良天气;
2. 地基承载力不足、基础下沉;
3. 作业场地照明不足</td>
<td>1. 施工方案不完善或未落实;
2. 安全教育、培训、交底、检查制度不完善或未落实;
3. 未对起重设备进行进场验收或验收不到位;
4. 安全投入不足;
5. 起重吊装作业时无专人监护;
6. 起重吊装安全操作规程不规范或规程未落实</td>
<td>√</td>
<td>√</td>
<td>√</td>
<td>√</td>
<td>√</td>
</tr>
</table>

— 217 —

续上表

分部工程	施工作业内容	典型风险事件	致害物	致险因素				风险人员类型		风险事件后果类型		
				人的因素	物的因素	环境因素	管理因素	受伤人员类型		人员伤亡		
								本人	他人	轻伤	重伤	死亡
				1. 不当操作造成车辆安全装置失效，人员冒险进入危险场所（车辆倒车区域）；
2. 车辆冒险进入边坡临边位置，有分散注意力的行为；
3. 施工人员着装不安全	1. 运输车辆未经检验或有缺陷；
2. 施工场地环境不良（如照明不佳、场地湿滑等）；
3. 个人防护用品用具缺少或缺陷；							
上部结构施工	现浇胸墙施工	车船伤害	运输车辆、施工船舶、附近通航船舶	4. 现场指挥、警戒不当；
5. 管理人员违章指挥，强令冒险作业（进入驾驶人员视野盲区等）；
6. 驾驶人员未持有效证件上岗，违章作业（违规载人、酒后驾驶、超速、超限、超载等）；
7. 驾驶人员身体健康状况异常，心理异常，反应迟钝，后视辨识错误；
8. 驾驶人员疲劳作业，现场作业人员未正确使用安全防护用品（反光背心、安全帽等）	4. 安全警示标志、护栏等警示装置缺乏或有缺陷，车辆操作人员无上岗资格证；
5. 运输道路承载能力不足；
6. 现场无警示标识或标识破损（警戒区、标牌、反光锥、反光贴等）；
7. 车辆"带病"作业（制动装置、喇叭、后视镜、警示灯等设施贴有缺陷）；
8. 车辆作业安全距离不足	1. 场地受限；
2. 道路不符合要求；
3. 大风、暴雨、低温等恶劣天气（不利于混凝土提升强度）；
4. 不稳定坡体	1. 技术上的缺陷；
2. 操作者生理、心理上的缺陷；
3. 教育、交底不到位有缺陷；
4. 管理工作上的缺陷；
5. 未对车辆设备、安全防护用品等进行进场验收或验收不到位；
6. 车辆安全管理制度不完善或未落实（检查维护保养不到位）；
7. 安全操作规程不规范或未落实（作业前未对车辆周围环境进行检查）	√	√	√	√	

— 218 —

续上表

分部工程	施工作业内容	典型风险事件	致害物	致险因素				风险人员受伤人员类型		风险事件后果类型 人员伤亡		
				人的因素	物的因素	环境因素	管理因素	本人	他人	轻伤	重伤	死亡
上部结构施工	现浇胸墙	高处坠落	无防护平台，作业人员受施工人员自身的重力运动	1. 作业人员未正确使用安全防护用品（安全带、防滑鞋等）； 2. 作业人员身体健康状况异常，心理异常，知异常（有高血压，恐高症等禁忌症，反应迟钝，辨识错误）； 3. 作业人员疲劳作业，管理人员违章指挥，强令冒险作业； 4. 作业人员违章作业或操作错误	1. 高处作业场所未设置安全防护等措施（安全绳索/防坠网）； 2. 未设置安全警示标志或标识破损； 3. 安全防护用品质量不合格，存在缺陷； 4. 未设置或设置不规范全爬梯作业人员上下安	1. 大风，雷电，大雪，暴雨等恶劣天气； 2. 夜间施工照明不足； 3. 作业场地不平整，湿滑	1. 安全教育、培训、交底，检查制度不完善或未落实； 2. 职业健康、安全管理制度不完善，未落实（定期体检）； 3. 安全投入不足； 4. 高处作业安全操作规程不规范或未落实； 5. 安全防护用品等进行进场验收或验收不到位	√			√	√
	预制构件	物体打击	模板、钢筋等	1. 现场作业人员未正确使用安全防护用品； 2. 人员违章进入危险区域； 3. 管理人员违章指挥，强令冒险作业； 4. 作业人员身体健康状况异常； 5. 作业人员操作错误，违章作业	1. 安全防护用品不合格； 2. 现场无警示标识或标识破损； 3. 作业过程中产生的坠落物	1. 作业场地杂乱； 2. 作业场地照明不足	1. 施工方案不完善或未落实； 2. 安全教育、培训、交底，检查制度不完善或未落实； 3. 安全防护用品等进行进场验收或验收不到位； 4. 安全投入不足	√	√	√	√	

续上表

分部工程	施工作业内容	典型风险事件	致害物	致险因素				风险人员受伤类型		人员伤亡		
				人的因素	物的因素	环境因素	管理因素	本人	他人	轻伤	重伤	死亡
上部结构施工		触电	破损的电缆线等	1.作业人员未正确使用安全防护用品；2.作业人员操作错误或违章；3.管理人员违章指挥、强令冒险作业；4.电工等特种人员未持有效证件上岗；5.作业人员疲劳作业	1.电缆线、配电箱等电气设施不合格；2.电气设施设置不规范；3.带电设施无警示标识或警示标识破损；4.安全防护装置不规范；5.防护不当，防护距离不足；6.发电机等设备损坏带电	1.雷电、暴雨、大雪、大雾等恶劣天气；2.作业场地杂乱，不平整；3.作业场地照明不足	1.临时用电方案不完善或未落实；2.发电机等安全操作规程不规范或未落实；3.电气设施材料等未进行进场验收；4.无电工对用电设施进行巡查或巡查不到位；5.发电机等机具检查维护保养不到位；6.安全教育、培训、交底、检查制度不完善或未落实；7.安全投入不足	√			√	√
	预制构件	机械伤害	钢筋弯曲机等机械设备	1.人员违章进入危险区域；2.管理人员违章指挥、强令冒险作业；3.机械操作人员未持有效证件上岗；4.机械操作人员违章作业；5.机械操作人员操作错误，操作时身体健康状况异常；6.现场作业人员未正确使用安全防护用品；7.机械操作人员疲劳作业	1.现场无警示标识或标识破损；2.设备破损；3.设备带"病"作业（设备设施制动装置失效、运动或转动装置无防护或防护装置有缺陷等）；4.安全防护用品不合格	1.强风、暴雨、大雪、大雾等恶劣天气；2.夜间施工照明不足；3.作业场地狭窄	1.机械设备安全管理制度不完善或未落实，安全对机械设备、安全防护用品等进场验收或验收不到位；3.安全教育、培训、交底、检查制度不完善或未落实；4.机械设备安全操作规程不规范或未落实；5.安全投入不足	√	√	√	√	

— 220 —

续上表

分部工程	施工作业内容	典型风险事件	致害物	致险因素				风险事件后果类型			
				人的因素	物的因素	环境因素	管理因素	受伤人员类型		人员伤亡		
								本人	他人	轻伤	重伤	死亡
上部结构施工	预制构件	起重伤害	起重设备、吊索吊具	1. 人员违章进入危险区域；2. 管理人员违章指挥、强令冒险作业；3. 起重号工未持有效证件上岗；4. 起重作业人员操作错误、违章作业；5. 起重人员身体健康状况异常；6. 作业人员疲劳作业；7. 现场作业人员未正确使用安全防护用品	1. 现场无警示标识或标识破损；2. 吊索吊具不合格或达到报废标准；3. 无防护或防护装置缺陷；4. 安全防护用品不合格	1. 雷电、暴雨、大风(6级以上)、大雾等恶劣天气；2. 夜间施工照明不足	1. 起重吊装专项施工方案不完善或未落实；2. 机械设备安全管理制度不完善或未落实；3. 起重吊装安全操作规程不规范或未落实；4. 安全教育、培训、交底，检查制度不完善未落实；5. 未对机械设备、安全防护用品等进行进场验收或验收不到位；6. 安全投入不足	√			√	√
上部结构施工	预制构件	高处坠落	没有防护的作业平台	1. 作业人员未正确使用安全防护用品；2. 作业人员身体健康状况异常；3. 作业人员疲劳作业；4. 管理人员违章指挥、强令冒险作业；5. 作业人员操作错误或违章作业	1. 安全防护用品不合格；2. 现场无警示标识或标识破损；3. 作业平台未设置安全稳固的安全护栏	1. 未设置人员上下安全通道或设置不规范；2. 作业场地狭窄、不平整、湿滑；3. 作业施工照明不足	1. 高处作业安全操作规程不规范或未落实；2. 施工方案不完善或未落实；3. 安全教育、培训、交底，检查制度不完善未落实；4. 职业健康管理制度不完善未落实；5. 安全防护用品等进行进场验收或验收不到位	√		√	√	√

续上表

分部工程	施工作业内容	典型风险事件	致害物	致险因素				风险事件后果类型				
				人的因素	物的因素	环境因素	管理因素	受伤人员类型		人员伤亡		
								本人	他人	轻伤	重伤	死亡
		淹溺	水体	1. 作业人员安全防护意识差； 2. 违章操作； 3. 未正确佩戴劳动防护品； 4. 作业人员疲劳作业	水上作业未设置安全防护设施	风力超过6级，雨雾天气，夜间照明不良等条件下进行作业	1. 交底培训不到位； 2. 现场监督检查不到位	√			√	√
上部结构施工	构件安装	物体打击	掉落的零部件	1. 现场作业人员未正确使用安全防护用品； 2. 人员违章进入危险区域； 3. 管理人员违章指挥，强令冒险作业； 4. 作业人员身体健康状况异常； 5. 作业人员操作错误，违章作业	1. 安全防护用品不合格； 2. 现场无警示标识或标识破损； 3. 作业过程中产生的坠落物	1. 作业场地杂乱； 2. 作业场地照明不足	1. 施工方案不完善或未落实； 2. 安全教育、培训、交底、检查制度不完善或未落实； 3. 安全防护用品等进行进场验收或验收不到位； 4. 安全投入不足	√	√	√	√	
		机械伤害	现场机械设备	1. 人员违章进入危险区域； 2. 管理人员违章指挥，强令冒险作业； 3. 机械操作人员未持有效证件上岗	1. 现场无警示标识或标识破损； 2. 设备设施安全作业距离不足	1. 强风、暴雨、大雪、大雾等不良天气； 2. 夜间施工照明不足； 3. 作业场地狭窄	1. 机械设备安全管理制度不完善或未落实； 2. 未对机械设备、安全防护用品等进行进场验收或验收不到位	√	√	√	√	

续上表

分部工程	施工作业内容	典型风险事件	致害物	致险因素				风险人员受伤人员类型			人员伤亡		
				人的因素	物的因素	环境因素	管理因素	本人	他人	轻伤	重伤	死亡
		机械伤害	现场机械设备	4. 机械操作人员操作错误,违章作业; 5. 操作人员身体健康状况异常; 6. 现场作业人员未正确使用安全防护用品; 7. 机械操作人员疲劳作业	3. 设备带"病"作业(设备设施制动装置失效、运动或转动装置无防护或防护装置有缺陷等); 4. 安全防护用品不合格		3. 安全教育、培训、交底、检查制度不完善或未落实; 4. 机械设备安全操作规程不规范或未落实; 5. 安全投入不足					
上部结构施工	构件安装	起重伤害	起重设备、吊索吊具	1. 人员违章进入危险区域; 2. 管理人员违章指挥、强令冒险作业; 3. 起重信号工、司索信号工未持有效证件上岗; 4. 起重作业人员操作错误、违章作业; 5. 起重人员身体健康状况异常; 6. 作业人员疲劳作业; 7. 现场作业人员未正确使用安全防护用品	1. 现场无警示标识或标识破损; 2. 吊索吊具不合格或达到报废标准; 3. 无防护装置或防护装置缺陷; 4. 安全防护用品不合格	1. 雷电、暴雨、大风(6级以上)、大雾等恶劣天气; 2. 夜间施工照明不足	1. 起重吊装专项施工方案不完善或未落实; 2. 机械设备安全管理制度不完善或未落实; 3. 起重吊装安全操作规程不规范或未落实; 4. 安全教育、培训、交底、检查制度不完善或未落实; 5. 未对机械设备、安全防护用品等进行进场验收或验收不到位; 6. 安全投入不足	√	√	√	√	√

— 223 —

续上表

分部工程	施工作业内容	典型风险事件	致害物	致险因素			风险事件后果类型			
				人的因素	物的因素	环境因素	管理因素	受伤人员类型 || 人员伤亡		
								本人	他人	轻伤	重伤	死亡
上部结构施工	构件安装	车船伤害	运输车辆、施工船舶、附近通航船舶	1.不当操作造成车辆安全装置失效,人员冒险进入危险场所(车辆倾倒区域); 2.车辆冒险进入边坡临边位置,有分散注意力的行为; 3.施工人员着不安全装束; 4.现场指挥、警戒不当; 5.管理人员违章指挥,强令冒险作业(驾驶人员视野盲区等); 6.驾驶人员未持有效证件上岗,违章作业(违规载人,酒后驾驶,超速、超限、超载作业); 7.驾驶人员身体健康状况异常,心理应异常,感知异常(反应迟钝,后视错误); 8.驾驶人员疲劳作业,现场作业人员未正确使用安全防护用品(反光背心、安全帽等)	1.运输车辆未经检验或有缺陷; 2.施工场地环境不良(如照明不佳、场地湿滑等); 3.个人防护用品用具缺少或有缺陷; 4.安全警示标志、护栏等警示装置缺乏有缺陷,车辆操作人员无上岗资格证; 5.运输道路承载力不足; 6.现场无警示标识或标识破损(警戒区、标牌、反光锥、反光贴等); 7.车辆带"病"作业(制动装置、喇叭、后视镜、警示灯等设施有缺陷); 8.车辆作业安全距离不足	1.场地受限; 2.道路不符合要求; 3.大风、暴雨、低温等恶劣天气(不利于混凝土提升强度); 4.不稳定坡体	1.技术上的缺陷; 2.操作者生理、心理上的缺陷; 3.教育、交底不到位有缺陷; 4.管理工作上的缺陷; 5.未对车辆设备、安全防护用品等进行现场验收或验收不到位; 6.车辆安全管理制度不完善或未落实(检查、维护保养不到位); 7.安全操作规程不规范或未落实(作业前未对车辆周围环境进行检查)	√	√	√	√	

— 224 —

续上表

分部工程	施工作业内容	典型风险事件	致害物	致险因素			风险人员受伤类型		人员伤亡后果类型		
				人的因素	物的因素	环境因素	管理因素	本人	他人	轻伤	重伤	死亡
上部结构施工	构件安装	高处坠落	没有防护的作业平台	1. 作业人员未正确使用安全防护用品；2. 作业人员身体健康状况异常；3. 作业人员疲劳作业；4. 管理人员违章指挥，强令冒险作业；5. 作业人员操作错误或违章作业	1. 安全防护用品不合格；2. 现场无警示标识或标识破损；3. 作业平台未设置安全稳固的安全护栏	1. 未设置人员上下安全通道或设置不规范；2. 作业场地狭窄，不平整、湿滑；3. 作业施工照明不足	1. 高处作业安全操作规程不规范；2. 施工方案不完善或未落实；3. 安全教育、培训、交底、检查不完善或未落实；4. 职业健康管理制度不完善或未落实；5. 安全防护用品等进行进场验收或验收不到位	√			√	√
		淹溺	水体	1. 作业人员安全防护意识差；2. 违章操作；3. 未正确佩戴劳动防护用品；4. 作业人员疲劳作业	水上作业未设置安全防护设施	风力超过6级，雨雾天气、夜间照明不良等条件下进行作业	1. 交底培训不到位；2. 现场监督检查不到位	√		√	√	√
后方回填及面层施工	抛石棱体施工	物体打击	零散材料、工具等	1. 违章操作；2. 违章指挥；3. 未按方案施工	构件运输、安装过程中坠落	风力超过6级，雨雾天气、夜间照明不良等条件下进行作业	1. 交底培训不到位；2. 现场监督检查不到位	√	√	√	√	

续上表

分部工程	施工作业内容	典型风险事件	致害物	致险因素				风险人员受伤类型			人员伤亡后果类型		
				人的因素	物的因素	环境因素	管理因素	本人	他人	轻伤	重伤	死亡
后方回填及面层施工	抛石核体施工	机械伤害	挖掘机等机械设备	1.人员违章进入危险区域；2.管理人员违章指挥、强令冒险作业；3.机械操作人员未持有效证件上岗；4.机械操作人员违章作业；5.操作人员身体健康状况异常；6.现场作业人员未正确使用安全防护用品；7.机械操作人员疲劳作业	1.现场无警示标识或标识破损；2.设备设施安全距离不足；3.设备带"病"作业（设备设施或制动装置失效、运动或防护装置无防护或防护装置有缺陷等）；4.安全防护用品不合格	1.强风、暴雨、大雪、大雾等不良天气；2.夜间施工照明不足；3.作业场地狭窄	1.机械设备安全管理制度不完善或未落实；2.未对机械设备、安全防护用品等进行进场验收或验收不到位；3.安全教育、培训、交底、检查制度不完善或未落实；4.机械设备安全操作规程不完善或未落实；5.安全投入不足	√			√	
		车船伤害	运输车辆等	1.人员违章进入危险区域；2.管理人员违章指挥、强令冒险作业；3.操作人员未持有效证件上岗；4.机械操作人员违章作业；5.操作人员身体健康状况异常；6.现场作业人员未正确使用安全防护用品；7.机械操作人员疲劳作业	1.现场无警示标识或标识破损；2.船舶安全装置失效；3.作业安全距离不足；4.安全防护用品不合格	1.强风、暴雨、大雪、大雾等不良天气；2.夜间施工照明不足；3.作业场地狭窄	1.未对设备、安全防护用品等进行进场验收或验收不到位；2.设备安全管理制度不完善或未落实；3.安全操作规范不完善或未落实，安全教育、培训、交底、检查制度不完善或未落实；4.职业健康管理制度不完善或未落实；5.安全投入不足	√	√	√	√	

续上表

分部工程	施工作业内容	典型风险事件	致害物	致险因素				风险人员受伤人员类型		风险事件后果类型 人员伤亡		
				人的因素	物的因素	环境因素	管理因素	本人	他人	轻伤	重伤	死亡
端头护岸施工	基槽及岸坡开挖	淹溺	水体	1. 作业人员安全防护意识差； 2. 违章操作； 3. 未正确佩戴劳动防护用品； 4. 作业人员疲劳作业	水上作业未设置安全防护设施	风力超过6级，雨雾天气，夜间照明不良等条件下进行作业	1. 交底培训不到位； 2. 现场监督检查不到位	√			√	√
		坍塌	不稳定的断面	1. 管理人员违章指挥，强令冒险作业； 2. 开挖方式不当，防护不及时； 3. 作业人员操作错误，违章作业； 4. 有违反劳动纪律的行为	1. 地质不稳定； 2. 无警示信号或信号不清； 3. 防护形式错误或防护材料不合格	1. 作业场地照明不足； 2. 大风大雨不良天气	1. 施工方案不完善或未落实； 2. 安全教育，培训，交底，检查制度不完善或未落实； 3. 安全投入不足	√	√	√	√	
		机械伤害	挖掘机等机械设备	1. 人员违章进入危险区域； 2. 管理人员违章指挥，强令冒险作业； 3. 机械操作人员未持有效证件上岗	1. 现场无警示标识或标识破损； 2. 设备设施安全距离不足	1. 强风，暴雨，大雪，大雾等天气； 2. 夜间施工照明不足； 3. 作业场地狭窄	1. 机械设备安全管理制度不完善或机械设备、安全防护用品等进行进场验收或验收不到位； 2. 未对机械设备，安全防护用品等进行进场验收或验收不到位	√	√	√	√	

— 227 —

续上表

分部工程	施工作业内容	典型风险事件	致害物	致险因素 人的因素	致险因素 物的因素	致险因素 环境因素	致险因素 管理因素	受伤人员类型 本人	受伤人员类型 他人	人员伤亡 轻伤	人员伤亡 重伤	人员伤亡 死亡
		机械伤害	挖掘机等机械设备	4. 机械操作人员操作错误、违章作业；5. 操作人员身体健康状况异常；6. 现场作业人员未正确使用安全防护用品；7. 机械操作人员疲劳作业	3. 设备带"病"作业（设备设施制动装置失效、运动或转动装置无防护或防护装置有缺陷等）；4. 安全防护用品不合格		3. 安全教育、培训、交底、检查制度不落实；4. 机械设备安全操作规程不规范或未落实；5. 安全投入不足	√				
端头护岸施工	基槽及岸坡开挖	车船伤害	运输车辆等	1. 人员违章进入危险区域；2. 管理人员违章指挥，强令冒险作业；3. 操作人员未持有效证件上岗；4. 机械操作人员操作错误、违章作业；5. 操作人员身体健康状况异常；6. 现场作业人员未正确使用安全防护用品；7. 机械操作人员疲劳作业	1. 现场无警示标识或标识破损；2. 船舶安全装置失效；3. 作业安全距离不足；4. 安全防护用品不合格	1. 强风、暴雨、大雪、大雾等不良天气；2. 夜间施工照明不足；3. 作业场地狭窄	1. 未对设备、安全防护用品等进行进场验收或验收不到位；2. 设备安全管理制度不完善或未落实；3. 安全操作规程不规范或未落实，安全教育、培训、交底、检查制度不完善或未落实；4. 职业健康管理制度不完善或未落实；5. 安全投入不足		√	√	√	

续上表

分部工程	施工作业内容	典型风险事件	致害物	致险因素 - 人的因素	致险因素 - 物的因素	致险因素 - 环境因素	致险因素 - 管理因素	受伤人员类型 - 本人	受伤人员类型 - 他人	人员伤亡 - 轻伤	人员伤亡 - 重伤	人员伤亡 - 死亡
端头护岸施工	护面	淹溺	水体	1. 作业人员安全防护意识差；2. 违章操作；3. 未正确佩戴劳动防护品；4. 作业人员疲劳作业	水上作业未设置安全防护设施	风力超过6级、雨雾天气，夜间照明不良等条件下进行作业	1. 交底培训不到位；2. 现场监督检查不到位	√		√	√	√
		物体打击	掉落的零部件	1. 现场作业人员未正确使用安全防护用品；2. 人员违章进入危险区域；3. 管理人员违章指挥，强令冒险作业；4. 作业人员身体健康状况异常；5. 作业人员操作错误、违章作业	1. 安全防护用品不合格；2. 现场无警示标识或标识破损；3. 作业过程中产生的坠落物	1. 作业场地杂乱；2. 作业场地照明不足	1. 施工方案不完善或未落实；2. 安全教育、培训交底、检查制度不完善或未落实；3. 安全防护用品等进行进场验收或验收不到位；4. 安全投入不足	√	√	√	√	

续上表

施工作业内容	典型风险事件	致害物	致险因素				风险事件后果类型				
			人的因素	物的因素	环境因素	管理因素	受伤人员类型		人员伤亡		
分部工程							本人	他人	轻伤	重伤	死亡
端头护岸施工	触电	破损的电线、其他电设备等导电材料	1. 作业人员未正确使用安全防护用品（绝缘鞋、绝缘手套等）；2. 作业人员操作错误或违章操作（带电检修维护）；3. 管理人员违章指挥、强令冒险作业；4. 电工等特种人员未持有效证件上岗；5. 作业人员疲劳作业；	1. 电缆线、配电箱等电气设施设置不合格（线路破损、老化）；2. 电气设施设施设置不规范（电缆拖地、配电箱无支架等）；3. 带电设施破损无警示标识或标识不规范（未接地、无漏电保护器、接线端子无防护罩等）；4. 防护不当，防护距离不足（配电柜、发电机无遮雨棚、防护围挡或防护破损）；5. 设备损坏漏电	1. 强风、雷雨、大雪等不良天气；2. 作业场地杂乱，潮湿或积水；3. 作业场地照明不足	1. 临时用电方案不完善或未落实；2. 发电机等安全操作规程不规范或未落实；3. 电气设施材料等未进行进场验收；4. 无电工对用电设施进行巡查或巡查不到位；5. 机械设备安全管理制度未落实（设备保养不到位）；6. 安全教育、培训、交底、检查制度不完善或未落实；7. 安全投入不足	√		√		√
	机械伤害	现场机械设备	1. 人员违章进入危险区域；2. 管理人员违章指挥、强令冒险作业；3. 机械操作人员未持有效证件上岗	1. 现场无警示标识或标识破损；2. 设备设施安全作业距离不足；	1. 强风、暴雨、大雪、大雾等不良天气；2. 夜间施工照明不足；3. 作业场地狭窄	1. 机械设备安全管理制度不完善或未落实；2. 未对机械设备、安全防护用品等进行进场验收或验收不到位；	√	√	√	√	

续上表

分部工程	施工作业内容	典型风险事件	致害物	致 险 因 素			风险事件后果类型			
				人的因素	物的因素	环境因素	管理因素	受伤人员类型 || 人员伤亡		
								本人	他人	轻伤	重伤	死亡
端头护岸施工	护面	机械伤害	现场机械设备	4.机械操作人员操作错误,违章作业; 5.操作人员身体健康状况异常; 6.现场作业人员未正确使用安全防护用品; 7.机械操作人员疲劳作业	3.设备带"病"作业(设备设施制动装置失效,运动或转动装置无防护或防护装置有缺陷等); 4.安全防护用品不合格		3.安全教育,培训,交底,检查制度不落实,未落实; 4.机械设备安全操作规程不规范或未落实; 5.安全投入不足					
		起重伤害	起重设备,吊索吊具	1.管理人员违章指挥,强令冒险作业; 2.作业人员操作错误,违章作业; 3.起重工,信号工未持有效证书上岗; 4.现场作业人员未正确使用安全防护用品(安全帽等); 5.抗倾覆验算错误,现场作业人员违章进入危险区域;	1.设备自身缺陷(强度,刚度不足,抗倾覆能力不足); 2.现场无警示标识或标识破损(警戒区,标牌等); 3.安全防护用品不合格(安全帽等); 4.支撑件不合格; 5.支腿不平,现场无警示标识或标识破损(警戒区,标牌,反光锥等); 6.构件防锈处理不合格; 7.吊索吊具不合格或达到报废标准(钢丝绳、吊带、U形卸扣等);	1.强风,暴雨,大雪等不良天气; 2.地基承载力不足,基础下沉; 3.作业场地照明不足	1.施工方案不完善或未落实; 2.安全教育,培训,交底,检查制度不完善或未落实; 3.未对起重设备进场验收或验收不到位; 4.安全投入不足; 5.起重吊装作业时无专人监护; 6.起重吊装安全操作规程不规范或落实	√	√	√	√	√

续上表

分部工程	施工作业内容	典型风险事件	致害物	致险因素				风险事件后果类型				
				人的因素	物的因素	环境因素	管理因素	受伤人员类型		人员伤亡		
								本人	他人	轻伤	重伤	死亡
		起重伤害	起重设备、吊索吊具	6.起重人员身体健康状况异常,心理异常,感知异常(反应迟钝,辨识错误);7.作业人员疲劳作业	8.支垫材料不合格(枕木、钢板等),无防护钩或防护装置缺陷(防脱钩装置,限位装置等);9.设备带"病"作业(制动装置迟钝,距高压线等安全距离不足);10.安全防护用品不合格(反光背心,安全帽等)			√			√	√
端头护岸施工	护面	车船伤害	运输车辆等	1.人员违章进入危险区域;2.管理人员违章指挥,强令冒险作业;3.操作人员未持有效证件上岗;4.机械操作人员操作错误,违章作业;5.操作人员身体健康状况异常;6.现场作业人员未正确使用安全防护用品;7.机械操作人员疲劳作业	1.现场无警示标识或标识破损;2.船舶安全装置失效;3.作业安全距离不足;4.安全防护用品不合格	1.强风、暴雨、大雪、大雾等不良天气;2.夜间施工照明不足;3.作业场地狭窄	1.未对设备、安全防护用品等进行进场验收或验收不到位;2.设备安全管理制度不完善或未落实;3.安全操作规程不落实,安全教育、培训、交底、检查制度不完善或未落实;4.职业健康管理制度不完善或未落实;5.安全投入不足	√	√	√	√	

续上表

分部工程	施工作业内容	典型风险事件	致害物	致险因素				风险事件后果类型				
				人的因素	物的因素	环境因素	管理因素	受伤人员类型		人员伤亡		
								本人	他人	轻伤	重伤	死亡
轨道、停靠船与防护设施		物体打击	掉落的零部件、轨道等	1. 现场作业人员未正确使用安全防护用品；2. 人员违章冒险进入危险区域；3. 管理人员违章指挥、强令冒险作业；4. 作业人员身体健康状况异常；5. 作业人员操作错误、违章作业	1. 安全防护用品不合格；2. 现场无警示标识或标识破损；3. 作业过程中产生的坠落物	1. 作业场地杂乱；2. 作业场地照明不足	1. 施工方案不完善或未落实；2. 安全教育、培训、交底、检查制度不完善或未落实；3. 安全防护用品等进行进场验收不到位；4. 安全投入不足	√	√	√	√	
	轨道安装	触电	破损的电缆线等	1. 作业人员未正确使用安全防护用品；2. 作业人员操作错误或违章作业；3. 管理人员违章指挥、强令冒险作业；4. 电工等特种人员未持有效证件上岗；5. 作业人员疲劳作业	1. 电缆线、配电箱等电气设施不合格；2. 电气设施设置不规范；3. 带电设施破损、识或标识破损；4. 安全防护装置不规范；5. 防护不当、防护距离不足；6. 发电机等设备损坏带电	1. 雷电、暴雨、大雪、大雾等恶劣天气；2. 作业场地杂乱、不平整；3. 作业场地照明不足	1. 临时用电方案不完善或未落实；2. 发电机等安全操作规程不规范或未落实；3. 电气设施材料等未进行进场验收；4. 无电工对用电设施进行巡查或巡查不到位；5. 发电机等机具检查维护保养不到位；6. 安全教育、培训、交底、检查制度不完善或未落实；7. 安全投入不足	√		√	√	√

续上表

分部工程	施工作业内容	典型风险事件	致害物	致险因素 人的因素	致险因素 物的因素	致险因素 环境因素	致险因素 管理因素	受伤人员类型 本人	受伤人员类型 他人	人员伤亡 轻伤	人员伤亡 重伤	人员伤亡 死亡
轨道、停靠船与防护设施	轨道安装	机械伤害	现场机械设备	1.人员违章进入危险区域；2.管理人员违章指挥、强令冒险作业；3.机械操作人员未持有效证件上岗；4.机械操作人员操作错误、违章作业；5.操作异常、状况异常；6.现场作业人员未正确使用安全防护用品；7.机械操作人员疲劳作业	1.现场无警示标识或标识破损；2.设备设施安全作业距离不足；3.设备带"病"作业（设备设施制动装置失效,运动或转动装置无防护或防护装置有缺陷等）；4.安全防护用品不合格	1.强风、暴雨、大雪、大雾等不良天气；2.夜间施工照明不足；3.作业场地狭窄	1.机械设备安全管理制度不完善或落实不到位；2.未对机械设备、安全防护用品等进行进场验收或验收不到位；3.安全教育、培训、交底、检查制度不完善或未落实；4.机械设备安全操作规程不规范或落实不到位；5.安全投入不足	√	√	√	√	
		起重伤害	汽车起重机等起重设备、吊索吊具	1.人员违章进入危险区域；2.管理人员违章作业；3.起重作业人员、司索信号工未持有效证件上岗；4.起重作业人员操作错误、违章作业；5.起重作业人员身体健康状况异常；6.作业人员疲劳作业；7.现场作业人员未正确使用安全防护用品	1.现场无警示标识或标识破损；2.吊索吊具不合格或达到报废标准；3.无防护或防护装置缺陷；4.安全防护用品不合格	1.雷电、暴雨、大风(6级以上)、大雾等恶劣天气；2.夜间施工照明不足	1.起重吊装专项施工方案不完善或管理制度不完善或落实不到位；2.起重吊装安全操作规程不规范或落实不到位；3.安全教育、培训、交底、检查制度不完善或未落实；4.未对机械设备、安全防护用品等进行进场验收或验收不到位；5.安全投入不足	√	√	√	√	√

续上表

分部工程	施工作业内容	典型风险事件	致害物	致险因素				风险人员类型		风险事件后果类型		
				人的因素	物的因素	环境因素	管理因素	受伤人员类型		人员伤亡		
								本人	他人	轻伤	重伤	死亡
轨道、停靠系船与防护设施	轨道安装	车船伤害	运输车辆、施工船舶、附近通航船舶	1.不当操作造成车辆安全装置失效，人员冒险进入危险场所（车辆倒车处）；2.车辆冒险进入边坡临边位置，有分散注意力的行为；3.施工人员着装不安全；4.现场指挥、警戒不当；5.管理人员违章指挥、强令冒险作业（进入驾驶人员视野盲区等）；6.驾驶人员未持有效证件上岗，违章作业（违规操作错误，违章驾驶，酒后驾驶，超速、超限、超载等）；7.驾驶人员身体健康状况异常，心理异常（反应迟钝，辨识认知异常）；8.驾驶人员疲劳作业，现场作业人员未正确使用安全防护用品（反光背心，安全帽等）	1.运输车辆未经检验或有缺陷；2.施工场地环境不良（如照明不佳,场地湿滑等）；3.个人防护用品用具缺少或有缺陷；4.安全警示标志、护栏等警示装置缺乏或有缺陷，车辆操作人员无上岗资格证；5.运输道路承载力不足；6.现场无警示标识或标识破损（警戒区，标牌,反光锥,反光贴等）；7."车辆带"病"作业（制动装置、喇叭、后视镜、警示灯等设施有缺陷）；8.车辆作业安全距离不足	1.场地受限；2.道路不符合要求；3.大风、暴雨、低温等恶劣天气（不利于混凝土提升强度）；4.不稳定坡体	1.技术上的缺陷；2.操作者生理、心理上的缺陷；3.教育、交底不到位上的缺陷；4.管理工作上的缺陷；5.未对车辆设备、安全防护用品等进行进场验收或验收不到位；6.车辆安全管理制度不完善或未落实（检查维护保养不到位）；7.安全操作规程未落实（作业前未对车辆周围环境进行检查）	√	√	√	√	√

— 235 —

续上表

分部工程	施工作业内容	典型风险事件	致害物	致险因素 人的因素	致险因素 物的因素	致险因素 环境因素	致险因素 管理因素	风险事件后果类型 受伤人员类型 本人	风险事件后果类型 受伤人员类型 他人	风险事件后果类型 人员伤亡 轻伤	风险事件后果类型 人员伤亡 重伤	风险事件后果类型 人员伤亡 死亡
轨道、铁栏杆、停靠船系船柱与防护设施安装		淹溺	水体	1.作业人员安全防护意识差； 2.违章操作； 3.未正确佩戴劳动防护用品； 4.作业人员疲劳作业	水上作业未设置安全防护设施	风力超过6级，雨雾天气、夜间照明不良等条件下进行作业	1.交底培训不到位； 2.现场监督检查不到位	√			√	√
		触电	破损的电缆线等	1.作业人员未正确使用安全防护用品； 2.作业人员操作错误或违章作业； 3.管理人员违章指挥、强令冒险作业； 4.电工等特种人员持有效证件上岗； 5.作业人员疲劳作业	1.电缆线、配电箱等电气设施不合格； 2.电气设施设置不规范； 3.带电设施无警示标识或标识破损； 4.安全防护装置不规范； 5.防护不当，防护距离不足； 6.发电机等设备损坏带电	1.雷电、暴雨、大雪、大雾等恶劣天气； 2.作业场地杂乱不平整； 3.作业场地照明不足	1.临时用电方案不完善或未落实； 2.发电机等安全操作规程不规范或未落实； 3.电气设施材料等未进场验收； 4.无电工对用电设施进行巡查或巡查不到位； 5.发电机等机具检查维护保养不到位； 6.安全教育、培训、交底、检查制度不完善或未落实； 7.安全投入不足	√		√	√	√

第五章 港口工程施工的主要安全风险分析

续上表

分部工程	施工作业内容	典型风险事件	致害物	致险因素				风险事件后果类型				
				人的因素	物的因素	环境因素	管理因素	受伤人员类型		人员伤亡		
								本人	他人	轻伤	重伤	死亡
轨道、铁栏杆、停靠船系船柱与防护设施		机械伤害	现场机械设备	1.人员违章进入危险区域；2.管理人员违章指挥，强令冒险作业；3.机械操作人员未持有效证件上岗；4.机械操作人员操作错误，违章作业；5.操作带"病"作业状况异常；6.现场作业人员未正确使用安全防护用品；7.机械操作人员疲劳作业	1.现场无警示标识或标识破损；2.设备设施安全作业距离不足；3.设备带"病"作业（设备设施制动装置失效，运动转动装置无防护或防护装置有缺陷等）；4.安全防护用品不合格	1.强风、暴雨、大雪、大雾等不良天气；2.夜间施工照明不足；3.作业场地狭窄	1.机械设备安全管理制度不完善或落实不到位；2.未对机械设备、安全防护用品等进行进场验收或验收不到位；3.安全教育、培训、交底、检查制度不完善或未落实；4.机械设备安全操作规程不规范或落实不到位；5.安全投入不足	√	√	√	√	
		起重伤害	汽车起重设备、吊索吊具等机械	1.人员违章进入危险区域；2.管理人员违章指挥，强令冒险作业；3.起重作业人员、司索信号工未持有效证件上岗	1.现场无警示标识或标识破损；2.吊索吊具不合格或达到报废标准；3.无防护或防护装置缺陷；4.安全防护用品不合格	1.雷电、暴雨、大风(6级以上)、大雾等恶劣天气；2.夜间施工照明不足	1.起重吊装专项施工方案不完善或落实不到位；2.机械设备安全管理制度不完善或落实不到位；3.起重吊装安全操作规程不规范或落实不到位	√	√	√	√	√

— 237 —

续上表

分部工程	施工作业内容	典型风险事件	致害物	致险因素				风险事件后果类型				
				人的因素	物的因素	环境因素	管理因素	受伤人员类型		人员伤亡		
								本人	他人	轻伤	重伤	死亡
		起重伤害	汽车起重机等吊装设备、吊索吊具	4.起重作业人员操作错误，违章作业；5.起重人员身体健康状况异常；6.作业人员疲劳作业；7.现场作业人员未正确使用安全防护用品			4.安全教育、培训、交底、检查制度不完善或未落实；5.未对机械设备、安全防护用品等进行进场验收或验收不到位；6.安全投入不足					
轨道、铁栏杆、系船柱与防护设施安装		高处坠落	没有防护的作业平台	1.作业人员未正确使用安全防护用品；2.作业人员身体健康状况异常；3.作业人员疲劳作业；4.管理人员违章指挥，强令冒险作业；5.作业人员操作错误或违章作业	1.安全防护用品不合格；2.现场无警示标识或标识破损；3.作业平台未设置安全稳固的安全护栏	1.未设置人员上下安全通道或设置不规范；2.作业场地设置不规范、平整、湿滑；3.作业施工照明不足	1.高处作业安全操作规程不规范或未落实；2.施工方案不完善或未落实；3.安全教育、培训、交底、检查制度不完善或未落实；4.职业健康管理制度不完善或未落实；5.安全防护用品等进行进场验收或验收不到位	√		√	√	√

续上表

分部工程	施工作业内容	典型风险事件	致害物	致险因素				风险事件后果类型			
				人的因素	物的因素	环境因素	管理因素	受伤人员类型		人员伤亡	
								本人	他人	轻伤	重伤	死亡
轨道、护舷、爬梯与停靠船防护设施安装		淹溺	水	1.作业人员安全防护意识差；2.违章操作；3.未正确佩戴劳动防护用品；4.作业人员疲劳作业	水上作业未设置安全防护设施	风力超过6级，雨雾天气，夜间照明不良等条件下进行作业	1.交底培训不到位；2.现场监督检查不到位	√				√
		物体打击	零散材料、工具、爬梯等	1.违章操作；2.违章指挥；3.未按方案施工	构件运输、安装过程中坠落	风力超过6级，雨雾天气，夜间照明不良等条件下进行作业	1.交底培训不到位；2.现场监督检查不到位	√	√	√	√	
		机械伤害	现场机械设备	1.人员违章进入危险区域；2.管理人员违章指挥、强令冒险作业；3.机械操作人员未持有效证件上岗；4.机械操作人员违章作业；5.操作失误，违章作业；6.现场作业人员未正确使用安全防护用品；7.机械操作人员疲劳作业	1.现场无警示标识或标识破损；2.设备设施安全作业距离不足；3.设备带"病"作业（设备设施制动装置失效，运动或转动装置无防护或防护装置有缺陷等）；4.安全防护用品不合格	1.强风，暴雨，大雪，大雾等不良天气；2.夜间施工照明不足；3.作业场地狭窄	1.机械设备安全管理制度不完善，安全对机械设备进行进场验收或验收不到位；3.安全教育，培训，交底，检查不落实；4.机械设备安全操作规程不规范或未落实；5.安全投入不足	√	√		√	

续上表

分部工程	施工作业内容	典型风险事件	致害物	致险因素			风险人员类型		人员伤亡		
				人的因素	物的因素	环境因素	管理因素	受伤人员类型		轻伤	重伤	死亡
								本人	他人			
轨道、护舷、停靠系船与防护设施		起重伤害	汽车起重机等起重设备、吊索吊具	1.人员违章进入危险区域；2.管理人员违章指挥，强令冒险作业；3.起重作业人员、司索信号工未持有效证件上岗；4.起重作业人员操作错误，违章作业；5.起重人员身体健康状况异常；6.作业人员疲劳作业；7.现场作业人员未正确使用安全防护用品	1.现场无警示标识或标识破损；2.吊索吊具不合格或达到报废标准；3.无防护或防护装置缺陷；4.安全防护用品不合格	1.雷电、暴雨、大风（6级以上）、大雾等恶劣天气；2.夜间施工照明不足	1.起重吊装专项施工方案不完善或施工未落实；2.机械设备安全管理制度不完善或未落实；3.起重吊装安全操作规程或操作规范未落实，交底不规范；4.安全教育、培训、交底不完善或进行不到位；5.未对机械设备、安全防护用品等进行场验收或验收不到位；6.安全投入不足	√			√	√
	护舷、护栏、爬梯安装	高处坠落	没有防护的作业平台	1.作业人员未正确使用安全防护用品；2.作业人员身体健康状况异常；3.作业人员疲劳作业；4.管理人员违章指挥，强令冒险作业；5.作业人员操作错误或违章作业	1.安全防护用品不合格；2.现场无警示标识或标识破损；3.作业平台未设置安全稳固的安全护栏	1.未设置人员上下安全通道或设置不规范；2.作业场地狭窄，不平整或湿滑；3.作业施工照明不足	1.高处作业安全操作规范或施工方案不完善或未落实；2.施工方案不完善或未落实；3.安全教育、培训、交底不规范，检查制度不完善或未落实；4.职业健康管理制度不完善或未落实；5.安全防护用品等进行场验收或验收不到位	√		√	√	√

— 240 —

续上表

分部工程	施工作业内容	典型风险事件	致害物	致险因素				风险事件后果类型				
				人的因素	物的因素	环境因素	管理因素	受伤人员类型		人员伤亡		
								本人	他人	轻伤	重伤	死亡
		淹溺	水体	1. 作业人员安全防护意识差； 2. 违章操作； 3. 未正确佩戴劳动防护用品； 4. 作业人员疲劳作业	水上作业未设置安全防护设施	风力超过6级，雨雾天气，夜间照明不良等条件下进行作业	1. 交底培训不到位； 2. 现场监督检查不到位	√			√	√
轨道、停靠船护轮坎与防护设施施工		触电	破损的电缆线等	1. 作业人员未正确使用安全防护用品； 2. 作业人员操作错误或违章作业； 3. 管理人员违章指挥，强令冒险作业； 4. 电工等特种人员未持有效证件上岗； 5. 作业人员疲劳作业	1. 电缆线、配电箱等电气设施不合格； 2. 电气设施设置不规范； 3. 带电设施无警示标识或标识破损； 4. 安全防护装置不规范； 5. 防护不当，防护距离不足； 6. 发电机等设备损坏带电	1. 雷电、暴雨、大雪、大雾等恶劣天气； 2. 作业场地杂乱，不平整； 3. 作业场地照明不足	1. 临时用电方案不完善或未落实； 2. 发电机等安全操作规程不规范或未落实； 3. 电气设施材料等未进行进场验收； 4. 无电工对用电设施进行巡查或巡查不到位； 5. 发电机等机具检查维护保养不到位； 6. 安全教育，培训，交底，检查制度不完善或未落实； 7. 安全投入不足	√		√	√	√

续上表

分部工程	施工作业内容	典型风险事件	致害物	致险因素				风险事件后果类型				
				人的因素	物的因素	环境因素	管理因素	受伤人员类型		人员伤亡		
								本人	他人	轻伤	重伤	死亡
轨道、停靠船舶与防护设施	轮坎施工	机械伤害	现场机械设备	1. 人员违章进入危险区域；2. 管理人员违章指挥、强令冒险作业；3. 机械操作人员未持有效证件上岗；4. 机械操作人员操作错误、违章作业；5. 操作人员身体健康状况异常；6. 现场作业人员未正确使用安全防护用品；7. 机械操作人员疲劳作业	1. 现场无警示标识或标识破损；2. 设备设施安全作业距离不足；3. 设备带"病"作业（设备设施或传动装置失效、运动或转动装置无防护或防护装置有缺陷等）；4. 安全防护用品不合格	1. 强风、暴雨、大雪、大雾等不良天气；2. 夜间施工照明不足；3. 作业场地狭窄	1. 机械设备安全管理制度不完善或未落实；2. 未对机械设备、安全防护用品等进行进场验收或验收不到位；3. 安全教育、培训、交底或检查制度未完善或未落实；4. 机械设备操作规程不规范或有缺陷；5. 安全投入不足		√		√	
		车船伤害	运输车辆、施工船舶、附近通航船舶	1. 不当操作造成车辆安全装置失效，人员冒险进入危险场所（车辆倒车区域）；2. 车辆冒险进入边临边位置，有分散注意力的行为；	1. 运输车辆未经检验或有缺陷；2. 施工场地环境不良（如照明不佳、场地湿滑等）；3. 个人防护用品用具缺少或有缺陷；	1. 场地受限；2. 道路不符合要求；3. 大风、暴雨、低温等恶劣天气（不利于混凝土提升强度）；4. 不稳定坡体	1. 技术上的缺陷；2. 操作者生理、心理上的缺陷；3. 教育、交底不到位有缺陷；4. 管理工作上的缺陷	√	√	√	√	

续上表

分部工程	施工作业内容	典型风险事件	致害物	致险因素			风险人员受伤类型	风险事件后果类型 人员伤亡		
				人的因素	物的因素	环境因素	管理因素	本人 他人	轻伤 重伤 死亡	

分部工程	施工作业内容	典型风险事件	致害物	人的因素	物的因素	环境因素	管理因素	受伤人员类型 本人／他人	轻伤／重伤／死亡
轨道、停靠船护轮坎施工与防护设施		车船伤害	运输车辆、施工船舶、附近通航船舶	3. 施工人员着不安全装束； 4. 现场指挥、警戒不当； 5. 管理人员违章指挥，强令冒险作业，驾驶人员视野盲区等； 6. 驾驶人员未持有效证件上岗，违章作业（违规载人、酒后驾驶、超速、超限、超载作业）； 7. 驾驶人员身体健康状况异常，心理异常，感知异常（反应迟钝、辨识错误）； 8. 驾驶人员疲劳作业，现场作业人员未正确使用安全防护用品（反光背心、安全帽等）	4. 安全警示标志、护栏等装置缺乏有缺陷，车辆操作人员无上岗资格证； 5. 运输道路承载力不足； 6. 现场无警示标识或标识破损（警戒区、标牌、反光锥等）； 7. 车辆"带病"作业（制动装置、喇叭、后视镜、警示灯等设施有缺陷）； 8. 车辆作业安全距离不足		5. 未对车辆设备、安全防护用品等进行进场验收或验收不到位； 6. 车辆安全管理制度不完善或落实（检查维护保养不到位）； 7. 安全操作规程不规范或作业落实（作业前未对车辆周围环境进行检查）		

续上表

分部工程	施工作业内容	典型风险事件	致害物	致险因素			风险事件后果类型				
				人的因素	物的因素	环境因素	管理因素	受伤人员类型		人员伤亡		
								本人	他人	轻伤	重伤	死亡
轨道、停靠船护轮坎与防护设施施工		高处坠落	没有防护的作业平台	1. 作业人员未正确使用安全防护用品；2. 作业人员身体健康状况异常；3. 作业人员疲劳作业；4. 管理人员违章指挥、强令冒险作业；5. 作业人员操作错误或违章作业	1. 安全防护用品不合格；2. 现场无警示标识或标识破损；3. 作业平台未设置安全稳固的安全护栏	1. 未设置人员上下安全通道或设置不规范；2. 作业场地狭窄、不平整、湿滑；3. 作业施工照明不足	1. 高处作业安全操作规程不规范或未落实；2. 施工方案不完善或未落实；3. 安全教育、培训、交底、检查制度不完善或未落实；4. 职业健康管理制度不完善或未落实；5. 安全防护用品等进行进场验收或验收不到位	√		√	√	√

第三节 板桩码头工程施工的主要安全风险分析

板桩码头泊位工程主要涉及基槽与岸坡开挖、地基处理、前墙结构、上部结构、锚碇结构与拉杆、回填与面层、轨道梁与轨道安装、停靠船与防护设施、码头前沿挖泥等施工内容；典型风险事件主要有淹溺、物体打击、触电、坍塌、机械伤害、起重伤害、车船伤害、爆炸、高处坠落、火灾、滑桩、滑坡等；致害物主要包含了运输车辆、水体、施工船舶、附近通航船舶、汽车起重机、履带式起重机

— 244 —

第五章 港口工程施工的主要安全风险分析

等起重设备、不稳定土体、砌体、结构物、恶劣天气等。风险事件的发生常常是因为人的因素、物的因素、环境因素、管理因素的管理、维护、设置等不到位而导致,具体风险分析见表5-3。

板桩码头工程施工的主要安全风险分析

表5-3

分部工程	施工作业内容	典型风险事件	致害物	致险因素				风险事件后果类型				
				人的因素	物的因素	环境因素	管理因素	受伤人员类型		人员伤亡		
								本人	他人	轻伤	重伤	死亡
基槽与岸坡开挖		淹溺	水体	1.作业人员安全防护意识差; 2.违章操作; 3.未正确佩戴劳动防护品; 4.作业人员疲劳作业	水上作业未设置安全防护设施	风力超过6级,雨雾天气、夜间照明不良等条件下进行作业	1.交底培训不到位; 2.现场监督检查不到位	√				√
	水下岸坡开挖	坍塌	不稳定土体、砌体、结构物等	1.管理人员违章指挥,强令冒险作业(防护放坡不及时); 2.人员心理异常(冒险侥幸心理等); 3.作业人员操作错误; 4.有违章作业、违反劳动纪律的行为(管理人员脱岗)	1.无警示信号或信号不清(紧急撤离信号); 2.现场无警示标识或标识破损、标牌、反光锥等); 3.截排水设施不完善; 4.防护形式错或防护材料不合格(材料强度不足等); 5.基坑边沿堆放渣土、机械或堆放重型	1.存在滑坡、偏压等不良地质; 2.作业场地照明不足; 3.强风、暴雨、大雪等不良天气	1.施工方案不完善或未落实(掏底开挖或上下重叠开挖,开挖完后未及时施工防护及排水); 2.安全教育、培训交底、检查制度不完善未落实; 3.安全投入不足	√	√	√	√	

— 245 —

续上表

分部工程	施工作业内容	典型风险事件	致害物	致险因素				风险事件后果类型				
				人的因素	物的因素	环境因素	管理因素	受伤人员类型		人员伤亡		
								本人	他人	轻伤	重伤	死亡
基槽与岸坡开挖	水下岸坡开挖	机械伤害	挖机等现场机械设备	1. 人员违章进入危险区域； 2. 管理人员违章指挥，强令冒险作业； 3. 机械操作人员违章操作错误，违章作业(酒后作业)； 4. 操作人员身体健康状况异常、心理异常，感知异常(反应迟钝、辨识错误)； 5. 现场作业人员未正确使用安全防护用品(反光背心、安全帽等)； 6. 机械操作人员疲劳作业	1. 现场无警示标识或标识破损(警戒区、标牌、反光贴等)； 2. 设备设施安全作业距离不足，设备带"病"作业，设备运动或转动装置失效、无防护或防护装置有缺陷等)； 3. 安全防护用品不合格(反光背心、安全帽、护目镜等)	1. 强风、暴雨、大雪、大雾等不良天气； 2. 作业场地狭窄、不平整、湿滑； 3. 夜间施工照明不足	1. 机械设备安全管理制度不完善或未落实(检查维护保养不到位)； 2. 未对机械设备、安全防护用品等进行进场验收或验收不到位； 3. 安全教育、培训、交底、检查制度不完善或未落实； 4. 机械设备操作规程不规范或未落实； 5. 安全投入不足	√	√	√	√	

第五章 港口工程施工的主要安全风险分析

续上表

分部工程	施工作业内容	典型风险事件	致害物	致险因素				风险事件后果类型			
				人的因素	物的因素	环境因素	管理因素	受伤人员类型		人员伤亡	
								本人	他人	轻伤	重伤	死亡
基槽与岸坡开挖	水下岸坡开挖	车船伤害	运输车辆、施工船舶、附近通航船舶	1.不当操作造成车辆安全装置失效，人员冒险进入危险场所（车辆倒车盲区等）； 2.车辆冒险进入边坡临边位置，有分散注意力的行为； 3.施工人员着不安全装束； 4.现场指挥、警戒不当； 5.管理人员违章指挥，强令冒险作业（进入驾驶人员视野盲区等）； 6.驾驶人员未持有效证件上岗，违章操作错误，违规驾驶（违规载人，酒后驾驶，超速，超限、超载作业）； 7.驾驶人员身体健康状况异常，心理异常知异常（反应迟钝，感知错误）； 8.驾驶人员疲劳作业，现场作业人员未正确使用安全防护用品（反光背心、安全帽等）	1.运输车辆未经检验或有缺陷； 2.施工场地环境不良（如照明不佳，场地湿滑等）； 3.个人防护用品用具缺少或有缺陷； 4.安全警示装置缺乏或有缺陷，车辆操作人员无上岗资格证； 5.运输道路承载力不足； 6.现场无警示标识或标识破损（警戒区、标牌、反光贴等）； 7."车辆带病"作业（制动装置、喇叭、后视镜、警示灯等设施有缺陷）； 8.车辆作业安全距离不足	1.场地受限； 2.道路不符合要求； 3.大风、暴雨、低温等恶劣天气（不利于混凝土提升强度）； 4.不稳定坡体	1.技术上的缺陷； 2.操作者生理、心理上的缺陷； 3.教育、交底不到位有缺陷； 4.管理工作上的缺陷； 5.未对车辆设备、安全防护用品等进行进场验收或验收不到位； 6.车辆安全管理制度不完善或未落实（检查维护保养不到位）； 7.安全操作规程不规范或未落实（作业前未对车辆周围环境进行检查）	√	√	√	√	

续上表

分部工程	施工作业内容	典型风险事件	致害物	致险因素			风险人员受伤类型		风险事件后果类型		
				人的因素	物的因素	环境因素	管理因素	本人	他人	人员伤亡		
										轻伤	重伤	死亡
基槽与岸坡开挖	水下岸坡开挖	滑坡	不稳定土体、砌体、结构物等	1. 管理人员违章指挥，强令冒险作业（防护、放坡不及时）； 2. 人员心理异常（冒险侥幸心理等）； 3. 作业人员操作错误； 4. 有违章作业、违反劳动纪律的行为（管理人员脱岗）	1. 无警示信号或信号不清（紧急撤离信号）； 2. 现场破损（警戒区、标识牌、反光锥等）； 3. 截排水设施不完善； 4. 防护形式错误防护材料不合格（材料强度不足等）； 5. 基坑边沿停放超重型机械或堆放渣土	1. 存在滑坡、不良地质； 2. 作业场地照明不足； 3. 强风、暴雨、大雪等不良天气	1. 施工方案不完善或未落实（掏底开挖或上下重叠开挖，开挖完成后未及时施工防护及排水）； 2. 安全教育、培训、交底，检查制度不完善或未落实； 3. 安全投入不足	√	√	√	√	
	陆上岸坡开挖	淹溺	水体	1. 作业人员安全防护意识差； 2. 违章操作； 3. 未正确佩戴劳动防护品； 4. 作业人员疲劳作业	水上作业未设置安全防护设施	风力超过6级，雨雾天气、夜间照明不良条件下进行作业	1. 交底培训不到位； 2. 现场监督检查不到位	√		√	√	√

续上表

分部工程	施工作业内容	典型风险事件	致害物	致险因素				风险事件后果类型				
				人的因素	物的因素	环境因素	管理因素	受伤人员类型		人员伤亡		
								本人	他人	轻伤	重伤	死亡
基槽与岸坡开挖		坍塌	不稳定土体、砌体、结构物等	1. 管理人员违章指挥、强令冒险作业（防护、放坡不及时）； 2. 人员心理异常（冒险侥幸心理等）； 3. 作业人员操作错误； 4. 有违章作业、违反劳动纪律的行为（管理人员脱岗）	1. 无警示信号或信号不清（紧急撤离信号）； 2. 现场无警示标识或标识破损（警戒区、标牌、反光锥等）； 3. 截排水设施不完善； 4. 防护形式错或防护材料不合格（材料强度不足等）； 5. 基坑边沿停放重型机械或堆放渣土	1. 存在滑坡、偏压等不良地质； 2. 作业场地照明不足； 3. 强风、暴雨、大雪等不良天气	1. 施工方案不完善或未落实（掏底开挖、上下重叠开挖，开挖完后未反时施工防护及排水）； 2. 安全教育、培训、交底，检查制度不完善或未落实； 3. 安全投入不足	√			√	
	陆上岸坡开挖	机械伤害	挖掘机等机械设备、现场设备	1. 人员违章进入危险区域； 2. 管理人员违章指挥、强令冒险作业； 3. 机械操作人员操作错误、违章作业（酒后作业）； 4. 操作人员身体健康状况异常，心理异常、感知异常（反应迟钝、辨识错误）； 5. 现场作业人员未正确使用安全防护用品（反光背心、安全帽等）； 6. 机械操作人员疲劳作业	1. 标识破损、警戒区、标牌、反光贴等； 2. 设备设施安全作业距离不足，设备设施带"病"作业（失效，运动或转动装置无防护或防护装置有缺陷等）； 3. 安全防护用品不合格（反光背心、安全帽、护目镜等）	1. 强风、暴雨、大雪、大雾等不良天气； 2. 作业场地狭窄、不平整、湿滑； 3. 夜间施工照明不足	1. 机械设备安全管理制度不完善或未落实（检查维护保养不到位）； 2. 未对机械设备进行进场验收或防护用品等验收不到位； 3. 安全教育、培训、交底，检查制度不完善或未落实； 4. 机械设备操作规程不规范或未落实； 5. 安全投入不足	√	√	√	√	

续上表

分部工程	施工作业内容	典型风险事件	致害物	致险因素				风险事件后果类型			
				人的因素	物的因素	环境因素	管理因素	受伤人员类型		人员伤亡	
								本人	他人	轻伤	重伤	死亡
基槽与岸坡开挖	陆上岸坡开挖	车船伤害	运输车辆、施工船舶、附近通航船舶	1.不当操作造成车辆安全装置失效,人员冒险进入危险场所(车辆倒车区域);2.车辆冒险进入边临坡位置,有分散注意力的行为;3.施工人员着不安全装束;4.现场指挥、警戒不当;5.管理人员违章指挥、强令冒险作业(进入驾驶人员视野盲区等);6.驾驶人员未持有效证件上岗,违章驾驶(违规操作错误,酒后驾驶,超速、超载人,超限、超载等);7.驾驶人员身体健康状况异常、心理异常、感知异常(反应迟钝、辨识错误);8.驾驶人员疲劳作业,现场作业人员未正确使用安全防护用品(反光背心、安全帽等)	1.运输车辆未经检验或有缺陷;2.施工场地环境不良(如照明不佳、场地湿滑等);3.个人防护用品用具缺少或有缺陷;4.安全警示标志、护栏等装置缺乏或有缺陷,车辆操作人员无上岗资格证;5.运输道路承载力不足;6.现场无警示标识或标识破损(警戒区、标牌、反光锥、反光贴等);7.车辆带"病"作业(制动装置、喇叭、镜、警示灯等设施有缺陷);8.车辆作业安全距离不足	1.场地受限;2.道路不符合要求;3.大风、暴雨、低温等恶劣天气(不利于混凝土提升强度);4.不稳定坡体	1.技术上的缺陷;2.操作者生理、心理上的缺陷;3.教育、交底不到位有缺陷;4.管理工作上的缺陷;5.未对车辆设备、安全防护用品等进行进场验收或验收不到位;6.车辆安全管理制度不完善或未落实(检查、维护保养不到位);7.安全操作规程不规范或未落实(作业前未对车辆周围环境进行检查)	√	√	√	√	

第五章 港口工程施工的主要安全风险分析

续上表

分部工程	施工作业内容	典型风险事件	致害物	致险因素				风险事件后果类型			
				人的因素	物的因素	环境因素	管理因素	受伤人员类型		人员伤亡	
								本人	他人	轻伤	重伤	死亡
地基处理	地基处理	物体打击	零散材料、工具等	1.违章操作； 2.违章指挥； 3.未按方案施工	构件运输、安装过程中坠落	风力超过6级、雨雾天气、夜间照明不良等条件下进行作业	1.交底培训不到位； 2.现场监督检查不到位	√	√	√	√	
		触电	电线其他用电设备等导电材料	1.作业人员未正确使用安全防护用品（绝缘鞋、绝缘手套等）； 2.作业人员操作错误或违章作业（带电检修维护）； 3.管理人员违章指挥、强令冒险作业； 4.电工等特种人员未持有效证件上岗； 5.作业人员疲劳作业	1.电缆线、配电箱等电气设施不合格（线路破损、老化）； 2.电气设施设置不规范（电缆拖地、配电箱无支架等）； 3.带电设施无警示标识或标识破损安全防护装置不规范（未接地、接线端子漏电保护器、无防护罩等）； 4.防护不足（配电柜、发电机离不合理，防护闸挡距无遮雨棚、防护破损）； 5.设备损坏漏电	1.强风、雷雨、大雪等不良天气； 2.作业场地杂乱、潮湿或积水； 3.作业场地照明不足	1.临时用电方案不完善或未落实； 2.发电机等安全操作规程不规范或未落实； 3.电气设施材料等未进行进场验收； 4.无电工对用电设施进行巡查或巡查不到位； 5.机械设备安全管理制度未落实（设备等不具检查维护保养不到位）； 6.安全教育、培训、交底、检查制度不完善或未落实； 7.安全投入不足	√			√	√

— 251 —

续上表

分部工程	施工作业内容	典型风险事件	致害物	致险因素				风险人员受伤类型		风险事件后果类型 人员伤亡		
				人的因素	物的因素	环境因素	管理因素	本人	他人	轻伤	重伤	死亡
地基处理		坍塌	不稳定土体、砌体、结构物等	1.管理人员违章指挥，强令冒险作业（防护、放坡不及时）；2.人员心理异常、侥幸冒险心理等；3.作业人员操作错误；4.有违章纪律的行为（管理人员脱岗）	1.无警示信号或信号不清（紧急撤离信号）；2.现场无警示标识或标识破损，反光锥等；3.截排水设施不完善；4.防护形式错或防护材料不合格（材料强度不足等）；5.基坑边沿停放重型机械或堆放渣土	1.存在滑坡、偏压等不良地质；2.作业场地照明不足；3.强风、暴雨、大雪等不良天气	1.施工方案不完善或未落实（揭底开挖或上下重叠开挖，开挖完后未及时防护及排水）；2.安全教育、培训、交底、检查制度不完善未落实；3.安全投入不足	√			√	
地基处理	地基处理	机械伤害	现场机械设备	1.人员违章进入危险区域；2.管理人员违章指挥，强令冒险作业；3.机械操作人员操作错误、违章作业(酒后作业)；4.操作人员身体健康状况异常、心理异常、感知迟钝（反应迟钝、辨识错误）；5.现场作业人员未正确使用安全防护用品（反光背心、安全帽等）；6.机械操作人员疲劳作业	1.现场无警示标识或标识破损（警戒区、标牌、反光贴等）；2.设备设施安全作业距离不足，设备失效、设备带"病"作业（设备设施制动装置失效，运动或转动装置无防护或防护装置有缺陷等）；3.安全防护用品不合格（反光背心、安全帽、护目镜等）	1.强风、暴雨、大雪、大雾等天气；2.作业场地狭窄、不平整、湿滑；3.夜间施工照明不足	1.机械设备安全管理制度不完善或未落实到位（检查与维护保养不到位）；2.未对机械设备、安全防护用品等进行进场验收验证未到位；3.安全教育、培训、交底、检查制度不完善未落实；4.机械设备操作规程不规范或未落实；5.安全投入不足	√	√	√	√	

续上表

分部工程	施工作业内容	典型风险事件	致害物	致险因素			风险事件后果类型			
				人的因素	物的因素	环境因素	管理因素	受伤人员类型		人员伤亡
								本人	他人	轻伤 重伤 死亡
地基处理	地基处理	车船伤害	运输车辆、施工船舶、附近通航船舶	1.不当操作造成车辆安全装置失效,人员冒险进入危险场所(车辆倒坡等); 2.车辆冒险进入边坡临边位置,有分散注意力的行为; 3.施工人员着装不安全; 4.现场指挥、警戒不当; 5.管理人员违章指挥,强令冒险作业,驾驶人员视野盲区等); 6.驾驶人员未持有效证上岗,违章驾驶(违规作业,酒后驾驶,超速、载人,酒后驾驶、超载作业); 7.驾驶人员身体健康状况异常,心理异常,感知异常(反应迟钝,视辨识错误); 8.驾驶人员疲劳作业,现场作业人员未正确使用安全防护用品(反光背心、安全帽等)	1.运输车辆未经检验或有缺陷; 2.施工场地环境不良(如照明不佳、场地湿滑等); 3.个人防护用品用具缺少或有缺陷; 4.安全警示标志、护栏等缺乏警示标志或有缺陷,车辆操作人员无上岗资格证; 5.运输道路承载力不足; 6.现场无警示标识或标识破损(警戒区、标牌、反光标识等); 7.车辆带"病"作业(制动装置、喇叭、后视镜、警示灯等设施有缺陷); 8.车辆作业安全距离不足	1.场地受限; 2.道路不符合要求; 3.大风、暴雨、低温等恶劣天气(不利于混凝土提升强度); 4.不稳定坡体	1.技术上的缺陷; 2.操作者生理、心理上的缺陷; 3.教育、交底不到位有缺陷; 4.管理工作上的缺陷; 5.未对车辆设备、安全防护用品等进行进场验收或验收不到位; 6.车辆安全管理制度不完善或未落实(检查、维护保养不到位); 7.安全操作规程不规范或未落实(作业前未对车辆周围环境进行检查)	√	√	√ √

续上表

分部工程	施工作业内容	典型风险事件	致害物	致险因素				风险人员类型		风险事件后果类型		
				人的因素	物的因素	环境因素	管理因素	本人	他人	轻伤	重伤	死亡
前墙结构	预制构件（混凝土板桩、钢板桩加工）	物体打击	零散材料、工具等	1. 违章操作； 2. 违章指挥； 3. 未按方案施工	构件运输、安装过程中坠落	风力超过6级，雨雾天气、夜间照明不良等条件下进行作业	1. 交底培训不到位； 2. 现场监督检查不到位	√	√	√	√	
		触电	电焊机、发电机、配电箱、破损的电线、其他用电设备等导电材料	1. 作业人员未正确使用安全防护用品（绝缘鞋、绝缘手套等）； 2. 作业人员操作错误或违章作业（带电检修维护）； 3. 管理人员违章指挥、强令冒险作业； 4. 电工等特种人员未持有效证上岗； 5. 作业人员疲劳作业	1. 电缆线、配电箱等电气设施不合格、破损、老化； 2. 电气设施设置不规范（电缆拖地、配电箱无支架等）； 3. 带电设施无警示标识或标识破损安全防护装置不规范（未接地、无漏电保护器、接线端子无防护罩等）； 4. 防护不当，防护距离不足（配电柜、发电机无遮雨棚、防护围挡或防护破损）； 5. 设备损坏漏电	1. 强风、雷雨、大雪等不良天气； 2. 作业场地杂乱、潮湿或积水； 3. 作业场地照明不足	1. 临时用电方案不完善或未落实； 2. 发电机等安全操作规程或规范未落实； 3. 电气设施材料未进行进场验收； 4. 无电工对用电设施进行巡查或巡查不到位； 5. 机械设备安全管理制度未落实（设备等具检查维护保养不到位）； 6. 安全教育、培训、交底、检查不完善或未落实； 7. 安全投入不足	√		√	√	√

续上表

分部工程	施工作业内容	典型风险事件	致害物	致险因素				风险事件后果类型				
				人的因素	物的因素	环境因素	管理因素	受伤人员类型			人员伤亡		
								本人	他人		轻伤	重伤	死亡
前墙结构	预制构件（混凝土板桩、钢板桩加工）	机械伤害	现场机械设备	1. 人员违章进入危险区域； 2. 管理人员违章指挥，强令冒险作业； 3. 机械操作人员操作错误、违章作业（酒后作业）； 4. 操作人员身体健康状况异常、心理异常、感知异常（反应迟钝、辨识错误）； 5. 现场作业人员未正确使用安全防护用品（反光背心、安全帽等）； 6. 机械操作人员疲劳作业	1. 现场无警示标识或标识破损（警戒区、标牌、反光贴等）； 2. 设备设施安全作业距离不足，设备设施"病"作业（设备运动或转动装置失效、设备防护装置无防护或防护装置有缺陷等）； 3. 安全防护用品不合格（反光背心、安全帽、护目镜等）	1. 强风、暴雨、大雪、大雾等不良天气； 2. 作业场地狭窄、不平整、湿滑； 3. 夜间施工照明不足	1. 机械设备安全管理制度不完善或未落实（检查维护保养不到位）； 2. 未对机械设备、安全防护用品等进行进场验收或验收不到位； 3. 安全教育、培训、交底、检查制度不完善或未落实； 4. 机械设备操作规程不规范或未落实； 5. 安全投入不足	√	√		√	√	

— 255 —

续上表

分部工程	施工作业内容	典型风险事件	致害物	致险因素			风险事件后果类型				
				人的因素	物的因素	环境因素	管理因素	受伤人员类型		人员伤亡		
								本人	他人	轻伤	重伤	死亡
前墙结构	预制构件（混凝土板桩、钢板桩加工）	起重伤害	起重设备、吊索吊具	1. 管理人员违章指挥，强令冒险作业； 2. 作业人员操作错误，违章作业； 3. 起重工、信号工未持有效证件上岗； 4. 现场作业人员未正确使用安全防护用品（安全帽等）； 5. 作业人员违章进入危险区域； 6. 起重人员身体健康状况异常，心理异常，感知异常（反应迟钝，辨识错误）； 7. 作业人员疲劳作业	1. 设备自身缺陷（强度、刚度不足，抗倾覆能力不足）； 2. 现场无警示标识或标识破损（警戒区、标牌、反光锥等）； 3. 安全防护用品不合格（安全帽等）； 4. 支撑件不合格； 5. 构件防锈处理不合格； 6. 支腿不平，现场无警示标识或标识破损（警戒区、标牌、反光锥等）； 7. 吊索吊具不合格或达到报废标准（钢丝绳、吊带、U形卸扣等）； 8. 支垫材料不合格（枕木、钢板等）； 9. 设备带"病"作业（制动装置缺陷（防脱钩装置、限位装置等）； 10. 安全防护用品不合格（反光背心、安全帽等）	1. 强风、暴雨、大雪等不良天气； 2. 地基承载力不足，基础下沉； 3. 作业场地照明不足	1. 施工方案不完善或未落实； 2. 安全教育、培训、交底、检查制度不完善或未落实； 3. 未对起重设备进行进场验收或验收不到位； 4. 安全投入不足； 5. 起重吊装作业时无专人监督； 6. 起重吊装安全操作规程不规范或未落实	√	√	√	√	√

— 256 —

第五章 港口工程施工的主要安全风险分析

续上表

分部工程	施工作业内容	典型风险事件	致害物	致险因素				风险事件后果类型				
				人的因素	物的因素	环境因素	管理因素	受伤人员类型		人员伤亡		
								本人	他人	轻伤	重伤	死亡
前墙结构	预制构件（混凝土板桩、钢板桩加工）	车船伤害	运输车辆、施工船舶、附近通航船舶	1. 不当操作造成车辆安全装置失效，人员冒险进入危险场所（车辆倒车区域）； 2. 车辆冒险进入边坡临边位置，有分散注意力的行为； 3. 施工人员着不安全装束； 4. 现场指挥、警戒不当； 5. 管理人员违章指挥、强令冒险作业（进入驾驶人员视野盲区等）； 6. 驾驶人员未持有效证件上岗，违章作业（违规载人、酒后驾驶、超速、超限、超载作业）； 7. 驾驶人员身体健康状况异常，心理异常（反应迟钝、辨识异常）（反光镜错误）； 8. 驾驶人员作业前未正确使用安全防护用品（反光背心、安全帽等）	1. 运输车辆未经检验或有缺陷； 2. 施工场地环境不良（如照明不佳，场地湿滑等）； 3. 个人防护用品用具缺少或有缺陷； 4. 安全警示标志、护栏等警示装置缺乏或有缺陷，车辆操作人员无上岗资格证； 5. 运输道路承载力不足； 6. 现场无警示标识或标识破损（警戒区、标牌、反光锥等）； 7. 车辆带"病"作业（制动装置、喇叭、后视镜、警示灯等设施有缺陷）； 8. 车辆作业安全距离不足	1. 场地受限； 2. 道路不符合要求； 3. 大风、暴雨、低温等恶劣天气（不利于混凝土提升强度）； 4. 不稳定坡体	1. 技术上的缺陷； 2. 操作者生理、心理上的缺陷； 3. 教育、交底不到位有缺陷； 4. 管理工作上的缺陷； 5. 未对车辆设备、安全防护用品等进行进场验收或验收不到位； 6. 车辆安全管理制度不完善或未落实（检查维护保养不到位）； 7. 安全操作规程不规范或未落实（作业前未对车辆周围环境进行检查）	√	√	√	√	

— 257 —

续上表

分部工程	施工作业内容	典型风险事件	致害物	致险因素			风险人员受伤人员类型			风险事件后果类型 人员伤亡			
				人的因素	物的因素	环境因素	管理因素	本人	他人	轻伤	重伤	死亡
前墙结构	预制构件（混凝土板桩、钢板桩加工）	火灾	现场堆放易燃可燃材料	1. 作业人员操作错误，违章作业（私拉乱接电线）； 2. 违规进行动火作业； 3. 管理人员违章指挥，强令冒险作业； 4. 违章指挥作业人员进行动火作业； 5. 有违反劳动纪律的行为（吸烟等）； 6. 电工、电焊工无证上岗	1. 未配置消防器材或消防器材失效； 2. 易燃材料存放，防火安全距离不足； 3. 电缆线短路或绝缘层破损引起火灾； 4. 现场无警示标识或标识破损（动火作业警戒区、禁火标牌等）； 5. 电焊作业下方未设置接火斗、挡板	1. 高温、干燥、大风天气； 2. 作业场地杂乱	1. 消防安全管理制度不完善或未落实（未定期进行消防检查）； 2. 临时用电方案不完善或未落实； 3. 未对电气设备、消防器材等进行进场验收或验收不到位； 4. 安全教育、培训交底、检查制度不完善或未落实； 5. 安全投入不足	√	√	√	√	√
	板桩沉桩	淹溺	水体	1. 作业人员安全防护意识差； 2. 违章操作； 3. 未正确佩戴劳动防护用品； 4. 作业人员疲劳作业	水上作业未设置安全防护设施	风力超过6级，雨雾天气，夜间照明不良条件下进行作业	1. 交底培训不到位； 2. 现场监督检查不到位	√			√	√

第五章 港口工程施工的主要安全风险分析

续上表

分部工程	施工作业内容	典型风险事件	致害物	致险因素				风险人员受伤人员类型		风险事件后果类型 人员伤亡		
				人的因素	物的因素	环境因素	管理因素	本人	他人	轻伤	重伤	死亡
		物体打击	零散材料、工具等	1. 违章操作；2. 违章指挥；3. 未按方案施工	构件运输、安装过程中坠落	风力超过6级、雨雾天气、夜间照明不良等条件下进行作业	1. 交底培训不到位；2. 现场监督检查不到位	√	√	√	√	
前墙结构	板桩沉桩	机械伤害	现场机械设备	1. 人员违章进入危险区域；2. 管理人员违章指挥、强令冒险作业；3. 机械操作人员操作错误、违章作业(酒后作业)；4. 操作人员身体健康状况异常、心理异常、感知异常(反应迟钝、辨识错误)；5. 现场作业人员未正确使用安全防护用品(反光背心、安全帽、护目镜等)；6. 机械操作人员疲劳作业	1. 现场无警示标识或标识破损(警戒区、标牌、反光贴等)；2. 设备设施安全作业距离不足，设备带"病"作业(设备设施制动装置失效、运动防护装置无效或缺陷等)；3. 安全防护用品不合格(反光背心、安全帽、护目镜等)	1. 强风、暴雨、大雪、大雾等天气；2. 作业场地杂乱不平整、湿滑；3. 夜间施工照明不足	1. 机械设备安全管理制度不完善或落实不到位(检查、维护保养不到位)；2. 未对机械设备、安全防护用品等进行进场验收或验收不到位；3. 安全教育、培训、交底、检查制度不完善或未落实；4. 机械设备操作规程不规范或未落实；5. 安全投入不足	√	√	√		√

续上表

分部工程	施工作业内容	典型风险事件	致害物	致险因素			风险事件后果类型				
				人的因素	物的因素	环境因素	管理因素	受伤人员类型		人员伤亡		
								本人	他人	轻伤	重伤	死亡
前墙结构	板桩沉桩	起重伤害	起重设备、吊索吊具	1. 管理人员违章指挥，强令冒险作业； 2. 作业人员操作错误，违章作业； 3. 起重工、信号工未持有效证上岗； 4. 现场作业人员未正确使用安全防护用品（安全帽等）； 5. 抗倾覆验算错误，人员违章进入危险区域； 6. 起重人员身体健康状况异常，心理异常，感知异常（反应迟钝、辨识错误）； 7. 作业人员疲劳作业	1. 设备自身缺陷（强度、刚度不足，抗倾覆能力不足）； 2. 现场无警示标识或标识破损（警戒区、标牌、反光锥等）； 3. 安全防护用品不合格（安全帽等）； 4. 支撑件不合格； 5. 构件防锈处理不合格； 6. 支腿不平，现场无警示标识或标识破损（警戒区、标牌、反光锥等）； 7. 吊索吊具不合格或达到报废标准（钢丝绳、吊带、U形卸扣等）； 8. 支垫材料不合格（枕木、钢板等），无防护或防护装置缺陷（防脱钩装置、限位装置等）； 9. 设备带"病"作业（制动装置等），距高压线等安全距离不足； 10. 安全防护用品不合格（反光背心、安全帽等）	1. 强风、暴雨、大雪等不良天气； 2. 地基承载力不足，基础下沉； 3. 作业场地照明不足	1. 施工方案不完善或未落实； 2. 安全教育、培训、交底、检查制度不完善或未落实； 3. 未对起重设备进行进场验收或验收不到位； 4. 安全投入不足； 5. 起重吊装作业时无专人监护； 6. 起重吊装安全操作规程不规范或未落实	√	√	√	√	√

续上表

分部工程	施工作业内容	典型风险事件	致害物	致险因素				风险人员受伤类型		风险事件后果类型 人员伤亡		
				人的因素	物的因素	环境因素	管理因素	本人	他人	轻伤	重伤	死亡
				1.不当操作造成车辆安全装置失效,人员冒险进入危险场所(车辆倒车区域); 2.车辆冒险进入边坡临边位置,有分散注意力的行为; 3.施工人员着装不安全; 4.现场指挥、警戒不当; 5.管理人员违章指挥,强令冒险作业(进入驾驶人员视野盲区等); 6.驾驶人员未持有效证件上岗,违章驾驶(违章载人,酒后驾驶、超速、超限、超载作业); 7.驾驶人员身体健康状况异常、心理异常,感知异常迟钝(反应迟钝、辨识错误);	1.运输车辆未经检验或有缺陷; 2.施工场地环境不良(如照明不佳、场地湿滑等); 3.个人防护用品用具缺少或有缺陷; 4.安全警示标志、护栏等安全装置缺乏或有缺陷,车辆操作人员无上岗资格证; 5.运输道路承载力不足; 6.现场无警示标识或标识破损(警戒区、标牌、反光锥等); 7.车辆带"病"作业(制动装置、喇叭、后视镜、警示灯等设施有缺陷); 8.车辆作业安全距离不足;	1.场地受限; 2.道路不符合要求; 3.大风、暴雨、低温等恶劣天气(不利于混凝土提升强度); 4.不稳定坡体	1.技术上的缺陷; 2.操作者生理、心理上的缺陷; 3.教育、交底不到位; 4.管理工作上的缺陷; 5.未对车辆设备、安全防护用品等进行进场验收或验收不到位; 6.安全操作规程不完善或未落实,维护保养不到位; 7.安全操作规程不规范或未落实(作业前未对车辆周围环境进行检查)	√	√	√	√	√
前墙结构	板桩沉桩	车船伤害	运输车辆、施工船舶、附近通航船舶									

— 261 —

续上表

施工作业内容	典型风险事件	致害物	致险因素				风险事件后果类型				
			人的因素	物的因素	环境因素	管理因素	受伤人员类型		人员伤亡		
							本人	他人	轻伤	重伤	死亡
分部工程											
	车船伤害	运输车辆、施工船舶、附近通航船舶	8.驾驶人员疲劳作业,现场作业人员未正确使用安全防护用品（反光背心、安全帽等）								
前墙结构 板桩沉桩	高处坠落	无防护的作业平台、施工人员自身的重力运动	1.作业人员未正确使用安全防护用品（安全带、防滑鞋等）； 2.作业人员身体健康状况异常、心理异常、感知异常（有高血压、恐高症等禁忌症、反应迟钝、辨识错误）； 3.作业人员疲劳作业，管理人员违章指挥、强令冒险作业； 4.作业人员违章操作或违章作业	1.高处作业场所未设置安全防护等措施（安全绳索、防坠网）； 2.未设置安全警示标志或标识破损； 3.安全防护用品质量不合格、存在缺陷； 4.未设置人员上下安全爬梯或设置不规范	1.大风、雷电、大雪、暴雨等恶劣天气； 2.夜间施工照明不足； 3.作业场地不平整、湿滑	1.安全教育、培训、交底、检查制度不完善或未落实； 2.职业健康、安全管理制度不完善、未落实（定期体检）； 3.安全投入不足； 4.高处作业安全操作规程不规范、未落实； 5.安全防护用品等验收或行进进场验收不到位	√		√	√	√

续上表

分部工程	施工作业内容	典型风险事件	致害物	致险因素			风险人员类型		人员伤亡		
				人的因素	物的因素	环境因素	管理因素	受伤人员类型		风险事件后果类型	
								本人	他人	轻伤	重伤	死亡

分部工程	施工作业内容	典型风险事件	致害物	人的因素	物的因素	环境因素	管理因素	本人	他人	轻伤	重伤	死亡
前墙结构	板桩沉桩	滑桩	桩基工程施工时不稳或施工不当	1.不当操作造成车辆安全装置失效,人员冒险进入危险场所(车辆倾倒区域); 2.车辆冒险进人边坡临水位置,有分散注意力的行为; 3.施工人员着不安全装束; 4.现场指挥、警戒不当; 5.管理人员违章指挥,强令冒险作业(进人驾驶人员视野盲区等); 6.驾驶人员未持有效证件上岗,违章作业(违规载人,酒后驾驶,超速、超限、超载作业); 7.驾驶人员身体健康状况异常,心理异常(反应迟钝、后视知异常,辨识错误); 8.驾驶人员疲劳作业,现场作业人员未正确使用安全防护用品(反光背心、安全帽等)	1.施工设备未经检验或有缺陷; 2.施工场地环境不良(如照明不佳,场地湿滑等); 3.个人防护用品用具缺少或有缺陷; 4.安全警示标志、护栏等警戒装置缺乏或有缺陷,车辆操作人员上岗资格证; 5.承载力不足; 6.现场无警示标识或标识破损(警戒区、标牌、反光锥、反光贴等); 7.设备带"病"作业(制动装置、喇叭、警示灯等安全设施有缺陷); 8.车辆作业安全距离不足	1.场地受限; 2.施工环境不符合要求; 3.大风,暴雨、低温等恶劣天气(不利于混凝土提升强度); 4.设备、地基、承载平台等不稳定	1.技术上的缺陷; 2.操作者生理、心理上的缺陷; 3.教育、交底不到位有缺陷; 4.管理工作上的缺陷; 5.未对设备进行进场验收防护用品等安全或验收不到位; 6.施工制度不完善或维护保养不到位(检查、维护保养不到位); 7.安全操作规程不落实、作业前未对车辆周围环境进行检查)	√	√	√	√	√

— 263 —

续上表

分部工程	施工作业内容	典型风险事件	致害物	致险因素			风险人员受伤人员类型			风险事件后果类型 人员伤亡		
				人的因素	物的因素	环境因素	管理因素	本人	他人	轻伤	重伤	死亡
前墙结构	板桩沉桩	滑坡	不稳定土体、砌体、结构物等	1. 管理人员违章指挥,强令冒险作业(防护,放坡不及时); 2. 人员心理异常(冒险侥幸心理等); 3. 作业人员操作错误; 4. 有违章作业、违反劳动纪律的行为(管理人员脱岗)	1. 无警示信号或信号不清(紧急撤离信号); 2. 现场无警示标识或标识破损(警戒区、标牌、反光锥等); 3. 截排水设施不完善; 4. 防护形式错或防护材料不合格(材料强度不足等); 5. 基坑边沿停放重型机械或堆放渣土	1. 存在滑坡、偏压等不良地质; 2. 作业场地照明不足; 3. 强风、暴雨、大雪等不良天气	1. 施工方案不完善或未落实(掏底开挖或上下重叠开挖,开挖完后未及时施工防护及排水); 2. 安全教育、培训、交底、检查制度不完善或未落实; 3. 安全投入不足	√	√	√	√	√
	地下连续墙	淹溺	水体	1. 作业人员安全防护意识差; 2. 违章操作; 3. 未正确佩戴劳动防护品; 4. 作业人员疲劳作业	水上作业未设置安全防护设施	风力超过6级,雨雾天气、夜间照明不良条件下进行作业	1. 交底培训不到位; 2. 现场监督检查不到位	√		√	√	√

续上表

分部工程	施工作业内容	典型风险事件	致害物	致险因素 - 人的因素	致险因素 - 物的因素	致险因素 - 环境因素	致险因素 - 管理因素	风险事件后果类型 - 受伤人员类型 - 本人	受伤人员类型 - 他人	人员伤亡 - 轻伤	人员伤亡 - 重伤	人员伤亡 - 死亡
		触电	电焊机、发电机、配电箱、破损的电线、其他用电设备等等电材料	1. 作业人员未正确使用安全防护用品（绝缘鞋、绝缘手套等）；2. 作业人员操作错误或违章作业（带电检修维护）；3. 管理人员违章指挥、强令冒险作业；4. 电工等特种人员未持有效证件上岗；5. 作业人员疲劳作业	1. 电缆线、配电箱等电气设施不合格（线路破损、老化）；2. 电气设施设置不规范（电缆拖地、配电箱无支架等）；3. 带电标识破损安全防护装置不规范（未接地、无漏电保护器、接线端子无防护罩等）；4. 防护不当，防护距离不足（配电柜、发电机无遮雨棚、防护围挡或防护破损）；5. 设备损坏漏电	1. 强风、雷雨、大雪等不良天气；2. 作业场地杂乱、潮湿或积水；3. 作业场地照明不足	1. 临时用电方案不完善或未落实；2. 发电机等安全操作规程不规范或未落实；3. 电气设施材料等未进行进场验收；4. 无电工对用电设施进行巡查或巡查不到位；5. 机械设备安全管理制度未落实，设备检查维护保养不到位；6. 安全教育、培训、交底、检查制度不完善或未落实；7. 安全投入不足	√		√	√	√
前端结构	地下连续墙	坍塌	不稳定土体、砌体结构、构筑物等	1. 管理人员违章指挥、强令冒险作业（防护不及时）；2. 人员心理异常（冒险侥幸心理等）	1. 无警示信号或信号不清（紧急撤离信号）；2. 现场无警示标识或标识破损（警戒区、标牌、反光锥等）	1. 存在滑坡、偏压等不良地质；2. 作业场地照明不足；3. 强风、暴雨、大雪等不良天气	1. 施工方案不完善或未落实（掏底开挖、开挖上下重叠开挖、开挖完后未及时施工防护及排水）	√	√	√	√	

续上表

分部工程	施工作业内容	典型风险事件	致害物	致险因素				风险事件后果类型			
				人的因素	物的因素	环境因素	管理因素	受伤人员类型		人员伤亡	
								本人	他人	轻伤	重伤	死亡
前墙结构	地下连续墙	坍塌	不稳定土体、砌体、结构物等	3. 作业人员操作错误；4. 有违章作业、违反劳动纪律的行为（管理人员脱岗）	3. 截排水设施不完善；4. 防护形式错或防护材料不合格（材料强度不足等）；5. 基坑边沿停放重型机械或堆放渣土		2. 安全教育、培训、交底、检查制度不完善或未落实；3. 安全投入不足					
		机械伤害	现场机械设备	1. 人员违章进入危险区域；2. 管理人员违章指挥、强令冒险作业；3. 机械操作人员操作错误，违章作业；4. 操作人员身体健康状况异常、心理异常，感知异常（反应迟钝、辨识错误）；5. 现场作业人员未正确使用安全防护用品（反光背心、安全帽等）；6. 机械操作人员疲劳作业	1. 现场无警示标识或标识破损，反光贴等）；2. 设备设施安全作业距离不足，设备设施运动或转动装置失效，运动或转动装置无防护或防护装置有缺陷等）；3. 安全防护用品不合格（反光背心、安全帽、护目镜等）	1. 强风，暴雨，大雪，大雾等不良天气；2. 作业场地狭窄、不平整、湿滑；3. 夜间施工照明不足	1. 机械设备安全管理制度不完善或落实不到位（检查维护保养不到位）；2. 未对机械设备、安全防护用品等进行进场验收或验收不到位；3. 安全教育、培训、交底、检查制度不完善或未落实；4. 机械设备操作规程不规范或未落实；5. 安全投入不足	√	√	√	√	

— 266 —

第五章 港口工程施工的主要安全风险分析

续上表

分部工程	施工作业内容	典型风险事件	致害物	致险因素			风险人员受伤类型		风险事件后果类型 人员伤亡		
				人的因素	物的因素	环境因素	管理因素	本人	他人	轻伤	重伤	死亡
前墙结构	地下连续墙	起重伤害	起重设备、吊索吊具	1.管理人员违章指挥,强令冒险作业; 2.作业人员操作错误,违章作业; 3.起重工、信号工未持有效证件上岗; 4.现场作业人员未正确使用安全防护用品(安全帽等); 5.人员违章进入危险区域; 6.起重人员身体健康状况异常,心理异常,感知异常(反应迟钝,辨识错误); 7.作业人员疲劳作业	1.设备自身缺陷(强度、刚度不足,抗倾覆能力不足); 2.现场无警示标识标牌、反光锥等); 3.安全防护用品不合格(安全帽等); 4.支撑件不合格; 5.构件防锈处理不合格; 6.支腿不平,现场无警示标识或标牌破损(警戒区、标牌、反光锥等); 7.吊索吊具不合格或达到报废标准(钢丝绳、吊带、U形卸扣等); 8.吊索材料不合格(枕木、钢板等); 9.支垫材料不合格(枕木、钢板等),无防护或防护装置缺陷(防脱钩装置、脱位装置等); 9.设备"带病"作业(制动装置等),距高压线等安全距离不足; 10.安全防护用品不合格(反光背心、安全帽等)	1.强风、暴雨、大雪等不良天气; 2.地基承载力不足,基础下沉; 3.作业场地照明不足	1.施工方案不完善或未落实; 2.安全教育、培训、交底或制度不完善或未落实; 3.未对起重设备进行进场验收或验收不到位; 4.安全投入不足; 5.起重吊装作业时无专人监护; 6.起重吊装安全操作规程不规范或落实	√	√	√	√	√

续上表

分部工程	施工作业内容	典型风险事件	致害物	致险因素				风险人员受伤类型		人员伤亡后果类型		
				人的因素	物的因素	环境因素	管理因素	本人	他人	轻伤	重伤	死亡
前墙结构	地下连续墙	车船伤害	运输车辆、施工船舶、附近通航船舶	1.不当操作造成车辆安全装置失效,人员冒险进入危险场所(车辆倒车区域); 2.车辆冒险进入边坡临边位置,有分散注意力的行为; 3.施工人员着不安全装束; 4.现场指挥、警戒不当; 5.管理人员违章指挥、强令冒险作业(进入驾驶人员视野盲区等); 6.驾驶人员未持有效证件上岗,驾驶人员操作任务误,违章驾驶(违规载人、酒后驾驶、超速、超限、超载等); 7.驾驶人员身体健康状况异常、心理异常感知异常(反应迟钝、辨识错误); 8.驾驶人员疲劳作业、现场作业人员未正确使用安全防护用品(反光背心、安全帽等)	1.运输车辆未经检验或有缺陷; 2.施工场地环境不良(如照明不佳,场地湿滑等); 3.个人防护用品用具缺少或有缺陷; 4.安全警示标志、护栏等装置缺乏或有缺陷,车辆操作人员无上岗资格证; 5.运输道路承载力不足; 6.现场无警示标识或标识破损(警戒区,标牌、反光锥、反光贴等); 7.车辆带"病"作业(制动装置、喇叭、后视镜、警示灯等设施有缺陷); 8.车辆作业安全距离不足	1.场地受限; 2.道路不符合要求; 3.大风、暴雨、低温等恶劣天气(不利于混凝土提升强度); 4.不稳定坡体	1.技术上的缺陷; 2.操作者生理、心理上的缺陷; 3.教育、交底不到位有缺陷; 4.管理工作上的缺陷; 5.未对车辆设备、安全防护用品等进行进场验收或验收不到位; 6.车辆安全管理制度不完善或未落实(检查、维护保养不到位; 7.安全操作规程不规范或未落实(作业前未对车辆周围环境进行检查)	√	√	√	√	√

— 268 —

续上表

分部工程	施工作业内容	典型风险事件	致害物	致险因素				风险事件后果类型				
				人的因素	物的因素	环境因素	管理因素	受伤人员类型		人员伤亡		
								本人	他人	轻伤	重伤	死亡
前墙结构	地下连续墙	滑坡	不稳定土体、砌体、结构物等	1. 管理人员违章指挥,强令冒险作业(防护、放坡不及时); 2. 人员心理异常(冒险侥幸心理等); 3. 作业人员操作错误; 4. 有章不循,违反劳动纪律的行为(管理人员脱岗)	1. 无警示信号或信号不清(紧急撤离信号); 2. 现场无警示标识或标识破损(警戒区、标牌、反光锥等); 3. 截排水设施不完善; 4. 防护形式错或防护材料强度不足等); 5. 基坑边沿停放重型机械或堆放渣土	1. 存在滑坡、偏压等不良地质; 2. 作业场地照明不足; 3. 强风、暴雨、大雪等不良天气	1. 施工方案不完善或未落实(掏底开挖或上下重叠开挖,开挖完后未及时施工防护及排水); 2. 安全教育、培训、交底、检查制度落实不到位; 3. 安全投入不足	√	√		√	√
	遮帘桩	触电	电焊机、发电机、配电箱、破损的电线、其他用电设备等导电材料	1. 作业人员未正确使用安全防护用品(绝缘鞋、绝缘手套等); 2. 作业人员操作错误或违章检修(带电维护); 3. 管理人员违章指挥,强令冒险作业; 4. 电工等特种作业人员无证上岗; 5. 作业人员疲劳作业	1. 电缆线、配电箱等电气设施不合格(线路破损、老化); 2. 电气设施设置不规范(电缆拖地、配电箱无支架等); 3. 带电标识不规范或标识破损(未接地、无漏电保护器、接线端子无防护等); 4. 防护不当、防护距离不足(配电柜、发电机无遮雨棚、防护围挡或防护破损); 5. 设备损坏漏电	1. 强风、雷雨、大雪等不良天气; 2. 作业场地杂乱、潮湿或作业场地积水; 3. 作业场地照明不足	1. 临时用电方案不完善或未落实; 2. 发电机等安全操作规程不规范、落实; 3. 电气设备进场验收; 4. 无电工对用电设施进行巡查或巡查不到位; 5. 机械设备安全管理制度未落实(设备等机具检查维护保养不到位); 6. 安全教育、培训、交底、检查制度不完善或未落实; 7. 安全投入不足	√		√	√	√

续上表

分部工程	施工作业内容	典型风险事件	致害物	致险因素				风险事件后果类型			
				人的因素	物的因素	环境因素	管理因素	受伤人员类型		人员伤亡		
								本人	他人	轻伤	重伤	死亡
前墙结构	遮帘桩	坍塌	不稳定土体、砌体、结构物等	1. 管理人员违章指挥、强令冒险作业（防护、放坡不及时）； 2. 人员心理异常（冒险侥幸心理等）； 3. 作业人员操作错误； 4. 有违章作业、违反劳动纪律的行为（管理人员脱岗）	1. 无警示信号或信号不清（紧急撤离信号）； 2. 现场无警示标识或标识破损（警戒区、标牌、反光锥等）； 3. 截排水设施不完善； 4. 防护形式错误或防护材料不合格（材料强度不足等）； 5. 基坑边沿停放重型机械或堆放渣土	1. 存在滑坡、偏压等不良地质； 2. 作业场地照明不足； 3. 强风、暴雨、大雪等不良天气	1. 施工方案不完善或未落实（掏底开挖或上下重叠开挖、开挖完后未及时施工防护及排水）； 2. 安全教育、培训、交底、检查制度不完善或未落实； 3. 安全投入不足	√			√	
		机械伤害	现场机械设备	1. 人员违章进入危险区域； 2. 管理人员违章指挥、强令冒险作业； 3. 机械操作人员违章操作错误、违章作业（酒后作业）； 4. 操作人员身体健康状况异常、心理异常、感知异常（反应迟钝、辨识错误）； 5. 现场作业人员未正确使用安全防护用品（反光背心、安全帽等）； 6. 机械操作人员疲劳作业	1. 现场无警示标识或标识破损（警戒区、标牌、反光贴等）； 2. 设备设施安全作业距离不足，设备有"病"作业（设备设施制动装置失效、设备运动或转动装置无防护或防护装置有缺陷等）； 3. 安全防护用品不合格（反光背心、安全帽、护目镜等）	1. 强风、暴雨、大雪、大雾等不良天气； 2. 作业场地狭窄、不平整、湿滑； 3. 夜间施工照明不足	1. 机械设备安全管理制度不完善或未落实（检查维护保养不到位）； 2. 未对机械设备进行进场安全防护验收或验收不完善； 3. 安全教育、培训、交底、检查制度不完善或未落实； 4. 机械设备操作规程不规范； 5. 安全投入不足	√	√	√	√	

续上表

分部工程	施工作业内容	典型风险事件	致害物	致险因素			风险事件后果类型				
				人的因素	物的因素	环境因素	管理因素	受伤人员类型		人员伤亡		
								本人	他人	轻伤	重伤	死亡
前墙结构	遮帘桩	起重伤害	起重设备、吊索吊具	1.管理人员违章指挥,强令冒险作业; 2.作业人员操作错误,违章作业; 3.起重工、信号工未持有效证件上岗; 4.现场作业人员未正确使用安全防护用品(安全帽等); 5.抗倾覆验算错误,人员进入危险区域; 6.起重人员身体健康状况异常,心理异常,感知异常(反应迟钝、辨识错误等); 7.作业人员疲劳作业	1.设备自身缺陷(强度、刚度不足,抗倾覆能力不足); 2.现场无警示标识(警戒区、警示牌、反光锥等); 3.安全防护用品不合格(安全帽等); 4.支撑件不合格; 5.构件防锈处理不合格; 6.支腿不平,现场无警示标识或标识破损(警戒区、标牌、反光锥等); 7.吊索吊具不合格或达到报废标准(钢丝绳、吊带、U形卸扣等); 8.支垫材料不合格(枕木、钢板等); 9.防护装置缺陷(防脱钩装置、限位装置等); 10.设备"带病"作业(制动装置失效、距高压线等安全距离不足); 10.安全防护用品不合格(反光背心、安全帽等)	1.强风、暴雨、大雪等不良天气; 2.地基承载力不足,基础下沉; 3.作业场地照明不足	1.施工方案不完善或未落实; 2.安全教育、培训、交底、检查制度不完善或未落实; 3.未对起重设备进行进场验收或验收不到位; 4.安全投入不足; 5.起重吊装作业时无专人监护; 6.起重吊装安全操作规程不规范或未落实	√	√	√	√	√

续上表

分部工程	施工作业内容	典型风险事件	致害物	致险因素			风险人员受伤类型		人员伤亡后果类型		
				人的因素	物的因素	环境因素	管理因素	本人	他人	轻伤	重伤	死亡
前墙结构	遮帘桩	车船伤害	运输车辆、施工船舶、附近通航船舶	1.不当操作造成车辆安全装置失效，人员冒险进入危险场所（车辆倒车区域）； 2.车辆冒险进入边坡临空位置，有分散注意力的行为； 3.施工人员着不安全装束； 4.现场指挥、警戒不当； 5.管理人员违章指挥、强令冒险作业，驾驶人员视野盲区等）； 6.驾驶人员未持有效证件上岗，违章作业（超载人、酒后驾驶、超速、超限、超载作业）； 7.驾驶人员身体健康状况异常、心理异常（反应迟钝、感知异常等错误）； 8.驾驶人员疲劳作业，现场未正确使用安全防护用品（反光背心、安全帽等）	1.运输车辆未经检验或有缺陷； 2.施工场地环境不良（如照明不佳，场地湿滑等）； 3.个人防护用品用具缺少或有缺陷； 4.安全警示标志、护栏等装置缺乏或有缺陷，车辆操作人员无上岗资格证； 5.运输道路承载力不足； 6.现场无警示标识或标识破损（警戒区、标牌、反光锥、反光贴等）； 7.车辆"带病"作业（制动装置、喇叭、后视镜、警示灯等设施有缺陷）； 8.车辆作业安全距离不足	1.场地受限； 2.道路不符合要求； 3.大风、暴雨、低温等恶劣天气（不利于混凝土提升强度）； 4.不稳定坡体	1.技术上的缺陷； 2.操作者生理、心理上的缺陷； 3.教育、交底不到位有缺陷； 4.管理工作上的缺陷； 5.未对车辆设备、安全防护用品等进行进场验收或验收不到位； 6.车辆安全管理制度不完善或落实不到位，维护保养不到位； 7.安全操作规程不规范或未落实（作业前未对车辆周围环境进行检查）	√	√	√	√	

续上表

分部工程	施工作业内容	典型风险事件	致害物	致险因素			风险事件后果类型				
				人的因素	物的因素	环境因素	管理因素	受伤人员类型		人员伤亡	
								本人	他人	轻伤	重伤	死亡
前墙结构	遮帘桩	高处坠落	无防护的作业平台、施工人员受自身的重力运动	1.作业人员未正确使用安全防护用品（安全带、防滑鞋等）； 2.作业人员身体健康状况异常、心理异常，感知异常（有高血压、恐高症等禁忌症，反应迟钝、辨识错误）； 3.作业人员疲劳作业、管理人员违章指挥，强令冒险作业； 4.作业人员操作错误或违章作业	1.高处作业场所未设置安全防护等措施（安全绳索、防坠网）； 2.未设置安全警示标志或标识破损； 3.安全防护用品质量不合格，存在缺陷； 4.未设置或设置不规范全爬梯	1.大风、雷电、大雪、暴雨等恶劣天气； 2.夜间施工照明不足； 3.作业场地不平整、湿滑	1.安全教育、培训、交底、检查制度不完善或未落实； 2.职业健康、安全管理制度不完善，未落实（定期体检）； 3.安全投入不足； 4.高处作业安全操作规程不规范或操作未落实； 5.安全防护用品等进行进场验收或验收不到位	√		√	√	√

续上表

分部工程	施工作业内容	典型风险事件	致害物	致险因素				风险人员类型		风险事件后果类型		
				人的因素	物的因素	环境因素	管理因素	受伤人员类型		人员伤亡		
								本人	他人	轻伤	重伤	死亡
前墙结构	遮帘桩	滑桩	桩基工程施工时不稳或施工不当	1.不当操作造成车辆安全装置失效,人员冒险进入危险场所(车辆倾倒区域); 2.车辆冒险进入临边坡位置,有分散注意力的行为; 3.施工人员着不安全表束; 4.现场指挥、警戒不当; 5.管理人员违章指挥、强令冒险作业(进人驾驶人员视野盲区等); 6.驾驶人员未持有效证件上岗、违章驾驶(违规载人,酒后驾驶、超速、超限、超载作业等); 7.驾驶人员身体健康状况异常、心理异常、感知异常(反应迟钝、辨识错误); 8.驾驶人员疲劳作业、现场作业人员未正确使用安全防护用品(反光背心、安全帽等)	1.施工设备未经检验或有缺陷; 2.施工场地环境不良(如照明不佳、场地湿滑等); 3.个人防护用品用具缺少或有缺陷; 4.安全警示标志、护栏等警示装置无上岗、有缺陷,警戒区人员无上岗资格证; 5.承载力不足; 6.现场无警示标识或标识破损(警戒区、标牌、反光锥、反光贴等); 7.设备带"病"作业(制动装置、喇叭、后视镜、警示灯等设施有缺陷); 8.车辆作业安全距离不足	1.场地受限; 2.施工环境不符合要求; 3.大风、暴雨、低温等恶劣天气(不利于混凝土提升强度); 4.设备、地基、承载平台等不稳定	1.技术上的缺陷; 2.操作者生理、心理上的缺陷; 3.教育、交底不到位有的缺陷; 4.管理工作上的缺陷; 5.未对设备进行进场验收或验收不到位; 6.施工设备安全管理制度不完善或保养不落实(检查维护不到位); 7.安全操作规程不规范或未落实(作业前未对车辆周围环境进行检查)	√	√		√	

— 274 —

续上表

分部工程	施工作业内容	典型风险事件	致害物	致险因素 人的因素	致险因素 物的因素	致险因素 环境因素	致险因素 管理因素	风险人员类型 受伤本人	风险人员类型 他人	风险事件后果类型 轻伤	风险事件后果类型 重伤	风险事件后果类型 死亡
前墙结构	遮帘桩	滑坡	不稳定土体、砌体、结构物等	1. 管理人员违章指挥，强令冒险作业（防护、放坡不及时）；2. 人员心理异常（冒险侥幸心理等）；3. 作业人员操作错误；4. 有违章作业、违反劳动纪律的行为（管理人员脱岗）	1. 无警示信号或信号不清（紧急撤离信号）；2. 现场无警示标识或标识破损（警戒区、标牌、反光锥等）；3. 截排水设施不完善；4. 防护形式错或防护材料不合格（材料强度不足等）；5. 基坑边沿堆放重型机械或堆放渣土	1. 存在滑坡、偏压等不良地质；2. 作业场地照明不足；3. 强风、暴雨、大雪等不良天气	1. 施工方案不落实（掏底开挖或上下重叠开挖，开挖完后未及时施工防护及排水）；2. 安全教育、培训、交底、检查制度不完善或未落实；3. 安全投入不足		√	√	√	
上部结构	基坑开挖	坍塌	不稳定土体、砌体、结构物等	1. 管理人员违章指挥，强令冒险作业（防护、放坡不及时）；2. 人员心理异常（冒险侥幸心理等）；3. 作业人员操作错误；4. 有违章作业、违反劳动纪律的行为（管理人员脱岗）	1. 无警示信号或信号不清（紧急撤离信号）；2. 现场无警示标识或标识破损（警戒区、标牌、反光锥等）；3. 截排水设施不完善；4. 防护形式错或防护材料不合格（材料强度不足等）；5. 基坑边沿堆放重型机械或堆放渣土	1. 存在滑坡、偏压等不良地质；2. 作业场地照明不足；3. 强风、暴雨、大雪等不良天气	1. 施工方案不落实（掏底开挖或上下重叠开挖，开挖完后未及时施工防护及排水）；2. 安全教育、培训、交底、检查制度不完善或未落实；3. 安全投入不足	√	√	√	√	

续上表

分部工程	施工作业内容	典型风险事件	致害物	致险因素				风险事件后果类型				
				人的因素	物的因素	环境因素	管理因素	受伤人员类型		人员伤亡		
								本人	他人	轻伤	重伤	死亡
上部结构	基坑开挖	机械伤害	挖掘机等现场机械设备	1.人员违章进入危险区域； 2.管理人员违章指挥，强令冒险作业； 3.机械操作人员操作错误，违章作业（酒后作业）； 4.操作人员身体健康状况异常，心理异常，感知异常（反应迟钝、辨识错误）； 5.现场作业人员未正确使用安全防护用品（反光背心、安全帽等）； 6.机械操作人员疲劳作业	1.现场无警示标识或标识破损（警戒区、标牌、反光贴等）； 2.设备设施安全作业距离不足，设备带"病"作业（设备设施制动装置失效，运动防护装置无防护或防护装置有缺陷等）； 3.安全防护用品不合格（反光背心、安全帽、护目镜等）	1.强风、暴雨、大雪、大雾等不良天气； 2.作业场地狭窄、不平整、湿滑； 3.夜间施工照明不足	1.机械设备安全管理制度不完善或未落实（检查维护保养不到位）； 2.未对机械设备、安全防护用品等进行进场验收或验收不落实； 3.安全教育、培训、交底、检查制度不完善或未落实； 4.机械设备操作规程不规范或未落实； 5.安全投入不足	√	√	√	√	√

第五章 港口工程施工的主要安全风险分析

续上表

分部工程	施工作业内容	典型风险事件	致害物	致险因素			风险人员类型		风险事件后果类型		
				人的因素	物的因素	环境因素	管理因素	受伤人员类型		人员伤亡		
								本人	他人	轻伤	重伤	死亡
上部结构	基坑开挖	车船伤害	运输车辆、施工船舶、附近通航船舶	1.不当操作造成车辆安全装置失效,人员冒险进入危险场所(车辆倒车盲区域); 2.车辆冒险进入边坡临空位置,有分散注意力的行为; 3.施工人员着不安全装束; 4.现场指挥、警戒不当; 5.管理人员违章指挥、强令冒险作业(进入驾驶员视野盲区等); 6.驾驶人员未持有效证件上岗,违规操作错误,违章作业(违规载人,酒后驾驶,超速,超限,超载作业); 7.驾驶人员身体健康状况异常、心理应激异常,感知异常(反应迟钝,后视镜、警示灯等设施有缺陷); 8.驾驶人员疲劳作业,现场作业人员未正确使用安全防护用品(反光背心,安全帽等)	1.运输车辆未经检验或有缺陷; 2.施工场地环境不良(如照明不佳,场地湿滑等); 3.个人防护用品用具缺少或有缺陷; 4.安全警示标志、护栏等警示缺乏或缺陷,车辆操作人员无上岗资格证; 5.运输道路承载力不足; 6.现场无警示标识或标识破损(警戒区,标牌,反光锥,反光贴等); 7.车辆带"病"作业(制动装置、喇叭、后视镜,警示灯等设施有缺陷); 8.车辆作业安全距离不足	1.场地受限; 2.道路不符合要求; 3.大风、暴雨、低温等恶劣天气(不利于混凝土提升强度); 4.不稳定坡体	1.技术上的缺陷; 2.操作者生理、心理上的缺陷; 3.教育、交底不到位有缺陷; 4.管理工作上的缺陷; 5.未对车辆设备、安全防护用品等进行进场验收或验收不到位; 6.车辆安全管理制度不完善或未落实,维护保养不到位; 7.安全操作规程不规范或未落实(作业前未对车辆周围环境进行检查)	√	√	√	√	

— 277 —

续上表

分部工程	施工作业内容	典型风险事件	致害物	致险因素				风险事件后果类型			
				人的因素	物的因素	环境因素	管理因素	受伤人员类型		人员伤亡		
								本人	他人	轻伤	重伤	死亡
		淹溺	水体	1. 作业人员安全防护意识差； 2. 违章操作； 3. 未正确佩戴劳动防护用品； 4. 作业人员疲劳作业	水上作业未设置安全防护设施	风力超过6级，雨雾天气、夜间照明不良等条件下进行作业	1. 交底培训不到位； 2. 现场监督检查不到位		√		√	√
上部结构	胸墙	触电	电焊机、发电机、配电箱、破损的电线、其他用电设备等导电材料	1. 作业人员未正确使用安全防护用品（绝缘鞋、绝缘手套等）； 2. 作业人员操作错误或违章作业（带电检修维护）； 3. 管理人员违章指挥，强令冒险作业； 4. 电工等特种作业人员未持有效证件上岗； 5. 作业人员疲劳作业	1. 电缆线、配电箱等电气设施不合格（线路破损、老化）； 2. 电气设施设置不规范（电缆拖地、配电箱无支架等）； 3. 带电设施破损无标识或装置无警示防护（未接地、无漏电保护器、接线端子无防护罩等）； 4. 防护不当，防护距离不足（配电柜、发电机无遮雨棚、防护围挡或防护破损）； 5. 设备损坏漏电	1. 强风、雷雨、大雪等不良天气； 2. 作业场地杂乱、潮湿或积水； 3. 作业场地照明不足	1. 临时用电方案不完善或未落实； 2. 发电机等安全操作规程不规范或规程未落实； 3. 电气设施材料等未进行进场验收； 4. 无电工对用电设施进行巡查或巡查不到位； 5. 机械设备安全管理制度未落实（设备维护保养不到位）； 6. 安全教育、培训、交底、检查制度不完善或未落实； 7. 安全投入不足	√		√	√	√

— 278 —

第五章 港口工程施工的主要安全风险分析

续上表

分部工程	施工作业内容	典型风险事件	致害物	致险因素				风险事件后果类型				
				人的因素	物的因素	环境因素	管理因素	受伤人员类型		人员伤亡		
								本人	他人	轻伤	重伤	死亡
上部结构	胸墙	机械伤害	现场机械设备	1. 人员违章进入危险区域； 2. 管理人员违章指挥、强令冒险作业； 3. 机械操作人员操作错误、违章作业（酒后作业）； 4. 操作人员身体健康状况异常、心理异常、感知异常（反应迟钝、辨识错误）； 5. 现场作业人员未正确使用安全防护用品（反光背心、安全帽、护目镜等）； 6. 机械操作人员疲劳作业	1. 现场无警示标识或标识破损（警戒区、标牌、反光贴等）； 2. 设备设施不足，设备"带病"作业（设备设施制动装置失效、运动或防护装置无防护或防护装置有缺陷等）； 3. 安全防护用品不合格（反光背心、安全帽、护目镜等）	1. 强风、暴雨、大雪、大雾等不良天气； 2. 作业场地狭窄、不平整、湿滑； 3. 夜间施工照明不足	1. 机械设备安全管理制度不完善或落实不到位（检查维护保养不到位）； 2. 未对机械设备、安全防护用品等进行进场验收或验收不完善； 3. 安全教育、培训、交底、检查制度不完善或未落实； 4. 机械设备操作规程不规范或未落实； 5. 安全投入不足	√	√	√	√	

续上表

分部工程	施工作业内容	典型风险事件	致害物	致险因素			风险人员类型		风险事件后果类型		
				人的因素	物的因素	环境因素	管理因素	受伤人员类型		人员伤亡		
								本人	他人	轻伤	重伤	死亡
上部结构	胸墙	起重伤害	起重设备、吊索吊具	1.管理人员违章指挥,强令冒险作业; 2.作业人员操作错误,违章作业; 3.起重工、信号工未持有效证件上岗; 4.现场作业人员未正确使用安全防护用品（安全帽等）; 5.抗倾覆验算错误,人员擅自进入危险区域; 6.起重人员身体健康状况异常、心理异常、感知异常（反应迟钝、辨识错误）; 7.作业人员疲劳作业	1.设备自身缺陷（强度、刚度不足,抗倾覆能力不足）; 2.现场无警示标识或标识破损（警戒区、反光锥等）; 3.安全防护用品不合格（安全帽等）; 4.支撑件不合格; 5.构件防锈处理不合格; 6.支腿不平,现场无警示标识或标识破损（警戒区、标牌、反光锥等）; 7.吊索吊具不合格或达到报废标准（钢丝绳、吊带、U形卸扣等）; 8.支垫材料不合格（枕木、钢板等）; 9.设备带"病"作业（制动装置等）; 10.安全防护用品不合格（反光背心、安全帽等）	1.强风,暴雨,大雪等不良天气; 2.地基承载力不足,基础下沉; 3.作业场地照明不足	1.施工方案不完善或未落实; 2.安全教育、培训、交底、检查制度不完善或未落实; 3.未对起重设备进行进场验收或验收不到位; 4.安全投入不足; 5.起重吊装作业时无专人监护; 6.起重吊装安全操作规程不规范或未落实	√	√	√	√	√

— 280 —

续上表

分部工程	施工作业内容	典型风险事件	致害物	致险因素			风险事件后果类型				
				人的因素	物的因素	环境因素	管理因素	受伤人员类型		人员伤亡		
								本人	他人	轻伤	重伤	死亡
上部结构	胸墙	车船伤害	运输车辆、施工船舶、附近通航船舶	1.不当操作造成车辆安全装置失效,人员冒险进入危险场所(车辆倾倒场区域); 2.车辆冒险进入边坡临边位置,有分散注意力的行为; 3.施工人员着不安全装束; 4.现场指挥、警戒不当; 5.管理人员违章指挥,强令冒险作业,驾驶人员视野盲区等); 6.驾驶人员未持有效证件上岗,违章作业(违规载人、酒后驾驶、超速、超限、超载作业); 7.驾驶人员身体健康状况异常,心理异常,感知异常(反应迟钝、辨识错误); 8.驾驶人员疲劳作业,现场作业人员未正确使用安全防护用品(反光背心、安全帽等)	1.运输车辆未经检验或有缺陷; 2.施工场地环境不良(如照明不足、场地湿滑等); 3.个人防护用品用具缺少或有缺陷; 4.安全警示标志、护栏装置缺乏或有缺陷,车辆操作人员无上岗资格证; 5.运输道路承载力不足; 6.现场无警示标识或标识破损(警戒区、标牌、反光锥等); 7.车辆带"病"作业(制动装置、喇叭、后视镜、反光标示灯等设施有缺陷); 8.车辆作业安全距离不足	1.场地受限; 2.道路不符合要求; 3.大风、暴雨、低温等恶劣天气(不利于混凝土提升强度); 4.不稳定坡体	1.技术上的缺陷; 2.操作者生理、心理上的缺陷; 3.教育、交底不到位有缺陷; 4.管理工作上的缺陷; 5.未对车辆设备、安全防护用品等进行进场验收或验收不到位; 6.安全操作规程制度不完善或未落实,维护保养不到位; 7.安全操作规程不规范或未落实(作业前未对车辆周围环境进行检查)	√	√	√	√	

— 281 —

续上表

分部工程	施工作业内容	典型风险事件	致害物	致险因素				风险事件后果类型				
				人的因素	物的因素	环境因素	管理因素	受伤人员类型		人员伤亡		
								本人	他人	轻伤	重伤	死亡
上部结构	胸墙	高处坠落	无防护的作业平台，施工人员受自身的重力运动	1. 作业人员未正确使用安全防护用品（安全带、防滑鞋等）； 2. 作业人员身体健康状况异常、心理异常，感知异常（有高血压、恐高症等禁忌症），反应迟钝、辨识错误； 3. 作业人员疲劳作业，管理人员违章指挥，强令冒险作业或违章作业	1. 高处作业场所未设置安全防护措施（安全绳索、防坠网）； 2. 未设置安全警示标志或标识破损； 3. 安全防护用品质量不合格，存在缺陷； 4. 未设置人员上下安全爬梯或设置不规范	1. 大风、雷电、大雪、暴雨等恶劣天气； 2. 夜间施工照明不足； 3. 作业场地不平整、湿滑	1. 安全教育、培训、交底、检查制度不完善或未落实； 2. 职业健康、安全管理制度不完善，未落实（定期体检）； 3. 安全投入不足； 4. 高处作业安全操作规程不规范或操作未落实； 5. 安全防护用品等进行进场验收或验收不到位	√			√	√
	遮帘桩导梁	触电	电焊机、发电机、配电箱、破损的电线、其他用电设备等电材料	1. 作业人员未正确使用安全防护用品（绝缘鞋、绝缘手套等）； 2. 作业人员操作错误或违章作业（带电检修维护）； 3. 管理人员违章指挥、强令冒险作业；	1. 电缆线、配电箱等电气设施不合格（线路破损、老化）； 2. 电气设施设置不规范（电缆拖地、配电箱无支架等）； 3. 带电设施破损无警示标识或标识破损，安全防护装置不规范（未接地、无漏电保护器、接线端子无防护罩等）；	1. 强风、雷雨、大雪等不良天气； 2. 作业场地杂乱、潮湿或积水； 3. 作业场地照明不足	1. 临时用电方案不完善或未落实； 2. 发电机等安全操作规程不规范或操作等未落实； 3. 电气设施材料等未进行进场验收； 4. 无电工对用电设施进行巡查或巡查不到位	√		√	√	√

第五章 港口工程施工的主要安全风险分析

续上表

分部工程	施工作业内容	典型风险事件	致害物	致险因素				风险人员受伤人员类型		风险事件后果类型 人员伤亡		
				人的因素	物的因素	环境因素	管理因素	本人	他人	轻伤	重伤	死亡
		触电	电焊机、发电机、配电箱、电线、破损的其他用电设备等导电材料	4. 电工等特种人员未持有效证件上岗； 5. 作业人员疲劳冒险作业	4. 防护不当，防护距离不足（配电柜、发电机无遮雨棚、防护围挡或防护破损）； 5. 设备损坏漏电		5. 机械设备安全管理制度未落实（设备等机具检查维护保养不到位）； 6. 安全教育、培训、交底、检查制度不完善或未落实； 7. 安全投入不足					
上部结构	遮帘桩导梁	机械伤害	现场机械设备	1. 人员违章进入危险区域； 2. 管理人员违章指挥、强令冒险作业； 3. 机械操作人员操作错误、违章作业； 4. 操作人员身体健康状况异常、心理异常、感知异常（反应迟钝、辨识错误）； 5. 现场作业人员未正确使用安全防护用品（反光背心、安全帽等）； 6. 机械操作人员疲劳作业	1. 现场无警示标识或标识破损（警戒区、标牌、反光贴）； 2. 设备设施安全作业距离不够、设备设施"病"作业、运动或装置失效、运动或装置无防护或防护装置有缺陷等）； 3. 安全防护用品不合格（反光背心、安全帽、护目镜等）	1. 强风、暴雨、大雪、大雾等不良天气； 2. 作业场地狭窄不平整、湿滑； 3. 夜间施工照明不足	1. 机械设备安全管理制度不完善或未落实（检查维护保养不到位）； 2. 未对机械设备、安全防护用品等进行进场验收或验收不到位； 3. 安全教育、培训、交底、检查制度不完善或未落实； 4. 机械设备操作规程不规范或未落实； 5. 安全投入不足	√	√	√	√	

— 283 —

续上表

分部工程	施工作业内容	典型风险事件	致害物	致险因素				风险事件后果类型				
				人的因素	物的因素	环境因素	管理因素	受伤人员类型		人员伤亡		
								本人	他人	轻伤	重伤	死亡
上部结构	遮帘桩导梁	起重伤害	起重设备、吊索吊具	1.管理人员违章指挥、强令冒险作业；2.作业人员操作错误，违章作业；3.起重工、信号工未持有效证件上岗；4.现场作业人员未正确使用安全防护用品（安全帽等）；5.抗倾覆验算错误，人员违章进入危险区域；6.起重人员身体健康状况异常，心理异常，感知异常（反应迟钝、辨识错误）；7.作业人员疲劳作业	1.设备自身缺陷（强度、刚度不足，抗倾覆能力不足）；2.现场无警示标识或标识破损（警戒区、标牌，反光锥等）；3.安全防护用品不合格（安全帽等）；4.支撑件不合格；5.构件防锈处理不合格；6.支腿不平，现场无警示标识或标识破损（警戒区、标牌、反光锥等）；7.吊索吊具不合格或达到报废标准（钢丝绳、吊带、U形卸扣等）；8.支垫材料不合格（枕木、钢板等），无防护或防护装置缺陷（防脱钩装置、限位装置等）；9.设备带"病"作业（制动装置、距离高压线等安全距离不足）；10.安全防护用品不合格（反光背心、安全帽等）	1.强风、暴雨、大雪等不良天气；2.地基承载力不足，基础下沉；3.作业场地照明不足	1.施工方案不完善或未落实；2.安全教育、培训、交底、检查制度不完善或未落实；3.未对起重设备进行进场验收或验收不到位；4.安全投入不足；5.起重吊装作业时无专人监护；6.起重吊装安全操作规程不规范或未落实	√	√	√	√	

— 284 —

第五章　港口工程施工的主要安全风险分析

续上表

分部工程	施工作业内容	典型风险事件	致害物	致险因素				风险人员类型		风险事件后果类型		
				人的因素	物的因素	环境因素	管理因素	受伤人员类型		人员伤亡		
								本人	他人	轻伤	重伤	死亡
上部结构	遮帘桩导梁	车船伤害	运输车辆、施工船舶、附近通航船舶	1.不当操作造成车辆安全装置失效,人员冒险进入危险场所(车辆倒车等); 2.车辆冒险进入边坡临边位置,有分散注意力的行为; 3.施工人员着安全装束不当; 4.现场指挥、警戒不当; 5.管理人员违章指挥、强令冒险作业(进入驾驶人员视野盲区等); 6.驾驶人员未持有效证件上岗,违章作业(违规载人,酒后驾驶,超速、超限、超载等); 7.驾驶人员身体健康状况异常,心理异常,感知异常(反应迟钝、后视辨识错误); 8.驾驶人员疲劳作业,现场作业人员未正确使用安全防护用品(反光背心、安全帽等)	1.运输车辆未经检验或有缺陷; 2.施工场地环境不良(如照明不足,场地湿滑等); 3.个人防护用品用具缺少或有缺陷; 4.安全警示标志、护栏等警示装置缺乏或有缺陷,车辆操作人员无上岗资格证; 5.运输道路承载力不足; 6.现场无警示标识或标识破损(警戒区,标牌、反光锥、反光贴等); 7.车辆带"病"作业(制动装置、喇叭、后视镜,警示灯等设施有缺陷); 8.车辆作业安全距离不足	1.场地受限; 2.道路不符合要求; 3.大风、暴雨、低温等恶劣天气(不利于混凝土提升强度); 4.不稳定坡体	1.技术上的缺陷; 2.操作者生理、心理上的缺陷; 3.教育、交底不到位有缺陷; 4.管理工作上的缺陷; 5.未对车辆设备、安全防护用品等进行进场验收或验收不到位; 6.车辆安全管理制度不完善或落实不到位,维护保养不到位; 7.安全操作规程不规范或未落实(作业前未对车辆周围环境进行检查)	√	√	√	√	

续上表

分部工程	施工作业内容	典型风险事件	致害物	致险因素			风险事件后果类型				
				人的因素	物的因素	环境因素	管理因素	受伤人员类型		人员伤亡		
								本人	他人	轻伤	重伤	死亡
上部结构	锚碇墙导梁	触电	电焊机、发电机、配电箱、破损的电线、其他用电设备等导电材料	1. 作业人员未正确使用安全防护用品（绝缘鞋、绝缘手套等）；2. 作业人员操作错误或违章作业（带电检修维护）；3. 管理人员违章指挥、强令冒险作业；4. 电工等特种人员未持有效证件上岗；5. 作业人员疲劳作业	1. 电缆线、配电箱等电气设施不合格（线路破损、老化）；2. 电气设施设置不规范（电缆拖地、配电箱无支架等）；3. 带电设施无警示标识或标识破损（未接地、无漏电保护器、接线端子无防护罩等）；4. 防护不当、防护距离不足（配电柜、发电机无遮雨棚、防护围挡或防护破损）；5. 设备损坏漏电	1. 强风、雷雨、大雪等不良天气；2. 作业场地杂乱、潮湿或积水；3. 作业场地照明不足	1. 临时用电方案不完善或未落实；2. 发电机等安全操作规程不规范或操作等未落实；3. 电气设施材料进场未进行验收；4. 无电工对用电设施进行巡查或巡查不到位；5. 机械设备安全管理制度不落实（设备等机具检查维护保养不到位；6. 安全教育、培训、交底、检查制度不完善或未落实；7. 安全投入不足	√			√	√

— 286 —

续上表

分部工程	施工作业内容	典型风险事件	致害物	致险因素			风险事件后果类型				
				人的因素	物的因素	环境因素	管理因素	受伤人员类型		人员伤亡		
								本人	他人	轻伤	重伤	死亡
上部结构	锚碇端导梁	机械伤害	现场机械设备	1. 人员违章进入危险区域； 2. 管理人员违章指挥，强令冒险作业； 3. 机械操作人员操作错误，违章作业（酒后作业）； 4. 操作人员身体健康状况异常，心理异常，感知异常（反应迟钝，辨识错误）； 5. 现场作业人员未正确使用安全防护用品（反光背心、安全帽等）； 6. 机械操作人员疲劳作业	1. 现场无警示标识或标识破损（警戒区、标牌、反光贴等）； 2. 设备设施安全作业距离不足，设备设施作业（设备设施"带病"作业），运动或转动装置失效、设备无防护装置（防护装置有缺陷等）； 3. 安全防护用品不合格（反光背心、安全帽、护目镜等）	1. 强风、暴雨、大雪、大雾等不良天气； 2. 作业场地狭窄、不平整、湿滑； 3. 夜间施工照明不足	1. 机械设备安全管理制度不完善维护保养不落实（检查维护保养不到位）； 2. 未对机械设备、安全防护用品等进行进场验收或验收不到位； 3. 安全教育、培训、交底、检查制度不完善或未落实； 4. 机械设备操作规程不规范或未落实； 5. 安全投入不足	√	√	√	√	

续上表

分部工程	施工作业内容	典型风险事件	致害物	致险因素			风险人员类型		人员伤亡		
				人的因素	物的因素	环境因素	管理因素	受伤人员类型		人员伤亡	
								本人	他人	轻伤	重伤	死亡
上部结构	锚碇墩导梁	起重伤害	起重设备、吊索吊具	1.管理人员违章指挥,强令冒险作业; 2.作业人员操作错误,违章作业; 3.起重工、信号工未持有效证件上岗; 4.现场作业人员未正确使用安全防护用品(安全帽等); 5.抗倾覆验算错误,人员违章进入危险区域; 6.起重人员身体健康状况异常、心理异常、感知异常(反应迟钝、辨识错误); 7.作业人员疲劳作业	1.设备自身缺陷(强度、刚度不足,抗倾覆能力不足); 2.现场无警示标识或标牌,反光锥等; 3.安全防护用品不合格(安全帽等); 4.支撑件不合格; 5.构件防锈处理不合格; 6.支腿不平,现场无警示标识或标牌破损(警戒区、标牌、反光锥等); 7.吊索吊具不合格或达到报废标准(钢丝绳、吊带、U形卸扣等); 8.支垫材料不合格(枕木、钢板等); 9.防护装置缺陷(防脱钩装置、防倾装置、限位装置等); 10.设备"带病"作业,距高压线等安全距离不足,安全防护用品不合格(反光背心、安全帽等)	1.强风、暴雨、大雪等不良天气; 2.地基承载力不足,基础下沉; 3.作业场地照明不足	1.施工方案不完善或未落实; 2.安全教育、培训、交底、检查制度不完善或未落实; 3.未对起重设备进行进场验收或验收不到位; 4.安全投入不足; 5.起重吊装作业时无专人监护; 6.起重吊装安全操作规程不规范或未落实	√	√	√	√	√

— 288 —

续上表

分部工程	施工作业内容	典型风险事件	致害物	致险因素			风险人员受伤人员类型		人员伤亡		
				人的因素	物的因素	环境因素	管理因素	本人	他人	轻伤	重伤	死亡
上部结构	锚碇墙导梁	车船伤害	运输车辆、施工船舶、附近通航船舶	1. 不当操作造成车辆安全装置失效,人员冒险进入危险场所(车辆倒车区域); 2. 车辆冒险进入边坡临边位置,有分散注意力的行为; 3. 施工人员着不安全装束; 4. 现场指挥、警戒不当; 5. 管理人员违章指挥、强令冒险作业(进入驾驶人员视野盲区等); 6. 驾驶人员未持有效证件上岗、违章作业(违规载人、酒后驾驶、超速、超限、超载等); 7. 驾驶人员身体健康状况异常、心理异常(反应迟钝、感知异常(反应迟钝、辨识错误); 8. 驾驶人员疲劳作业、现场作业人员未正确使用安全防护用品(反光背心、安全帽等)	1. 运输车辆未经检验或有缺陷; 2. 施工场地环境不良(如照明不佳、场地湿滑等); 3. 个人防护用品用具缺少或有缺陷; 4. 安全警示标志、护栏等警示装置缺乏或有缺陷,车辆操作人员无上岗资格证; 5. 运输道路承载力不足; 6. 现场无警示标识或标识破损(警戒区、标牌、反光镜等); 7. 车辆带"病"作业(制动装置、喇叭、后视镜、反光灯等贴有缺陷); 8. 车辆作业安全距离不足	1. 场地受限; 2. 道路不符合要求; 3. 大风、暴雨、低温等恶劣天气(不利于混凝土提升强度); 4. 不稳定坡体	1. 技术上的缺陷; 2. 操作者生理、心理上的缺陷; 3. 教育、交底不到位有缺陷; 4. 管理工作上的缺陷; 5. 未对车辆设备、安全防护用品等进行进场验收或验收不到位; 6. 车辆安全管理制度不完善或未落实(检查维护保养不到位); 7. 安全操作规程不规范或未落实(作业前未对车辆周围环境进行检查)	√	√	√	√	

— 289 —

续上表

分部工程	施工作业内容	典型风险事件	致害物	致险因素 人的因素	致险因素 物的因素	致险因素 环境因素	致险因素 管理因素	风险人员类型 受伤人员类型 本人	风险人员类型 受伤人员类型 他人	人员伤亡 轻伤	人员伤亡 重伤	人员伤亡 死亡
上部结构	锚碇墙导梁	高处坠落	无防护的作业平台，施工人员受自身的重力运动	1.作业人员未正确使用安全防护用品（安全带、防滑鞋等）；2.作业人员身体健康状况异常、心理异常，感知异常（有高血压、恐高症等禁忌症，反应迟钝、辨识错误）；3.作业人员疲劳作业，管理人员违章指挥、强令冒险作业；4.作业人员上下安全爬梯或违章作业	1.高处作业场所未设置安全防护等措施（安全绳索、防坠网）；2.未设置安全警示标志或标识缺损；3.安全防护用品质量不合格，存在缺陷；4.未设置或设置不规范全爬梯	1.大风、雷电、大雪、暴雨等恶劣天气；2.夜间施工照明不足；3.作业场地不平整、湿滑	1.安全教育、培训、交底、检查制度不完善或未落实；2.职业健康、安全管理制度不完善，未落实（定期体检）；3.安全投入不足；4.高处作业安全操作规程不规范或未落实；5.安全防护用品等进行进场验收或验收不到位	√		√	√	√
锚碇结构与拉杆	锚碇结构与拉杆	触电	电焊机、发电机、配电箱、电线、破损的其他用电设备等导电材料	1.作业人员未正确使用安全防护用品（绝缘鞋、绝缘手套等）；2.作业人员操作错误或违章作业（带电检修维护）；	1.电缆线、配电箱（线路）电气设施不合格、破损、老化；2.电气设施设置不规范（电缆拖地、配电箱无支架等）；	1.强风、雷雨、大雪等不良天气；2.作业场地杂乱、潮湿或积水；3.作业场地照明不足	1.临时用电方案不完善未落实；2.发电机等安全操作规程不规范或未落实；3.电气设施材料等未进行进场验收；4.无电工对用电设施进行巡查或巡查不到位	√		√	√	√

第五章 港口工程施工的主要安全风险分析

续上表

分部工程	施工作业内容	典型风险事件	致害物	致险因素				风险人员类型		风险事件后果类型		
				人的因素	物的因素	环境因素	管理因素	本人	他人	轻伤	重伤	死亡
		触电	电焊机、发电机、配电箱、破损的电线、其他用电设备等导电材料	3.管理人员违章指挥，强令冒险作业；4.电工等特种人员未持有效证件上岗；5.作业人员疲劳作业	3.带电设施无警示标识或标识破损，安全防护装置未规范（未接地，无漏电保护器，接线端子无防护罩等）；4.防护不当，防护距离不足（配电柜、发电机无遮雨棚、防护围挡或防护破损）；5.设备损坏漏电		5.机械设备安全管理制度落实不到位，设备维护保养不到位（设备保养不到位）；6.安全教育、培训、交底、检查制度不完善或未落实；7.安全投入不足					
锚锭结构与拉杆	锚碇墩	坍塌	不稳定土体、砌体、结构物、支架等	1.管理人员违章指挥，强令冒险作业（防护、放坡不及时）；2.人员心理异常（冒险侥幸心理等）；3.作业人员操作错误；4.有违章作业、违反劳动纪律的行为（管理人员脱岗）	1.无警示信号或信号不清（紧急撤离信号）；2.现场无警示标识或标识破损（警戒区、标牌、反光锥等）；3.截排水设施不完善；4.防护形式或材料强度材料不合格（材料强度不足等）；5.基坑边沿停放重型机械或堆放渣土	1.存在滑坡、偏压等不良地质；2.作业场地照明不足；3.强风、暴雨、大雪等不良天气	1.施工方案不完善或未落实（掏底开挖、开挖过上下重叠开挖，开挖完后未及时施工防护及排水）；2.安全教育、培训、交底、检查制度不完善或未落实；3.安全投入不足	√	√	√	√	√

续上表

分部工程	施工作业内容	典型风险事件	致害物	致险因素				风险事件后果类型				
				人的因素	物的因素	环境因素	管理因素	受伤人员类型			人员伤亡		
								本人	他人		轻伤	重伤	死亡
锚锭结构与拉杆	锚锭墙	机械伤害	现场机械设备	1.人员违章进入危险区域; 2.管理人员违章指挥、强令冒险作业; 3.机械或作人员操作错误,违章作业(酒后作业); 4.操作人员身体健康状况异常、心理异常、感知异常(反应迟钝、辨识错误); 5.现场作业人员未正确使用安全防护用品(反光背心、安全帽等); 6.机械操作人员疲劳作业	1.现场无警示标识或标识破损(警戒区、标牌、反光贴等); 2.设备设施安全作业距离不足,设备带"病"作业(设备设施制动装置失效,运动或转动装置无防护或防护装置有缺陷等); 3.安全防护用品不合格(反光背心、安全帽、护目镜等)	1.强风、暴雨、大雪、大雾等不良天气; 2.作业场地狭窄,不平整、湿滑; 3.夜间施工照明不足	1.机械设备安全管理制度不完善或落实不到位(检查维护保养不到位); 2.未对机械设备、安全防护用品等进行进场验收或验收不到位; 3.安全教育、培训、交底、检查制度不完善或未落实; 4.机械设备操作规程不规范或未落实; 5.安全投入不足	√	√		√	√	

续上表

分部工程	施工作业内容	典型风险事件	致害物	致险因素				风险事件后果类型				
				人的因素	物的因素	环境因素	管理因素	受伤人员类型		人员伤亡		
								本人	他人	轻伤	重伤	死亡
锚碇结构与拉杆	锚碇端	起重伤害	起重设备、吊索吊具	1. 管理人员违章指挥,强令冒险作业; 2. 作业人员操作错误,违章作业; 3. 起重工、信号工未持有效证件上岗; 4. 现场作业人员未正确使用安全防护用品(安全帽等); 5. 抗倾覆验算错误,人员违章进入危险区域; 6. 起重人员身体健康状况异常、心理异常、感知异常(反应迟钝、辨识错误); 7. 作业人员疲劳作业	1. 设备自身缺陷(强度、刚度不足,抗倾覆能力不足); 2. 现场无警示标识或标识破损(警戒区、标牌、反光锥等); 3. 安全防护用品不合格(安全帽等); 4. 支撑件不合格; 5. 构件防锈处理不合格; 6. 支腿不平,现场无警示标识或标识破损(警戒区、标牌、反光锥等); 7. 吊索吊具不合格或达到报废标准(钢丝绳、吊带、U形卸扣等); 8. 支垫材料不合格(枕木、钢板等); 9. 无防护装置或防护装置缺陷(防脱钩装置、限位装置等); 10. 安全防护用品不合格(反光背心、安全帽等)	1. 强风、暴雨、大雪等不良天气; 2. 地基承载力不足,基础下沉; 3. 作业场地照明不足	1. 施工方案不完善或未落实; 2. 安全教育、培训、交底、检查制度不完善或未落实; 3. 未对起重设备进行进场验收或验收不到位; 4. 安全投入不足; 5. 起重吊装作业时无专人监护; 6. 起重吊装安全操作规程不规范或落实不落实	√	√	√	√	√

— 293 —

续上表

分部工程	施工作业内容	典型风险事件	致害物	致险因素			风险事件后果类型			
				人的因素	物的因素	环境因素	管理因素	受伤人员类型		人员伤亡
								本人 / 他人	轻伤 / 重伤 / 死亡	

分部工程	施工作业内容	典型风险事件	致害物	人的因素	物的因素	环境因素	管理因素	本人	他人	轻伤	重伤	死亡
锚碇结构与拉杆	锚碇墙	车船伤害	运输车辆、施工船舶、附近通航船舶	1.不当操作造成车辆安全装置失效,人员冒险进入危险场所(车辆倒车区域); 2.车辆冒险进入边坡临边位置,有分散注意力的行为; 3.施工人员着不安全装束; 4.现场指挥、警戒不当; 5.管理人员违章指挥,强令冒险作业(进入驾驶员视野盲区等); 6.驾驶员未持有效证件上岗,驾驶人员操作错误,违章作业(违规载人、酒后驾驶、超速、超限、超载作业); 7.驾驶人员身体健康状况异常,心理异常(反应迟钝,感知错误); 8.驾驶人员疲劳作业,现场作业人员防护用品不正确使用(反光背心、安全帽等)	1.运输车辆未经检验或有缺陷; 2.施工场地环境不良(如照明不佳、场地湿滑等); 3.个人防护用品用具缺少或有缺陷; 4.安全警示标志、护栏等警示装置缺乏或有缺陷,车辆操作人员无上岗资格证; 5.运输道路承载力不足; 6.现场无警示标识或标识破损(警戒区、标牌、反光锥等); 7.车辆带"病"作业(制动装置、喇叭、后视镜、警示灯等设施有缺陷); 8.车辆作业安全距离不足	1.场地受限; 2.道路不符合要求; 3.大风、暴雨、低温等恶劣天气(不利于混凝土提升强度); 4.不稳定坡体	1.技术上的缺陷; 2.操作者生理、心理上的缺陷; 3.教育、交底不到位有缺陷; 4.管理工作上的缺陷; 5.未对车辆设备、安全防护用品等进行进场验收或验收不到位; 6.车辆安全管理制度不完善或落实不到位(检查维护保养不到位); 7.安全操作规程或规范未落实(作业前未对车辆周围环境进行检查)	√	√	√	√	√

续上表

分部工程	施工作业内容	典型风险事件	致害物	致险因素 人的因素	物的因素	环境因素	管理因素	受伤人员类型 本人	他人	人员伤亡 轻伤	重伤	死亡
锚碇结构与拉杆	灌注桩	淹溺	水体	1. 作业人员安全防护意识差；2. 违章操作；3. 未正确佩戴劳动防护用品；4. 作业人员疲劳作业	水上作业未设置安全防护设施	风力超过6级，雨雾天气、夜间照明不良等条件下进行作业	1. 交底培训不到位；2. 现场监督检查不到位	√			√	√
		触电	电焊机、发电机、配电箱、破损的电线、其他用电设备等导电材料	1. 作业人员未正确使用安全防护用品（绝缘鞋、绝缘手套等）；2. 作业人员操作错误或违章作业（带电检修维护）；3. 管理人员违章指挥，强令冒险作业；4. 电工等特种人员未持有效证上岗；5. 作业人员疲劳作业	1. 电缆线、配电箱等电气设施不合格（线路破损、老化）；2. 电气设施设置不规范（电缆拖地、配电箱无支架等）；3. 带电标识破损或警示标识或装置设置不规范（未接地，无漏电保护器，接线端子无防护罩等）；4. 防护不当，防护距离不足（配电柜、发电机无遮雨棚，防护围挡破损）；5. 设备损坏漏电	1. 强风、雷雨、大雪等不良天气；2. 作业场地杂乱、潮湿或积水；3. 作业场地照明不足	1. 临时用电方案不完善或未落实；2. 发电机等安全操作规程不规范或未落实；3. 电气设施材料等未进行进场验收；4. 无电工对用电设施进行巡查或巡查不到位；5. 机械设备安全管理制度未落实，设备未定期检查维护；6. 安全教育、培训，交底、检查制度不完善或未落实；7. 安全投入不足	√		√	√	√

续上表

分部工程	施工作业内容	典型风险事件	致害物	致险因素				风险事件后果类型				
				人的因素	物的因素	环境因素	管理因素	受伤人员类型		人员伤亡		
								本人	他人	轻伤	重伤	死亡
锚碇结构与拉杆	灌注桩	坍塌	不稳定土体、砌体、结构物等	1.管理人员违章指挥、强令冒险作业(防护、放坡不及时); 2.人员心理异常(冒险侥幸心理等); 3.作业人员操作错误; 4.有违章作业、违反劳动纪律、管理人员脱岗	1.无警示信号或信号不清(紧急撤离信号); 2.现场无警示标识或标识破损(警戒区、标牌、反光锥等); 3.截排水设施不完善; 4.防护形式错或防护材料不合格(材料强度不足等); 5.基坑边沿停放重型机械或堆放渣土	1.存在滑坡、偏压等不良地质; 2.作业场地照明不足; 3.强风、暴雨、大雪等不良天气	1.施工方案不完善或未落实(掏底开挖或上下重叠开挖,开挖完后未及时施工防护及排水); 2.安全教育、培训,交底、检查制度不完善或未落实; 3.安全投入不足	√	√		√	
		机械伤害	现场机械设备	1.人员违章进入危险区域; 2.管理人员违章指挥、强令冒险作业; 3.机械操作人员操作错误、违章作业(酒后作业); 4.操作人员身体健康状况异常、心理异常、感知异常(反应迟钝、辨识错误); 5.现场作业人员未正确使用安全防护用品(反光背心、安全帽等); 6.机械操作人员疲劳作业	1.现场无警示标识或标识破损(警戒区、标牌、反光贴等); 2.设备设施安全作业距离不足,设备"病"作业(设备设施运动或制动装置失效、运动或制动装置无防护或防护装置有缺陷等); 3.安全防护用品不合格(反光背心、安全帽、护目镜等)	1.强风、暴雨、大雪、大雾等不良天气; 2.作业场地狭窄不平整、湿滑; 3.夜间施工照明不足	1.机械设备安全管理制度不完善或落实不到位(检查维护保养不到位); 2.未对机械设备、安全防护用品等进行进场验收或验收不完善; 3.安全教育、培训,交底、检查制度不完善或未落实; 4.机械范操作规程不规范或未落实; 5.安全投入不足	√	√	√	√	

续上表

分部工程	施工作业内容	典型风险事件	致害物	致险因素			风险事件后果类型				
				人的因素	物的因素	环境因素	管理因素	受伤人员类型		人员伤亡		
								本人	他人	轻伤	重伤	死亡
锚碇结构与拉杆	灌注桩	起重伤害	起重设备、吊索吊具	1.管理人员违章指挥,强令冒险作业; 2.作业人员操作失误,违章作业; 3.起重工、信号工未持有效证件上岗; 4.现场作业人员未正确使用安全防护用品(安全帽等); 5.抗倾覆验算错误,人员倾覆进入危险区域; 6.起重人员身体健康状况异常,心理异常,感知异常(反应迟钝,辨识错误); 7.作业人员疲劳作业	1.设备自身缺陷(强度、刚度不足,抗倾覆能力不足); 2.现场无警示标识或标识破损(警戒区、标牌、反光锥等); 3.安全防护用品不合格(安全帽等); 4.支撑件不合格; 5.构件防锈处理不合格; 6.支腿不平,现场无警示标识或标识破损(警戒区、标牌、反光锥等); 7.吊索吊具不合格或达到报废标准(钢丝绳、吊带、U形卸扣等); 8.支垫材料不合格(枕木、钢板等); 无防护装置或防护装置缺陷(防脱钩装置,限位装置等); 9.设备带"病"作业(制动装置、距高压线等安全距离不足); 10.安全防护用品不合格(反光背心、安全帽等)	1.强风,暴雨,大雪等不良天气; 2.地基承载力不足,基础下沉; 3.作业场地照明不足	1.施工方案不完善或未落实; 2.安全教育,培训,交底、检查制度不完善或未落实; 3.未对起重设备进行进场验收或验收不到位; 4.安全投入不足; 5.起重吊装作业时无专人监护; 6.起重吊装安全操作规程不规范或未落实	√	√	√	√	√

续上表

分部工程	施工作业内容	典型风险事件	致害物	致险因素			风险事件后果类型				
				人的因素	物的因素	环境因素	管理因素	受伤人员类型		人员伤亡		
								本人	他人	轻伤	重伤	死亡
锚锭结构与拉杆	灌注桩	车船伤害	运输车辆、施工船舶、附近通航船舶	1. 不当操作造成车辆安全装置失效，人员冒险进入危险场所（车辆倒车区域）；2. 车辆冒险进入临边位置，有分散注意力的行为；3. 施工人员着不安全装束；4. 现场指挥、警示不当；5. 管理人员违章指挥，强令人员冒险作业（进入驾驶人员视野盲区等）；6. 驾驶人员未持有效证件上岗，违章作业（违规载人、酒后驾驶、超速、超限、超载等）；7. 驾驶人员身体健康状况异常、心理异常，感知异常（反应迟钝，辨识错误）；8. 驾驶人员疲劳作业、现场作业人员未正确使用安全防护用品（反光背心、安全帽等）	1. 运输车辆未经检验或有缺陷；2. 施工场地环境不良（如照明不佳，场地湿滑等）；3. 个人防护用品用具缺少或有缺陷；4. 安全警示标志、护栏等警示人员无上岗资质；5. 运输道路承载力不足；6. 现场无警示标识或标识破损（警戒区、标牌、反光锥、反光贴等）；7. 车辆带"病"作业（制动装置、喇叭、后视镜、警示灯等设施有缺陷）；8. 车辆作业安全距离不足	1. 场地受限；2. 道路不符合要求；3. 大风、暴雨、低温等恶劣天气（不利于混凝土提升强度）；4. 不稳定坡体	1. 技术上的缺陷；2. 操作者生理、心理上的缺陷；3. 教育、交底不到位；4. 管理工作上的缺陷；5. 未对车辆设备、安全防护用品等进行进场验收或验收不到位；6. 车辆安全管理制度不完善或未落实（检查维护保养不到位）；7. 安全操作规程不规范或未落实（作业前未对车辆周围环境进行检查）	√	√	√	√	

— 298 —

续上表

分部工程	施工作业内容	典型风险事件	致害物	致险因素			风险人员类型				
				人的因素	物的因素	环境因素	管理因素	受伤人员类型		人员伤亡		
								本人	他人	轻伤	重伤	死亡
锚锭结构	拉杆制作与安装	触电	电焊机、发电机、配电箱、破损的电线，其他用电设备等导电材料	1.作业人员未正确使用安全防护用品（绝缘鞋、绝缘手套等）；2.作业人员操作错误或违章作业（带电检修维护）；3.管理人员违章指挥、强令冒险作业；4.电工等特种人员未持有效证件上岗；5.作业人员疲劳作业	1.电缆线、配电箱等电气设施不合格（线路破损、老化）；2.电气设施设置不规范（电缆拖地、配电箱无支架等）；3.带电设施无警示标识或标识破损（未接地、无漏电保护器、接线端子无防护罩等）；4.防护不当（配电柜、发电机、防护用挡板或无遮雨棚、防护破损）；5.设备损坏漏电	1.强风、雷雨、大雪等不良天气；2.作业场地杂乱，潮湿或积水；3.作业场地照明不足	1.临时用电方案不完善或未落实；2.发电机等安全操作规程不规范或未落实；3.电气设施材料未进行进场验收；4.无电工对用电设施进行巡查或巡查不到位；5.机械设备安全管理制度未落实（设备保养不到位）；6.安全检查、检查不完善或未落实；7.安全投入不足	√		√	√	√

续上表

分部工程	施工作业内容	典型风险事件	致害物	致险因素			风险人员类型		风险事件后果类型		
				人的因素	物的因素	环境因素	管理因素	受伤人员类型		人员伤亡	
								本人	他人	轻伤	重伤	死亡
锚锭结构与拉杆	拉杆制作与安装	起重伤害	起重设备、吊索吊具	1.管理人员违章指挥,强令冒险作业; 2.作业人员操作错误,违章作业; 3.起重工、信号工未持有效证上岗; 4.现场作业人员未正确使用安全防护用品(安全帽等); 5.抗倾覆验算错误,人员冒险进入危险区域; 6.起重人员身体健康状况异常、心理异常、感知异常(反应迟钝、辨识错误); 7.作业人员疲劳作业	1.设备自身缺陷(强度、刚度不足,抗倾覆能力不足); 2.现场无警示标识或标示破损(警戒区、标牌、反光锥等); 3.安全防护用品不合格(安全帽等); 4.支撑作不合格; 5.构件防锈处理不合格; 6.支腿不平,现场无警示标识或标示破损、反光锥(警戒区、标牌、反光锥等); 7.吊索吊具不合格或达到报废标准(钢丝绳、吊带、U形卸扣等); 8.支垫材料不合格(枕木、钢板等); 9.支护装置缺陷(防脱钩装置、限位装置等); 10.设备带"病"作业(制动装置等),距高压线等安全距离不足; 11.安全防护用品不合格(反光背心、安全帽等)	1.强风、暴雨、大雪等不良天气; 2.地基承载力不足,基础下沉; 3.作业场地照明不足	1.施工方案不完善或未落实; 2.安全教育、培训、交底、检查制度不完善未落实; 3.未对起重设备进行进场验收或验收不到位; 4.安全投入不足; 5.起重吊装作业时无专人监护; 6.起重吊装安全操作规程不规范或落实未落实	√	√	√	√	√

续上表

分部工程	施工作业内容	典型风险事件	致害物	致险因素			风险人员类型		人员伤亡		
				人的因素	物的因素	环境因素	管理因素	受伤人员类型			
								本人	他人	轻伤	重伤	死亡
锚碇结构与拉杆安装	拉杆制作	车船伤害	运输车辆、施工船舶、附近通航船舶	1.不当操作造成车辆安全装置失效,人员冒险进入危险场所(车辆倒车区域); 2.车辆冒险进入边坡临边位置,有分散注意力的行为; 3.施工人员着不安全装束; 4.现场指挥、警戒不当; 5.管理人员违章指挥、强令冒险作业(进入驾驶人员视野盲区); 6.驾驶人员未持有效证件上岗,违章驾驶作业(违章载人,酒后驾驶,超速,超限,超载作业); 7.驾驶人员身体健康状况异常,心理异常,感知异常(反应迟钝,辨识错误); 8.驾驶人员疲劳作业,现场作业人员未正确使用安全防护用品(反光背心,安全帽等)	1.运输车辆未经检验或有缺陷; 2.施工场地环境不良(如照明不佳,场地湿滑等); 3.个人防护用品用具缺少或有缺陷; 4.安全警示标志、护栏等警示装置缺乏或有缺陷,车辆操作人员上岗资格证; 5.运输道路承载力不足; 6.现场无警示标识或标识破损(警戒区、标牌、反光锥、反光贴等); 7.车辆带"病"作业(制动装置、喇叭、后视镜,警示灯等设施有缺陷); 8.车辆作业安全距离不足	1.场地受限; 2.道路不符合要求; 3.大风,暴雨,低温等恶劣天气(不利于混凝土提升强度); 4.不稳定坡体	1.技术上的缺陷; 2.操作者生理、心理上的缺陷; 3.教育、交底不到位有缺陷; 4.管理工作上的缺陷; 5.未对车辆设备、安全防护用品等进行进场验收或验收不到位; 6.车辆安全管理制度不完善或未落实,维护保养不到位; 7.安全操作规程不规范或未落实(作业前未对车辆周围环境进行检查)	√	√	√	√	√

— 301 —

续上表

分部工程	施工作业内容	典型风险事件	致害物	致险因素				风险事件后果类型			
				人的因素	物的因素	环境因素	管理因素	受伤人员类型		人员伤亡	
								本人	他人	轻伤	重伤	死亡
回填与面层	倒滤层	机械伤害	现场机械设备	1.人员违章进入危险区域； 2.管理人员违章指挥、强令冒险作业； 3.机械操作人员操作错误、违章作业(酒后作业)； 4.操作人员身体健康状况异常、心理异常、感知异常(反应迟钝、辨识错误)； 5.现场作业人员未正确使用安全防护用品(反光背心、安全帽等)； 6.机械操作人员疲劳作业	1.现场无警示标识或标识破损(警戒区、标牌、反光贴等)； 2.设备设施安全作业距离不足，设备带"病"作业，设备设施制动装置失效，运动或转动装置无防护或防护装置有缺陷等)； 3.安全防护用品不合格(反光背心、安全帽、护目镜等)	1.强风、暴雨、大雪、大雾等不良天气； 2.作业场地狭窄、不平整、湿滑； 3.夜间施工照明不足	1.机械设备安全管理制度不完善或未落实(检查维护保养不到位)； 2.未对机械设备、安全防护用品等进行进场验收或验收不到位； 3.安全教育、培训、交底、检查制度不完善或未落实； 4.机械设备操作规程不规范或未落实； 5.安全投入不足	√	√	√	√	

续上表

分部工程	施工作业内容	典型风险事件	致害物	致险因素 人的因素	致险因素 物的因素	致险因素 环境因素	致险因素 管理因素	受伤人员类型 本人	受伤人员类型 他人	人员伤亡 轻伤	人员伤亡 重伤	人员伤亡 死亡
回填与面层	倒滤层	车船伤害	运输车辆、施工船舶、附近通航船舶	1.不当操作造成车辆安全装置失效,人员冒险进入危险场所(车辆倒车区域); 2.车辆冒险进入边坡临边位置,有分散注意力的行为; 3.施工人员着不安全装束; 4.现场指挥、警戒不当; 5.管理人员违章指挥、强令冒险作业,驾驶人员视野盲区进人; 6.驾驶人员未持有效证书上岗,违规作业(违章驾驶、超速、超限、酒后驾驶、超载作业); 7.驾驶人员身体健康状况异常,心理异常(反应迟钝、辨识知觉错误); 8.驾驶人员疲劳作业,现场作业人员未正确使用安全防护用品(反光背心、安全帽等)	1.运输车辆未经检验或有缺陷; 2.施工场地环境不良(如照明不足、场地湿滑等); 3.个人防护用品用具缺少或有缺陷; 4.安全警示标志、护栏等安全装置缺乏或有缺陷,车辆操作人员无上岗资格证; 5.运输道路承载力不足; 6.现场无警示标识或标识破损(警戒区、标牌、反光锥等); 7.车辆带"病"作业(制动装置、喇叭、后视镜、警示灯等设施有缺陷); 8.车辆作业安全距离不足	1.场地受限; 2.道路不符合要求; 3.大风、暴雨、低温等恶劣天气(不利于混凝土提升强度); 4.不稳定坡体	1.技术上的缺陷; 2.操作者生理、心理上的缺陷; 3.教育、交底不到位有缺陷; 4.管理工作上的缺陷; 5.未对车辆设备、安全防护用品等进行进场验收或验收不到位; 6.车辆安全管理制度不完善未落实(检查、维护保养不到位); 7.安全操作规程不规范或作业前未对车辆周围环境进行检查)	√	√	√	√	

续上表

分部工程	施工作业内容	典型风险事件	致害物	致险因素			风险人员受伤类型			风险事件后果类型 人员伤亡		
				人的因素	物的因素	环境因素	管理因素	本人	他人	轻伤	重伤	死亡
回填与面层	土方回填	机械伤害	挖掘机等现场机械设备	1.人员违章进入危险区域； 2.管理人员违章指挥、强令冒险作业； 3.机械操作人员操作错误、违章作业（酒后作业）； 4.操作人员身体健康状况异常、心理异常、感知异常（反应迟钝、辨识错误）； 5.现场作业人员未正确使用安全防护用品（反光背心、安全帽等）； 6.机械操作人员疲劳作业	1.现场无警示标识或标识破损（警戒区、标牌、反光贴等）； 2.设备设施安全作业距离不足，设备设施作业（设施失效、运动或转动装置无防护或防护装置有缺陷等）； 3.安全防护用品不合格（反光背心、安全帽、护目镜等）	1.强风、暴雨、大雪、大雾等不良天气； 2.作业场地狭窄、不平整、湿滑； 3.夜间施工照明不足	1.机械设备安全管理制度不完善或落实不到位（检查维护保养不到位）； 2.未对机械设备、安全防护用品等进行进场验收或验收验证不完善、培训、交底，检查制度未落实； 4.机械设备操作规程不规范或未落实； 5.安全投入不足	√	√	√	√	

续上表

分部工程	施工作业内容	典型风险事件	致害物	致险因素 人的因素	致险因素 物的因素	致险因素 环境因素	致险因素 管理因素	风险人员类型 受伤人员类型 本人	风险人员类型 受伤人员类型 他人	人员伤亡 轻伤	人员伤亡 重伤	人员伤亡 死亡
				1. 不当操作造成车辆安全装置失效，人员冒险进入危险场所（车辆倒车区域）；2. 车辆冒险进入边坡临边位置，有分散注意力的行为；3. 施工人员着装不安全要求；4. 现场指挥、警戒不当；5. 管理人员违章指挥、强令冒险作业（进入驾驶人员视野盲区等）；6. 驾驶人员未持有效证件上岗，违章作业（违规操作错误、酒后驾驶、超速、超员、超载作业等）；7. 驾驶人员身体健康状况异常，心理异常（反应迟钝，辨识错误）；8. 驾驶人员疲劳作业，现场作业人员未正确使用安全防护用品（反光背心、安全帽等）							
回填与面层	土方回填	车船伤害	运输车辆、施工船舶、附近通航船舶		1. 运输车辆未经检验或有缺陷；2. 施工场地环境不良（如照明不佳，场地湿滑等）；3. 个人防护用品用具缺少或有缺陷；4. 安全警示标志、护栏等装置缺乏或有缺陷，车辆操作人员上岗资格证；5. 运输道路承载力不足；6. 现场无警示标识或标识破损（警戒区，标牌，反光锥，反光贴等）；7. 车辆带"病"作业（制动装置、喇叭、后视镜、警示灯等设施有缺陷）；8. 车辆作业安全距离不足	1. 场地受限；2. 道路不符合要求；3. 大风、暴雨、低温等恶劣天气（不利于混凝土提升强度）；4. 不稳定坡体	1. 技术上的缺陷；2. 操作者生理、心理上的缺陷；3. 教育、交底不到位有缺陷；4. 管理工作上的缺陷；5. 未对车辆设备、安全防护用品等进行进场验收或验收不到位；6. 车辆安全管理制度不完善或未落实（检查维护保养不到位）；7. 安全操作规程不规范或未落实（作业前未对车辆周围环境进行检查）	√	√	√	√	

— 305 —

续上表

分部工程	施工作业内容	典型风险事件	致害物	致险因素				风险人员类型			风险事件后果类型		
				人的因素	物的因素	环境因素	管理因素	受伤人员类型			人员伤亡		
								本人	他人		轻伤	重伤	死亡
回填与面层	土方回填	滑坡	不稳定土体、砌体、结构物等	1. 管理人员违章指挥，强令冒险作业（防护、放坡不及时）； 2. 人员心理异常（冒险侥幸心理等）； 3. 作业人员操作错误； 4. 有违章作业、违反劳动纪律的行为（管理人员脱岗）	1. 无警示信号或信号不清（紧急撤离信号）； 2. 现场无警示标识或标识破损（警戒区、标牌、反光锥等）； 3. 截排水设施不完善； 4. 防护形式错或防护材料不合格（材料强度不足等）； 5. 基坑边沿停放重型机械或堆放渣土	1. 存在滑坡、偏压等不良地质； 2. 作业场地照明不足； 3. 强风、暴雨、大雪等不良天气	1. 施工方案不完善或未落实（掏底开挖或上下重叠开挖，开挖完后未及时施工防护及排水）； 2. 安全教育、培训、交底，检查制度不完善或未落实； 3. 安全投入不足		√			√	
	地基处理	物体打击	零散材料、工具等	1. 违章操作； 2. 违章指挥； 3. 未按方案施工	构件运输、安装过程中坠落	风力超过6级、雨雾天气、夜间照明不到条件下进行作业	1. 交底培训不到位； 2. 现场监督检查不到位	√	√		√	√	

— 306 —

续上表

分部工程	施工作业内容	典型风险事件	致害物	致险因素 人的因素	致险因素 物的因素	致险因素 环境因素	致险因素 管理因素	风险人员受伤人员类型 本人	风险人员受伤人员类型 他人	人员伤亡 轻伤	人员伤亡 重伤	人员伤亡 死亡
		触电	电焊机、发电机、配电箱、破损的电线、其他用电设备等导电材料	1.作业人员未正确使用安全防护用品（绝缘鞋、绝缘手套等）； 2.作业人员操作错误或违章作业（带电检修维护）； 3.管理人员违章指挥、强令冒险作业； 4.电工等特种作业人员未持有效证件上岗； 5.作业人员疲劳作业	1.电缆线、配电箱等电气设施不合格（线路破损、老化）； 2.电气设施设置不规范（电缆拖地、配电箱无支架等）； 3.带电设施无警示标识或标识破损，安全防护装置不规范（未接地、无漏电保护器、接线端子无防护罩）； 4.防护不当，防护距离不足（配电柜、发电机无遮雨棚、防护围挡或防护破损）； 5.设备损坏漏电	1.强风、雷雨、大雪等不良天气； 2.作业场地杂乱、潮湿或积水； 3.作业场地照明不足	1.临时用电方案不完善或未落实； 2.发电机等安全操作规程不规范或未落实； 3.电气设施材料未进行进场验收； 4.无电工对用电设施进行巡查或巡查不到位； 5.机械设备安全管理制度未落实（设备保养不到位）； 6.安全教育、培训、交底、检查制度不完善或未落实； 7.安全投入不足	√			√	√
回填与面层	地基处理	坍塌	不稳定土体、砌体、结构物等	1.管理人员违章指挥、强令冒险作业（防护、放坡不足时）； 2.人员心理异常（冒险侥幸心理等）	1.无警示信号或信号不清（紧急撤离信号）； 2.现场无警示标识或标识破损、警戒区、标牌、反光锥等； 3.截排水设施不完善	1.存在滑坡、偏压等不良地质； 2.作业场地照明不足； 3.强风、暴雨、大雪等不良天气	1.施工方案不完善或未落实（掏底开挖、开挖完后未及时施工防护及排水）；	√	√	√	√	

续上表

分部工程	施工作业内容	典型风险事件	致害物	致险因素				风险事件后果类型				
				人的因素	物的因素	环境因素	管理因素	受伤人员类型		人员伤亡		
								本人	他人	轻伤	重伤	死亡
回填与面层	地基处理	坍塌	不稳定土体、砌体、结构物等	3. 作业人员操作错误； 4. 有违章的行为； 5. 违反劳动纪律（管理人员脱岗）	4. 防护形式错或防护材料不合格（材料强度不足等）； 5. 基坑边沿停放重型机械或堆放渣土		2. 安全教育、培训、交底、检查制度不完善或未落实； 3. 安全投入不足					
		机械伤害	现场机械设备	1. 人员违章进入危险区域； 2. 管理人员违章指挥、强令冒险作业； 3. 机械操作人员操作错误、违章作业（酒后作业）； 4. 操作人员身体健康状况异常、心理异常、感知异常（反应迟钝、辨识错误）； 5. 现场作业人员未正确使用安全防护用品（反光背心、安全帽等）； 6. 机械操作人员疲劳作业	1. 现场无警示标识或标识破损（警戒区、标牌、反光贴等）； 2. 设备设施安全作业距离不足，设备设施作业失效（设备设施运动或转动装置无防护或防护装置有缺陷等）； 3. 安全防护用品不合格（反光背心、安全帽、护目镜等）	1. 强风、暴雨、大雪、大雾等不良天气； 2. 作业场地狭窄、不平整、湿滑； 3. 夜间施工照明不足	1. 机械设备安全管理制度不完善或未落实（检查维护保养不到位）； 2. 未对机械设备、安全防护用品等进行进场验收或验收不落实； 3. 安全教育、培训、交底、检查制度不完善或未落实； 4. 机械设备操作规程不规范或未落实； 5. 安全投入不足	√	√	√	√	

续上表

分部工程	施工作业内容	典型风险事件	致害物	致险因素			风险人员类型			人员伤亡		
				人的因素	物的因素	环境因素	管理因素	本人	他人	轻伤	重伤	死亡
回填层与面层	地基处理	车船伤害	运输车辆、施工船、附近通航船舶	1. 不当操作造成车辆安全装置失效，人员冒险进入危险场所（车辆倒车区域）； 2. 车辆冒险进入边坡临边位置，有分散注意力的行为； 3. 施工人员着不安全装束； 4. 现场指挥、警戒不当； 5. 管理人员违章指挥，强令冒险作业（进入驾驶人员视野盲区等）； 6. 驾驶人员未持有效证件上岗，违章作业（违规载人、酒后驾驶、超速、超限）； 7. 驾驶人员身体健康状况异常，心理异常，感知异常（反应迟钝、辨识错误）； 8. 驾驶人员疲劳作业，现场使用安全防护用品（反光背心、安全帽等）	1. 运输车辆未经检验或有缺陷； 2. 施工场地环境不良（如照明不佳、场地湿滑等）； 3. 个人防护用品用具缺少或有缺陷； 4. 安全警示标志、护栏等警示标志缺少或有缺陷，车辆操作人员上岗资格证； 5. 运输道路承载能力不足； 6. 现场无警示标识或标识破损（警戒区、标牌、反光锥等）； 7. 车辆"带病"作业（制动装置、喇叭、后视镜、警示灯等设施有缺陷）； 8. 车辆作业安全距离不足	1. 场地受限； 2. 道路不符合要求； 3. 大风、暴雨、低温等恶劣天气（不利于混凝土提升强度）； 4. 不稳定坡体	1. 技术上的缺陷； 2. 操作者生理、心理上的缺陷； 3. 教育、交底不到位有缺陷； 4. 管理工作上的缺陷； 5. 未对车辆设备、安全防护用品等进行进场验收或验收不到位； 6. 车辆安全管理制度不完善或未落实，维护保养不到位； 7. 安全操作规程不规范或未落实（作业前未对车辆周围环境进行检查）	√	√	√	√	

续上表

分部工程	施工作业内容	典型风险事件	致害物	致险因素				受伤人员类型			风险事件后果类型 人员伤亡		
				人的因素	物的因素	环境因素	管理因素	本人	他人	轻伤	重伤	死亡
回填与面层	基底整平与碾压	机械伤害	现场机械设备	1. 人员违章进入危险区域； 2. 管理人员违章指挥，强令冒险作业； 3. 机械操作人员操作错误、违章作业(酒后作业)； 4. 操作人员身体健康状况异常、心理异常，感知异常(反应迟钝、辨识错误)； 5. 现场作业人员未正确使用安全防护用品(反光背心、安全帽、护目镜等)； 6. 机械操作人员疲劳作业	1. 现场无警示标识或标识破损(警戒区、标牌、反光贴等)； 2. 设备设施安全作业距离不足，设备带"病"作业(设备启动或转动装置失效，运动或防护装置无防护装置有缺陷等)； 3. 安全防护用品不合格(反光背心、安全帽、护目镜等)	1. 强风、暴雨、大雪、大雾等不良天气； 2. 作业场地狭窄不平整、湿滑； 3. 夜间施工照明不足	1. 机械设备安全管理制度不完善或未落实(检查维护保养不到位)； 2. 未对机械设备、安全防护用品等进行进场验收或验收不到位； 3. 安全教育、培训、交底、检查制度不完善未落实； 4. 机械设备操作规程不规范或未落实； 5. 安全投入不足	√	√	√	√	√

续上表

分部工程	施工作业内容	典型风险事件	致害物	致险因素 人的因素	致险因素 物的因素	致险因素 环境因素	管理因素	风险人员类型 本人	风险人员类型 他人	人员伤亡 轻伤	人员伤亡 重伤	人员伤亡 死亡
回填与面层	基底整平与碾压	车船伤害	运输车辆、施工船舶、附近通航船舶	1. 不当操作造成车辆安全装置失效，人员冒险进入危险场所（车辆倒车等）；2. 车辆冒险进入边坡临边位置，有分散注意力的行为；3. 施工人员着不安全装束；4. 现场指挥、警戒不当；5. 管理人员违章指挥，强令冒险作业（驾驶人员视野盲区等）；6. 驾驶人员未持有效证件上岗，违规操作错误，酒后驾驶、超限、超载等）；7. 驾驶人员身体健康状况异常，心理异常（反应迟钝、感知错误等）；8. 驾驶人员疲劳作业，现场作业人员未正确使用安全防护用品（反光背心、安全帽等）	1. 运输车辆未经检验或有缺陷；2. 施工场地环境不良（如照明不足，场地湿滑等）；3. 个人防护用品用具缺少或有缺陷；4. 安全警示标志、护栏等警示装置缺乏或有缺陷，车辆操作人员无上岗资格证；5. 运输道路承载力不足；6. 现场无警示标识或标识破损（警戒区、标牌、反光锥等）；7. 车辆带"病"作业（制动装置、喇叭、后视镜、警示灯等设施有缺陷）；8. 车辆作业安全距离不足	1. 场地受限；2. 道路不符合要求；3. 大风、暴雨、低温等恶劣天气（不利于混凝土提升强度）；4. 不稳定坡体	1. 技术上的缺陷；2. 操作者生理、心理上的缺陷；3. 教育、交底不到位有缺陷；4. 管理工作上的缺陷；5. 未对车辆设备、安全防护用品等进行进场验收或验收不到位；6. 车辆安全管理制度不完善或未落实（检查维护保养不规范或未落实（作业前未对车辆周围环境进行检查）	√	√	√	√	

— 311 —

续上表

分部工程	施工作业内容	典型风险事件	致害物	致险因素				风险事件后果类型				
				人的因素	物的因素	环境因素	管理因素	受伤人员类型		人员伤亡		
								本人	他人	轻伤	重伤	死亡
回填与面层	垫层与基层	机械伤害	现场机械设备	1.人员违章进入危险区域； 2.管理人员违章指挥，强令冒险作业； 3.机械操作人员违章操作、违章作业（酒后作业）； 4.操作人员身体健康状况异常、心理异常，感知异常（反应迟钝、辨识错误）； 5.现场作业人员未正确使用安全防护用品（反光背心、安全帽等）； 6.机械操作人员疲劳作业	1.现场无警示标识或标识破损（警戒区、标牌、反光贴等）； 2.设备设施安全作业距离不足，设备带"病"作业（设备设施运动制动装置失效、运动或转动装置无防护或防护装置有缺陷等）； 3.安全防护用品不合格（反光背心、安全帽、护目镜等）	1.强风、暴雨、大雪、大雾等不良天气； 2.作业场地狭窄，平整、湿滑； 3.夜间施工照明不足	1.机械设备安全管理制度不完善或未落实（检查维护保养不到位）； 2.未对机械设备、安全防护用品等进行进场验收或验收不到位； 3.安全教育、培训、交底、检查制度未完善未落实； 4.机械设备操作规程不规范或未落实； 5.安全投入不足	√		√		

— 312 —

续上表

分部工程	施工作业内容	典型风险事件	致害物	致险因素				风险事件后果类型			
				人的因素	物的因素	环境因素	管理因素	受伤人员类型		人员伤亡		
								本人	他人	轻伤	重伤	死亡
回填与面层	垫层与基层	车船伤害	运输车辆、施工船舶、附近通航船舶	1.不当操作造成车辆安全装置失效,人员冒险进入危险场所或有缺陷(车辆倒车区域); 2.车辆冒险进入边坡临边位置,有分散注意力的行为; 3.施工人员不着安全装束; 4.现场指挥、警戒不当; 5.管理人员违章指挥,强令冒险作业(进入驾驶人员视野盲区等); 6.驾驶人员未持有效证上岗,违章驾驶(违规载人、酒后驾驶、超速、超限、超载作业); 7.驾驶人员身体健康状况异常、心理异常、感知异常(反应迟钝、辨识错误); 8.驾驶人员疲劳作业,现场作业人员未正确使用安全防护用品(反光背心、安全帽等)	1.运输车辆未经检验或有缺陷; 2.施工场地环境不佳,场地湿滑(如照明不良等); 3.个人防护用品用具缺少或有缺陷; 4.安全警示标志、护栏等警戒装置缺失或有缺陷,车辆操作人员无上岗资格证; 5.运输道路承载力不足; 6.现场无警示标识或标识破损(警戒区、标牌、反光贴等); 7.车辆带"病"作业(制动装置、喇叭、后视镜、警示灯等设施有缺陷); 8.车辆作业安全距离不足	1.场地受限; 2.道路不符合要求; 3.大风、暴雨、低温等恶劣天气(不利于混凝土提升强度); 4.不稳定坡体	1.技术上的缺陷; 2.操作者生理、心理上的缺陷; 3.教育、交底不到位有缺陷; 4.管理工作上的缺陷; 5.未对车辆设备、安全防护用品等进行进场验收或验收不到位; 6.车辆安全管理制度不完善或未落实(检查维护保养不到位); 7.安全操作规程不规范或未落实(作业前未对车辆周围环境进行检查)	√	√	√	√	√

— 313 —

续上表

分部工程	施工作业内容	典型风险事件	致害物	致险因素			风险事件后果类型				
				人的因素	物的因素	环境因素	管理因素	受伤人员类型		人员伤亡	
								本人	他人	轻伤	重伤	死亡
回填与面层	面层	触电	电焊机、发电机、配电箱、破损的用电设备、其他用电设备等导电材料	1. 作业人员未正确使用安全防护用品（绝缘鞋、绝缘手套等）； 2. 作业人员操作错误或违章作业（带电检修维护）； 3. 管理人员违章指挥、强令冒险作业； 4. 电工等特种人员未持有效证上岗； 5. 作业人员疲劳作业	1. 电缆线、配电箱等电气设施不合格（线路破损、老化）； 2. 电气设施设置不规范（电缆拖地、配电箱无支架等）； 3. 带电设施无警示标识或标识破损安全防护装置不规范（未接地，无漏电保护器，接线端子无防护罩等）； 4. 防护不当、防护距离不足（配电柜、发电机无遮雨棚，防护围挡或防护破损）； 5. 设备损坏漏电	1. 强风、雷雨、大雪等不良天气； 2. 作业场地杂乱、潮湿或积水； 3. 作业场地照明不足	1. 临时用电方案不完善或未落实； 2. 发电机等安全操作规程不规范或未落实； 3. 电气设施材料等未进行进场验收； 4. 无电工对用电设施进行巡查或巡查不到位； 5. 机械设备安全管理制度未落实（设备养护具检查维护保养等不到位）； 6. 安全教育、培训、交底、检查制度不完善未落实； 7. 安全投入不足	√			√	√

续上表

分部工程	施工作业内容	典型风险事件	致害物	致险因素			风险人员类型		风险事件后果类型		
				人的因素	物的因素	环境因素	管理因素	受伤人员类型		人员伤亡		
								本人	他人	轻伤	重伤	死亡
回填与面层	面层	机械伤害	现场机械设备	1. 人员违章进入危险区域； 2. 管理人员违章指挥，强令冒险作业； 3. 机械操作人员操作错误，违章作业(酒后作业)； 4. 操作人员身体健康状况异常、心理异常、感知异常(反应迟钝、辨识错误)； 5. 现场作业人员未正确使用安全防护用品(反光背心、安全帽等)； 6. 机械操作人员疲劳作业	1. 现场无警示标识或标识破损(警戒区、标识牌、反光贴等)； 2. 设备设施安全作业距离不足，设备带"病"作业；设备设施运动或转动装置失效，运动或转动装置无防护或防护装置有缺陷(等)； 3. 安全防护用品不合格(反光背心、安全帽、护目镜等)	1. 强风、暴雨、大雪、大雾等不良天气； 2. 作业场地狭窄、不平整、湿滑； 3. 夜间施工照明不足	1. 机械设备安全管理制度不完善或落实不到位(检查维护保养不到位)； 2. 未对机械设备、安全防护用品等进行进场验收或验收不完善； 3. 安全教育、培训、交底、检查制度不落实、不规范或落实不到位； 4. 机械设备操作规程不完善； 5. 安全投入不足	√	√	√	√	

续上表

分部工程	施工作业内容	典型风险事件	致害物	致险因素			风险人员受伤人员类型		风险事件后果类型人员伤亡		
				人的因素	物的因素	环境因素	管理因素	本人	他人	轻伤	重伤	死亡
回填与面层	面层	车船伤害	运输车辆、施工船舶、附近通航船舶	1.不当操作造成车辆安全装置失效,人员冒险进入危险场所(车辆倒车区域); 2.车辆冒险进入边坡临空位置,有分散注意力的行为; 3.施工人员着不安全装束; 4.现场指挥、警戒不当; 5.管理人员违章指挥,强令冒险作业(进入驾驶人员视野盲区等); 6.驾驶人员未持有效证件上岗,违章作业(违规载人,酒后驾驶,超限、超载等); 7.驾驶人员身体健康状况异常、心理异常、知觉异常(反应迟钝、辨识错误); 8.驾驶人员疲劳作业,现场作业人员未正确使用安全防护用品(反光背心、安全帽等)	1.运输车辆未经检验或有缺陷; 2.施工场地环境不良(如照明不佳,场地湿滑等); 3.个人防护用品用具缺少或有缺陷; 4.安全警示标志、护栏等安全装置缺乏或有缺陷,车辆操作人员无上岗资格证; 5.运输道路承载力不足; 6.现场无警示标识或标识破损(警戒区、标牌、反光锥、反光贴等); 7.车辆带"病"作业(制动装置、喇叭、后视镜、警示灯等设施有缺陷); 8.车辆作业安全距离不足	1.场地受限; 2.道路不符合要求; 3.大风、暴雨、低温等恶劣天气(不利于混凝土提升强度); 4.不稳定坡体	1.技术上的缺陷; 2.操作者生理、心理上的缺陷; 3.教育、交底不到位上的缺陷; 4.管理工作上的缺陷; 5.未对车辆设备、安全防护用品等进行进场验收或验收不到位; 6.车辆安全管理制度不完善或未落实(检查维护保养不到位); 7.安全操作规程不规范或作业前未对车辆周围环境进行检查)	√	√	√	√	

续上表

分部工程	施工作业内容	典型风险事件	致害物	致险因素				风险人员类型		人员伤亡		
				人的因素	物的因素	环境因素	管理因素	本人	他人	轻伤	重伤	死亡
轨道梁与轨道安装	现浇轨道梁	触电	电焊机、发电机、配电箱、破损的电线、其他用电设备等导电材料	1.作业人员未正确使用安全防护用品（绝缘鞋、绝缘手套等）；2.作业人员操作错误或违章作业（带电检修维护）；3.管理人员违章指挥、强令冒险作业；4.电工等特种人员未持有效证件上岗；5.作业人员疲劳作业	1.电缆线、配电箱等电气设施不合格（线路破损、老化）；2.电气设施设置不规范（电缆拖地、配电箱无支架等）；3.带电设施无警示标识或标识破损，安全防护装置不规范，漏电保护器、接线端子无防护罩等；4.防护不当，防护距离不足（配电柜、发电机无遮雨棚，防护间挡或防护破损）；5.设备损坏漏电	1.强风、雷雨、大雪等不良天气；2.作业场地杂乱、潮湿或积水；3.作业场地照明不足	1.临时用电方案不完善或未落实；2.发电机等安全操作规程不规范或未落实；3.电气设施材料未进行进场验收；4.无电工对用电设施进行巡查或巡查不到位；5.机械设备安全管理制度未落实，设备维护保养等不到位；6.安全教育、培训、交底、检查制度不完善或未落实；7.安全投入不足	√		√	√	√

— 317 —

续上表

分部工程	施工作业内容	典型风险事件	致害物	致险因素			风险事件后果类型				
				人的因素	物的因素	环境因素	管理因素	受伤人员类型		人员伤亡		
								本人	他人	轻伤	重伤	死亡
				人员违章进入危险区域								
轨道梁与轨道安装	现浇轨道梁安装	机械伤害	现场机械设备	1. 人员违章进入危险区域；2. 管理人员违章指挥、强令冒险作业；3. 机械操作人员操作错误、违章作业（酒后作业）；4. 操作人员身体健康状况异常、心理异常、感知异常（反应迟钝、辨识错误）；5. 现场作业人员未正确使用安全防护用品（反光背心、安全帽等）；6. 机械操作人员疲劳作业	1. 现场无警示标识或标识破损（警戒区、标牌、反光贴等）；2. 设备设施安全作业距离不足，设备带"病"作业，设备设施制动装置失效、运动或转动装置无防护或防护装置有缺陷等）；3. 安全防护用品不合格（反光背心、安全帽、护目镜等）	1. 强风、暴雨、大雪、大雾等不良天气；2. 作业场地狭窄，不平整、湿滑；3. 夜间施工照明不足	1. 机械设备安全管理制度不完善或落实不到位（检查维护保养不到位）；2. 未对机械设备、安全防护用品等进行进场验收或验收不到位；3. 安全教育、培训、交底，检查制度不落实，未落实；4. 机械设备操作规程不规范或未完善；5. 安全投入不足	√	√	√	√	

— 318 —

续上表

分部工程	施工作业内容	典型风险事件	致害物	致险因素				风险事件后果类型				
				人的因素	物的因素	环境因素	管理因素	受伤人员类型		人员伤亡		
								本人	他人	轻伤	重伤	死亡
轨道梁与轨道安装	现浇轨道梁	起重伤害	起重设备、吊索吊具	1.管理人员违章指挥，强令冒险作业；2.作业人员操作错误，违章作业；3.起重工、信号工未持有效证件上岗；4.现场作业人员未正确使用安全防护用品（安全帽等）；5.抗倾覆验算错误，人员违章进入危险区域；6.起重人员身体健康状况异常、心理异常、感知异常（反应迟钝、辨识错误）；7.作业人员疲劳作业	1.设备自身缺陷（强度、刚度不足，抗倾覆能力不足）；2.现场无警示标识或标识破损（警戒区、标牌、反光锥等）；3.安全防护用品不合格（安全帽等）；4.支撑作不合格；5.构件防锈处理不合格；6.支腿不平，现场无警示标识或标识破损（警戒区、标牌、反光锥等）；7.吊索吊具不合格或达到报废标准（钢丝绳、吊带、U形卸扣等）；8.支垫材料不合格（枕木、钢板等）、无防护或防护装置缺陷（防脱钩装置、限位装置等）；9.设备带"病"作业（制动装置、距高压线等安全距离不足）；10.安全防护用品不合格（反光背心、安全帽等）	1.强风、暴雨、大雪等不良天气；2.地基承载力不足，基础下沉；3.作业场地照明不足	1.施工方案不完善或未落实；2.安全教育、培训、交底、检查制度不完善或未落实；3.未对起重设备进行进场验收或验收不到位；4.安全投入不足；5.起重吊装作业时无专人监护；6.起重吊装安全操作规程不规范或未落实	√	√	√	√	√

— 319 —

续上表

施工作业内容	典型风险事件	致害物	致险因素			风险人员受伤类型		人员伤亡后果类型		
			人的因素	物的因素	环境因素	管理因素	本人	他人	轻伤	重伤	死亡

分部工程	施工作业内容	典型风险事件	致害物	人的因素	物的因素	环境因素	管理因素	本人	他人	轻伤	重伤	死亡
轨道梁与轨道安装	现浇轨道梁	车船伤害	运输车辆、施工船舶、附近通航船舶	1.不当操作造成车辆安全装置失效，人员冒险进入危险场所（车辆倒车区域）；2.车辆冒险进入边坡临边位置，有分散注意力的行为；3.施工人员着装不安全要求；4.现场指挥、警戒不当；5.管理人员违章指挥，强令冒险作业，驾驶人员视野盲区等）；6.驾驶人员未持有效证件上岗，违章驾驶（违规操作误，酒后驾驶、超速、超限、超载作业）；7.驾驶人员身体健康状况异常，心理异常，感知异常（反应迟钝或辨识错误）；8.驾驶作业人员疲劳作业，现场作业人员未正确使用安全防护用品（反光背心、安全帽等）	1.运输车辆未经检验或有缺陷；2.施工场地环境不良（如照明不佳，场地湿滑等）；3.个人防护用品用具缺少或有缺陷；4.安全警示标志护栏等装置缺乏或有缺陷，车辆操作人员无上岗资格证；5.运输道路承载力不足；6.现场无警示标识或标识破损（警戒区，标牌、反光锥、反光贴等）；7.车辆带"病"作业（制动装置，喇叭，后视镜、警示灯等设施有缺陷）；8.车辆作业安全距离不足	1.场地受限；2.道路不符合要求；3.大风、暴雨、低温等恶劣天气（不利于混凝土提升强度）；4.不稳定坡体	1.技术上的缺陷；2.操作者生理、心理上的缺陷；3.教育、交底不到位；4.管理工作上的缺陷；5.未对车辆设备、安全防护用品等进场验收或验收不到位；6.车辆安全管理制度不完善或落实不到位（检查、维护保养不到位）；7.安全操作规范落实（作业前未对车辆周围环境进行检查）	√	√	√	√	

— 320 —

第五章 港口工程施工的主要安全风险分析

续上表

分部工程	施工作业内容	典型风险事件	致害物	致险因素				风险事件后果类型			
				人的因素	物的因素	环境因素	管理因素	受伤人员类型		人员伤亡	
								本人	他人	轻伤	重伤	死亡
轨道梁与轨道安装	轨道安装（含车挡与地锚）	物体打击	零散材料、工具等	1. 违章操作；2. 违章指挥；3. 未按方案施工	构件运输、安装过程中坠落	风力超过6级、雨雾天气，夜间照明不良等条件下进行作业	1. 交底培训不到位；2. 现场监督检查不到位	√	√	√	√	
		触电	电焊机、发电机、配电箱、破损的电设备、其他用电设备等导电材料	1. 作业人员未正确使用安全防护用品（绝缘鞋、绝缘手套等）；2. 作业人员操作错误或违章作业（带电检修或维护）；3. 管理人员违章指挥、强令冒险作业；4. 电工等特种人员未持有效证件上岗；5. 作业人员疲劳作业	1. 电缆线、配电箱等电气设施不合格（线路破损、老化）；2. 电气设施设置不规范（电缆拖地、配电箱无支架等）；3. 带电设施破损无安全防护装置或标识或警示标识、漏电保护器、接线端子无防护罩等）；4. 防护不当，防护距离不足（配电柜、发电机无遮雨棚、防护围挡或防护破损）；5. 设备损坏漏电	1. 强风、雷雨、大雪等不良天气；2. 作业场地杂乱、潮湿或积水；3. 作业场地照明不足	1. 临时用电方案不完善或发电机等安全操作规程不规范；2. 电气设施材料等未进行进场验收；3. 无电工对用电设施进行巡查或巡查不到位；4. 机械设备安全管理制度未落实（设备器具检查维护保养不到位）；5. 安全教育、培训、交底、检查制度不完善或未落实；6. 安全投入不足	√	√		√	√

续上表

分部工程	施工作业内容	典型风险事件	致害物	致险因素				风险事件后果类型				
				人的因素	物的因素	环境因素	管理因素	受伤人员类型		人员伤亡		
								本人	他人	轻伤	重伤	死亡
轨道梁与轨道安装	轨道安装(含车档与地锚)	机械伤害	现场机械设备	1.人员违章进入危险区域； 2.管理人员违章指挥，强令冒险作业； 3.机械操作人员操作错误，违章作业(酒后作业)； 4.操作人员身体健康状况异常、心理异常、感知异常(反应迟钝,辨识错误)； 5.现场作业人员未正确使用安全防护用品(反光背心、安全帽等)； 6.机械操作人员疲劳作业	1.现场无警示标识或标识破损(警戒区、标牌、反光贴等)； 2.设备设施安全作业距离不足,设备设施作业(设备设施制动装置失效、运动或转动装置无防护装置或防护装置有缺陷等)； 3.安全防护用品不合格(反光背心、安全帽、护目镜等)	1.强风、暴雨、大雪、大雾等不良天气； 2.作业场地狭窄，不平整、湿滑； 3.夜间施工照明不足	1.机械设备安全管理制度不完善或落实不到位(检查维护保养不到位)； 2.未对机械设备、安全防护用品等进行进场验收或验收不到位； 3.安全教育、培训、交底、检查制度不完善或未落实； 4.机械设备操作规程不规范或未落实； 5.安全投入不足	√	√	√	√	

续上表

分部工程	施工作业内容	典型风险事件	致害物	致险因素			风险事件后果类型				
				人的因素	物的因素	环境因素	管理因素	受伤人员类型		人员伤亡		
								本人	他人	轻伤	重伤	死亡
轨道梁与轨道安装	轨道安装（含车挡与地锚）	起重伤害	起重设备、吊索吊具	1. 管理人员违章指挥，强令冒险作业；2. 作业人员操作失误，违章作业；3. 起重工、信号工未持有效证件上岗；4. 现场作业人员未正确使用安全防护用品（安全帽等）；5. 抗倾覆验算错误，人员倾覆进入危险区域；6. 起重人员身体健康状况异常，心理异常，感知异常（反应迟钝、辨识错误）；7. 作业人员疲劳作业	1. 设备自身缺陷（强度、刚度不足，抗倾覆能力不足）；2. 现场无警示标识标识破损（警戒区、标牌、反光锥等）；3. 安全防护用品不合格（安全帽等）；4. 支撑件不合格；5. 构件防锈处理不合格；6. 支腿不平，现场无警示标识或标识破损（警戒区、标牌、反光锥等）；7. 吊索吊具报废标准（钢丝绳、吊带、U形卸扣等）；8. 支撑材料不合格（枕木、钢板等），无防护或防护装置缺陷（防脱钩装置、限位装置等）；9. 设备"带病"作业（制动装置等），距高压线安全距离不足；10. 安全防护用品不合格（反光背心、安全帽等）	1. 强风、暴雨、大雪等不良天气；2. 地基承载力不足，基础下沉；3. 作业场地照明不足	1. 施工方案不完善或未落实；2. 安全教育、培训、交底、检查制度不完善或未落实；3. 未对起重设备验收到位；4. 安全投入不足；5. 起重吊装作业时无专人监护；6. 起重吊装安全操作规程不规范或未落实	√	√		√	

续上表

分部工程	施工作业内容	典型风险事件	致害物	致险因素			风险事件后果类型				
				人的因素	物的因素	环境因素	管理因素	受伤人员类型		人员伤亡		
								本人	他人	轻伤	重伤	死亡
轨道梁与轨道安装	轨道安装（含车档与地锚）	车船伤害	运输车辆、施工船舶、附近通航船舶	1. 不当操作造成车辆安全装置失效，人员冒险进入危险场所（车辆倒车区域）； 2. 车辆冒险进入边坡临边位置，有分散注意力的行为； 3. 施工人员着装不安全装束； 4. 现场指挥、警戒不当； 5. 管理人员违章指挥，强令冒险作业（进入驾驶人员视野盲区等）； 6. 驾驶人员未持有效证件上岗，违规操作（违规载人、酒后驾驶、超限、超载驾驶、超速、超载作业）； 7. 驾驶人员身体健康状况异常、心理异常，感知异常（反应迟钝、辨识错误）； 8. 驾驶员疲劳作业，现场安全防护用品使用不正确（反光背心、安全帽等）	1. 运输车辆未经检验或有缺陷； 2. 施工场地环境不良（如照明不佳，场地湿滑等）； 3. 个人防护用品用具缺少或有缺陷； 4. 安全警示标志、护栏等装置缺乏或有缺陷，车辆操作岗无资格证； 5. 运输道路承载力不足； 6. 现场无警示标识或标识破损（警戒区、标牌、反光锥、反光贴等）； 7. 车辆带"病"作业（制动装置、喇叭、后视镜、警示灯等设施有缺陷）； 8. 车辆作业安全距离不足	1. 场地受限； 2. 道路不符合要求； 3. 大风、暴雨、低温等恶劣天气（不利于混凝土提升强度）； 4. 不稳定坡体	1. 技术上的缺陷； 2. 操作者生理、心理上的缺陷； 3. 教育、交底不到位有缺陷； 4. 管理工作上的缺陷； 5. 未对车辆设备、安全防护用品等进行进场验收或验收不到位； 6. 车辆安全管理制度不完善或未落实（检查维护保养不到位）； 7. 安全操作规程不规范或未落实（作业前未对车辆周围环境进行检查）	√	√	√	√	

第五章 港口工程施工的主要安全风险分析

续上表

分部工程	施工作业内容	典型风险事件	致害物	致险因素				风险人员类型		人员伤亡		
				人的因素	物的因素	环境因素	管理因素	受伤人员类型		轻伤	重伤	死亡
								本人	他人			
停靠船与防护系船柱设施		淹溺	水体	1. 作业人员安全防护意识差； 2. 违章操作； 3. 未正确佩戴劳动防护品； 4. 作业人员疲劳作业	水上作业未设置安全防护设施	风力超过6级、雨雾天气、夜间照明不良等条件下进行作业	1. 交底培训不到位； 2. 现场监督检查不到位	√	√	√	√	√
		机械伤害	现场机械设备	1. 人员违章进入危险区域； 2. 管理人员违章指挥、强令冒险作业； 3. 机械操作人员操作错误，违章作业（酒后作业）； 4. 操作人员身体健康状况异常，心理异常，感知异常（反应迟钝，辨识错误）； 5. 现场作业人员未正确使用安全防护用品（反光背心、安全帽、护目镜等）； 6. 机械操作人员疲劳作业	1. 现场无警示标识或标识破损（警戒区、标牌、反光贴等）； 2. 设备设施安全作业距离不足，设备"病态"作业（设备设施制动装置失效、运动或转动装置无防护或防护装置有缺陷等）； 3. 安全防护用品不合格（反光背心、安全帽、护目镜等）	1. 强风，暴雨，大雪，大雾等不良天气； 2. 作业场地狭窄，不平整、湿滑； 3. 夜间施工照明不足	1. 机械设备安全管理制度不完善或未落实（检查保养维护不到位）； 2. 未对机械设备、安全防护用品等进行进场验收或验收不到位； 3. 安全教育、培训、交底、检查制度不完善或未落实； 4. 机械设备操作规程不规范或未落实； 5. 安全投入不足	√	√	√	√	

— 325 —

续上表

分部工程	施工作业内容	典型风险事件	致害物	致险因素			风险事件后果类型			
				人的因素	物的因素	环境因素	管理因素	受伤人员类型 || 人员伤亡		
								本人	他人	轻伤	重伤	死亡
停靠船与防护设施	系船柱	起重伤害	起重设备、吊索吊具	1. 管理人员违章指挥,强令冒险作业; 2. 作业人员操作错误,违章作业; 3. 起重工、信号工未持有效证件上岗; 4. 现场作业人员未正确使用安全防护用品(安全帽等); 5. 抗倾覆验算错误,人员违章进入危险区域; 6. 起重人员身体健康状况异常、心理异常、感知异常(反应迟钝、辨识错误); 7. 作业人员疲劳作业	1. 设备自身缺陷(强度、刚度不足,抗倾覆能力不足); 2. 现场无警示标识或标牌,反光锥等; 3. 安全防护用品不合格(安全帽等); 4. 支撑件不合格; 5. 构件防锈处理不合格; 6. 支腿不平,现场无警示标识或标识破损(警戒区、标牌、反光锥等); 7. 吊索吊具不合格或达到报废标准(钢丝绳、吊带、U形卸扣等); 8. 支撑材料不合格(枕木、钢板等),无防护或防护装置缺陷(防脱钩装置、限位装置等); 9. 设备"带病"作业(制动装置等),距高压线等安全距离不足; 10. 安全防护用品不合格(反光背心、安全帽等)	1. 强风、暴雨、大雪等不良天气; 2. 地基承载力不足,基础下沉; 3. 作业场地照明不足	1. 施工方案不完善或未落实; 2. 安全教育、培训、交底、检查制度不完善或未落实; 3. 未对起重设备进行进场验收或验收不到位; 4. 安全投入不足; 5. 起重吊装作业时无专人监护; 6. 起重吊装安全操作规程不规范或未落实	√	√	√	√	√

续上表

分部工程	施工作业内容	典型风险事件	致害物	致险因素			风险事件后果类型				
				人的因素	物的因素	环境因素	管理因素	受伤人员类型		人员伤亡		
								本人	他人	轻伤	重伤	死亡
停靠船与防护设施	系船柱	高处坠落	无防护的作业平台、施工人员受自身的重力运动	1. 作业人员未正确使用安全防护用品（安全带、防滑鞋等）； 2. 作业人员身体健康状况异常、心理异常，感知等高症（有高血压、恐高症等禁忌症，反应迟钝，辨识错误）； 3. 作业人员违章作业、管理人员违章指挥，强令冒险作业； 4. 作业人员操作错误或违章作业	1. 高处作业场所未设置安全防护等措施（安全绳索、防坠网）； 2. 未设置安全警示标志或标识破损； 3. 安全防护用品质量不合格、存在缺陷； 4. 未设置人员上下安全爬梯或设置不规范	1. 大风、雷电、大雪、暴雨等恶劣天气； 2. 夜间施工照明不足； 3. 作业场地不平整、湿滑	1. 安全教育、培训、交底、检查制度不完善或未落实； 2. 职业健康、安全管理制度不完善、未落实（定期体检）； 3. 安全投入不足； 4. 高处作业安全操作规程不规范、未落实； 5. 安全防护用品等进行进场验收或验收检查不到位		√	√	√	√
	护舷、爬梯安装	落水、淹溺	水体	1. 作业人员安全防护意识差； 2. 违章操作； 3. 未正确佩戴劳动防护用品； 4. 作业人员疲劳作业	水上作业未设置安全防护设施	风力超过6级、雨雾天气、夜间照明不良等条件下进行作业	1. 交底培训不到位； 2. 现场监督检查不到位	√		√	√	√

续上表

分部工程	施工作业内容	典型风险事件	致害物	致险因素				风险人员类型			人员伤亡			
				人的因素	物的因素	环境因素	管理因素	受伤人员类型			后果类型			
								本人	他人		轻伤	重伤	死亡	
停靠船与防护设施	护舷、爬梯安装	物体打击	零散材料、工具等	1. 违章操作； 2. 违章指挥； 3. 未按方案施工	构件运输、安装过程中坠落	风力超过6级、雨雾天气、夜间照明不良等条件下进行作业	1. 交底培训不到位； 2. 现场监督检查不到位	√	√		√	√		
		机械伤害	现场机械设备	1. 人员违章进入危险区域； 2. 管理人员违章指挥、强令冒险作业； 3. 机械操作人员操作错误、违章作业(酒后作业)； 4. 操作人员身体健康状况异常、心理异常、感知异常(反应迟钝、辨识错误)； 5. 现场作业人员未正确使用安全防护用品(反光背心、安全帽等)； 6. 机械操作人员疲劳作业	1. 现场无警示标识或标识破损(警戒区、标牌、反光贴等)； 2. 设备设施安全作业距离不足，设备带"病"作业(设备设施制动装置失效，运动转动装置无防护或防护装置有缺陷等)； 3. 安全防护用品不合格(反光背心、安全帽、护目镜等)	1. 强风、暴雨、大雪、大雾等天气； 2. 作业场地狭窄，不平整、湿滑； 3. 夜间施工照明不足	1. 机械设备安全管理制度不完善或未落实(检查维护保养不到位)； 2. 未对机械设备、安全防护用品等进行进场验收或验收不落实； 3. 安全教育、培训、交底、检查制度不完善或未落实； 4. 机械设备操作规程不规范或未落实； 5. 安全投入不足	√	√		√	√		

续上表

分部工程	施工作业内容	典型风险事件	致害物	致险因素 人的因素	致险因素 物的因素	致险因素 环境因素	致险因素 管理因素	风险人员类型 受伤人员类型 本人	风险人员类型 受伤人员类型 他人	人员伤亡 轻伤	人员伤亡 重伤	人员伤亡 死亡
停靠船与防护设施	护舷、爬梯安装	起重伤害	起重设备、吊索吊具	1.管理人员违章指挥,强令冒险作业; 2.作业人员操作错误,违章作业; 3.起重工、信号工未持有效证件上岗; 4.现场作业人员未正确使用安全防护用品(安全帽等); 5.抗倾覆验算错误,人员违章进入危险区域; 6.起重人员身体健康状况异常,心理异常,感知异常(反应迟钝、辨识错误); 7.作业人员疲劳作业	1.设备自身缺陷(强度、刚度不足,抗倾覆能力不足); 2.现场无警示标识或标识破损(警戒区、标牌、反光锥等); 3.安全防护用品不合格(安全帽等); 4.支撑件不合格; 5.构件防锈处理不合格; 6.支腿不平、现场无警示标识或标识破损(警戒区、标牌、反光锥等); 7.吊索吊具不合格(钢丝绳、吊带、U形卸扣等)达到报废标准; 8.支垫材料不合格(枕木、钢板等),无防脱防护装置缺陷(防脱钩装置、限位装置等); 9.设备带"病"作业(制动装置、距高压线等安全距离不合格); 10.安全防护用品不合格(反光背心、安全帽等)	1.强风、暴雨、大雪等不良天气; 2.地基承载力不足,基础下沉; 3.作业场地照明不足	1.施工方案不完善或未落实; 2.安全教育、培训、交底、检查制度不完善或未落实; 3.未对起重设备进行进场验收或验收不到位; 4.安全投入不足; 5.起重吊装作业时无专人监护; 6.起重吊装安全操作规程不规范或未落实	√	√	√	√	√

— 329 —

续上表

分部工程	施工作业内容	典型风险事件	致害物	致险因素				风险事件后果类型				
				人的因素	物的因素	环境因素	管理因素	受伤人员类型		人员伤亡		
								本人	他人	轻伤	重伤	死亡
停靠船与防护设施	护舷、爬梯安装	高处坠落	无防护的作业平台,施工人员受自身的重力运动	1.作业人员未正确使用安全防护用品(安全带、防滑鞋等); 2.作业人员身体健康状况异常,心理异常,感知异常(有高血压,恐高症等禁忌症),反应迟钝,辨识错误; 3.管理人员违章指挥,强令冒险作业; 4.作业人员操作错误或违章作业	1.高处作业场所未设置安全防护等措施(安全绳索、防坠网); 2.未设置安全警示标志或标识破损; 3.安全防护用品质量不合格,存在缺陷; 4.未设置爬梯或设置爬梯设置不规范	1.大风、雷电、大雪、暴雨等恶劣天气; 2.夜间施工照明不足; 3.作业场地不平整,湿滑	1.安全教育、培训、交底、检查制度不完善或未落实; 2.职业健康、安全管理制度不完善、未落实(定期体检); 3.安全投入不足; 4.高处作业安全操作规程不规范或未落实; 5.安全防护用品等进行进场验收或验收不到位	√			√	√
	护轮坎	淹溺	水体	1.作业人员安全防护意识差; 2.违章操作; 3.未正确佩戴劳动防护品; 4.作业人员疲劳作业	水上作业未设置安全防护设施	风力超过6级、雨雾天气、夜间照明不良等条件下进行作业	1.交底培训不到位; 2.现场监督检查不到位	√		√	√	√

第五章 港口工程施工的主要安全风险分析

续上表

分部工程	施工作业内容	典型风险事件	致害物	致险因素			风险人员受伤类型		风险事件后果类型 人员伤亡		
				人的因素	物的因素	环境因素	管理因素	本人	他人	轻伤	重伤	死亡

分部工程	施工作业内容	典型风险事件	致害物	人的因素	物的因素	环境因素	管理因素	本人	他人	轻伤	重伤	死亡
停靠船与防护轮坎设施		触电	电焊机、发电机、配电箱、破损的电线、其他用电设备等导电材料	1. 作业人员未正确使用安全防护用品（绝缘鞋、绝缘手套等）；2. 作业人员操作错误或违章检修维护；3. 管理人员违章指挥、强令冒险作业；4. 电工等特种人员未持有效证件上岗；5. 作业人员疲劳作业	1. 电缆线、配电箱等电气设施不合格（线路破损、老化）；2. 电气设施设置不规范（电缆拖地、配电箱无支架等）；3. 带电设施无警示标识或标识破损、安全防护装置不规范（未接地、漏电保护器、接线端子无防护罩等）；4. 防护不当（配电柜、发电机离电不足、防护距离不够，无遮雨棚、防护围挡或防护破损）；5. 设备损坏漏电	1. 强风、雷雨、大雪等不良天气；2. 作业场地杂乱、潮湿或积水；3. 作业场地照明不足	1. 临时用电方案不完善或未落实；2. 发电机等安全操作规程不规范或操作未落实；3. 电气设施材料进场未验收；4. 无电工对用电设施进行巡查或巡查不到位；5. 机械设备安全管理制度未落实（设备等机具检查维护保养不到位）；6. 安全教育、培训、交底、检查制度不完善或未落实；7. 安全投入不足	√		√	√	√

— 331 —

续上表

分部工程	施工作业内容	典型风险事件	致害物	致险因素			风险事件后果类型				
				人的因素	物的因素	环境因素	管理因素	受伤人员类型		人员伤亡		
								本人	他人	轻伤	重伤	死亡
停靠船与防护护轮坎设施		机械伤害	现场机械设备	1. 人员违章进入危险区域； 2. 管理人员违章指挥，强令冒险作业； 3. 机械操作人员操作错误，违章作业（酒后作业）； 4. 操作人员身体健康状况异常、心理异常、感知异常（反应迟钝、辨识错误）； 5. 现场作业人员未正确使用安全防护用品（反光背心、安全帽等）； 6. 机械操作人员疲劳作业	1. 现场无警示标识或标识破损（警戒区、标牌、反光贴等）； 2. 设备设施安全作业距离不足，设备带"病"作业（设备设施运动制动装置失效，运动转动装置无防护或防护装置有缺陷等）； 3. 安全防护用品不合格（反光背心、安全帽、护目镜等）	1. 强风、暴雨、大雪、大雾等不良天气； 2. 作业场地狭窄，不平整、湿滑； 3. 夜间施工照明不足	1. 机械设备安全管理制度不完善或未落实（检查维护保养不到位）； 2. 未对机械设备、安全防护用品等进行进场验收或验收不到位； 3. 安全教育、培训、交底、检查制度不完善或未落实； 4. 机械设备操作规程不规范或未落实； 5. 安全投入不足	√	√	√	√	

续上表

分部工程	施工作业内容	典型风险事件	致害物	致险因素			风险事件后果类型				
				人的因素	物的因素	环境因素	管理因素	受伤人员类型		人员伤亡		
								本人	他人	轻伤	重伤	死亡
停靠船与防护轮坎设施		车船伤害	运输车辆、施工船舶、附近通航船舶	1. 不当操作造成车辆安全装置失效，人员冒险进入危险场所（车辆倒车区域）； 2. 车辆冒险进入边坡临边位置，有分散注意力的行为； 3. 施工人员着不安全装束； 4. 现场指挥、警戒不当； 5. 管理人员违章指挥、强令冒险作业（进入驾驶人员视野盲区等）； 6. 驾驶人员未持有效证件上岗，违章操作（违规载人、酒后驾驶、超速、超限）等错误； 7. 驾驶人员身体健康状况异常、心理异常、感知异常（反应迟钝、辨识错误）； 8. 驾驶人员疲劳作业，现场作业人员未正确使用安全防护用品（反光背心、安全帽等）	1. 运输车辆未经检验或有缺陷； 2. 施工场地环境不佳，场地湿滑（如照明不良、场地湿滑等）； 3. 个人防护用品用具缺少或有缺陷； 4. 安全警示标志、护栏等警示装置缺失或有缺陷，车辆操作人员无上岗资格证； 5. 运输道路承载力不足； 6. 现场无警示标识或标识破损（警戒区、标牌、反光锥）； 7. 车辆"带病"作业（制动装置、喇叭、后视镜、警示灯等设施有缺陷）； 8. 车辆作业安全距离不足	1. 场地受限； 2. 道路不符合要求； 3. 大风、暴雨、低温等恶劣天气（不利于混凝土提升强度）； 4. 不稳定坡体	1. 技术上的缺陷； 2. 操作者生理、心理上的缺陷； 3. 教育、交底不到位有缺陷； 4. 管理工作上的缺陷； 5. 未对车辆设备、安全防护用品等进行进场验收或验收不到位； 6. 车辆安全管理制度不完善或未落实（检查维护保养不到位）； 7. 安全操作规程未落实（作业规范或操作不规范或车辆前未对车辆周围环境进行检查）	√	√	√	√	

续上表

分部工程	施工作业内容	典型风险事件	致害物	致险因素				风险人员受伤类型		人员伤亡		
				人的因素	物的因素	环境因素	管理因素	本人	他人	轻伤	重伤	死亡
停靠船与防护设施	护轮坎	高处坠落	无防护的作业平台、施工人员自身的重力运动	1.作业人员未正确使用安全防护用品(安全带、防滑鞋等); 2.作业人员身体健康状况异常、心理异常、感知异常(有高血压、恐高症等禁忌症,反应迟钝、辨识错误); 3.管理人员违章指挥,强令冒险作业; 4.作业人员疲劳作业或违章作业	1.高处作业场所未设置安全防护措施(安全绳索、防坠网); 2.未设置安全警示标志或异常破损; 3.安全防护用品质量不合格,存在缺陷; 4.未设置爬梯或设置人员上下安全爬梯不规范	1.大风、雷电、大雪、暴雨等恶劣天气; 2.夜间施工照明不足; 3.作业场地不平整、湿滑	1.安全教育、培训、交底、检查制度不完善或未落实; 2.职业健康、安全管理制度不完善或未落实(定期体检); 3.安全投入不足; 4.高处作业不规范操作规程不规范或未落实; 5.安全防护用品等进行进场验收验收不到位	√			√	√
	堤头灯	机械伤害	现场机械设备	1.人员违章进入危险区域; 2.管理人员违章指挥,强令冒险作业; 3.机械操作人员操作错误,违章作业(酒后作业); 4.操作人员身体健康状况异常、心理异常、感知异常(反应迟钝、辨识错误); 5.现场作业人员未正确使用安全防护用品(反光背心、安全帽等); 6.机械操作人员疲劳作业	1.现场无警示标识或标识破损(警戒区、标牌、反光贴等); 2.设备不足、设备间安全距离不足,设备带"病"作业(设备设施制动装置失效、运动或防护装置无或防护装置有缺陷等); 3.安全防护用品不合格(反光背心、安全帽、护目镜等)	1.强风、暴雨、大雪、大雾等不良天气; 2.作业场地狭窄、不平整、湿滑; 3.夜间施工照明不足	1.机械设备安全管理制度不完善或未落实(检查维护保养不到位); 2.未对机械设备、安全防护用品等进行进场验收或验收不到位; 3.安全教育、培训、交底、检查制度不完善或未落实; 4.机械设备操作规程不规范; 5.安全投入不足	√	√		√	

续上表

分部工程	施工作业内容	典型风险事件	致害物	致险因素			风险人员类型		人员伤亡		
				人的因素	物的因素	环境因素	管理因素	受伤人员类型		风险事件后果类型	
								本人	他人	轻伤	重伤	死亡
停靠船与防护设施	堤头灯	起重伤害	起重设备、吊索吊具	1.管理人员违章指挥,强令冒险作业; 2.作业人员操作错误,违章作业; 3.起重工、信号工未持有效证件上岗; 4.现场作业人员未正确使用安全防护用品(安全帽等); 5.抗倾覆验算错误,人员违章进入危险区域; 6.起重人员身体健康状况异常、心理异常、感知异常(反应迟钝、辨识错误); 7.作业人员疲劳作业	1.设备自身缺陷(强度、刚度不足,抗倾覆能力不足); 2.现场无警示标识或标识破损(警戒区、标牌等); 3.安全防护用品不合格(安全帽等); 4.支撑不合格; 5.构件防锈处理不合格; 6.支腿不平,现场无警示标识或标识破损(警戒区、标牌,反光锥等); 7.吊索吊具不合格或达到报废标准(钢丝绳、吊带,U形卸扣等); 8.支垫材料不合格(枕木、钢板等),无防护或防护装置缺陷(防脱钩装置,限位装置等); 9.设备"带病"作业(制动装置等),距高压线等安全距离不足; 10.安全防护用品不合格(反光背心、安全帽等)	1.强风、暴雨、大雪等不良天气; 2.地基承载力不足,基础下沉; 3.作业场地照明不足	1.施工方案不完善或未落实; 2.安全教育、培训,交底、检查制度不完善或未落实; 3.未对起重设备进行进场验收或验收不到位; 4.安全投入不足; 5.起重吊装作业时无专人监护; 6.起重吊装安全操作规程不规范或未落实	√	√	√	√	√

续上表

分部工程	施工作业内容	典型风险事件	致害物	致险因素				风险人员受伤类型		风险事件后果类型 人员伤亡			
				人的因素	物的因素	环境因素	管理因素	本人	他人	轻伤	重伤	死亡
停靠船与防护堤头灯设施		高处坠落	无防护的作业平台、施工人员受自身的重力运动	1.作业人员未正确使用安全防护用品(安全带、防滑鞋等); 2.作业人员身体健康状况异常、心理异常,感知异常(有高血压,恐高症等禁忌症,反应迟钝、辨识错误); 3.作业人员违章作业、管理人员违章指挥,强令冒险作业; 4.作业人员操作错误或违章作业	1.高处作业场所未设置安全防护等措施(安全绳索、防坠网); 2.未设置安全警示标志或标识破损; 3.安全防护用品质量不合格,存在缺陷; 4.未设置或设置不安全爬梯	1.大风、雷电、大雪、暴雨等恶劣天气; 2.夜间施工照明不足; 3.作业场地不平整、湿滑	1.安全教育、培训、交底、检查制度不完善或未落实; 2.职业健康、安全管理制度不完善,未落实(定期体检); 3.安全投入不足; 4.高处作业安全操作规程不规范或未落实; 5.安全防护用品等进行进场验收或验收不到位	√		√	√	√
码头前沿挖泥	码头前沿挖泥	淹溺	水体	1.作业人员安全防护意识差; 2.违章操作; 3.未正确佩戴劳动防护用品; 4.作业人员疲劳作业	水上作业未设置安全防护设施	风力超过6级、雨雾天气、夜间照明不良等条件下进行作业	1.交底培训不到位; 2.现场监督检查不到位	√		√	√	√

续上表

分部工程	施工作业内容	典型风险事件	致害物	致险因素 人的因素	致险因素 物的因素	致险因素 环境因素	致险因素 管理因素	风险人员类型 受伤人员类型 本人	风险人员类型 受伤人员类型 他人	人员伤亡 轻伤	人员伤亡 重伤	人员伤亡 死亡
		坍塌	不稳定土体、砌体、结构物等	1. 管理人员违章指挥、强令冒险作业（防护、放坡不及时）；2. 人员心理异常（冒险侥幸心理等）；3. 作业人员操作错误；4. 有违章作业、违反劳动纪律的行为（管理人员脱岗）	1. 无警示信号或信号不清（紧急撤离信号）；2. 现场无警示标识或标志破损（警戒区、标牌、反光锥）；3. 截排水设施不完善；4. 防护形式错或防护材料不合格（材料强度不足等）；5. 基坑边沿停放重型机械或堆放渣土	1. 存在滑坡、偏压等不良地质；2. 作业场地照明不足；3. 强风、暴雨、大雪等不良天气	1. 施工方案不落实或未落实（掏底开挖或上下重叠开挖，开挖完后未及时施工防护及排水）；2. 安全教育、培训、交底、检查制度不落实；3. 安全投入不足	√	√	√	√	
码头前沿挖泥	码头前沿挖泥	机械伤害	现场机械设备	1. 人员违章进入危险区域；2. 管理人员违章指挥、强令冒险作业；3. 机械操作人员操作错误、违章作业；4. 操作人员身体健康状况异常，心理异常，感知迟钝（反应迟钝，辨识错误）；5. 现场作业人员防护用品不正确使用（反光背心、安全帽等）；6. 机械操作人员疲劳作业	1. 现场无警示标识或标志破损（警戒区、标牌、反光贴）；2. 设备设施安全作业距离失效，设备设施无防护或转动装置有缺陷；3. 安全防护用品不合格（反光背心、安全帽、护目镜等）	1. 强风、暴雨、大雪、大雾等不良天气；2. 作业场地狭窄、不平整、湿滑；3. 夜间施工照明不足	1. 机械设备不完善或安全管理制度不落实（检查维护保养不到位）；2. 未对机械设备进行进场验收或验收不到位；3. 安全教育、培训、交底、检查制度不落实；4. 机械设备操作规程不规范或执行不落实；5. 安全投入不足	√	√	√	√	

续上表

分部工程	施工作业内容	典型风险事件	致害物	致险因素			风险事件后果类型				
				人的因素	物的因素	环境因素	管理因素	受伤人员类型		人员伤亡		
								本人	他人	轻伤	重伤	死亡
码头前沿挖泥	码头前沿挖泥	车船伤害	运输车辆、施工船舶、附近通航船舶	1. 不当操作造成车辆安全装置失效，人员冒险进入危险场所（车辆倒伏区域）；2. 车辆冒险进入边坡临边位置，有分散注意力的行为；3. 施工人员着不安全装束；4. 现场指挥、警戒不当；5. 管理人员违章指挥、强令冒险作业（进入驾驶人员视野盲区等）；6. 驾驶人员未持有效证件上岗、违章驾驶（违规作业、酒后驾驶、超速、超限、超载等）；7. 驾驶人员身体健康状况异常、心理异常（反应迟钝，辨识错误）；8. 驾驶人员疲劳作业、现场作业人员未正确使用安全防护用品（反光背心、安全帽等）	1. 运输车辆未经检验或有缺陷；2. 施工场地环境不良（如照明不佳，场地湿滑等）；3. 个人防护用品用具缺少或有缺陷；4. 安全警示标志、护栏等警示装置无或有缺陷，车辆操作人员无上岗资格证；5. 运输道路承载力不足；6. 现场无警示标识或标识破损（警戒区、标牌、反光锥、反光贴等）；7. 车辆带"病"作业（制动装置、喇叭、后视镜、警示灯等设施有缺陷）；8. 车辆作业安全距离不足	1. 场地受限；2. 道路不符合要求；3. 大风、暴雨、低温等恶劣天气（不利于混凝土提升强度）；4. 不稳定坡体	1. 技术上的缺陷；2. 操作者生理、心理上的缺陷；3. 教育、交底不到位；4. 管理工作上的缺陷；5. 未对车辆设备、安全防护用品等进行进场验收或验收不到位；6. 车辆安全管理制度不完善或未落实（检查维护保养不到位）；7. 安全操作规程不规范或作业前未对车辆周围环境进行检查）	√	√	√		√

— 338 —

续上表

分部工程	施工作业内容	典型风险事件	致害物	致险因素			风险事件后果类型				
				人的因素	物的因素	环境因素	管理因素	受伤人员类型		人员伤亡	
								本人	他人	轻伤	重伤	死亡
码头前沿挖泥	码头前沿挖泥	滑坡	不稳定土体、砌体、结构物等	1. 管理人员违章指挥，强令冒险作业（防护放坡不及时）；2. 人员心理异常（冒险侥幸心理等）；3. 作业人员操作错误；4. 有违章作业、违反劳动纪律的行为（管理人员脱岗）	1. 无警示信号或信号不清（紧急撤离信号）；2. 现场无警示标识或标识破损（警戒区、标牌、反光锥等）；3. 截排水设施不完善；4. 防护形式错或防护材料不合格（材料强度不足等）；5. 基坑边沿停放重型机械或堆放渣土	1. 存在滑坡、不良地质；2. 作业场地照明不足；3. 强风、暴雨、大雪等不良天气	1. 施工方案不完善或未落实（掏底开挖或上下重叠开挖，开挖完后未及时施工防护及排水）；2. 安全教育、培训、交底、检查制度不完善或未落实；3. 安全投入不足	√	√	√	√	

第四节 防波堤与护岸工程施工的主要安全风险分析

防波堤与护岸工程主要涉及基础工程、堤身工程、护面工程、上部结构、桶式防波堤基础工程、桶式防波堤堤身工程等施工内容；典型风险事件主要有淹溺、物体打击、触电、坍塌、机械伤害、起重伤害、车船伤害、爆炸、高处坠落、火灾等；致害物主要包含了运输车辆、水体、施工船舶、附近通航船舶、汽车起重机、履带式起重机等起重设备、不稳定土体、砌体、结构物、恶劣天气等。风险事件的发生常常是因为人的因素、物的因素、环境因素、管理因素的管理、维护、设置等不到位而导致，具体风险分析见表5-4。

表5-4 防波堤与护岸工程施工的主要安全风险分析

分部工程	施工作业内容	典型风险事件	致害物	致险因素				风险事件后果类型				
				人的因素	物的因素	环境因素	管理因素	受伤人员类型		人员伤亡		
								本人	他人	轻伤	重伤	死亡
基础工程	水下基槽开挖	淹溺	坑内、坑外水	1.作业人员安全防护意识差；2.违章操作；3.未正确佩戴劳动防护用品	1.航标设施设置不当；2.施工作业平台安全警示设施不到位；3.恶劣天气通航、施工；4.船舶自身故障	风力超过6级、雨雾天气，夜间照明不良等条件下进行水上作业	1.交底培训不到位；2.现场监督检查不到位	√			√	√
		坍塌	坑壁土	1.违章操作；2.违章指挥；3.未按方案施工	1.支护质量不符合要求；2.支护失稳	平台处于通航区域	1.支护机构完成后未按设计和规范组织验收；2.未定期进行检查	√	√	√	√	
		机械伤害	施工工设备	作业人员安全防护意识差	机械操作不当或发生故障	能见度不良	1.交底培训不到位；2.现场监督检查不到位	√	√	√	√	
		车船伤害	车船	1.操作人员操作失误；2.操作人员安全意识差；3.操作水平差	1.车船长期未维修保养；2.车船存在较大的故障损坏等	风力超过6级、雨雾天气，夜间照明不良等条件下进行水上作业	1.交底培训不到位；2.现场监督检查不到位；3.车船未取得专门机构取得证	√	√	√	√	

续上表

分部工程	施工作业内容	典型风险事件	致害物	致险因素 - 人的因素	致险因素 - 物的因素	致险因素 - 环境因素	致险因素 - 管理因素	风险人员类型 - 受伤人员类型 本人	风险人员类型 - 受伤人员类型 他人	风险事件后果类型 - 人员伤亡 轻伤	风险事件后果类型 - 人员伤亡 重伤	风险事件后果类型 - 人员伤亡 死亡
基础工程	水下抛砂	淹溺	河、海水	1. 作业人员安全防护意识差；2. 违章操作；3. 未正确佩戴劳动防护品	1. 航标设施设置不当；2. 施工作业平台安全警示设施不到位；3. 恶劣天气通航、施工；4. 船舶自身故障	风力超过6级，雨雾天气，夜间照明不良等条件下进行水上作业	1. 交底培训不到位；2. 现场监督检查不到位	√		√	√	√
		车船伤害	车船	1. 操作人员操作失误；2. 操作人员安全意识差；3. 操作水平差	1. 车船长期未维修保养；2. 车船存在较大的故障损坏等	风力超过6级，雨雾天气，夜间照明不良等条件下进行水上作业	1. 交底培训不到位；2. 现场监督检查不到位；3. 车船未取得专门机构得发证	√	√	√	√	
	水下基床抛石	淹溺	河、海水	1. 作业人员安全防护意识差；2. 违章操作；3. 未正确佩戴劳动防护品	1. 航标设施设置不当；2. 施工作业平台安全警示设施不到位；3. 恶劣天气通航、施工；4. 船舶自身故障	风力超过6级，雨雾天气，夜间照明不良等条件下进行水上作业	1. 交底培训不到位；2. 现场监督检查不到位	√		√	√	√

续上表

分部工程	施工作业内容	典型风险事件	致害物	致险因素				风险事件后果类型				
				人的因素	物的因素	环境因素	管理因素	受伤人员类型		人员伤亡		
								本人	他人	轻伤	重伤	死亡
基础工程	水下基床抛石	物体打击	石块等	1.作业人员安全防护意识差；2.违章操作；3.未正确佩戴劳动防护用品	上料卸料过程中，物料散落	风力超过6级，雨雾天气、夜间照明不良等条件下进行水上作业	1.人员、设备未登记、验收等；2.人员教育不到位	√	√	√	√	
		机械伤害	施工设备	作业人员安全防护意识差	机械操作不当或发生故障	能见度不良	1.交底培训不到位；2.现场监督检查不到位	√	√	√	√	
		车船伤害	车船	1.操作人员操作失误；2.操作人员安全意识差；3.操作水平差	1.车船长期未维修保养；2.车船存在较大的故障损坏等	风力超过6级，雨雾天气、夜间照明不良等条件下进行水上作业	1.交底培训不到位；2.现场监督检查不到位；3.车船未取得专门机构得发证	√	√	√	√	
	水下基床夯实	淹溺	河、海水	1.作业人员安全防护意识差；2.违章操作；3.未正确佩戴劳动防护用品	1.航标设施设置不当；2.施工作业平台安全警示设施不到位；3.恶劣天气通航、施工；4.船舶自身故障	风力超过6级，雨雾天气、夜间照明不良等条件下进行水上作业	1.交底培训不到位；2.现场监督检查不到位	√		√	√	√

续上表

分部工程	施工作业内容	典型风险事件	致害物	致险因素 人的因素	致险因素 物的因素	致险因素 环境因素	致险因素 管理因素	受伤人员类型 本人	受伤人员类型 他人	人员伤亡 轻伤	人员伤亡 重伤	人员伤亡 死亡
水下基础工程	基础夯实	机械伤害	施工设备	作业人员安全防护意识差	机械操作不当或发生故障	能见度不良	1. 交底培训不到位；2. 现场监督检查不到位	√		√	√	
		起重伤害	起重设备、吊索吊具	1. 人员违章进入危险区域；2. 管理人员违章指挥，强令冒险作业；3. 索信号工未持有效证件上岗；4. 起重作业人员操作错误，违章作业；5. 起重人员身体健康状况异常；6. 作业人员疲劳作业；7. 现场人员未正确使用安全防护用品	1. 现场无警示标识或标识破损；2. 吊索吊具不合格或达到报废标准；3. 无防护或防护装置缺陷；4. 安全防护用品不合格	1. 雷电、暴雨、大风（6级以上）、大雾等恶劣天气；2. 夜间施工照明不足	1. 起重吊装专项施工方案不完善或未落实；2. 机械设备安全管理制度不完善或未落实；3. 起重吊装安全操作规程未落实；4. 安全教育、培训、交底、检查制度不完善或未落实；5. 未对机械设备进行进场验收或验收不到位；6. 安全投入不足		√	√	√	
		车船伤害	车船	1. 操作人员操作失误；2. 操作人员安全意识差；3. 操作水平差	1. 车船长期未维修保养；2. 车船存在较大的故障损坏等	风力超过6级、雨雾天气、夜间照明不良条件下进行水上作业	1. 交底培训不到位；2. 现场监督检查不到位；3. 车船未取得专门机构得发证	√	√	√	√	√

续上表

分部工程	施工作业内容	典型风险事件	致害物	致险因素				风险事件后果类型				
				人的因素	物的因素	环境因素	管理因素	受伤人员类型		人员伤亡		
								本人	他人	轻伤	重伤	死亡
基础工程	水下基床整平	淹溺	河、海水	1. 作业人员安全防护意识差；2. 违章操作；3. 未正确佩戴劳动防护用品	1. 航标设施设置不当；2. 施工作业平台安全警示设施不到位；3. 恶劣天气通航、施工；4. 船舶自身故障	风力超过6级，雨雾天气，夜间照明不良等条件下进行水上作业	1. 交底培训不到位；2. 现场监督检查不到位		√	√	√	√
		物体打击	地基材料	1. 作业人员安全防护意识差；2. 违章操作；3. 未正确佩戴劳动防护用品	上料卸料过程中，物料散落	风力超过6级，雨雾天气，夜间照明不良等条件下进行水上作业	1. 人员、设备未登记、验收等；2. 人员教育不到位	√	√	√	√	
		机械伤害	施工设备	作业人员安全防护意识差	机械操作不当或发生故障	能见度不良	1. 交底培训不到位；2. 现场监督检查不到位	√	√	√	√	
		车船伤害	车船	1. 操作人员操作失误；2. 操作人员安全意识差；3. 操作水平差	1. 车船长期未维修保养；2. 车船存在较大的故障损坏等	风力超过6级，雨雾天气，夜间照明不良等条件下进行水上作业	1. 交底培训不到位；2. 现场监督检查不到位；3. 车船未取得专门机构得发证	√	√	√	√	

续上表

分部工程	施工作业内容	典型风险事件	致害物	致险因素				风险事件后果类型				
				人的因素	物的因素	环境因素	管理因素	受伤人员类型		人员伤亡		
								本人	他人	轻伤	重伤	死亡
基础工程	陆上或水下地基加固	淹溺	河、海水	1. 作业人员安全防护意识差； 2. 违章操作； 3. 未正确佩戴劳动防护用品	1. 航标设施设置不当； 2. 施工作业平台安全警示设施不到位； 3. 恶劣天气通航、施工； 4. 船舶自身故障	风力超过6级，雨雾天气，夜间照明不良条件下进行水上作业	1. 交底培训不到位； 2. 现场监督检查不到位	√				√
		物体打击	地基材料	1. 作业人员安全防护意识差； 2. 违章操作； 3. 未正确佩戴劳动防护用品	上料卸料过程中，物料散落	风力超过6级，雨雾天气，夜间照明不良条件下进行水上作业	1. 人员、设备未登记、验收等； 2. 人员教育不到位	√	√	√	√	
		触电	电箱、电缆、用电设备等	1. 非操作人员上岗； 2. 个人防护意识差； 3. 使用不安全设备； 4. 冒险进入危险场所（雷暴天气下的桩机附近）等	1. 电线老化、破损； 2. 钻机或电焊机等设备漏电、设备接地保护损坏； 3. 施工场地环境不良（如照明不足，雨雪天气等）； 4. 电线浸泡水中； 5. 未实行"一机、一闸、一漏保"措施； 6. 未设置防雷措施	施工场地环境不良，场地潮湿，接线凌乱	1. 技术上的缺陷； 2. 操作者生理、心理上的缺陷； 3. 教育、交底不到位有缺陷； 4. 管理工作上的缺陷	√		√	√	√

续上表

分部工程	施工作业内容	典型风险事件	致害物	致险因素				风险事件后果类型			
				人的因素	物的因素	环境因素	管理因素	受伤人员类型		人员伤亡		
								本人	他人	轻伤	重伤	死亡

分部工程	施工作业内容	典型风险事件	致害物	人的因素	物的因素	环境因素	管理因素	本人	他人	轻伤	重伤	死亡
		坍塌	地基材料	1.违章操作；2.违章指挥；3.未按方案施工	材料堆放过高	光线不足	1.交底培训不到位；2.现场监督检查不到位	√			√	
基础工程	陆上或水下地基加固	机械伤害	施工设备	作业人员安全防护意识差	机械操作不当或发生故障	能见度不良	1.交底培训不到位；2.现场监督检查不到位	√	√	√	√	
		车船伤害	车船	1.操作人员操作失误；2.操作人员安全意识差；3.操作水平差	1.车船长期未维修保养；2.车船存在较大的故障损坏等	风力超过6级、雨雾天气，夜间照明不良条件下进行水上作业	1.交底培训不到位；2.现场监督检查不到位；3.车船未取得专门机构取得资证	√	√	√	√	

续上表

分部工程	施工作业内容	典型风险事件	致害物	致险因素				风险事件后果类型				
				人的因素	物的因素	环境因素	管理因素	受伤人员类型		人员伤亡		
								本人	他人	轻伤	重伤	死亡
堤身工程		物体打击	模板、钢筋等	1. 现场作业人员未正确使用安全防护用品； 2. 人员违章进入危险区域； 3. 管理人员违章指挥、强令冒险作业； 4. 作业人员身体健康状况异常； 5. 作业人员操作错误、违章作业	1. 安全防护用品不合格； 2. 现场无警示标识或标识破损； 3. 作业过程中产生的坠落物	1. 作业场地杂乱； 2. 作业场地照明不足	1. 施工方案不完善或未落实； 2. 安全教育、培训、交底、检查制度不完善或未落实； 3. 安全防护用品验收或进行进场验收不到位； 4. 安全投入不足	√			√	
	沉箱预制	触电	破损的电缆线等	1. 作业人员未正确使用安全防护用品； 2. 作业人员操作错误或违章作业； 3. 管理人员违章指挥、强令冒险作业； 4. 电工等特种人员未持有效证件上岗； 5. 作业人员疲劳作业	1. 电缆线、配电箱等电气设施不合格； 2. 电气设施设置不规范； 3. 带电设施无警示标识或标识破损； 4. 安全防护装置不规范； 5. 防护不当、防护距离不足； 6. 发电机等设备损坏带电	1. 雷电、暴雨、大雪、大雾等恶劣天气； 2. 作业场地杂乱、不平整； 3. 作业场地照明不足	1. 临时用电方案不完善或未落实； 2. 发电机等安全操作规程不规范或未落实； 3. 电气设施材料等未进行进场验收； 4. 无电工对用电设施进行巡查或巡查不到位； 5. 发电机等机具检查维护保养不到位； 6. 安全教育、培训、交底、检查制度不完善或未落实； 7. 安全投入不足	√		√	√	√

续上表

分部工程	施工作业内容	典型风险事件	致害物	致险因素 人的因素	致险因素 物的因素	致险因素 环境因素	致险因素 管理因素	受伤人员类型 本人	受伤人员类型 他人	人员伤亡 轻伤	人员伤亡 重伤	人员伤亡 死亡
		机械伤害	钢筋弯曲机等机械设备	1.人员违章进入危险区域；2.管理人员违章指挥、强令冒险作业；3.机械操作人员未持有效证件上岗；4.机械操作人员操作错误、违章作业；5.操作人员身体健康状况异常；6.现场作业人员未正确使用安全防护用品；7.机械操作人员疲劳作业	1.现场无警示标识或标识破损；2.设备设施安全作业距离不足；3.设备带"病"作业（设备运动或转动装置失效、防护或防护装置无效、防护或防护装置有缺陷等）；4.安全防护用品不合格	1.强风、暴雨、大雪、大雾等不良天气；2.夜间施工照明不足；3.作业场地狭窄	1.机械设备安全管理制度不完善或未落实；2.未对机械设备、安全防护用品等进行进场验收或验收不到位；3.安全教育、培训、交底，检查制度不完善或未落实；4.机械设备安全操作规程不规范或未落实；5.安全投入不足	√			√	
堤身工程	沉箱预制	起重伤害	汽车起重机等起重设备、吊索吊具	1.人员违章进入危险区域；2.管理人员违章指挥、强令冒险作业；3.起重信号工、索具工、起重作业人员、司索作业人员未持有效证件上岗；4.起重作业人员操作错误、违章作业；5.起重人员身体健康状况异常；6.作业人员疲劳作业；7.现场作业人员未正确使用安全防护用品	1.现场无警示标识或标识破损；2.吊索吊具不合格或达到报废标准；3.无防护或防护装置缺陷；4.安全防护用品不合格	1.雷电、暴雨、大风（6级以上）、大雾等恶劣天气；2.夜间施工照明不足	1.起重吊装专项施工方案不完善或未落实；2.机械设备安全管理制度不完善或未落实；3.起重吊装安全操作规程不规范或未落实；4.安全教育、培训、交底，检查制度不完善或未落实；5.未对机械设备、安全防护用品等进行进场验收或验收不到位；6.安全投入不足	√	√	√	√	√

续上表

分部工程	施工作业内容	典型风险事件	致害物	致险因素				风险人员受伤人员类型		人员伤亡后果类型		
				人的因素	物的因素	环境因素	管理因素	本人	他人	轻伤	重伤	死亡
		车船伤害	运输船等	1. 人员违章进入危险区域；2. 管理人员违章指挥，强令冒险作业；3. 操作人员未持有效证件上岗；4. 机械操作人员操作错误，操作异常；5. 操作人员身体健康状况异常；6. 现场作业人员未正确使用安全防护用品；7. 机械操作人员疲劳作业	1. 现场无警示标识或标识破损；2. 船舶安全装置失效；3. 作业安全距离不足；4. 安全防护用品不合格	1. 强风，暴雨，大雪，大雾等不良天气；2. 夜间施工照明不足；3. 作业场地狭窄	1. 未对设备，安全防护用品等进行进场验收或验收不到位；2. 设备安全管理制度不完善或未落实；3. 安全操作规范或安全操作规程未落实，培训、交底、教育未完善或制度不完善或未落实；4. 职业健康管理制度不完善或未落实；5. 安全投入不足	√	√	√	√	
堤身工程	沉箱预制	高处坠落	不稳定的作业平台	1. 作业人员未正确使用安全防护用品；2. 作业人员身体健康状况异常；3. 作业人员疲劳作业；4. 管理人员违章指挥，强令冒险作业；5. 作业人员操作错误或违反章作业	1. 安全防护用品不合格；2. 现场无警示标识或标识破损；3. 作业平台未设置安全稳固的安全护栏	1. 未设置人员上下安全通道或设置不规范；2. 作业场地狭窄不平整、湿滑；3. 作业施工照明不足	1. 高处作业安全操作规程不规范或未落实；2. 施工方案不完善或未落实；3. 安全教育、培训、交底、检查制度不完善或未落实；4. 职业健康管理制度不完善或未落实；5. 安全防护用品等进行进场验收或验收不到位	√		√	√	√

续上表

分部工程	施工作业内容	典型风险事件	致害物	致险因素				风险人员受伤类型		风险事件后果类型 人员伤亡		
				人的因素	物的因素	环境因素	管理因素	本人	他人	轻伤	重伤	死亡
		物体打击	掉落的零部件等	1.现场作业人员未正确使用安全防护用品；2.人员违章进入危险区域；3.管理人员违章指挥、强令冒险作业；4.作业人员身体健康状况异常；5.作业人员操作错误、违章作业	1.安全防护用品不合格；2.现场无警示标识或标识破损；3.作业过程中产生的坠落物	1.作业场地杂乱；2.作业场地照明不足	1.施工方案不完善或未落实；2.安全教育、培训、交底、检查制度不完善或未落实；3.安全防护用品等进行进场验收或验收不到位；4.安全投入不足	√	√	√	√	
堤身工程	沉箱气囊出运	触电	破损的电缆线等	1.作业人员未正确使用安全防护用品；2.作业人员操作错误或违章作业；3.管理人员违章指挥、强令冒险作业；4.电工等特种人员未持有效证件上岗；5.作业人员疲劳作业	1.电缆线、配电箱等电气设施不合格；2.电气设施设置不规范；3.带电设施无警示标识或标识破损；4.安全防护装置不规范；5.防护不当，防护距离不足；6.发电机等设备损坏带电	1.雷电、暴雨、大雪、大雾等恶劣天气；2.作业场地杂乱、不平整；3.作业场地照明不足	1.临时用电方案不完善或未落实；2.发电机等安全操作规程不规范或未落实；3.电气设施材料等未进行进场验收；4.无电工对用电设施进行巡查或巡查不到位；5.发电机等机具检查维修保养不到位；6.安全教育、培训、交底、检查制度不完善或未落实；7.安全投入不足	√			√	√

第五章 港口工程施工的主要安全风险分析

续上表

分部工程	施工作业内容	典型风险事件	致害物	致险因素				风险事件后果类型				
				人的因素	物的因素	环境因素	管理因素	受伤人员类型		人员伤亡		
								本人	他人	轻伤	重伤	死亡
堤身工程	沉箱气囊出运	机械伤害	现场机械设备	1. 人员违章进入危险区域； 2. 管理人员违章指挥、强令冒险作业； 3. 操作人员未持有效证件上岗； 4. 机械操作人员操作错误、违章作业； 5. 操作人员身体健康状况异常； 6. 现场作业人员未正确使用安全防护用品； 7. 机械操作人员疲劳作业	1. 现场无警示标识或标识破损； 2. 设备设施安全距离不足； 3. 设备带"病"作业（设备设施制动装置失效，运动或防护装置有缺陷等）； 4. 安全防护用品不合格	1. 强风、暴雨、大雪、大雾等不良天气； 2. 夜间施工照明不足； 3. 作业场地狭窄	1. 机械设备安全管理制度不完善或落实不到位； 2. 未对机械设备、安全防护用品等进行进场验收或验收不到位； 3. 安全教育、培训、交底、检查制度未完善或未落实； 4. 机械设备安全操作规程不完善或未落实； 5. 安全投入不足	√	√	√	√	
		车船伤害	运输船等	1. 人员违章进入危险区域； 2. 管理人员违章指挥、强令冒险作业； 3. 操作人员未持有效证件上岗； 4. 机械操作人员操作错误、违章作业； 5. 操作人员身体健康状况异常； 6. 现场作业人员未正确使用安全防护用品； 7. 机械操作人员疲劳作业	1. 现场无警示标识或标识破损； 2. 船舶安全装置失效； 3. 作业安全距离不足； 4. 安全防护用品不合格	1. 强风、暴雨、大雪、大雾等不良天气； 2. 夜间施工照明不足； 3. 作业场地狭窄	1. 未对设备、安全防护用品等进行进场验收或验收不到位； 2. 设备安全管理制度不完善或未落实； 3. 安全操作规程不规范或未落实，安全教育、培训、交底、检查制度未完善或未落实； 4. 职业健康管理制度不完善或未落实； 5. 安全投入不足	√	√	√	√	

— 351 —

续上表

分部工程	施工作业内容	典型风险事件	致害物	致险因素				风险人员类型		人员伤亡		
				人的因素	物的因素	环境因素	管理因素	受伤人员类型				
								本人	他人	轻伤	重伤	死亡
堤身工程	沉箱气囊出运	爆炸	气囊等	1. 冲压过量；2. 未按操作规程施工	气囊不合规	气温过高	1. 技术上的缺陷；2. 教育、培训、交底不到位有缺陷；3. 管理工作上的缺陷	√			√	√
		物体打击	掉落的零部件	1. 现场作业人员未正确使用安全防护用品；2. 人员违章进入危险区域；3. 管理人员违章指挥，强令冒险作业；4. 作业人员身体健康状况异常；5. 作业人员操作错误，违章作业	1. 安全防护用品不合格；2. 现场无警示标识或标识破损；3. 作业过程中产生的坠落物	1. 作业场地杂乱；2. 作业场地照明不足	1. 施工方案不完善或未落实；2. 安全教育、培训、交底、检查制度未落实；3. 安全防护用品等进行进场验收或验收不到位；4. 安全投入不足	√	√	√	√	
	沉箱台车出运	触电	破损的电缆线等	1. 作业人员未正确使用安全防护用品；2. 作业人员操作错误或违章作业；3. 管理人员违章指挥，强令冒险作业；	1. 电缆线、配电箱等电气设施不合格；2. 电气设施设置不规范；3. 带电设施无警示标识或标识破损；4. 安全防护装置不规范；	1. 雷电、暴雨、大雪、大雾等恶劣天气；2. 作业场地杂乱、不平整；3. 作业场地照明不足	1. 临时用电方案不完善或未落实；2. 发电机等安全操作规程不规范等未落实；3. 电气设施材料等未进行进场验收；4. 无电工对用电设施进行巡查或巡查不到位	√		√	√	√

续上表

分部工程	施工作业内容	典型风险事件	致害物	致险因素				风险事件后果类型				
				人的因素	物的因素	环境因素	管理因素	受伤人员类型		人员伤亡		
								本人	他人	轻伤	重伤	死亡
		触电	破损的电缆线等	4. 电工等特种人员未持有效证件上岗； 5. 作业人员疲劳作业	5. 防护不当，防护距离不足； 6. 发电机等设备损坏带电		5. 发电机等机具检查维护保养不到位； 6. 安全教育、培训、交底、检查制度不完善或未落实； 7. 安投入不足	√				
堤身工程	沉箱台车出运	机械伤害	现场机械设备	1. 人员违章进入危险区域； 2. 管理人员违章指挥、强令冒险作业； 3. 机械操作人员未持有效证件上岗； 4. 机械操作人员操作错误、违章作业； 5. 操作人员身体健康状况异常； 6. 现场作业人员未正确使用安全防护用品； 7. 机械操作人员疲劳作业	1. 现场无警示标识或标识破损； 2. 设备设施安全距离不足； 3. 设备带"病"作业（设备设施制动装置失效，运转部位防护装置无效或防护装置有缺陷等）； 4. 安全防护用品不合格	1. 强风、暴雨、大雪、大雾等不良天气； 2. 夜间施工照明不足； 3. 作业场地狭窄	1. 机械设备安全管理制度不完善或未落实； 2. 未对机械设备、安全防护用品等进行进场验收或验收不到位； 3. 安全教育、培训、交底、检查制度不完善或未落实； 4. 机械设备安全操作规程不规范或未落实； 5. 安投入不足	√	√	√	√	√

续上表

分部工程	施工作业内容	典型风险事件	致害物	致险因素				风险事件后果类型				
				人的因素	物的因素	环境因素	管理因素	受伤人员类型		人员伤亡		
								本人	他人	轻伤	重伤	死亡
堤身工程	沉箱台车出运	车船伤害	运输船舶等船舶	1.人员违章进入危险区域；2.管理人员违章指挥，强令冒险作业；3.操作人员未持有效证件上岗；4.机械操作人员操作错误，违章作业；5.操作人员身体健康状况异常；6.现场作业人员未正确使用安全防护用品；7.机械操作人员疲劳作业	1.现场无警示标识或标识破损；2.船舶安全装置失效；3.作业安全距离不足；4.安全防护用品不合格	1.强风、暴雨、大雪、大雾等不良天气；2.夜间施工照明不足；3.作业场地狭窄	1.未对设备、安全防护用品等进行进场验收或验收不到位；2.设备安全管理制度不完善或未落实；3.安全操作规程不规范或未落实，安全教育、培训、交底、检查制度不完善或未落实；4.职业健康管理制度不落实或未落实；5.安全投入不足	√	√	√	√	
	沉箱水上拖运、浮运	淹溺	水体	1.作业人员安全防护意识差；2.违章操作；3.未正确佩戴劳动防护用品；4.作业人员疲劳作业	水上作业未设置安全防护设施	风力超过6级，雨雾天气，夜间照明不良等条件下进行作业	1.交底培训不到位；2.现场监督检查不到位	√			√	√

第五章 港口工程施工的主要安全风险分析

续上表

分部工程	施工作业内容	典型风险事件	致害物	致险因素			风险人员受伤类型		人员伤亡事件后果类型		
				人的因素	物的因素	环境因素	管理因素	本人	他人	轻伤	重伤	死亡
堤身工程	沉箱水上拖运、浮运	机械伤害	现场机械设备	1. 人员违章进入危险区域；2. 管理人员违章指挥、强令冒险作业；3. 机械操作人员未持有效证件上岗；4. 机械操作人员操作错误、违章作业；5. 操作人员身体健康状况异常；6. 现场作业人员未正确使用安全防护用品；7. 机械操作人员疲劳作业	1. 现场无警示标识或标牌破损；2. 设备设施安全防护距离不足；3. 设备带"病"作业（设备设施制动装置失效、运动转动装置无防护或防护装置有缺陷等）；4. 安全防护用品不合格	1. 强风、暴雨、大雪、大雾等不良天气；2. 夜间施工照明不足；3. 作业场地狭窄	1. 机械设备安全管理制度不完善或落实不到位；2. 未对机械设备、安全防护用品等进行进场验收或验收不到位；3. 安全教育、培训、交底、检查制度或落实不到位；4. 机械设备安全操作规程不完善或落实不到位；5. 安全投入不足	√	√	√	√	
		车船伤害	运输船舶等	1. 人员违章进入危险区域；2. 管理人员违章指挥、强令冒险作业；3. 操作人员未持有效证件上岗；4. 机械操作人员操作错误、违章作业；5. 操作人员身体健康状况异常；6. 现场作业人员未正确使用安全防护用品；7. 机械操作人员疲劳作业	1. 现场无警示标识或标牌破损；2. 船舶安全装置失效；3. 作业安全距离不足；4. 安全防护用品不合格	1. 强风、暴雨、大雪、大雾等不良天气；2. 夜间施工照明不足；3. 作业场地狭窄	1. 未对设备、安全防护用品等进行验收或验收不到位；2. 设备安全管理制度或验收未落实；3. 安全操作规程不规范或落实、安全教育、培训、交底、检查制度不完善或落实不到位；4. 职业健康管理制度不完善或落实不到位；5. 安全投入不足	√	√	√	√	

续上表

分部工程	施工作业内容	典型风险事件	致害物	致险因素				风险人员类型		风险事件后果类型		
				人的因素	物的因素	环境因素	管理因素	受伤人员类型		人员伤亡		
								本人	他人	轻伤	重伤	死亡
堤身工程	沉箱安装（浮船坞或半潜驳）	淹溺	水体	1. 作业人员安全防护意识差； 2. 违章操作； 3. 未正确佩戴劳动防护用品； 4. 作业人员疲劳作业	水上作业未设置安全防护设施	风力超过6级、雨雾天气、夜间照明不良等条件下进行作业	1. 交底培训不到位； 2. 现场监督检查不到位	√			√	√
		物体打击	掉落的零部件等	1. 现场作业人员未正确使用安全防护用品； 2. 人员违章进入危险区域； 3. 管理人员违章指挥、强令冒险作业； 4. 作业人员身体健康状况异常； 5. 作业人员操作错误、违章作业	1. 安全防护用品不合格； 2. 现场无警示标识或标识破损； 3. 作业过程中产生的坠落物	1. 作业场地杂乱； 2. 作业场地照明不足	1. 施工方案不完善或未落实； 2. 安全教育、培训，交底、检查制度不完善或未落实； 3. 安全防护用品等进行进场验收或验收不到位； 4. 安全投入不足	√	√	√	√	

— 356 —

第五章 港口工程施工的主要安全风险分析

续上表

分部工程	施工作业内容	典型风险事件	致害物	致险因素			风险事件后果类型			
				人的因素	物的因素	环境因素	管理因素	受伤人员类型 || 人员伤亡		
								本人	他人	轻伤	重伤	死亡
堤身工程	沉箱安装(浮驳或半潜驳)	机械伤害	现场机械设备	1.人员违章进入危险区域；2.管理人员违章指挥、强令冒险作业；3.机械操作人员未持有效证件上岗；4.机械操作人员操作错误、违章作业；5.操作异常状况异常；6.现场使用安全防护用品不正确；7.机械操作人员疲劳作业	1.现场无警示标识或标识破损；2.设备设施安全作业距离不足；3.设备"带病"作业（设备运动或转动装置失效，运动或转动装置无防护或防护装置有缺陷等）；4.安全防护用品不合格	1.强风、暴雨、大雪、大雾等不良天气；2.夜间施工照明不足；3.作业场地狭窄	1.机械设备安全管理制度不完善或制度未落实；2.未对机械设备、安全防护用品等进行进场验收或验收不到位；3.安全教育、培训、交底、检查制度不完善或未落实；4.机械不规范操作或规程不规范；5.安全投入不足	√	√	√	√	
		起重伤害	起重设备、吊索吊具	1.人员违章进入危险区域；2.管理人员违章指挥、强令冒险作业；3.起重司索信号工、司机等作业人员未持有效证件上岗；4.起重作业人员操作错误、违章作业；5.起重人员身体健康状况异常；6.作业人员疲劳作业；7.现场作业人员未正确使用安全防护用品	1.现场无警示标识或标识破损；2.吊索吊具不合格或达到报废标准；3.无防护或防护装置缺陷；4.安全防护用品不合格	1.雷电、暴雨、大风(6级以上)、大雾等恶劣天气；2.夜间施工照明不足	1.起重吊装专项施工方案不完善或未落实；2.机械设备安全管理制度不完善或制度未落实；3.起重吊装安全操作规程不规范或未落实；4.安全教育、培训、交底、检查制度不完善或未落实；5.未对机械设备、安全防护用品等进行进场验收或验收不到位；6.安全投入不足	√	√	√	√	√

— 357 —

续上表

分部工程	施工作业内容	典型风险事件	致害物	致险因素				风险人员类型		人员伤亡		
				人的因素	物的因素	环境因素	管理因素	受伤人员类型				
								本人	他人	轻伤	重伤	死亡
堤身工程	沉箱安装（浮船坞或半潜驳）	车船伤害	运输船舶等船舶	1.人员违章进入危险区域；2.管理人员违章指挥，强令冒险作业；3.操作人员未持有效证件上岗；4.机械操作人员操作错误、违章作业；5.操作人员身体健康状况异常；6.现场作业人员未正确使用安全防护用品；7.机械操作人员疲劳作业	1.现场无警示标识或标识破损；2.船舶安全装置失效；3.作业安全距离不足；4.安全防护用品不合格	1.强风、暴雨、大雪、大雾等不良天气；2.夜间施工照明不足；3.作业场地狭窄	1.未对设备、安全防护用品等进行进场验收或验收不到位；2.设备安全管理制度不完善或未落实；3.安全操作规程不规范或未落实，安全教育、培训、交底、检查制度不完善或未落实；4.职业健康管理制度不完善或未落实；5.安全投入不足	√			√	√
		高处坠落	不稳定的作业平台	1.作业人员未正确使用安全防护用品；2.作业人员身体健康状况异常；3.作业人员疲劳作业；4.管理人员违章指挥，强令冒险作业；5.作业人员操作错误或违章作业	1.安全防护用品不合格；2.现场无警示标识或标识破损；3.作业平台未设置安全牢固的安全护栏	1.未设置人员上下安全通道或作业地设置不规范；2.作业场地狭窄，不平整、湿滑；3.作业施工照明不足	1.高处作业安全操作规程不规范或未落实；2.施工方案不完善或未落实；3.安全教育、培训、交底、检查制度不完善或未落实；4.职业健康管理制度不完善或未落实；5.安全防护验收或用品等进行进场验收不到位	√		√	√	√

续上表

分部工程	施工作业内容	典型风险事件	致害物	致险因素 人的因素	致险因素 物的因素	致险因素 环境因素	致险因素 管理因素	风险人员 受伤人员类型 本人	风险人员 受伤人员类型 他人	人员伤亡 轻伤	人员伤亡 重伤	人员伤亡 死亡
堤身工程	沉箱吊运安装	淹溺	水体	1.作业人员安全防护意识差；2.违章操作；3.未正确佩戴劳动防护用品；4.作业人员疲劳作业	水上作业未设置安全防护设施	风力超过6级，雨雾天气，夜间照明不良等条件下进行作业	1.交底培训不到位；2.现场监督检查不到位	√			√	√
堤身工程	沉箱吊运安装	物体打击	掉落的零部件等	1.现场作业人员未正确使用安全防护用品；2.人员违章进入危险区域；3.管理人员违章指挥、强令冒险作业；4.作业人员身体健康状况异常；5.作业人员操作错误、违章作业	1.安全防护用品不合格；2.现场无警示标识或标识破损；3.作业过程中产生的坠落物	1.作业场地杂乱；2.作业场地照明不足	1.施工方案不完善或未落实；2.安全教育、培训、交底、检查制度不完善或未落实；3.安全防护用品等进行进场验收或验收不到位；4.安全投入不足	√	√	√	√	

续上表

分部工程	施工作业内容	典型风险事件	致害物	致险因素			风险人员受伤类型		人员伤亡		
				人的因素	物的因素	环境因素	管理因素	本人	他人	轻伤	重伤	死亡
堤身工程	沉箱吊运安装	机械伤害	现场机械设备	1. 人员违章进入危险区域；2. 管理人员违章指挥，强令冒险作业；3. 机械操作人员未持有效证上岗；4. 机械操作人员操作错误，违章作业；5. 操作人员身体健康状况异常；6. 现场作业人员未正确使用安全防护用品；7. 机械操作人员疲劳作业	1. 现场无警示标识或标识破损；2. 设备设施安全作业距离不足；3. 设备带"病"作业（设备运动或转动装置失效，运动或转动装置无防护或防护装置有缺陷等）；4. 安全防护用品不合格	1. 强风、暴雨、大雪、大雾等不良天气；2. 夜间施工照明不足；3. 作业场地狭窄	1. 机械设备安全管理制度不完善或落实；2. 未对机械设备、安全防护用品等进行进场验收或验收不到位；3. 安全教育、培训、交底、检查制度不完善或未落实；4. 机械设备操作规程不规范或未落实；5. 安全投入不足	√	√	√	√	
		起重伤害	起重设备、吊索、吊具	1. 人员违章进入危险区域；2. 管理人员违章指挥，强令冒险作业；3. 起重作业人员、司索信号工未持有效证件上岗；4. 起重作业人员操作错误，违章作业；5. 起重人员身体健康状况异常；6. 作业人员疲劳作业；7. 现场作业人员未正确使用安全防护用品	1. 现场无警示标识或标识破损；2. 吊索具不合格或达到报废标准；3. 无防护或防护装置缺陷；4. 安全防护用品不合格	1. 雷电、暴雨、大风(6级以上)、大雾等恶劣天气；2. 夜间施工照明不足	1. 起重吊装专项施工方案不完善或未落实；2. 机械设备安全管理制度不完善或落实；3. 起重吊装安全操作规程不规范或未落实；4. 安全教育、培训、交底、检查制度不完善或未落实；5. 未对机械设备、安全防护用品等进行进场验收或验收不到位；6. 安全投入不足	√	√	√	√	√

续上表

分部工程	施工作业内容	典型风险事件	致害物	致险因素				风险人员类型		人员伤亡		
				人的因素	物的因素	环境因素	管理因素	本人	他人	轻伤	重伤	死亡
		车船伤害	运输船等	1. 人员违章进入危险区域；2. 管理人员违章指挥，强令冒险作业；3. 操作人员未持有效证件上岗；4. 机械操作人员操作错误，违章作业；5. 操作人员身体健康状况异常；6. 现场作业人员未正确使用安全防护用品；7. 机械操作人员疲劳作业	1. 现场无警示标识或标识破损；2. 船舶安全装置失效；3. 作业安全距离不足；4. 安全防护用品不合格	1. 强风、暴雨、大雪、大雾等不良天气；2. 夜间施工照明不足；3. 作业场地狭窄	1. 未对设备、安全防护用品等进行进场验收或验收不到位；2. 设备安全管理制度不完善或未落实；3. 安全操作规程或培训、交底未落实，检查制度不完善或未落实；4. 职业健康管理制度不完善或未落实；5. 安全投入不足		√		√	√
堤身工程	沉箱吊装安运	高处坠落	无防护的作业平台，施工人员受自身的重力运动	1. 作业人员未正确使用安全防护用品（安全带、防滑鞋等）；2. 作业人员身体健康状况异常（有高血压、恐高症等禁忌症，反应迟钝，辨识错误）；3. 作业人员疲劳作业，管理人员违章指挥，强令冒险作业；4. 作业人员操作错误或违章作业	1. 高处作业场所未设置安全防护措施（安全绳索、防坠网）；2. 未设置安全警示标志或标识不合格；3. 安全装置质量不合格，存在缺陷；4. 未设置或设置不规范，全爬梯设置不规范	1. 大风、雷电、大雪、暴雨等恶劣天气；2. 夜间施工照明不足；3. 作业场地不平整，湿滑	1. 安全教育、培训、交底、检查制度不完善或未落实；2. 职业健康管理制度不完善，安全管理制度不完善，未落实（定期体检）；3. 安全投入不足；4. 高处作业安全操作规程未落实；5. 安全防护用品等进行进场验收或验收不到位	√		√	√	√

续上表

分部工程	施工作业内容	典型风险事件	致害物	致险因素			风险事件后果类型				
				人的因素	物的因素	环境因素	管理因素	受伤人员类型		人员伤亡		
								本人	他人	轻伤	重伤	死亡
堤身工程	水下爆炸挤淤抛石	淹溺	水体	1. 作业人员安全防护意识差；2. 违章操作；3. 未正确佩戴劳动防护用品；4. 作业人员疲劳作业	水上作业未设置安全防护设施	风力超过6级，雨雾天气、夜间照明不良等条件下作业	1. 交底培训不到位；2. 现场监督检查不到位	√			√	√
		坍塌	抛石	1. 违章操作；2. 违章指挥；3. 未按方案施工	1. 抛石堆放不稳；2. 地基承载力不足；3. 车辆抛石散落	雨雾天气，夜间照明不良等条件下不良	1. 交底培训不到位；2. 现场监督检查不到位	√	√	√	√	
		机械伤害	现场机械设备	作业人员安全防护意识差	机械操作不当发生故障	能见度不良	1. 交底培训不到位；2. 现场监督检查不到位	√	√	√	√	
		车船伤害	车船	1. 操作人员操作失误；2. 操作人员安全意识差；3. 操作水平差	1. 车船长期未维修保养；2. 车船存在较大的故障损坏等	风力超过6级，雨雾天气、夜间照明不良等条件下进行水上作业	1. 交底培训不到位；2. 现场监督检查不到位；3. 车船未取得专门机构发证	√	√	√	√	

续上表

分部工程	施工作业内容	典型风险事件	致害物	致险因素 人的因素	致险因素 物的因素	致险因素 环境因素	管理因素	风险人员类型 受伤人员类型 本人	风险人员类型 受伤人员类型 他人	人员伤亡 轻伤	人员伤亡 重伤	人员伤亡 死亡
	水下爆炸挤淤抛石	爆炸	爆炸物	1.操作时未严格按照操作规程进行爆破作业; 2.爆破物品运输、储存、使用不善	1.爆破物品质量存在问题; 2.爆破物品周围存在易燃物品、高热物品等	爆破物品周围高温、高辐射等环境不良因素	1.未严格按照要求进行爆炸药管理; 2.爆破过程中,未严格按照方案进行安全管控等	√				√
		火灾	爆炸物	1.违规起爆; 2.违章堆放易燃物	爆破周围存在易燃可燃物	炎热、大风等	1.管理制度不健全。 2.未有效落实管控措施	√				√
堤身工程	堤心石抛石	淹溺	河、海水	1.作业人员安全防护意识差; 2.违章操作; 3.未正确佩戴劳动防护品	1.航标设施设置不当; 2.施工作业平台安全警示设施不到位; 3.恶劣天气通航、施工; 4.船舶自身故障	风力超过6级、雨雾天气、夜间照明不良条件下进行水上作业	1.交底培训不到位; 2.现场监督检查不到位	√	√	√	√	√
		坍塌	抛石	1.违章操作; 2.违章指挥; 3.未按方案施工	1.抛石堆放不稳; 2.地基承载力不足; 3.车辆抛石散落	雨雾天气、夜间照明不良等条件下进行作业	1.交底培训不到位; 2.现场监督检查不到位	√		√	√	

续上表

分部工程	施工作业内容	典型风险事件	致害物	致险因素				风险人员类型		人员伤亡		
				人的因素	物的因素	环境因素	管理因素	受伤人员类型				
								本人	他人	轻伤	重伤	死亡
堤身工程	堤心石抛石	机械伤害	现场机械设备	作业人员安全防护意识差	机械操作不当或发生故障	能见度不良	1.交底培训不到位；2.现场监督检查不到位	√		√	√	
		车船伤害	车船	1.操作人员操作失误；2.违章操作；3.操作水平差	1.车船长期未维修保养；2.车船存在较大的故障损坏等	风力超过6级、雨雾天气、夜间照明不良等条件下进行水上作业	1.交底培训不到位；2.现场监督检查不到位；3.车船未取得专门机构发证	√	√	√	√	
		淹溺	河、海水	1.作业人员安全防护意识差；2.违章操作；3.未正确佩戴劳动防护品	1.航标设施设置不当；2.施工作业平台安全警示设施不到位；3.恶劣天气下通航、施工；4.船舶自身故障	风力超过6级、雨雾天气、夜间照明不良等条件下进行水上作业	1.交底培训不到位；2.现场监督检查不到位	√	√	√	√	√
	土工织物袋充填筑堤	机械伤害	施工设备	作业人员安全防护意识差	机械操作不当或发生故障	能见度不良	1.交底培训不到位；2.现场监督检查不到位	√		√	√	

— 364 —

第五章 港口工程施工的主要安全风险分析

续上表

分部工程	施工作业内容	典型风险事件	致害物	致险因素			风险人员类型		人员伤亡类型		
				人的因素	物的因素	环境因素	管理因素	受伤人员类型		轻伤	重伤	死亡
								本人	他人			
堤身工程	理坡	淹溺	河、海水	1.作业人员安全防护意识差； 2.违章操作； 3.未正确佩戴劳动防护用品	1.航标设施设置不当； 2.施工作业平台安全警示设施不到位； 3.恶劣天气通航、施工； 4.船舶自身故障	风力超过6级，雨雾天气、夜间照明不良条件下进行水上作业	1.交底培训不到位； 2.现场监督检查不到位	√		√	√	√
		坍塌	物料	1.违章操作； 2.违章指挥； 3.未按方案施工	1.抛石堆放不稳； 2.地基承载力不足； 3.车辆抛石散落	雨雾天气、夜间照明不良等条件下进行作业	1.交底培训不到位； 2.现场监督检查不到位	√	√	√	√	
		机械伤害	现场机械设备	作业人员安全防护意识差	机械操作不当或发生故障	能见度不良	1.交底培训不到位； 2.现场监督检查不到位	√	√	√	√	

续上表

分部工程	施工作业内容	典型风险事件	致害物	致险因素				风险事件后果类型				
				人的因素	物的因素	环境因素	管理因素	受伤人员类型		人员伤亡		
								本人	他人	轻伤	重伤	死亡
护面工程	护面块体预制	物体打击	护面块体	1.作业人员安全防护意识差;2.违章操作;3.未正确佩戴劳动防护用品	护面块体运输、吊装过程中散落	风力超过6级,雨雾天气、夜间照明不良条件下进行水上作业	1.人员、设备未登记、验收等;2.人员教育不到位	✓	✓	✓	✓	
		触电	电箱、电缆、用电设备等	1.非操作人员上岗;2.个人防护意识差;3.使用不安全设备;4.冒险进入危险场所(雷暴天气下的桩机附近)等	1.电线老化、破损;2.钻机或电焊设备漏电、设备接地保护损坏;3.施工场地环境不良(如照明不佳,雨雪天气等);4.电线浸泡水中;5.未实行"一机、一箱、一闸、一漏保"措施;6.未设置防雷措施	施工场地环境不良、场地潮湿、接线凌乱	1.技术上的缺陷;2.操作者生理、心理上的缺陷;3.教育、交底有缺陷;4.管理工作上的缺陷	✓		✓	✓	✓
		机械伤害	施工设备	作业人员安全防护意识差	机械操作不当或发生故障	能见度不良	1.交底培训不到位;2.现场监督检查不到位	✓		✓	✓	

续上表

分部工程	施工作业内容	典型风险事件	致害物	致险因素 人的因素	致险因素 物的因素	致险因素 环境因素	致险因素 管理因素	受伤人员类型 本人	受伤人员类型 他人	人员伤亡 轻伤	人员伤亡 重伤	人员伤亡 死亡
护面工程	护面块体预制	起重伤害	起重设备	1. 操作人员违章操作；2. 指挥信号不清；3. 警戒人员警戒不当；4. 设备检查不到位；5. 起吊物体捆绑不当；6. 相关人员冒险进入起重机械工作区域等危险场所；7. 施工机械与起吊物一起运；8. 相关人员在起吊物下作业、停留，施工人员有分散注意力的行为；9. 任必须使用个人防护用品用具的作业场合中，忽视其使用	1. 起重设备缺陷；2. 吊具（吊索、扣件等）有缺陷；3. 起重设备故障或超负荷；4. 起重设备安全装置失灵；5. 地基不良，场地湿滑，支腿下沉失稳；6. 施工场地环境不良（夜间照明不佳，大雾、场地湿滑、大风等）；7. 设备操作人员无操作资格证，指挥通信设备故障	1. 场地不平整，承载力不满足要求；2. 现场夜间照明不足；3. 操作空间不满足要求	1. 技术上的缺陷；2. 操作者生理、心理上的缺陷；3. 教育、交底不到位有缺陷；4. 管理工作上的缺陷	√	√	√	√	√
		车船伤害	车船	1. 操作人员操作失误；2. 操作人员安全意识差；3. 操作水平差	1. 车船长期未维修保养；2. 车船存在较大的故障损坏等	风力超过6级，雨雾天气，夜间照明不良等条件下进行水上作业	1. 交底培训不到位；2. 现场监督检查不到位；3. 车船未取得专门机构获发证	√	√	√	√	

续上表

分部工程	施工作业内容	典型风险事件	致害物	致险因素				风险人员类型		风险事件后果类型		
				人的因素	物的因素	环境因素	管理因素	受伤人员类型		人员伤亡		
								本人	他人	轻伤	重伤	死亡
护面工程		淹溺	河、海水	1. 作业人员安全防护意识差；2. 违章操作；3. 未正确佩戴劳动防护品	1. 航标设施设置不当；2. 施工作业平台安全警示设施不到位；3. 恶劣天气通航、施工；4. 船舶自身故障	风力超过6级，雨雾天气、夜间照明不良等条件下进行水上作业	1. 交底培训不到位；2. 现场监督检查不到位	√				√
	护面块体安放	物体打击	护面块体	1. 作业人员安全防护意识差；2. 违章操作；3. 未正确佩戴劳动防护品	上料卸料过程中，物料散落	风力超过6级，雨雾天气、夜间照明不良等条件下进行水上作业	1. 人员、设备未登记、验收等；2. 人员教育不到位	√	√	√	√	
		坍塌	护面块体	1. 违章操作；2. 违章指挥；3. 未按方案施工	1. 护面块体安装或堆放不稳；2. 地基承载力不足；3. 车辆块石散落	雨雾天气、夜间照明不良等条件下进行作业	1. 交底培训不到位；2. 现场监督检查不到位	√	√	√	√	

续上表

分部工程	施工作业内容	典型风险事件	致害物	致险因素				风险事件后果类型			
				人的因素	物的因素	环境因素	管理因素	受伤人员类型		人员伤亡		
								本人	他人	轻伤	重伤	死亡
护面工程	护面块体安放	起重伤害	起重设备	1. 操作人员违章操作； 2. 指挥信号不清； 3. 警戒人员警戒不当； 4. 设备检查不到位； 5. 起吊物体捆绑不当； 6. 相关人员冒险进入起重机械工作区域等危险场所； 7. 施工人员与起吊物一起吊运； 8. 相关人员在起重工作下作业、停留，施工人员没有分散注意力的行为； 9. 在必须使用个人防护用品用具的作业场合中，忽视其使用	1. 起重设备缺陷； 2. 吊具（吊索、扣件等）有缺陷； 3. 起重设备故障或超负荷； 4. 起重设备安全装置失灵； 5. 地基不良，起重机支腿下沉失稳； 6. 施工场地环境不良（夜间照明不足、大雾、场地湿滑等）； 7. 设备操作人员无操作资格证，指挥通信设备故障	1. 场地不平整，承载力不满足要求； 2. 现场夜间施工照明不足； 3. 操作空间不满足要求	1. 技术上的缺陷； 2. 操作者生理、心理上的缺陷； 3. 教育、交底不到位有缺陷； 4. 管理工作上的缺陷	√	√	√	√	√
		车船伤害	车船	1. 操作人员操作失误； 2. 操作人员安全意识差； 3. 操作水平差	1. 车船长期未维修保养； 2. 车船存在较大的故障损坏等	风力超过6级，雨雾天气、夜间照明不良条件下进行水上作业	1. 交底培训不到位； 2. 现场监督检查不到位； 3. 车船未取得专门机构得证	√	√	√	√	

续上表

分部工程	施工作业内容	典型风险事件	致害物	致险因素				风险人员受伤类型		人员伤亡		
				人的因素	物的因素	环境因素	管理因素	本人	他人	轻伤	重伤	死亡
上部结构		淹溺	河、海水	1. 作业人员安全防护意识差；2. 违章操作；3. 未正确佩戴劳动防护品	1. 航标设施设置不当；2. 施工作业平台安全警示设施不到位；3. 恶劣天气通航、施工；4. 船舶自身故障	风力超过6级，雨雾天气，夜间照明不良等条件下进行水上作业	1. 交底培训不到位；2. 现场监督检查不到位	√				√
	现浇混凝土结构	触电	电箱、电缆、用电设备等	1. 非操作人员上岗；2. 个人防护意识差；3. 使用不安全设备；4. 冒险进入危险场所（雷暴天气下的桩机附近）等	1. 电线老化、破损；2. 钻机或电焊机等设备漏电、设备接地保护损坏；3. 施工场地环境不良（如照明不佳、雨雪天气等）；4. 电线浸泡水中；5. 未实行"一机、一箱、一漏、一保"措施；6. 未设置防雷措施	施工场地环境不良，场地潮湿，接线凌乱	1. 技术上的缺陷；2. 操作者生理、心理上的缺陷；3. 教育、交底不到位有缺陷；4. 管理工作上的缺陷	√	√	√	√	√
		坍塌	混凝土上部结构、模板、支架	1. 违章操作；2. 违章指挥；3. 未按方案施工	1. 混凝土上部结构、模板、支架不稳；2. 地基承载力不足	雨雾天气，夜间照明不良等条件下进行作业	1. 交底培训不到位；2. 现场监督检查不到位	√	√	√	√	

— 370 —

续上表

分部工程	施工作业内容	典型风险事件	致害物	致险因素				风险人员类型		人员伤亡		
				人的因素	物的因素	环境因素	管理因素	本人	他人	轻伤	重伤	死亡
		机械伤害	施工设备	作业人员安全防护意识差	机械操作不当或发生故障	能见度不良	1.交底培训不到位；2.现场监督检查不到位	√			√	
		车船伤害	车船	1.操作人员操作失误；2.操作人员安全意识差；3.操作水平差	1.车船长期未维修保养；2.车船存在较大的故障损坏等	风力超过6级,雨雾天气、夜间照明不良条件下进行水上作业	1.交底培训不到位；2.现场监督检查不到位；3.车船未取得专门机构发证	√	√	√	√	
上部结构	现浇混凝土结构	高处坠落	无防护的作业平台、施工人员受自身的重力运动	1.作业人员未正确使用安全防护用品（安全带、防滑鞋等）；2.作业人员身体健康状况异常,心理异常,知觉异常(有高血压,恐高征等禁忌症,反应迟钝,辨识错误)；3.管理人员疲劳作业、管理人员违章指挥,强令冒险作业；4.作业人员操作错误或违章作业	1.高处作业场所未设置安全防护等措施（安全绳索(防坠网)）；2.未设置安全警示标志或标识破损；3.安全防护用品质量不合格、存在缺陷；4.未设置或设置不规范全爬梯上下安全	1.大风、雷电、大雪、暴雨等恶劣天气；2.夜间施工照明不足；3.作业场地不平整、湿滑	1.安全教育、培训、交底、检查制度不完善、未落实；2.职业健康、安全管理制度不完善、未落实（定期体检）；3.安全投入不足；4.高处作业安全操作规程不规范或未落实；5.安全防护用品等进行进场验收或验收不到位	√		√	√	√

续上表

分部工程	施工作业内容	典型风险事件	致害物	致险因素				风险事件后果类型				
				人的因素	物的因素	环境因素	管理因素	受伤人员类型		人员伤亡		
								本人	他人	轻伤	重伤	死亡
上部结构	浆砌块石	淹溺	河、海水	1.作业人员安全防护意识差；2.违章操作；3.未正确佩戴劳动防护用品	1.航标设施设置不当；2.施工作业平台安全警示设施不到位；3.恶劣天气通航、施工；4.船舶自身故障	风力超过6级，雨雾天气，夜间照明不良等条件下进行水上作业	1.交底培训不到位；2.现场监督检查不到位	√			√	√
		物体打击	护面块体	1.作业人员安全防护意识差；2.违章操作；3.未正确佩戴劳动防护用品	护面块体运输、吊装过程中散落	风力超过6级，雨雾天气，夜间照明不良等条件下进行水上作业	1.人员、设备未登记验收；2.人员教育不到位	√	√	√	√	
		坍塌	浆砌块石	1.违章操作；2.违章指挥；3.未按方案施工	1.浆砌块石不稳；2.地基承载力不足；3.车辆设备等撞击	雨雾天气，夜间照明不良等条件下进行水上作业	1.交底培训不到位；2.现场监督检查不到位	√	√	√	√	
		车船伤害	车船	1.操作人员操作失误；2.操作人员安全意识差；3.操作水平差	1.车船长期未维修保养；2.车船存在较大的故障损坏等	风力超过6级，雨雾天气，夜间照明不良等条件下进行水上作业	1.交底培训不到位；2.现场监督检查不到位；3.车船未取得专门机构许可证	√	√	√	√	

续上表

分部工程	施工作业内容	典型风险事件	致害物	致险因素				风险事件后果类型				
				人的因素	物的因素	环境因素	管理因素	受伤人员类型		人员伤亡		
								本人	他人	轻伤	重伤	死亡
上部结构	浆砌块石	高处坠落	工作面存在高差	1.冒险进入危险场所；2.有分散注意力的行为；3.忽视个人防护用品使用；4.着不安全装束等；5.违章作业	1.场地环境不良（如照明不佳，场地湿滑等）；2.个人防护用品（安全帽、安全素等）缺少或有缺陷；3.防护不到位	缺少安全防护用品可靠系挂位置	1.技术上的缺陷；2.操作者生理、心理上的缺陷；3.教育、交底不到位有缺陷；4.管理工作上的缺陷	√	√	√	√	√
		淹溺	坑内、坑外水	1.作业人员安全防护意识差；2.违章操作；3.未正确佩戴劳动防护用品	1.航标设施设置不当；2.施工作业平台安全警示设施不到位；3.恶劣天气通航、施工；4.船舶自身故障	风力超过6级，雨雾天气，夜间照明不良条件下进行水上作业	1.交底培训不到位；2.现场监督检查不到位	√	√	√	√	
桶式防波堤基础工程	基槽开挖	坍塌	坑壁土	1.违章操作；2.违章指挥；3.未按方案施工	1.支护质量不符合要求；2.支护失稳	平台处于通航区域	1.支护机构完成后未按设计和规范组织验收；2.未定期进行检查	√	√	√	√	
		机械伤害	施工设备	作业人员安全防护意识差	机械操作不当或发生故障	能见度不良	1.交底培训不到位；2.现场监督检查不到位	√	√	√	√	

续上表

分部工程	施工作业内容	典型风险事件	致害物	致险因素				风险事件后果类型				
				人的因素	物的因素	环境因素	管理因素	受伤人员类型		人员伤亡		
								本人	他人	轻伤	重伤	死亡
筒式防波堤基础工程	基槽开挖	车船伤害	车船	1.操作人员操作失误; 2.操作人员安全意识差; 3.操作水平差	1.车船长期未维修保养; 2.车船存在较大的故障损坏等	风力超过6级、雨雾天气、夜间照明不良等条件下进行水上作业	1.交底培训不到位; 2.现场监督检查不到位; 3.车船未取得专门机构得发证	√	√		√	
		淹溺	坑内、坑外水	1.作业人员安全防护意识差; 2.违章操作; 3.未正确佩戴劳动防护用品	1.航标设施设置不当; 2.警示设施不到位; 3.恶劣天气通航、施工; 4.船舶自身故障	风力超过6级、雨雾天气、夜间照明不良等条件下进行水上作业	1.交底培训不到位; 2.现场监督检查不到位	√	√	√	√	√
	钙质结核物处理	物体打击	钙质结核物	1.作业人员安全防护意识差; 2.违章操作; 3.未正确佩戴劳动防护用品	钙质结核物运输、吊装过程中散落	风力超过6级、雨雾天气、夜间照明不良等条件下进行水上作业	1.人员、设备未登记、验收等; 2.人员教育不到位	√	√	√	√	

第五章 港口工程施工的主要安全风险分析

续上表

分部工程	施工作业内容	典型风险事件	致害物	致险因素				风险事件后果类型				
				人的因素	物的因素	环境因素	管理因素	受伤人员类型		人员伤亡		
								本人	他人	轻伤	重伤	死亡
桶式防波堤基础工程	钙质结核物处理	触电	电箱、电缆、用电设备等	1.非操作人员上岗；2.个人防护意识差；3.使用不安全设备；4.冒险进入危险场所（雷暴天气下的桩机附近）等	1.电线老化、破损；2.钻机或电焊机等设备漏电，设备接地保护损坏；3.施工场地环境不良（如照明不佳、雨雪天气等）；4.电线浸泡水中；5.未实行"一机、一箱、一闸、一漏保"措施；6.未设置防雷措施	施工场地环境不良，场地潮湿，接线凌乱	1.技术上的缺陷；2.操作者生理、心理上的缺陷；3.教育、交底不到位有缺陷；4.管理工作上的缺陷	√	√	√	√	√
		机械伤害	施工设备	作业人员安全防护意识差	机械操作不当或发生故障	能见度不良	1.交底培训不到位；2.现场监督检查不到位	√	√	√	√	

— 375 —

续上表

分部工程	施工作业内容	典型风险事件	致害物	致险因素			风险事件后果类型			
				人的因素	物的因素	环境因素	管理因素	受伤人员类型 || 人员伤亡		
								本人	他人	轻伤	重伤	死亡
桶式防波堤基础工程	钙质结核物处理	起重伤害	起重设备	1. 操作人员违章操作； 2. 指挥信号不清； 3. 警戒人员警戒不当； 4. 设备检查不到位； 5. 起吊物体捆绑不当； 6. 相关人员冒险进入起重机械工作区域等危险场所； 7. 施工人员与起吊物一起吊运； 8. 相关人员在起吊下作业、停留，施工人员有分散注意力的行为； 9. 在必须使用个人防护用品用具的作业或场合中，忽视其使用	1. 起重设备缺陷； 2. 吊具（吊索、扣件等）有缺陷； 3. 起重设备故障或超负荷； 4. 起重设备安全装置失灵； 5. 地基不良，起重机支腿下沉失稳； 6. 施工场地环境不良（夜间照明不佳、风力过大、大雾、场地湿滑等）； 7. 设备操作人员无操作资格证，指挥通信设备故障	1. 场地不平整，承载力不满足要求； 2. 现场夜间施工照明不足； 3. 操作空间不满足要求	1. 技术上的缺陷； 2. 操作者生理、心理上的缺陷； 3. 教育、交底不到位有缺陷； 4. 管理工作上的缺陷	√	√	√	√	√

续上表

分部工程	施工作业内容	典型风险事件	致害物	致险因素 人的因素	致险因素 物的因素	致险因素 环境因素	管理因素	受伤人员类型 本人	受伤人员类型 他人	人员伤亡 轻伤	人员伤亡 重伤	人员伤亡 死亡
桶式防波堤基础工程	砂桩加固	淹溺	坑内、坑外水	1.作业人员安全防护意识差；2.违章操作；3.未正确佩戴劳动防护用品	1.航标设施设置不当；2.施工作业平台安全警示设施不到位；3.恶劣天气通航、施工；4.船舶自身故障	风力超过6级，雨雾天气，夜间照明不良条件下进行水上作业	1.交底培训不到位；2.现场监督检查不到位	√			√	√
		物体打击	砂桩等	1.作业人员安全防护意识差；2.违章操作；3.未正确佩戴劳动防护用品	砂桩等运输、吊装过程中散落		1.人员、设备未登记验收等；2.人员教育不到位	√	√	√	√	
		触电	电箱、电缆、用电设备等	1.非操作人员上岗；2.个人防护意识差；3.使用不安全设备；4.冒险进入危险场所(雷暴天气下的桩机附近)等	1.电线老化、破损；2.钻机或电焊机等设备漏电，设备接地保护损坏；3.施工场地环境不良(如照明不良、雨雪天气等)；4.电线浸泡水中；5.未实行"一机、一闸、一漏保"措施；6.未设置防雷措施	施工场地环境不良，场地潮湿，接线凌乱	1.技术上的缺陷；2.操作者生理、心理上的缺陷；3.教育、交底不到位有缺陷；4.管理工作上的缺陷	√		√	√	√

续上表

分部工程	施工作业内容	典型风险事件	致害物	致险因素				风险事件后果类型				
				人的因素	物的因素	环境因素	管理因素	受伤人员类型		人员伤亡		
								本人	他人	轻伤	重伤	死亡
		机械伤害	现场机械设备	作业人员安全防护意识差	机械操作不当或发生故障	能见度不良	1. 交底培训不到位； 2. 现场监督检查不到位	√	√	√	√	
桶式防波堤基础工程	砂桩加固	起重伤害	起重设备	1. 操作人员违章操作； 2. 指挥信号不清； 3. 警戒人员警戒不当； 4. 设备检查不到位； 5. 起吊物体捆绑不当； 6. 相关人员冒险进入起重机械工作区域危险场所； 7. 施工人员与起吊物一起吊运； 8. 相关人员在起吊人员下作业、停留，施工人员有分散注意力的行为； 9. 在必须使用个人防护用品用具作业或场合中，忽视其使用	1. 起重设备缺陷； 2. 吊具（吊索、扣件等）有缺陷； 3. 起重设备故障或超负荷； 4. 起重设备安全装置失灵； 5. 地基不良，起重机支腿下沉失稳； 6. 施工场地环境不良（夜间照明不佳、风力过大、大雾、场地湿滑等）； 7. 设备操作人员无操作资格证，指挥通信设备故障	1. 场地不平整，承载力不满足要求； 2. 现场夜间施工照明不足； 3. 操作空间不满足要求	1. 技术上的缺陷； 2. 操作者生理、心理上的缺陷； 3. 教育、交底不到位有缺陷； 4. 管理工作上的缺陷	√	√	√	√	√

续上表

分部工程	施工作业内容	典型风险事件	致害物	致险因素				风险人员类型		人员伤亡		
				人的因素	物的因素	环境因素	管理因素	本人	他人	轻伤	重伤	死亡
桶式防波堤基础工程	砂桩加固	车船伤害	车船	1.操作人员操作失误; 2.操作人员安全意识差; 3.操作水平等	1.车船长期未维修保养; 2.车船存在较大的故障损坏等	风力超过6级,雨雾天气、夜间照明不良等条件下进行水上作业	1.交底培训不到位; 2.现场监督检查不到位; 3.车船未取得专门机构发证	√	√	√	√	
		物体打击	模板、钢筋等	1.现场作业人员未正确使用安全防护用品; 2.人员违章进入危险区域; 3.管理人员违章指挥、强令冒险作业; 4.作业人员身体健康状况异常; 5.作业人员操作错误,违章作业	1.安全防护用品不合格; 2.现场无警示标识或标识破损; 3.作业过程中产生的坠落物	1.作业场地杂乱; 2.作业场地照明不足	1.施工方案不完善或未落实; 2.安全教育、培训、交底、检查制度不完善或未落实; 3.安全防护用品等进行进场验收或验收不到位; 4.安全投入不足	√	√	√	√	
桶式防波堤堤身工程	桶体预制	触电	破损的电缆线等	1.作业人员未正确使用安全防护用品; 2.作业人员操作规范或操作错误; 3.管理人员违章指挥、强令冒险作业; 4.电工等特种作业人员未持有效证件上岗; 5.作业人员疲劳作业	1.电缆线、配电箱等电气设施不合格; 2.电气设施设置不规范; 3.带电标识或警示标识破损; 4.安全防护装置不规范; 5.防护不当,防护距离不足; 6.发电机等设备损坏带电	1.雷电、暴雨、大雪、大雾等恶劣天气; 2.作业场地杂乱不平整; 3.作业场地照明不足	1.临时用电方案不完善或未落实; 2.发电机等安全操作规程不规范或未落实; 3.电气设施材料未进行进场验收; 4.无电工对用电设施进行巡查或巡查不到位; 5.发电机等机具检查维护保养不到位; 6.安全教育、培训、交底、检查制度不完善或未落实; 7.安全投入不足	√	√	√	√	√

续上表

分部工程	施工作业内容	典型风险事件	致害物	致险因素 人的因素	致险因素 物的因素	致险因素 环境因素	管理因素	风险人员类型 受伤人员类型 本人	风险人员类型 受伤人员类型 他人	风险事件后果类型 人员伤亡 轻伤	风险事件后果类型 人员伤亡 重伤	风险事件后果类型 人员伤亡 死亡
桶式防波堤工程	堤身工程 桶体预制	机械伤害	钢筋弯曲机等机械设备	1.人员违章进入危险区域；2.管理人员违章指挥、强令冒险作业；3.机械操作人员未持有效证件上岗；4.机械操作人员操作错误、违章作业；5.操作人员身体健康状况异常；6.现场使用安全防护用品不正确；7.机械操作人员疲劳作业	1.现场无警示标识或标识破损；2.设备设施制动装置失距离不足；3.设备"带病"作业（设备运动或转动装置无有效防护或防护装置有缺陷等）；4.安全防护用品不合格	1.强风、暴雨、大雪、大雾等不良天气；2.夜间施工照明不足；3.作业场地狭窄	1.机械设备安全管理制度不完善或未落实；2.未对用品等进行进场安全防护验收或验收不到位；3.安全教育、培训、交底不完善；4.机械设备安全操作规程不规范或未落实；5.安全投入不足	√	√	√	√	
		起重伤害	汽车起重机等起重设备、吊索吊具	1.人员违章进入危险区域；2.管理人员违章指挥、强令冒险作业；3.起重信号工、司索工未持有效证件上岗；4.起重作业人员操作错误、违章作业；5.起重作业人员身体健康状况异常；6.作业人员疲劳作业；7.现场使用安全防护用品不正确	1.现场无警示标识或标识破损；2.吊索吊具不合格或达到报废标准；3.无防护或防护装置有缺陷；4.安全防护用品不合格	1.雷电、暴雨、大风(6级以上)、大雾等恶劣天气；2.夜间施工照明不足	1.起重吊装专项施工方案不完善或未落实；2.机械设备安全管理制度不完善或未落实；3.起重吊装安全操作规程不规范或未落实；4.安全教育、培训、交底不完善；5.未对机械设备、安全防护用品等进行进场验收或验收不到位；6.安全投入不足	√	√	√	√	√

续上表

分部工程	施工作业内容	典型风险事件	致害物	致险因素				风险事件后果类型				
				人的因素	物的因素	环境因素	管理因素	受伤人员类型		人员伤亡		
								本人	他人	轻伤	重伤	死亡
桶式防波堤堤身工程	桶体预制	车船伤害	车辆、船舶	1. 人员违章进入危险区域； 2. 管理人员违章指挥、强令冒险作业； 3. 操作人员未持有效证件上岗； 4. 机械操作人员操作错误、违章作业； 5. 操作人员身体健康状况异常； 6. 现场作业人员未正确使用安全防护用品； 7. 机械操作人员疲劳作业	1. 现场无警示标识或标识破损； 2. 船舶安全装置失效； 3. 作业安全距离不足； 4. 安全防护用品不合格	1. 强风、暴雨、大雪、大雾等不良天气； 2. 夜间施工照明不足； 3. 作业场地狭窄	1. 未对设备、安全防护用品等进行进场验收或验收不到位； 2. 设备安全管理制度不完善或未落实； 3. 安全操作规程不规范或安全教育、培训、交底、检查制度不完善或未落实； 4. 职业健康管理制度不完善或未落实； 5. 安全投入不足	√	√	√	√	
		高处坠落	不稳定的作业平台	1. 作业人员未正确使用安全防护用品； 2. 作业人员身体健康状况异常； 3. 作业人员疲劳作业； 4. 管理人员违章指挥、强令冒险作业； 5. 作业人员操作错误或违章作业	1. 安全防护用品不合格； 2. 现场无警示标识或标识破损； 3. 作业平台不稳固的安全护栏	1. 未设置人员上下安全通道或设置不规范； 2. 作业场地设置不平整、湿滑； 3. 作业施工照明不足	1. 高处作业安全操作规程不规范或未落实； 2. 施工方案不完善或未落实； 3. 安全教育、培训、交底、检查制度不完善或未落实； 4. 职业健康管理制度不完善或未落实； 5. 安全防护用品等进行进场验收不到位	√		√	√	√

续上表

分部工程	施工作业内容	典型风险事件	致害物	致险因素				风险事件后果类型			
				人的因素	物的因素	环境因素	管理因素	受伤人员类型		人员伤亡		
								本人	他人	轻伤	重伤	死亡
桶式防波堤堤身工程		淹溺	水体	1. 作业人员安全防护意识差； 2. 违章操作； 3. 未正确佩戴劳动防护用品； 4. 作业人员疲劳作业	水上作业未设置安全防护设施	风力超过6级，雨雾天气，夜间照明不良等条件下进行作业	1. 交底培训不到位； 2. 现场监督检查不到位	√			√	√
	桶体搬运及上船	机械伤害	现场机械设备	1. 人员违章进入危险区域； 2. 管理人员违章指挥，强令冒险作业； 3. 机械操作人员未持有效证件上岗； 4. 机械操作人员操作错误，违章作业； 5. 作业人员身体健康状况异常； 6. 现场作业人员未正确使用安全防护用品； 7. 机械操作人员疲劳作业	1. 现场无警示标识或标识破损； 2. 设备设施安全作业距离不足； 3. 设备带"病"作业（设备设施制动装置失效、运动或转动装置无防护或防护装置有缺陷等）； 4. 安全防护用品不合格	1. 强风、暴雨、大雪、大雾等不良天气； 2. 夜间施工照明不足； 3. 作业场地狭窄	1. 机械设备安全管理制度不完善或未落实； 2. 未对机械设备、安全防护用品等进行进场验收或验收不到位； 3. 安全教育、培训、交底、检查制度不完善或未落实； 4. 机械设备安全操作规程不规范或未完善； 5. 安全投入不足	√	√	√	√	

续上表

分部工程	施工作业内容	典型风险事件	致害物	致险因素				风险事件后果类型				
				人的因素	物的因素	环境因素	管理因素	受伤人员类型		人员伤亡		
								本人	他人	轻伤	重伤	死亡
桶式防波堤堤身工程	桶体搬运及上船	起重伤害	起重设备、吊索吊具	1.人员违章进入危险区域；2.管理人员违章指挥，强令冒险作业；3.起重司索信号工未持有效证件上岗；4.起重作业人员操作错误，违章作业；5.起重人员身体健康状况异常；6.作业人员疲劳作业；7.现场未正确使用安全防护用品	1.现场无警示标识或标识破损；2.吊索吊具不合格，达到报废标准；3.无防护或防护装置缺陷；4.安全防护用品不合格	1.雷电、暴雨、大风(6级以上)、大雾等恶劣天气；2.夜间施工照明不足	1.起重吊装专项施工方案不完善或未落实；2.机械设备安全管理制度不完善或未落实；3.起重吊装安全操作规程不完善或未落实；4.安全教育、培训、交底、检查制度未落实；5.未对机械设备、安全防护用品等进行进场验收或验收不到位；6.安全投入不足	√		√	√	√
		车船伤害	起重船、运输船等	1.人员违章进入危险区域；2.管理人员违章指挥，强令冒险作业；3.操作人员未持有效证件上岗；4.机械操作人员操作错误，违章作业；5.操作人员身体健康状况异常；6.现场未正确使用安全防护用品；7.机械操作人员疲劳作业	1.现场无警示标识或标识破损；2.船舶安全装置失效；3.作业安全距离不足；4.安全防护用品不合格	1.强风、暴雨、大雪、大雾等不良天气；2.夜间施工照明不足；3.作业场地狭窄	1.未对设备、安全防护用品等进行进场验收或验收不到位；2.设备安全管理制度不完善或未落实；3.安全操作规程不完善或未落实，安全教育、培训、交底制度不完善或未落实；4.职业健康管理制度不完善或未落实；5.安全投入不足	√		√	√	

续上表

分部工程	施工作业内容	典型风险事件	致害物	致险因素				风险事件后果类型				
				人的因素	物的因素	环境因素	管理因素	受伤人员类型		人员伤亡		
								本人	他人	轻伤	重伤	死亡
筒式防波堤堤身工程	筒体运输及安装	淹溺	水体	1.作业人员安全防护意识差；2.违章操作；3.未正确佩戴劳动防护用品；4.作业人员疲劳作业	水上作业未设置安全防护设施	风力超过6级，雨雾天气，夜间照明不良等条件下进行作业	1.交底培训不到位；2.现场监督检查不到位	√			√	√
		物体打击	掉落的零部件等	1.现场作业人员未正确使用安全防护用品；2.人员违章进入危险区域；3.管理人员违章指挥，强令冒险作业；4.作业人员身体健康状况异常；5.作业人员操作错误，违章作业	1.安全防护用品不合格；2.现场无警示标识或标识破损；3.作业过程中产生的坠落物	1.作业场地杂乱；2.作业场地照明不足	1.施工方案不完善或未落实；2.安全教育、培训、交底、检查制度不完善或未落实；3.安全防护用品等进行进场验收或验收不到位；4.安全投入不足	√	√	√	√	

续上表

分部工程	施工作业内容	典型风险事件	致害物	致险因素				风险事件后果类型				
				人的因素	物的因素	环境因素	管理因素	受伤人员类型		人员伤亡		
								本人	他人	轻伤	重伤	死亡
桶式防波堤堤身工程	桶体运输及安装	机械伤害	现场机械设备	1. 人员违章进入危险区域； 2. 管理人员违章指挥，强令冒险作业； 3. 机械操作人员未持有效证件上岗； 4. 机械操作人员操作错误，违章作业； 5. 操作"带病"作业等； 6. 现场作业人员身体健康状况异常； 7. 现场作业人员疲劳作业； 8. 现场作业人员未正确使用安全防护用品	1. 现场无警示标识或标识破损； 2. 设备设施安全作业距离不足； 3. 设备设施或转动装置失效，运动或防护装置无防护或防护装置有缺陷等）； 4. 安全防护用品不合格	1. 强风、暴雨、大雪、大雾等不良天气； 2. 夜间施工照明不足； 3. 作业场地狭窄	1. 机械设备安全管理制度不完善或机械设备、安全防护用品等进行验收或验收不到位； 3. 安全教育、培训、交底、检查制度不完善未落实； 4. 机械设备安全操作规程不规范或未落实； 5. 安全投入不足	√	√	√	√	
		起重伤害	起重设备、吊索吊具	1. 人员违章进入危险区域； 2. 管理人员违章指挥，强令冒险作业； 3. 起重信号工、司索工未持有效证件上岗； 4. 起重作业人员操作错误，违章作业； 5. 起重号令异常； 6. 作业人员疲劳作业； 7. 现场作业人员未正确使用安全防护用品	1. 现场无警示标识或标识破损； 2. 吊索吊具不合格或达到报废标准； 3. 无防护或防护装置有缺陷； 4. 安全防护用品不合格	1. 雷电、暴雨、大风（6级以上）、大雾等恶劣天气； 2. 夜间施工照明不足	1. 起重吊装专项施工方案不完善或未落实； 2. 机械设备安全管理制度不完善或未落实； 3. 起重吊装安全操作规程不规范或未落实； 4. 安全教育、培训、交底、检查制度不完善未落实； 5. 未对机械设备、安全防护用品等进行验收或验收不到位； 6. 安全投入不足	√	√	√	√	√

续上表

分部工程	施工作业内容	典型风险事件	致害物	致险因素				风险人员类型		人员伤亡		
				人的因素	物的因素	环境因素	管理因素	受伤人员类型		人员伤亡		
								本人	他人	轻伤	重伤	死亡
桶式防波堤堤身工程	桶体运输及安装	车船伤害	起重船、运输船等	1.人员违章进入危险区域；2.管理人员违章指挥，强令冒险作业；3.操作人员未持有效证上岗；4.机械操作人员操作错误，违章作业；5.操作人员身体健康状况异常；6.现场作业人员未正确使用安全防护用品；7.机械操作人员疲劳作业	1.现场无警示标识或标识破损；2.船舶安全装置失效；3.作业安全距离不足；4.安全防护用品不合格	1.强风、暴雨、大雪、大雾等不良天气；2.夜间施工照明不足；3.作业场地狭窄	1.未对设备、安全防护用品等进行进场验收或验收不到位；2.设备安全管理制度不完善或未落实；3.安全操作规程不规范或未落实，安全教育、培训、交底、检查制度不完善或未落实；4.职业健康管理制度不完善或未落实；5.安全投入不足	√			√	√
		高处坠落	不稳定的作业平台	1.作业人员未正确使用安全防护用品；2.作业人员身体健康状况异常；3.作业人员疲劳作业；4.管理人员违章指挥，强令冒险作业；5.作业人员操作错误或违章作业	1.安全防护用品不合格；2.现场无警示标识或标识破损；3.作业平台未设置安全稳固的安全护栏	1.未设置人员上下安全通道或设置不规范；2.作业场地狭窄，不平整、湿滑；3.作业施工照明不足	1.高处作业安全操作规程不规范或未落实；2.施工方案不落实；3.安全教育、培训、交底、检查制度不完善或未落实；4.职业健康管理制度不完善或未落实；5.安全防护用品等进行进场验收或验收不到位	√		√	√	√

第五节 大临工程施工的主要安全风险分析

大临工程主要涉及土石围堰、钢板桩、围堰、机械伤害、起重伤害、车船伤害、火灾、高处坠落、触电、坍塌、物体打击、附近通航船舶、不稳定土体、砌体、结构物等。风险事件的发生常常是因为人的因素、物的因素、环境因素、管理因素、维护、设置等不到位而导致,具体风险分析见表5-5。典型风险事件主要有淹溺、物体打击、施工船舶、施工便桥搭设、施工码头搭设、临时桥梁搭设、临时作业平台拆除等施工内容;致害物主要包含了水体、施工船舶、钢板桩、散落、高处坠落等。

大临工程施工的主要安全风险分析

表5-5

分部工程	施工作业内容	典型风险事件	致害物	致险因素			风险人员类型		风险事件后果类型		
				人的因素	物的因素	环境因素	管理因素	受伤人员类型		人员伤亡		
								本人	他人	轻伤	重伤	死亡
围堰	土石围堰	淹溺	水体	1.作业人员安全防护意识差; 2.违章操作; 3.未正确佩戴劳动防护用品; 4.作业人员疲劳作业	水上作业未设置安全防护设施	风力超过6级、雨雾天气、夜间照明不良等条件下进行作业	1.交底培训不到位; 2.现场监督检查不到位	√	√	√	√	√
		物体打击	零散材料、工具等	1.违章操作; 2.违章指挥; 3.未按方案施工	构件运输、安装过程中坠落	风力超过6级、雨雾天气、夜间照明不良等条件下进行作业	1.交底培训不到位; 2.现场监督检查不到位	√	√	√	√	√

续上表

分部工程	施工作业内容	典型风险事件	致害物	致险因素			风险人员类型		人员伤亡		
				人的因素	物的因素	环境因素	管理因素	本人	他人	轻伤	重伤	死亡

分部工程	施工作业内容	典型风险事件	致害物	人的因素	物的因素	环境因素	管理因素	本人	他人	轻伤	重伤	死亡
围堰	土石围堰	坍塌	不稳定土体、砌体、结构物等	1.管理人员违章指挥、强令冒险作业(防护、放坡不及时); 2.人员心理异常(冒险侥幸心理等); 3.作业人员操作错误; 4.有违章作业,违反劳动纪律的行为(管理人员脱岗)	1.无警示信号或信号不清(紧急撤离信号); 2.现场无警示标识或标识破损(警戒区、标牌、反光锥等); 3.截排水设施不完善; 4.防护形式错或防护材料不合格(材料强度不足等); 5.基坑边沿停放渣土机械或堆放渣土	1.存在滑坡、偏压等不良地质; 2.作业场地光照明不足; 3.强风、暴雨、大雪等不良天气	1.施工方案不完善或未落实(掏底开挖或上下重叠开挖,开挖完后未及时施工防护及排水); 2.安全教育、培训、交底、检查制度不完善或未落实; 3.安全投入不足		√		√	
		机械伤害	现场机械设备	1.人员违章进入危险区域; 2.管理人员违章指挥、强令冒险作业; 3.机械操作人员操作错误、违章作业(酒后作业); 4.作业人员身体健康状况异常、心理异常、感知异常(反应迟钝、辨识错误); 5.现场作业人员防护用品不正确使用安全防护用品(反光背心、安全帽等); 6.机械操作人员疲劳作业	1.现场无警示标识或标识破损(警戒区、标牌、反光贴等); 2.设备设施安全作业距离不足、设备不良"病"作业(设备设施制动装置失效、运动或转动装置无防护或防护装置有缺陷等); 3.安全防护用品不合格(反光背心、安全帽、护目镜等)	1.强风、暴雨、大雾等不良天气; 2.作业场地狭窄、不平整、湿滑; 3.夜间施工照明不足	1.机械设备安全管理制度不完善或落实不到位(检查保养不到位); 2.未对机械设备、安全防护用品等进行进场验收或验收未落实; 3.安全教育、培训、交底、检查制度不完善或未落实; 4.机械设备操作规程不规范或未落实; 5.安全投入不足	√	√		√	

续上表

分部工程	施工作业内容	典型风险事件	致害物	致险因素			风险事件后果类型				
				人的因素	物的因素	环境因素	管理因素	受伤人员类型		人员伤亡	
								本人	他人	轻伤	重伤	死亡
围堰	土石围堰	车船伤害	运输车辆、施工船舶、附近通航船舶	1. 不当操作造成车辆安全装置失效，人员冒险进入危险场所（车辆倒车区域）；2. 车辆冒险进入边坡临边位置，有分散注意力的行为；3. 施工人员着不安全装束；4. 现场指挥、警戒不当；5. 管理人员违章指挥、强令冒险作业（进入驾驶人员视野盲区等）；6. 驾驶人员未持有效证件上岗，违章驾驶操作（违章上岗、酒后驾驶、超速、超限、超载作业）；7. 驾驶人员身体健康状况异常、心理异常、感知异常（反应迟钝、辨识错误）；8. 驾驶人员疲劳作业、现场作业人员未正确使用安全防护用品（反光背心、安全帽等）	1. 运输车辆未经检验或有缺陷；2. 施工场地环境不良（如照明不佳、场地湿滑等）；3. 个人防护用品用具缺少或没有；4. 安全警示标志、护栏等警示标志无、上岗资格证；5. 运输道路承载力不足；6. 现场无警示标识或标识破损（警戒区、标牌、反光维、反光贴）；7. 车辆带"病"作业（制动装置、喇叭、后视镜、警示灯等设施有缺陷）；8. 车辆作业安全距离不足	1. 场地受限；2. 道路不符合要求；3. 大风、暴雨、低温等恶劣天气（不利于混凝土提升强度）；4. 不稳定坡体	1. 技术上的缺陷；2. 操作者生理、心理上的缺陷；3. 教育、交底不到位有缺陷；4. 管理工作上的缺陷；5. 未对车辆设备、安全防护用品等进行进场验收或验收不到位；6. 车辆安全管理制度不完善或未落实（检查维护保养不到位）；7. 安全操作规程不规范或未落实（作业前未对车辆周围环境进行检查）	√	√	√	√	

续上表

分部工程	施工作业内容	典型风险事件	致害物	致险因素				风险事件后果类型				
				人的因素	物的因素	环境因素	管理因素	受伤人员类型		人员伤亡		
								本人	他人	轻伤	重伤	死亡
围堰	土石围堰	高处坠落	无防护的作业平台,施工人员受自身的重力运动	1.作业人员未正确使用安全防护用品(安全带、防滑鞋等); 2.作业人员身体健康状况异常,心理异常,感知异常(有高血压,恐高症等禁忌症,反应迟钝,辨识错误); 3.作业人员疲劳作业,管理人员违令冒险作业,强令冒险作业; 4.作业人员违章操作或违章作业	1.高处作业场所未设置安全防护等措施(安全绳索、防坠网); 2.未设置安全警示标志或警示标识破损; 3.安全防护用品质量不合格,存在缺陷; 4.未设置人员上下安全爬梯或设置不规范	1.大风、雷电、大雾、暴雨等恶劣天气; 2.夜间施工照明不足; 3.作业场地不平整、湿滑	1.安全教育、培训,交底、检查制度不完善或未落实; 2.职业健康、安全管理制度不完善,未落实(定期体检); 3.安全投入不足; 4.高处作业不规范规程不规范或未落实; 5.安全防护用品等验收不到位	√			√	√
		坑底浸水	基坑内存在不良地质、基坑封底未达到要求,疏导探测技术不足	1.管理人员违章指挥、强令冒险作业(堵水排水处理措施不当,不及时); 2.人员心理异常(冒险侥幸心理); 3.作业人员操作错误、违章作业; 4.有违反劳动纪律的行为(管理人员脱岗)	1.监控监测设备缺失或失效; 2.堵水材料(水泥浆等)不合格; 3.无排水设施或排水设施失效; 4.无警示信号或信号不清	1.坑底存在不良地质; 2.作业场地照明不足	1.第三方检测单位无资质或资质不满足; 2.安全教育、培训,交底、检查制度不完善或未落实; 3.监测方案不完善或未及时有效的对监测数据进行分析未落实,未及时判断; 4.堵排水方案不完善或未落实	√	√	√	√	

续上表

分部工程	施工作业内容	典型风险事件	致害物	致险因素 人的因素	致险因素 物的因素	致险因素 环境因素	致险因素 管理因素	风险人员类型 受伤人员类型 本人	风险人员类型 受伤人员类型 他人	人员伤亡 轻伤	人员伤亡 重伤	人员伤亡 死亡
围堰	土石围堰	滑坡	不稳定土体、砌体、结构物等	1. 管理人员违章指挥，强令冒险作业（防护、放坡不及时）；2. 人员心理异常（冒险侥幸心理等）；3. 作业人员操作错误；4. 有违章作业、违反劳动纪律的行为（管理人员脱岗）	1. 无警示信号或信号不清（紧急撤离信号）；2. 现场无警示标识或标识破损，开挖完后未及时施工防护及排反光锥、标牌等）；3. 截排水设施不完善；4. 防护形式错或防护材料不合格（材料强度不足等）；5. 基坑边沿停放重型机械或堆放渣土	1. 存在滑坡、偏压等地质；2. 作业场地照明不足；3. 强风、暴雨、大雪等不良天气	1. 施工方案不完善未落实（掏底开挖，开挖完后未及时施工防护及排水）；2. 安全教育、培训、交底、检查制度不完善未落实；3. 安全投入不足	√	√	√	√	
围堰	钢板桩围堰	淹溺	水体	1. 作业人员安全防护意识差；2. 违章操作；3. 未正确佩戴劳动防护品；4. 作业人员疲劳作业	水上作业未设置安全防护设施	风力超过6级、雨雾天气、夜间照明不良条件下进行作业	1. 交底培训不到位；2. 现场监督检查不到位	√	√	√	√	
围堰	钢板桩围堰	物体打击	钢板桩、零散材料、工具等	1. 违章操作；2. 违章指挥；3. 未按方案施工	构件运输、安装过程中坠落	风力超过6级、雨雾天气、夜间照明不良条件下进行作业	1. 交底培训不到位；2. 现场监督检查不到位	√	√	√	√	√

续上表

分部工程	施工作业内容	典型风险事件	致害物	致险因素			风险事件后果类型				
				人的因素	物的因素	环境因素	管理因素	受伤人员类型		人员伤亡		
								本人	他人	轻伤	重伤	死亡
围堰	钢板桩围堰	触电	电焊机、发电机、配电箱、破损的电线等其他用电设备导电材料	1.作业人员未正确使用安全防护用品（绝缘鞋、绝缘手套等）；2.作业人员操作错误或违章作业（带电检修维护）；3.管理人员违章指挥、强令冒险作业；4.电工等特种人员未持有效证件上岗；5.作业人员疲劳作业；	1.电缆线、配电箱等电气设施不合格（线路破损、老化）；2.电气设施设置不规范（电缆拖地、配电箱无支架）；3.带电设施无警示标识或标识不规范，无防护装置不规范（未接地、接线端子漏电保护器等）；4.防护不当，防护距离不足（配电柜、发电机无遮雨棚、防护围挡或防护破损）；5.设备损坏漏电	1.强风、雷雨、大雪等不良天气；2.作业场地杂乱，潮湿或积水；3.作业场地照明不足	1.临时用电方案不完善或未落实；2.发电机等安全操作规程不规范或材料未进行进场验收；3.电气设施材料等未进行进场验收；4.无电工对用电设施进行巡查或巡查不到位；5.机械设备安全管理制度未落实（设备检查维护保养不到位）；6.安全教育、培训、交底、检查制度不完善或未落实；7.安全投入不足	√			√	√
		坍塌	不稳定土体、砌体、结构物等	1.管理人员违章指挥、强令冒险作业（防护、放坡不及时）；2.人员心理异常（冒险侥幸心理等）	1.无警示信号或信号不清（紧急撤离信号）；2.现场无警示标识或标识破损（警戒区、标牌、反光锥）；3.截排水设施不完善；	1.存在滑坡、偏压不良地质；2.作业场地照明不足；3.强风、暴雨、大雪等不良天气	1.施工方案不完善或未落实（掏底开挖或上下重叠开挖，开挖完成后未及时防护）	√	√	√	√	

续上表

分部工程	施工作业内容	典型风险事件	致害物	致险因素				风险事件后果类型			
				人的因素	物的因素	环境因素	管理因素	受伤人员类型		人员伤亡	
								本人	他人	轻伤	重伤	死亡
围堰	钢板桩围堰	坍塌	不稳定土体、砌体、结构物等	3. 作业人员操作错误；4. 有违章作业、违反劳动纪律的行为（管理人员脱岗）	4. 防护形式错或防护材料不合格（材料强度不足等）；5. 基坑边沿停放重型机械或堆放渣土		2. 安全教育、培训、交底，检查制度不完善或未落实；3. 安全投入不足					
		机械伤害	现场机械设备	1. 人员违章进入危险区域；2. 管理人员违章指挥，强令冒险作业；3. 机械操作人员操作错误，违章作业（酒后作业）；4. 操作人员身体健康状况异常、心理异常、感知异常（反应迟钝、辨识错误）；5. 现场作业人员未正确使用安全防护用品（反光背心、安全帽、护目镜等）；6. 机械操作人员疲劳作业	1. 现场无警示标识或标识破损（设备安全标识、反光贴等）；2. 设备设施安全作业距离不足，设备设施防护装置失效，运动或转动装置无防护装置有缺陷等；3. 安全防护用品不合格（反光背心、安全帽、护目镜等）	1. 强风、暴雨、大雪、大雾等不良天气；2. 作业场地狭窄，不平整、湿滑；3. 夜间施工照明不足	1. 机械设备安全管理制度不完善或落实不到位（检查维护保养不到位）；2. 未对机械设备、安全防护用品等进行进场验收或验收不到位；3. 安全教育、培训、交底，检查制度不完善或未落实；4. 机械设备操作规程不规范或未落实；5. 安全投入不足	√	√	√	√	

续上表

分部工程	施工作业内容	典型风险事件	致害物	致险因素				风险事件后果类型				
				人的因素	物的因素	环境因素	管理因素	受伤人员类型		人员伤亡		
								本人	他人	轻伤	重伤	死亡
围堰	钢板桩围堰	起重伤害	起重设备、吊索吊具	1.管理人员违章指挥，强令冒险作业； 2.作业人员操作错误，违章作业； 3.起重工、信号工未持有效证件上岗； 4.现场作业人员未正确使用安全防护用品（安全帽等）； 5.抗倾覆验算错误，人员倾覆进入危险区域； 6.起重人员身体健康状况异常、心理异常、感知异常（反应迟钝、辨识错误）； 7.作业人员疲劳作业	1.设备自身缺陷（强度、刚度不足，抗倾覆能力不足）； 2.现场无警示标识或标识破损（警戒区、标牌，反光锥等）； 3.安全防护用品不合格（安全帽等）； 4.支撑件不合格； 5.构件防锈处理不合格； 6.支腿不平，现场无警示标识或标识破损（警戒区、标牌，反光锥等）； 7.吊索吊具不合格或达到报废标准（钢丝绳、吊带，U形卸扣等）； 8.支垫材料不合格（枕木、钢板等）； 9.设备无防护或防护装置缺陷（防脱钩装置、限位装置等）； 10.安全防护用品不合格（反光背心、安全帽等）	1.强风、暴雨、大雪等不良天气； 2.地基承载力不足，基础下沉； 3.作业场地照明不足	1.施工方案不完善或未落实； 2.安全教育、培训、交底、检查制度不完善或未落实； 3.未对起重设备进行进场验收或验收不到位； 4.安全投入不足； 5.起重吊装作业时无专人监护； 6.起重吊装安全操作规程不规范或未落实	√	√	√	√	√

— 394 —

续上表

分部工程	施工作业内容	典型风险事件	致害物	致险因素			风险事件后果类型				
				人的因素	物的因素	环境因素	管理因素	受伤人员类型		人员伤亡		
								本人	他人	轻伤	重伤	死亡
围堰	钢板桩围堰	车船伤害	运输车辆、施工船舶、附近通航船舶	1.不当操作造成车辆安全装置失效，人员冒险进入危险场所（车辆倒车区域）；2.车辆冒险进入边坡临边位置，有分散注意力的行为；3.施工人员着不安全装束；4.现场警示、警戒不当；5.管理人员违章指挥、强令冒险作业，驾驶人员视野盲区进入等）；6.驾驶人员未持有效证件上岗，驾驶人员操作错误，违规驾驶（违规载人、酒后驾驶、超速、超限、超载等）；7.驾驶人员身体健康状况异常、心理异常，认知异常（反应迟钝，辨识错误）；8.驾驶人员疲劳作业，现场作业人员未正确使用安全防护用品（反光背心、安全帽等）	1.运输车辆未经检验或有缺陷；2.施工场地环境不良（如照明不佳，场地湿滑等）；3.个人防护用品用具缺少或有缺陷；4.安全警示标志、护栏等安全装置缺乏或有缺陷，车辆操作人员无上岗资格证；5.运输道路承载力不足；6.现场无警示标识或标识破损（警戒区、标牌、反光锥等）；7.车辆带"病"作业（制动装置、喇叭、后视镜、警示灯等设施有缺陷）；8.车辆作业安全距离不足	1.场地受限；2.道路不符合要求；3.大风、暴雨、低温等恶劣天气（不利于混凝土提升强度）；4.不稳定坡体	1.技术上的缺陷；2.操作者生理、心理上的缺陷；3.教育、交底不到位有缺陷；4.管理工作上的缺陷；5.未对车辆设备、安全防护用品等进行进场验收验货不到位；6.车辆安全管理制度不完善未落实（检查维护保养不规范）；7.安全操作规程不规范未落实（作业前未对车辆周围环境进行检查）	√	√	√	√	√

— 395 —

续上表

分部工程	施工作业内容	典型风险事件	致害物	致险因素				风险事件后果类型				
				人的因素	物的因素	环境因素	管理因素	受伤人员类型		人员伤亡		
								本人	他人	轻伤	重伤	死亡
围堰	钢板桩围堰	坑底涌水	基坑内存在不良地质、基坑封底不及时达不到要求、探测疏导技术不足	1. 管理人员违章指挥,强令冒险作业(堵水排水处理措施不当,不及时); 2. 人员心理异常(冒险侥幸心理等); 3. 作业人员操作错误,违章作业; 4. 有违反劳动纪律的行为(管理人员脱岗)	1. 监控监测设备缺失或失效; 2. 堵水材料(水泥浆等)不合格; 3. 无排水设施或排水设施失效; 4. 无警示信号或信号不清	1. 坑底存在不良地质; 2. 作业场地照明不足	1. 第三方检测单位无资质或资质不满足; 2. 安全教育,培训,交底,检查制度不完善或未落实; 3. 监测方案不完善或未落实,未及时有效对监测数据进行分析判断; 4. 堵排水方案不完善或未落实	√	√	√	√	
		滑桩	桩基工程施工时不稳或施工不当	1. 不当操作造成车辆安全装置失效,人员冒险进入危险场所(车辆倒车区域); 2. 车辆冒险进入边坡临边位置,有分散注意力的行为; 3. 施工人员着装不安全装束; 4. 现场指挥,警戒不当; 5. 管理人员违章指挥,强令冒险作业(进入驾驶人员视野盲区等);	1. 施工设备未经检验或有缺陷; 2. 施工场地环境不良(如照明不佳,场地湿滑等); 3. 个人防护用品用具缺少或有缺陷; 4. 安全警示标志,护栏等安全装置缺乏或有缺陷,车辆操作人员无上岗资格证; 5. 承载力不足	1. 场地受限; 2. 施工环境不符合要求; 3. 大风,暴雨,低温等恶劣天气(不利于混凝土提升强度); 4. 设备,地基,承载水平台等不稳定	1. 技术上的缺陷; 2. 操作者生理,心理上的缺陷; 3. 教育,交底不到位有缺陷; 4. 管理工作上的缺陷; 5. 未对设备,安全防护用品等进行进场验收或验收不到位	√	√	√	√	

— 396 —

第五章 港口工程施工的主要安全风险分析

续上表

分部工程	施工作业内容	典型风险事件	致害物	致险因素 - 人的因素	致险因素 - 物的因素	致险因素 - 环境因素	致险因素 - 管理因素	风险人员类型 - 受伤人员类型 - 本人	风险人员类型 - 受伤人员类型 - 他人	人员伤亡 - 轻伤	人员伤亡 - 重伤	人员伤亡 - 死亡
	桩基	滑桩	桩基工程施工时不稳或施工不当	6. 驾驶人员未持有效证件上岗，违章操作错误，酒后驾驶，超速，超载等（违规作业人，酒后驾驶、超限、超载作业）； 7. 驾驶人员身体健康状况异常，心理异常，感知觉异常（反应迟钝、辨识错误）； 8. 驾驶人员疲劳作业，现场作业人员未正确使用安全防护用品（反光背心、安全帽等）	6. 现场无警示标识或标识破损（警戒区、标牌、反光锥等）； 7. 设备带"病"作业（制动装置、喇叭、后视镜、警示灯等设施有缺陷）； 8. 车辆作业安全距离不足		6. 施工设备安全管理制度不完善或未落实（检查维护保养未到位）； 7. 安全操作规程未落实（作业前未对车辆周围环境进行检查）					
围堰	钢板桩围堰	滑坡	不稳定土体、砌体结构物等	1. 管理人员违章指挥、强令冒险作业（防护放坡不及时）； 2. 人员心理异常（冒险侥幸心理等）； 3. 作业人员操作错误； 4. 有违章作业、违反劳动纪律、管理人员脱岗）	1. 无警示信号或信号不清（紧急撤离信号）； 2. 现场无警示标识或标识破损（警戒区、标牌等）； 3. 截排水设施不完善； 4. 防护形式错或防护材料不合格（材料强度不足等）； 5. 基坑边沿堆放渣土机械或堆放重型	1. 存在滑坡、偏压等地质； 2. 作业场地照明不足； 3. 强风、暴雨、大雪等不良天气	1. 施工方案不落实（掏底开挖或上下重叠开挖，开挖完后未及时施工防护及排水）； 2. 安全教育、培训、交底，检查制度不完善或未落实； 3. 安全投入不足	√	√		√	

续上表

分部工程	施工作业内容	典型风险事件	致害物	致险因素				风险事件后果类型				
				人的因素	物的因素	环境因素	管理因素	受伤人员类型		人员伤亡		
								本人	他人	轻伤	重伤	死亡
围堰		淹溺	水体	1. 作业人员安全防护意识差；2. 违章操作；3. 未正确佩戴劳动防护用品；4. 作业人员疲劳作业	水上作业未设置安全防护设施	风力超过6级，雨雾天气、夜间照明不良条件下进行作业	1. 交底培训不到位；2. 现场监督检查不到位	√			√	√
		物体打击	钢板桩、零散材料、工具等	1. 违章操作；2. 违章指挥；3. 未按方案施工	构件运输、安装过程中坠落	风力超过6级，雨雾天气、夜间照明不良条件下进行作业	1. 交底培训不到位；2. 现场监督检查不到位	√	√	√	√	
	围堰拆除	触电	电焊机、发电机、配电箱、破损的电气设备等其他用电材料	1. 作业人员未正确使用安全防护用品（绝缘鞋、绝缘手套等）；2. 作业人员操作错误或违章作业（带电检修维护）；3. 管理人员违章指挥、强令冒险作业；4. 电工等特种人员未持有效证件上岗；5. 作业人员疲劳作业	1. 电缆线、配电箱等电气设施不合格（线路破损、老化）；2. 电气设施设置不规范（电缆拖地，配电箱无支架等）；3. 带电标识警示标识或装置不规范（未接地、无漏电保护器、接线端子无防护罩等）	1. 强风、雷雨、大雪等不良天气；2. 作业场地杂乱，潮湿或积水；3. 作业场地照明不足	1. 临时用电方案不完善或未落实；2. 发电机等安全操作规程不规范或未落实；3. 电气设施材料未进行进场验收；4. 无电工对用电设施进行巡查或巡查不到位	√		√	√	√

第五章 港口工程施工的主要安全风险分析

续上表

分部工程	施工作业内容	典型风险事件	致害物	致险因素				风险人员类型		风险事件后果类型 人员伤亡		
				人的因素	物的因素	环境因素	管理因素	受伤人员类型 本人	他人	轻伤	重伤	死亡
		触电	电焊机、发电机、配电箱、破损的电线、其他用电设备等导电材料		4.防护不当,防护距离不足(配电柜、发电机无遮雨棚,防护围挡或防护破损); 5.设备损坏漏电		5.机械设备安全管理制度未落实(设备维护保养不到位); 6.安全教育、培训、交底、检查制度不完善或未落实; 7.安全投入不足					
围堰	围堰拆除	坍塌	平台、结构物等	1.管理人员违章指挥、强令冒险作业(防护、放坡不及时); 2.人员心理异常(冒险侥幸心理等); 3.作业人员操作错误; 4.有违章作业、违反劳动纪律的行为(管理人员脱岗)	1.无警示信号或信号不清(紧急撤离信号); 2.现场无警示标识或标识破损(警戒区、标牌、反光锥等); 3.截排水设施不完善; 4.防护形式错或防护材料不合格(材料强度不足等); 5.基坑边沿停放重型机械或堆放渣土	1.存在滑坡、偏压等不良地质; 2.作业场地照明不足; 3.强风、暴雨、大雪等不良天气	1.施工方案不完善或未落实(揭底开挖或上下重叠开挖,开挖完后未及时施工防护及排水); 2.安全教育、培训、交底、检查制度不完善或未落实; 3.安全投入不足	√	√	√	√	

— 399 —

续上表

分部工程	施工作业内容	典型风险事件	致害物	致险因素				风险事件后果类型				
				人的因素	物的因素	环境因素	管理因素	受伤人员类型		人员伤亡		
								本人	他人	轻伤	重伤	死亡
围堰	围堰拆除	机械伤害	现场机械设备	1.人员违章进入危险区域； 2.管理人员违章指挥，强令冒险作业； 3.机械操作人员操作错误,违章作业(酒后作业)； 4.操作人员身体健康状况异常、心理异常、感知异常(反应迟钝、辨识错误)； 5.现场作业人员未正确使用安全防护用品（反光背心、安全帽等）； 6.机械操作人员疲劳作业	1.现场无警示标识或标识破损（警戒区、标牌、反光贴等）； 2.设备设施安全作业距离不足,设备设施"病态"作业(设备设施运动或转动装置失效,运动或转动装置无防护或防护装置有缺陷等)； 3.安全防护用品不合格（反光背心、安全帽、护目镜等）	1.强风、暴雨、大雪、大雾等不良天气； 2.作业场地板养不平整、湿滑； 3.夜间施工照明不足	1.机械设备安全管理制度不完善或未落实（检查维护保养不到位）； 2.未对机械设备、安全防护用品等进行进场验收或验收验证不到位； 3.安全教育、培训、交底、检查制度未落实； 4.机械设备操作规程不规范或未完善； 5.安全投入不足	√	√	√		√

续上表

分部工程	施工作业内容	典型风险事件	致害物	致险因素			风险人员类型		人员伤亡		
				人的因素	物的因素	环境因素	管理因素	本人	他人	轻伤	重伤	死亡
围堰	围堰拆除	起重伤害	起重设备、吊索吊具	1.管理人员违章指挥、强令冒险作业； 2.作业人员操作错误、违章作业； 3.起重工、信号工未持有效证作上岗； 4.现场作业人员未正确使用安全防护用品（安全帽等）； 5.抗倾覆验算错误，人员违章进入危险区域； 6.起重人员身体健康状况异常、心理异常感知异常（反应迟钝、辨识错误）； 7.作业人员疲劳作业	1.设备自身缺陷（强度、刚度不足，抗倾覆能力不足）； 2.现场无警示标识或标识破损（警戒区、标牌、反光锥等）； 3.安全防护用品不合格（安全帽等）； 4.支撑件不合格； 5.构件防锈处理不合格； 6.支腿不平，现场无警示标识或标识破损（警戒区、标牌、反光锥等）； 7.吊索吊具不合格或达到报废标准（钢丝绳、吊带、U形卸扣等）； 8.支垫材料不合格（枕木、钢板等），无防护或防护装置缺陷（防脱钩装置、限位装置等）； 9.设备带"病"作业（制动装置），距高压线安全距离不够； 10.安全防护用品不合格（反光背心、安全帽等）	1.强风、暴雨、大雪等不良天气； 2.地基承载力不足，基础下沉； 3.作业场地照明不足	1.施工方案不完善或未落实； 2.安全教育、培训、交底、检查制度不完善或未落实； 3.未对起重设备进行进场验收或验收不到位； 4.安全投入不足； 5.起重吊装作业时无专人监护； 6.起重吊装安全操作规程不规范或未落实	√	√	√	√	√

— 401 —

续上表

分部工程	施工作业内容	典型风险事件	致害物	致险因素				风险事件后果类型			
				人的因素	物的因素	环境因素	管理因素	受伤人员类型		人员伤亡	
								本人	他人	轻伤	重伤	死亡
围堰	围堰拆除	车船伤害	运输车辆、施工船舶、附近通航船舶	1.不当操作造成车辆安全装置失效,人员冒险进入危险场所(车辆倒车区域); 2.车辆冒险进入边坡临空位置,有分散注意力的行为; 3.施工人员着不安全装束; 4.现场警示标志、护栏等装置缺乏或有缺陷; 5.管理人员违章指挥、强令冒险作业(进入驾驶人员视野盲区等); 6.驾驶人员未持有效证件上岗、违章作业(违规载人、酒后驾驶、超速、超限、超载等); 7.驾驶人员身体健康状况异常,心理异常(反应迟钝、超后视等错误); 8.驾驶人员疲劳作业,现场作业人员未正确使用安全防护用品(反光背心、安全帽等)	1.运输车辆未经检验或有缺陷; 2.施工场地环境不良(如照明不佳,场地湿滑等); 3.个人防护用品用具缺少或有缺陷; 4.安全警示标志、护栏等装置缺乏或无人上岗资格证; 5.运输道路承载力不足; 6.现场无警示标识或标识破损(警戒区、标牌、反光锥、反光贴等); 7.车辆带"病"作业(制动装置、喇叭、后视镜、警示灯等设施有缺陷); 8.车辆作业安全距离不足	1.场地受限; 2.道路不符合要求; 3.大风、暴雨、低温等恶劣天气(不利于混凝土提升强度); 4.不稳定坡体	1.技术上的缺陷; 2.操作者生理、心理上的缺陷; 3.教育、交底不到位有缺陷; 4.管理工作上的缺陷; 5.未对车辆设备、安全防护用品等进行进场验收或验收不到位; 6.车辆安全管理制度不完善或落实不到位(检查、维护保养不到位); 7.安全操作规程不规范或未落实(作业前未对车辆周围环境进行检查)	√	√	√	√	

— 402 —

第五章 港口工程施工的主要安全风险分析

续上表

分部工程	施工作业内容	典型风险事件	致害物	致险因素				风险人员类型		事件后果类型		
				人的因素	物的因素	环境因素	管理因素	受伤人员类型		人员伤亡		
								本人	他人	轻伤	重伤	死亡
围堰	围堰拆除	火灾	现场堆放易燃可燃材料	1.作业人员操作错误，违章作业（私拉乱接电线）；2.违规进行动火作业；3.管理人员违章指挥，强令冒险作业；4.违章指挥作业人员进行动火作业；5.有违反劳动纪律的行为（吸烟等）；6.电工、电焊工无证上岗	1.未配置消防器材或消防器材失效；2.易燃材料存放，防火安全距离不足；3.电缆线短路绝缘层破损引起火灾；4.现场无警示标识或标识破损（动火作业警戒区、禁火标牌等）；5.电焊作业下方未设置接火斗、挡板	1.高温、干燥、大风天气；2.作业场地杂乱	1.消防安全管理制度不完善或未落实（未定期进行消防检查）；2.临时用电方案不完善或未落实；3.未对电气设备、消防器材等进行进场验收或验收不到位；4.安全教育、培训、交底、检查制度不完善或未落实；5.安全投入不足		√	√	√	√
		高处坠落	无防护的作业平台，施工人员受自身的重力运动	1.作业人员未正确使用安全防护用品（安全带、防滑鞋等）；2.作业人员身体健康状况异常，心理异常，感知异常（有高血压症等禁忌症，反应迟钝等），辨识错误；3.作业人员疲劳作业，管理人员违章指挥，强令冒险作业；4.作业人员操作错误或违章作业	1.高处作业场所未设置安全防护措施（安全绳索、防坠网）；2.未设置安全警示标志或警示标志破损；3.安全防护用品质量不合格，存在缺陷；4.未设置爬梯或设置不规范	1.大风、雷电、大雪、暴雨等恶劣天气；2.夜间施工照明不足；3.作业场地不平整、湿滑	1.安全教育、培训、交底、检查制度不完善或未落实；2.职业健康、安全管理制度不完善，未落实（定期体检）；3.安全投入不足；4.高处作业安全操作规程不规范或未进行安全防护用品等进场验收或验收不到位；5.安全防护用品等进行进场验收不到位	√		√	√	√

续上表

分部工程	施工作业内容	典型风险事件	致害物	致险因素				风险事件后果类型				
				人的因素	物的因素	环境因素	管理因素	受伤人员类型		人员伤亡		
								本人	他人	轻伤	重伤	死亡
		淹溺	水体	1.作业人员安全防护意识差；2.违章操作；3.未正确佩戴劳动防护用品；4.作业人员疲劳作业	水上作业未设置安全防护设施	风力超过6级，雨雾天气，夜间照明不良等条件下进行作业	1.交底培训不到位；2.现场监督检查不到位	√			√	√
		物体打击	零散材料、工具等	1.违章操作；2.违章指挥；3.未按方案施工	构件运输、安装过程中坠落	风力超过6级，雨雾天气，夜间照明不良等条件下进行作业	1.交底培训不到位；2.现场监督检查不到位	√	√	√	√	
临时作业平台	临时码头搭设	触电	电焊机、发电机、配电箱、破损的电线、其他用电设备等导电材料	1.作业人员未正确使用安全防护用品（绝缘鞋、绝缘手套等）；2.作业人员操作错误或违章作业（带电检修维护）；3.管理人员违章指挥、强令冒险作业；4.电工等特种人员持有效证件上岗；5.作业人员疲劳作业	1.电缆线、配电箱等电气设施不合格（线路破损、老化）；2.电气设施设置不规范（电缆拖地、配电箱无支架等）；3.带电设施无警示标识或设施破损安全防护装置不规范（未接地，接线端子漏电保护器、接线端子无防护罩等）；4.防护不当（配电柜、发电机离护距离不足，防护围挡或无遮雨棚，防护围挡防护破损；5.设备损坏漏电	1.强风，雷雨、大雪等不良天气；2.作业场地杂乱，潮湿或积水；3.作业场地照明不足	1.临时用电方案不完善或未落实；2.发电机等安全操作规程不规范或未落实；3.电气设施材料等未进行进场验收；4.无电工对用电设施进行巡查或巡查不到位；5.机械设备安全管理制度未落实（保养机具检查维护）不到位；6.安全教育、培训，交底、检查制度不完善或未落实；7.安全投入不足	√		√	√	√

— 404 —

续上表

分部工程	施工作业内容	典型风险事件	致害物	致险因素				风险人员受伤类型		人员伤亡		
				人的因素	物的因素	环境因素	管理因素	本人	他人	轻伤	重伤	死亡
		坍塌	平台、结构物等	1. 管理人员违章指挥、强令冒险作业（防护、放坡时不及时）； 2. 人员心理异常（冒险侥幸心理等）； 3. 作业人员操作错误； 4. 有违章作业、违反劳动纪律、操作人员脱岗	1. 无警示信号或信号不清（紧急撤离信号）； 2. 现场无警示标识或标识破损（警戒区、标牌、反光锥等）； 3. 截排水设施不完善； 4. 防护形式错或防护材料不合格（材料强度不足等）； 5. 基坑边沿堆放渣土机械或重型	1. 存在滑坡、偏压等不良地质； 2. 作业场地照明不足； 3. 强风、暴雨、大雪等不良天气	1. 施工方案不完善或未落实（掏底开挖、开挖完后下重叠开挖，开挖完后未及时施工防护及排水）； 2. 安全教育、培训、交底、检查制度不完善或未落实； 3. 安全投入不足	√	√		√	
临时作业平台	临时码头搭设	机械伤害	现场机械设备	1. 人员违章进入危险区域； 2. 管理人员违章指挥、强令冒险作业； 3. 机械操作人员操作错误、违章作业（酒后作业）； 4. 操作人员身体健康状况异常、心理异常、感知异常（反应迟钝、辨识错误）； 5. 现场作业人员防护用品使用不正确（反光背心、安全帽等）； 6. 机械操作人员疲劳作业	1. 现场无警示标识或标识破损（警戒区、标牌、反光贴）； 2. 设备设施安全作业距离不足、设备设施动装置失效、运动或防护装置无防护或防护装置有缺陷等； 3. 安全防护用品不合格（反光背心、安全帽、护目镜等）	1. 强风、暴雨、大雪、大雾等天气； 2. 作业场地板不平整、湿滑； 3. 夜间施工照明不足	1. 机械设备安全管理制度不完善或未落实（检查维护保养不到位）； 2. 未对机械设备、安全防护用品等进行进场验收或验收不到位； 3. 安全教育、培训、交底、检查制度不完善或未落实； 4. 机械设备操作规程不规范或未落实； 5. 安全投入不足	√	√	√		√

续上表

分部工程	施工作业内容	典型风险事件	致害物	致险因素			风险事件后果类型			
				人的因素	物的因素	环境因素	管理因素	受伤人员类型 || 人员伤亡		
				人的因素	物的因素	环境因素	管理因素	本人	他人	轻伤	重伤	死亡
临时作业平台	临时码头搭设	起重伤害	起重设备、吊索吊具	1.管理人员违章指挥,强令冒险作业; 2.作业人员操作错误,违章作业; 3.重工、信号工未持有效证件上岗; 4.现场作业人员未正确使用安全防护用品(安全帽等); 5.抗倾覆验算错误,人员违章进入危险区域; 6.起重人员身体健康状况异常、心理异常,感知异常(反应迟钝、辨识错误); 7.作业人员疲劳作业	1.设备自身缺陷(强度、刚度不足,抗倾覆能力不足); 2.现场无警示标识(警戒区、标牌、反光锥等); 3.安全防护用品不合格(安全帽等); 4.支撑作件不合格; 5.构件防锈处理不合格; 6.支腿不平,现场无警示标识或标识破损(警戒区、标牌、反光锥等); 7.吊索吊具不合格或达到报废标准(钢丝绳、吊带、U形卸扣等); 8.吊装材料不合格(枕木、钢板等)、支护装置缺陷(防脱钩装置、限位装置等); 9.设备带"病"作业(制动装置等),距高压线等安全距离不足; 10.安全防护用品不合格(反光背心、安全帽等)	1.强风、暴雨、大雪等不良天气; 2.地基承载力不足、基础下沉; 3.作业场地照明不足	1.施工方案不完善或未落实; 2.安全教育、培训,交底,检查制度不完善或未落实; 3.未对起重设备进行进场验收或验收不到位; 4.安全投入不足; 5.起重吊装作业时无专人监护; 6.起重吊装安全操作规程不规范或未落实	√	√	√	√	√

续上表

分部工程	施工作业内容	典型风险事件	致害物	致险因素 人的因素	致险因素 物的因素	致险因素 环境因素	致险因素 管理因素	受伤人员类型 本人	受伤人员类型 他人	人员伤亡 轻伤	人员伤亡 重伤	人员伤亡 死亡
临时作业平台	临时码头搭设	车船伤害	运输车辆、施工船舶、附近通航船舶	1. 不当操作造成车辆安全装置失效，人员冒险进入危险场所（车辆倒车区域）； 2. 车辆冒险进入边坡临边位置，有分散注意力的行为； 3. 施工人员着不安全装束； 4. 现场指挥、警戒不当； 5. 管理人员违章指挥、强令人员冒险作业（进入驾驶人员视野盲区等）； 6. 驾驶人员未持有效证件上岗，违章作业（违规载人、酒后驾驶、超载、超限、超载等）； 7. 驾驶人员身体健康状况异常、心理异常（反应迟钝、辨识错误）等； 8. 驾驶人员疲劳作业，现场人员未正确使用安全防护用品（反光背心、安全帽等）	1. 运输车辆未经检验或有缺陷； 2. 施工场地环境不良（如照明不佳、场地湿滑等）； 3. 个人防护用品用具缺少或有缺陷； 4. 安全警示标志、护栏等警示装置缺乏或缺陷，车辆操作人员无上岗资格证； 5. 运输道路承载力不足； 6. 现场无警示标识或标识破损（警戒区、标牌、反光锥、反光贴等）； 7. 车辆带"病"作业（制动装置、喇叭、镜、警示灯等设施有缺陷）； 8. 车辆作业安全距离不足	1. 场地受限； 2. 道路不符合要求； 3. 大风、暴雨、低温等恶劣天气（不利于混凝土提升强度）； 4. 不稳定坡体	1. 技术上的缺陷； 2. 操作者生理、心理上的缺陷； 3. 教育、交底不到位有缺陷； 4. 管理工作上的缺陷； 5. 未对车辆设备、安全防护用品等进行进场验收或验收验不到位； 6. 车辆安全管理制度不完善或落实、维护保养不到位； 7. 安全操作规程不规范或未落实（作业前未对车辆周围环境进行检查）	√	√	√	√	

续上表

分部工程	施工作业内容	典型风险事件	致害物	致险因素				风险人员受伤类型		风险事件后果类型 人员伤亡		
				人的因素	物的因素	环境因素	管理因素	本人	他人	轻伤	重伤	死亡
		火灾	现场堆放的易燃可燃材料	1. 作业人员操作错误，违章作业(私拉乱接电线)；2. 违规进行动火作业；3. 管理人员违章指挥、强令冒险作业；4. 违章指挥作业人员进行动火作业；5. 有违反劳动纪律的行为(吸烟等)；6. 电工、电焊工无证上岗	1. 未配置消防器材或消防器材失效；2. 易燃材料存放、防火安全距离不足；3. 电缆线短路或绝缘层破损引起火灾；4. 现场无警示标识或标识破损(动火作业禁区、禁火标牌等)；5. 电焊作业下方未设置火斗、挡板	1. 高温、干燥、大风天气；2. 作业场杂乱	1. 消防安全管理制度不完善或未落实(未定期进行消防检查)；2. 临时用电方案不完善或未落实；3. 未对电气设备、消防器材等进行进场验收或验收不到位；4. 安全教育、培训、交底、检查制度不完善或未落实；5. 安全投入不足	√			√	√
临时作业平台	临时码头搭设	高处坠落	无防护的作业平台，施工人员受自身的重力运动	1. 作业人员未正确使用安全防护用品(安全带、防滑鞋等)；2. 作业人员身体健康状况异常、心理异常，知异常(有高血压、恐高症等禁忌症，反应迟钝，辨识错误)；3. 作业人员疲劳作业；4. 作业人员违章作业、管理人员违章指挥、强令冒险作业，或违章作业	1. 高处作业场所未设置安全防护措施(安全绳索、防坠网)；2. 未设置安全警示标志或标识破损、不合格、存在缺陷；4. 未设置防护用品或安全防护用品等存在缺陷；4. 未设置或设置的爬梯或设置不规范	1. 大风、雷电、大雪、暴雨等恶劣天气；2. 夜间施工照明不足；3. 作业场地不平整、湿滑	1. 安全教育、培训、交底、检查制度不完善或未落实；2. 职业健康管理制度不完善(定期体检)；3. 安全投入不足；4. 高处作业安全操作规程不规范、未落实；5. 安全防护用品等进行进场验收或验收不到位	√		√	√	√

第五章 港口工程施工的主要安全风险分析

续上表

分部工程	施工作业内容	典型风险事件	致害物	致险因素 人的因素	致险因素 物的因素	致险因素 环境因素	致险因素 管理因素	风险事件后果类型 受伤人员类型 本人	风险事件后果类型 受伤人员类型 他人	风险事件后果类型 人员伤亡 轻伤	风险事件后果类型 人员伤亡 重伤	风险事件后果类型 人员伤亡 死亡
临时作业平台	临时码头搭设	滑桩	桩基工程施工时不稳或施工不当	1. 不当操作造成车辆安全装置失效,人员冒险进入危险场所(车辆倒坡区域); 2. 车辆冒险进入边坡临边位置,有分散注意力的行为; 3. 施工人员着不安全装束; 4. 现场指挥、警戒不当; 5. 管理人员违章指挥、强令人员视野盲区进入驾驶人员视野盲区); 6. 驾驶人员未持有效证件上岗,违章作业(违规驾驶,酒后驾驶,超载、超限、超载作业); 7. 驾驶人员身身体健康状况异常、心理异常(反应迟钝,辨识错误); 8. 驾驶人员疲劳作业,现场作业人员未正确使用安全防护用品(反光背心,安全帽等)	1. 施工设备未经检验或有缺陷; 2. 施工场地环境不良(如照明不佳,场地湿滑等); 3. 个人防护用品用具缺少或有缺陷; 4. 安全警示标志,护栏等安全装置缺无或有缺陷,车辆操作人员无上岗资格证; 5. 承载力不足; 6. 现场无警示标识或标牌(反光锥,反光贴等); 7. 设备带"病"作业(制动装置、喇叭、镜,警示灯等设施有缺陷); 8. 车辆作业安全距离不足	1. 场地受限; 2. 施工环境不符合要求; 3. 大风、暴雨、低温等恶劣天气(不利于混凝土提升强度); 4. 设备、地基、承载平台等不稳定	1. 技术上的缺陷; 2. 操作者生理、心理上的缺陷; 3. 教育、交底不到位有缺陷; 4. 管理工作上的缺陷; 5. 未对设备,安全防护用品等进行进场验收或验收不到位; 6. 施工设备安全管理制度不完善或落实不到位(检查维护保养不到位); 7. 安全操作规程不规范或安全操作未落实(作业前未对车辆周围环境进行检查)	√	√	√	√	

— 409 —

续上表

分部工程	施工作业内容	典型风险事件	致害物	致险因素				风险事件后果类型				
				人的因素	物的因素	环境因素	管理因素	受伤人员类型		人员伤亡		
								本人	他人	轻伤	重伤	死亡
临时作业平台	施工便桥搭桥	淹溺	水体	1.作业人员安全防护意识差；2.违章操作；3.未正确佩戴劳动防护用品；4.作业人员疲劳作业	水上作业未设置安全防护设施	风力超过6级、雨雾天气、夜间照明不良条件下进行作业	1.交底培训不到位；2.现场监督检查不到位	√			√	√
		物体打击	零散材料、工具等	1.违章操作；2.违章指挥；3.未按方案施工	构件运输、安装过程中坠落	风力超过6级、雨雾天气、夜间照明不良条件下进行作业	1.交底培训不到位；2.现场监督检查不到位	√	√	√	√	
		触电	电焊机、发电机、配电箱、破损的电线、其他用电设备等导电材料	1.作业人员未正确使用安全防护用品（绝缘鞋、绝缘手套等）；2.作业人员操作错误或违章作业（带电检修维护）；3.管理人员违章指挥、强令冒险作业；4.电工等特种作业人员未持有效证件上岗；5.作业人员疲劳作业	1.电缆线、配电箱等电气设施设置不合格（线路破损、老化）；2.电气设施设置不规范（电缆拖地、配电箱无支架等）；3.带电设施破损无警示标识或标识不规范（未接地、接线端子漏电保护器、无防护罩等）；4.防护不当（配电柜、发电机离电距、防护棚、防护围挡或无遮雨棚，防护破损）；5.设备损坏漏电	1.强风、雷雨、大雪等不良天气；2.作业场地杂乱、潮湿或积水；3.作业场地照明不足	1.临时用电方案不完善或编制未落实；2.发电机等安全操作规程不规范或未落实；3.电气设施材料未进行进场验收；4.无电工对用电设施进行巡查或巡查不到位；5.机械设备安全管理制度未落实（设备保养未落实）；6.安全教育、培训、交底、检查制度不完善、未落实；7.安全投入不足	√		√	√	√

— 410 —

续上表

分部工程	施工作业内容	典型风险事件	致害物	致险因素				风险人员类型			人员伤亡		
				人的因素	物的因素	环境因素	管理因素	本人	他人		轻伤	重伤	死亡
		坍塌	平台、结构物等	1. 管理人员违章指挥，强令冒险作业（防护、放坡不及时）；2. 人员心理异常（冒险侥幸心理等）；3. 作业人员操作错误；4. 有违章作业、违反劳动纪律的行为（管理人员脱岗）	1. 无警示信号或信号不清（紧急撤离信号）；2. 现场无警示标识或标识破损（警戒区、标牌、反光锥等）；3. 截排水设施不完善；4. 防护形式错或防护材料不合格（材料强度不足等）；5. 基坑边沿停放重型机械或堆放渣土	1. 存在滑坡、偏压等不良地质；2. 作业场地照明不足；3. 强风、暴雨、大雪等不良天气	1. 施工方案不完善或未落实（掏底开挖或上下叠开挖、开挖完后未及时施工防护及支排水）；2. 安全教育、培训、交底、检查制度不完善或未落实；3. 安全投入不足	√			√	√	
临时作业平台	施工便桥搭桥	机械伤害	现场机械设备	1. 人员违章进入危险区域；2. 管理人员违章指挥，强令冒险作业；3. 机械操作人员操作错误、违章作业（酒后作业）；4. 操作人员身体健康状况异常、心理异常、感知异常（反应迟钝、辨识错误）；5. 现场作业人员未正确使用安全防护用品（反光背心、安全帽等）；6. 机械操作人员疲劳作业	1. 现场无警示标识或标识破损（警戒区、标牌、反光贴等）；2. 设备设施安全作业距离不足、设备带"病"作业（设备设施制动装置失效、运动或防护装置无防护或防护装置有缺陷等）；3. 安全防护用品不合格（反光背心、安全帽、护目镜等）	1. 强风、暴雨、大雾等不良天气；2. 作业场地狭窄、不平整、湿滑；3. 夜间施工照明不足	1. 机械设备安全管理制度不完善或未落实（检查、维护保养不到位）；2. 未对机械设备进行进场安全防护验收或验收不到位；3. 安全教育、培训、交底、检查制度不完善或未落实；4. 机械设备操作规程不规范或未落实；5. 安全投入不足	√	√	√	√	

续上表

分部工程	施工作业内容	典型风险事件	致害物	致险因素				风险人员类型		事件后果类型		
				人的因素	物的因素	环境因素	管理因素	受伤人员类型		人员伤亡		
								本人	他人	轻伤	重伤	死亡
临时作业平台	施工便桥搭桥	起重伤害	起重设备、吊索吊具	1. 管理人员违章指挥、强令冒险作业； 2. 作业人员操作错误，违章作业； 3. 起重司索工未持有效证件上岗； 4. 现场作业人员未正确使用安全防护用品（安全帽等）； 5. 抗倾覆验算错误，人员违章进入危险区域； 6. 起重人员身体健康状况异常、心理异常，感知异常（反应迟钝、辨识错误）； 7. 作业人员疲劳作业	1. 设备自身缺陷（强度、刚度不足，抗倾覆能力不足）； 2. 现场无警示标识或标识破损（警戒区、标牌、反光锥等）； 3. 安全防护用品不合格（安全帽等）； 4. 支撑件不合格； 5. 构件防锈处理不合格； 6. 支腿不平，现场无警示标识或标识破损（警戒区、标牌、反光锥等）； 7. 吊索吊具不合格或达到报废标准（钢丝绳、吊带、U形卸扣）； 8. 支垫材料不合格（枕木、钢板等），无防护或防护装置缺陷（防脱钩装置、限位装置等）； 9. 设备带"病"作业（制动装置等），距高压线安全距离不足； 10. 安全防护用品不合格（反光背心、安全帽等）	1. 强风、暴雨、大雪等不良天气； 2. 地基承载力不足，基础下沉； 3. 作业场地照明不足	1. 施工方案不完善或未落实； 2. 安全教育、培训、交底、检查制度不完善或未落实； 3. 未对起重设备进行进场验收或验收不到位； 4. 安全投入不足； 5. 起重吊装作业时无专人监护； 6. 起重吊装安全操作规程不规范或未落实	√	√	√	√	√

— 412 —

续上表

分部工程	施工作业内容	典型风险事件	致害物	致险因素				风险事件后果类型				
				人的因素	物的因素	环境因素	管理因素	受伤人员类型		人员伤亡		
								本人	他人	轻伤	重伤	死亡
临时作业平台	施工便桥搭桥	车船伤害	运输车辆、施工船舶、附近通航船舶	1.不当操作造成车辆安全装置失效，人员冒险进入危险场所(车辆倒车区域)； 2.车辆冒险进入边坡临边位置，有分散注意力的行为； 3.施工人员着不安全装束； 4.现场指挥、警戒不当； 5.管理人员违章指挥、强令冒险作业(进入驾驶人员视野盲区等)； 6.驾驶人员未持有效证件上岗，违章作业(违反操作错误、酒后驾驶、超载人、超限、超载等)； 7.驾驶人员身体健康状况异常、心理异常(反应迟钝、辨识错误)； 8.驾驶人员疲劳作业，现场使用安全防护用品不正确(反光背心、安全帽等)	1.运输车辆未经检验或有缺陷； 2.施工场地环境不良(如照明不佳，场地湿滑等)； 3.个人防护用品用具缺少或有缺陷； 4.安全警示标志、护栏等警示装置缺乏或有缺陷，车辆操作人员无上岗资格证； 5.运输道路承载力不足； 6.现场无警示标识或标识破损(反光锥、标牌、反光贴等)； 7.车辆带"病"作业(制动装置、喇叭、后视镜、警示灯等设施有缺陷)； 8.车辆作业安全距离不足	1.场地受限； 2.道路不符合要求； 3.大风、暴雨、低温等恶劣天气(不利于混凝土提升强度)； 4.不稳定坡体	1.技术上的缺陷； 2.操作者生理、心理上的缺陷； 3.教育、交底不到位有缺陷； 4.管理工作上的缺陷； 5.未对车辆设备、安全防护用品等进行进场验收或验收不到位； 6.车辆安全管理制度不完善或未落实(检查、维护保养不到位)； 7.安全操作规程未落实、安全操作规范不规范(作业前未对车辆周围环境进行检查)	√	√	√	√	

— 413 —

续上表

分部工程	施工作业内容	典型风险事件	致害物	致险因素			风险事件后果类型				
				人的因素	物的因素	环境因素	管理因素	受伤人员类型		人员伤亡	
								本人	他人	轻伤	重伤	死亡
临时作业平台	施工便桥搭桥	火灾	现场堆放易燃可燃材料	1.作业人员操作错误,违章作业(私拉乱接电线); 2.违规进行动火作业; 3.管理人员违章指挥、强令冒险作业; 4.违章指挥作业人员进行动火作业; 5.有违反劳动纪律的行为(吸烟等); 6.电工、电焊工无证上岗	1.未配置消防器材或消防器材失效; 2.易燃材料存放的防火安全距离不足; 3.电缆线短路或绝缘层破损引起火灾; 4.现场无警示标识或标识破损(动火作业成区、禁火标牌等); 5.电焊作业下方未设置接火斗、挡板	1.高温、干燥、大风天气; 2.作业场地杂乱	1.消防安全管理制度不完善或未落实(未定期进行消防检查); 2.临时用电方案不完善或未落实; 3.未对电气设备、消防器材等进行进场验收或验收不到位; 4.安全教育、培训,交底、检查制度不完善或未落实; 5.安全投入不足	√			√	√
		高处坠落	无防护的作业平台,施工人员受自身的重力运动	1.作业人员未正确使用安全防护用品(安全带、防滑鞋等); 2.作业人员身体健康状况异常、心理异常(有高血压、恐高症等禁忌证,反应迟钝,辨识错误); 3.作业人员疲劳作业,管理人员违章指挥、强令冒险作业; 4.作业人员操作错误或违章作业	1.高处作业场所未设置安全防护等措施(安全绳索、防坠网); 2.未设置安全警示标志或标志破损; 3.安全防护用品质量不合格、存在缺陷; 4.未设置或设置不规范的爬梯上下安全爬梯设置不规范	1.大风、雷电、大雪、暴雨等恶劣天气; 2.夜间施工照明不足; 3.作业场地不平整、湿滑	1.安全教育、培训,交底、检查制度不完善或未落实; 2.职业健康、安全管理制度不完善,未落实(定期体检); 3.安全投入不足; 4.高处作业不规范规程不完善或未落实; 5.未对安全防护用品等进行验收或验收不到位	√		√	√	√

续上表

分部工程	施工作业内容	典型风险事件	致害物	致险因素 人的因素	致险因素 物的因素	致险因素 环境因素	致险因素 管理因素	受伤人员类型 本人	受伤人员类型 他人	人员伤亡 轻伤	人员伤亡 重伤	人员伤亡 死亡
				1.不当操作造成车辆安全装置失效,人员冒险进入危险场所(车辆倒车区域); 2.车辆冒险进入边坡临边位置,有分散注意力的行为; 3.施工人员着装不安全装束; 4.现场指挥、警戒不当; 5.管理人员违章指挥,强令人员视野盲区人; 6.驾驶人员违章操作(连人证上岗,驾驶人员违规作业(酒后驾驶,超速、超载、超限、超载作业); 7.驾驶人员身体健康状况异常、心理异常(反应迟钝,后视错误); 8.驾驶人员疲劳作业,现场作业人员未正确使用安全防护用品(反光背心、安全帽等)	1.施工设备未经检验或有缺陷; 2.施工场地环境不良(如照明不佳,场地湿滑等); 3.个人防护用品用具缺少或有缺陷; 4.安全警示标志、护栏等警示标识缺乏或有缺陷,车辆操作人员无上岗资格证; 5.承载力不足; 6.现场无警示标识或标识破损(警戒区、标牌、反光锥、反光贴等); 7.设备带"病"作业(制动装置、喇叭、后视镜、警示灯等设施有缺陷); 8.车辆作业安全距离不足	1.场地受限; 2.施工环境不符合要求; 3.大风、暴雨、低温等恶劣天气(不利于混凝土提升强度); 4.设备、地基、承载平台等不稳定	1.技术上的缺陷; 2.操作者生理、心理上的缺陷; 3.教育、交底不到位有缺陷; 4.管理工作上的缺陷; 5.未对设备、安全防护用品等进行进场验收或验收不到位; 6.施工设备安全管理制度不完善或未落实(检查维护保养不到位); 7.安全操作规程不规范或未落实(作业前未对车辆周围环境进行检查)					
临时作业平台	施工便桥搭桥	滑桩	桩基工程施工时不稳或施工不当					√	√	√	√	

续上表

分部工程	施工作业内容	典型风险事件	致害物	致险因素 人的因素	致险因素 物的因素	致险因素 环境因素	致险因素 管理因素	风险人员类型 受伤人员类型 本人	风险人员类型 受伤人员类型 他人	人员伤亡 轻伤	人员伤亡 重伤	人员伤亡 死亡
		淹溺	水体	1. 作业人员安全防护意识差； 2. 违章操作； 3. 未正确佩戴劳动防护用品； 4. 作业人员疲劳作业	水上作业未设置安全防护设施	风力超过6级、雨雾天气、夜间照明不良等条件下进行作业	1. 交底培训不到位； 2. 现场监督检查不到位	√				√
		物体打击	零散材料、工具等	1. 违章操作； 2. 违章指挥； 3. 未按方案施工	构件运输、安装过程中坠落	风力超过6级、雨雾天气、夜间照明不良等条件下进行作业	1. 交底培训不到位； 2. 现场监督检查不到位	√	√	√	√	
临时作业平台	临时作业平台拆除	触电	电焊机、发电机、配电箱、破损的电线等其他用电设备导电材料	1. 作业人员未正确使用安全防护用品（绝缘鞋、绝缘手套等）； 2. 作业人员操作错误或违章操作（带电检修维护）； 3. 管理人员违章指挥、强令冒险作业； 4. 电工等特种人员未持有效证件上岗； 5. 作业人员疲劳作业	1. 电缆线、配电箱等电气设施不合格（线路破损、老化）； 2. 电气设施设置不规范（电缆拖地、配电箱无支架等）； 3. 带电设施无警示标识或装置破损安全防护装置不规范、漏电保护器、接线端子无防护罩等）； 4. 防护不当、防护距离不足（配电柜、发电机无遮雨棚、防护围挡或防护破损）； 5. 设备损坏漏电	1. 强风、雷雨、大雪等不良天气； 2. 作业场地杂乱、潮湿或积水； 3. 作业场地照明不足	1. 临时用电方案不完善或未落实； 2. 发电机等安全操作规程不规范或未落实； 3. 电气设施材料等进行进场验收； 4. 无电工对用电设施进行巡查或巡查不到位； 5. 机械设备安全管理制度落实（设备保养检查、维护不完善或未落实； 6. 安全教育、培训、交底、检查制度不完善或未落实； 7. 安全投入不足	√	√	√	√	√

第五章　港口工程施工的主要安全风险分析

续上表

分部工程	施工作业内容	典型风险事件	致害物	致险因素				风险事件后果类型				
				人的因素	物的因素	环境因素	管理因素	受伤人员类型		人员伤亡		
								本人	他人	轻伤	重伤	死亡
		坍塌	平台、结构物等	1.管理人员违章指挥、强令冒险作业（防护未及时）； 2.人员心理异常（冒险侥幸心理等）； 3.作业人员操作错误； 4.有违章作业、违反劳动纪律的行为（管理人员脱岗）	1.无警示信号或信号不清（紧急撤离信号）； 2.现场无警示标识或标识破损（警戒区、标牌、反光锥等）； 3.截排水设施不完善； 4.防护形式错或防护材料不合格（材料强度不足等）； 5.基坑边沿停放重型机械或堆放渣土	1.存在滑坡、偏压等不良地质； 2.作业场地照明不足； 3.强风、暴雨、大雪等不良天气	1.施工方案不完善或未落实（掏底开挖或上下重叠开挖，开挖完成后未及时施工防护及排水）； 2.安全教育、培训、交底、检查制度未落实； 3.安全投入不足	√	√	√	√	
临时作业平台	临时作业平台拆除	机械伤害	现场机械设备	1.人员违章进入危险区域； 2.管理人员违章指挥、强令冒险作业； 3.机械操作人员操作错误，违章作业（酒后作业）； 4.操作人员身体健康状况异常、心理异常、感知异常（反应迟钝、识错误）； 5.现场作业人员未正确使用安全防护用品（反光背心、安全帽、护目镜等）； 6.机械操作人员疲劳作业	1.现场无警示标识或标识破损（警戒区、标牌、反光贴等）； 2.设备设施安全作业距离不足，设备设施"病"装置失效，运动或转动装置无防护或防护装置有缺陷等）； 3.安全防护用品不合格（反光背心、安全帽、护目镜等）	1.强风、暴雨、大雪、大雾等不良天气； 2.作业场地狭窄、不平整、湿滑； 3.夜间施工照明不足	1.机械设备安全管理制度不完善或未落实（检查与维护保养不到位）； 2.安全防护用品等进行安全验收或验收不到位； 3.安全教育、培训、交底、检查制度未落实； 4.未对机械设备、安全防护、机械设备操作规程不规范或未落实； 5.安全投入不足	√	√	√	√	

续上表

分部工程	施工作业内容	典型风险事件	致害物	致险因素			风险事件后果类型				
				人的因素	物的因素	环境因素	管理因素	受伤人员类型		人员伤亡		
								本人	他人	轻伤	重伤	死亡
临时作业平台	临时作业平台拆除	起重伤害	起重设备、吊索吊具	1.管理人员违章指挥，强令冒险作业；2.作业人员操作错误，违章作业；3.起重工、信号工未持有效证件上岗；4.现场作业人员未正确使用安全防护用品（安全帽等）；5.抗倾覆验算错误，人员进入危险区域；6.起重人员身体健康状况异常、心理异常、感知异常（反应迟钝、辨识错误）；7.作业人员疲劳作业	1.设备自身缺陷（强度、刚度不足，抗倾覆能力不足）；2.现场无警示标识（警戒区、标牌、反光锥等）；3.安全防护用品不合格（安全帽等）；4.支撑件不合格；5.构件防锈处理不合格；6.支腿不平，现场无警示标识或标识破损（警戒区、标牌、反光锥等）；7.吊索吊具不合格或达到报废标准（钢丝绳、吊带、U形卸扣等）；8.支垫材料不合格（枕木、钢板等），无防护或防护装置缺陷（防脱钩装置、限位装置等）；9.设备带"病"作业（制动装置等），距高压线等安全距离不足；10.安全防护用品不合格（反光背心、安全帽等）	1.强风、暴雨、大雪等不良天气；2.地基承载力不足，基础下沉；3.作业场地照明不足	1.施工方案不完善或未落实；2.安全教育、培训、交底、检查制度不完善或未落实；3.未对起重设备进行进场验收或验收不到位；4.安全投入不足；5.起重吊装作业时无专人监护；6.起重吊装安全操作规程不规范或未落实	√	√	√	√	√

续上表

分部工程	施工作业内容	典型风险事件	致害物	致 险 因 素				风险事件后果类型				
				人的因素	物的因素	环境因素	管理因素	受伤人员类型		人员伤亡		
								本人	他人	轻伤	重伤	死亡
临时作业平台	临时作业平台拆除	车船伤害	运输车辆、施工船舶、附近通航船舶	1.不当操作造成车辆安全装置失效,人员冒险进入危险场所(车辆倒车区域); 2.车辆冒险进入边坡临边位置,有分散注意力的行为; 3.施工人员或穿着不安全装束; 4.现场指挥、警戒不当; 5.管理人员违章指挥,强令冒险作业(进人驾驶人员视野盲区等); 6.驾驶人员未持有效证件上岗,违章驾驶(违规载人,酒后驾驶、超速、超限、超载等); 7.驾驶人员身体健康状况异常、心理异常感知异常(反应迟钝、辨识错误); 8.驾驶人员疲劳作业,现场作业未正确使用安全防护用品(反光背心、安全帽等)	1.运输车辆未经检验或有缺陷; 2.施工场地环境不良(如照明不佳,场地湿滑等); 3.个人防护用品用具缺少或有缺陷; 4.安全警示标志、护栏等警戒缺乏或有缺陷,车辆操作人员无上岗资格证; 5.运输道路承载力不足; 6.现场无警示标识或标识破损(警戒区,标牌,反光锥,反光贴等); 7.车辆带"病"作业(制动装置、喇叭,后视镜、警示灯等设施有缺陷); 8.车辆作业安全距离不足	1.场地受限; 2.道路不符合要求; 3.大风、暴雨、低温等恶劣天气(不利于混凝土提升强度); 4.不稳定坡体	1.技术上的缺陷; 2.操作者生理、心理上的缺陷; 3.教育、交底不到位有缺陷; 4.管理工作上的缺陷; 5.未对车辆设备、安全防护用品等进行进场验收或验收不到位; 6.车辆安全管理制度不完善或未落实(检查、维护保养不到位); 7.安全操作规程不规范或作业前未对车辆周围环境进行检查)	√	√	√	√	

续上表

分部工程	施工作业内容	典型风险事件	致害物	致险因素				风险人员类型		人员伤亡		
				人的因素	物的因素	环境因素	管理因素	本人	他人	轻伤	重伤	死亡
		火灾	现场堆放易燃可燃材料	1.作业人员操作错误、违章作业（私拉乱接电线）；2.违规进行动火作业；3.管理人员违章指挥、强令冒险作业；4.违章指挥作业人员进行动火作业；5.有违反劳动纪律的行为（吸烟等）；6.电工、电焊工无证上岗	1.未配置消防器材或消防器材失效；2.易燃材料存放，防火距离不足；3.电缆线短路或绝缘层破损引起火灾；4.现场无警示标识或标识破损（动火作业警戒区、禁火标牌等）；5.电焊作业下方未设置火斗、挡板	1.高温、干燥、大风天气；2.作业场地杂乱	1.消防安全管理制度不完善或未落实（未定期进行消防检查）；2.临时用电方案不完善或未落实；3.未对电、电气设备、消防器材等进行进场验收或验收不到位；4.安全教育、培训、交底，检查制度不完善或未落实；5.安全投入不足	√	√	√	√	√
临时作业平台	临时作业平台拆除	高处坠落	无防护的作业平台，施工人员受自身的重力运动	1.作业人员未正确使用安全防护用品（安全带、防滑鞋等）；2.作业人员身体健康状况异常、心理异常，认知异常（有高血压、恐高症等禁忌症，反应迟钝，辨识错误）；3.作业人员疲劳作业，管理人员违章指挥、强令冒险作业；4.作业人员操作错误或违章作业	1.高处作业场所未设置安全防护等措施（安全绳索（防坠网））；2.未设置安全警示标志或标识破损；3.安全防护用品质量不合格，存在缺陷；4.未设置安全防护、全爬梯或设置不规范	1.大风、雷电、大雪、暴雨等恶劣天气；2.夜间施工照明不足；3.作业场地不平整、湿滑	1.安全教育、培训、交底，检查制度不完善或未落实；2.职业健康、安全管理制度不完善（定期体检）；3.安全投入不足；4.高处作业安全操作规程不规范、未落实；5.安全防护用品等进行进场验收或验收不到位	√		√	√	√

第六章 港口工程常见重大作业活动清单

第一节 常见重大作业活动清单

表6-1列出了公路水运工程常见重大作业活动清单。

常见重大作业活动清单　　　　　　　　　　　　　表6-1

工程类型	常见重大作业活动
混凝土模板支撑工程	混凝土模板支撑工程
起重吊装及起重机械安装拆卸工程	1. 采用非常规起重设备、方法,且单件起吊重量在10kN及以上的起重吊装工程; 2. 起重机械安装和拆卸工程
脚手架工程	1. 搭设高度24m及以上的落地式钢管脚手架工程(包括采光井、电梯井脚手架); 2. 高处作业吊篮
拆除工程	可能影响行人、交通、电力设施、通信设施或其他建、构筑物安全的拆除工程
船舶作业	可能发生安全事故的船舶有关作业

第二节 港口工程常见重大作业活动清单

表6-2列出了港口工程常见重大作业活动清单。

港口工程常见重大作业活动清单　　　　　　　　　表6-2

工程类别	工程类型	常见的重大作业活动
港口工程	高桩码头工程	1. 岸坡开挖; 2. 水上沉桩施工; 3. 水上灌注桩施工; 4. 平台便桥架设与拆除; 5. 水上现场浇筑(桩帽、横梁等施工); 6. 水上吊运及安装(梁、板、靠船构件、钢引桥等吊运及安装); 7. 接岸(驳岸)工程施工; 8. 装配式上部结构施工

续上表

工程类别	工程类型		常见的重大作业活动
港口工程	重力式码头工程		1. 水下爆破作业(水下基槽炸礁或港池炸礁、基床爆夯); 2. 潜水作业(基床整平); 3. 沉箱(大圆筒)预制(包含大型模板架设与拆除); 4. 沉箱(大圆筒、方块)出运下水; 5. 沉箱(大圆筒)运输与安装; 6. 水上吊运及安装(沉箱、大圆筒、方块、钢引桥等吊运及安装); 7. 大型模板架设与拆除及水上/临水现场浇筑(胸墙施工)
	板桩码头工程		1. 岸坡开挖; 2. 水上沉桩施工(板桩水上沉桩施工); 3. 地下连续墙成槽施工; 4. 地下连续墙钢筋笼起重吊装施工; 5. 基坑开挖(胸墙、帽梁,导梁浇筑前基坑开挖); 6. 码头前沿挖泥
	防波堤及护岸工程	直立式 (沉箱/方块)	1. 潜水作业(基床整平); 2. 沉箱/方块预制(包含大型模板架设与拆除); 3. 沉箱/方块出运下水; 4. 沉箱/方块水上运输与安装
		直立式 (桶式基础)	1. 钙质结核物处理; 2. 砂桩加固; 3. 桶体预制; 4. 桶体搬运及上船; 5. 桶体安装
		斜坡式	1. 护面块体安装; 2. 大型模板安装与拆除(大型防浪墙浇筑)

第七章　港口工程常见重大作业活动管控措施建议

第一节　常见重大作业活动管控措施建议

表7-1列出了公路水运工程常见重大作业活动管控措施建议。

港口工程常见重大作业活动管控措施建议　　　　表7-1

常见重大作业活动		风险管控措施
模板工程及支撑体系	混凝土模板支撑工程	1. 模板系统应根据混凝土的自重力、侧压力、风力、浇筑速度和其他施工荷载等验算强度、刚度和稳定性。受潮水影响的模板系统,还应考虑水流波浪力的作用。 2. 大型钢模板上应设置工作平台和爬梯,工作平台上应设置防护栏杆和限载标志。机械吊安的模板应进行吊点设计。 3. 模板安装就位后,必须立即进行支撑和固定。支撑和固定未完成前,严禁升降或移动吊钩。 4. 模板拆除时,承重模板应在混凝土强度达到能够承受自重及其他可能叠加的荷载或在混凝土强度达到现行《水运工程施工安全防护技术规范》(JTS 205-1)要求的数值后方可拆除。 5. 水下和水位变动区模板拆除时间应适当延后。设计有规定的应按设计规定执行。 6. 模板吊安前,应对模板和吊点进行检查。吊安时,应有专人指挥。模板未固定前,不得进行下一道工序施工。 7. 应按顺序分层、分段拆除,不得留有松动或临时悬挂的模板。模板拆除下方应设置安全警戒区
起重吊装及起重机械安装拆卸工程	采用非常规起重设备、方法,且单件起重量在10kN及以上的起重吊装工程	1. 起重作业时,应严格遵守"十不吊":(1)斜吊不吊;(2)超载不吊;(3)散装物装得太满或捆扎不牢不吊;(4)指挥信号不明不吊;(5)吊物边缘锋利无防护措施不吊;(6)吊物上站人不吊;(7)埋在地下的构件不吊;(8)安全装置失灵不吊;(9)光线阴暗看不清吊物不吊;(10)6级以上强风无防护措施不吊。 2. 起重吊装作业应明确作业人员分工,专人指挥,统一指挥信号。 3. 起重吊装所使用的钢丝绳和索具,必须有具备生产资质的制造厂商提供的出厂合格证和材质证明。 4. 起重吊装前,应检查钢丝绳及其连接部位,当钢丝绳存在明显缺陷后者不满足使用要求时,应予以更换。 5. 起重绳索必须进行受力计算,索具、滑车等必须根据计算结果合理选配。吊装前必须对其进行检查。

续上表

常见重大作业活动		风险管控措施
起重吊装及起重机械安装拆卸工程	采用非常规起重设备、方法,且单件起吊重量在10kN及以上的起重吊装工程	6. 起重船、机起吊构件时,驻位应得当。起吊异型构件应根据构件的重量、重心和吊点位置计算、配置起重绳索,并进行试吊。 7. 当被吊物的重量达到起重设备额定起重能力的90%及以上时,应进行试吊。 8. 起重吊装作业时,指挥和操作人员不得站在建筑物或构件边缘、死角等危险部位。 9. 一台起重设备的两个主吊钩起吊同一重物时,两钩升降应协调,且每个钩的吊重不得大于其额定负荷。 10. 两台起重设备起吊同一重物时,必须制定专项起吊方案。起吊前必须根据重心位置等合理布置吊点。吊运过程中,必须统一指挥,两台起重设备的动作必须协调。各起重设备的实际起重量,严禁超过其额定起重能力的80%,且钩绳必须处于垂直状态。 11. 陆用起重机在驳船上作业时,必须制定专项施工方案,并附具船舶稳性和结构强度验算结果。起重机、吊臂及吊钩必须设置封固装置。 12. 构件入水后,应服从潜水人员的指挥。指挥信号不明,不得移船或动钩。 13. 构件的升降、回转速度应缓慢不得砸、碰水下构件或船舶锚缆。 14. 水下构件吊装完毕,应待潜水员解开吊具、避至安全水域、发出指令后方可起升吊钩或移船
	起重机械安装和拆卸工程	1. 机械设备安装或拆卸作业前,作业人员应当对拟安装或拆卸设备的完好性进行检查。作业时,应当设置警戒区,禁止无关人员进行施工现场。施工现场应当设置负责统一指挥的人员和专职监护的人员。各工序应当定岗、定人、定责。作业人员应当严格执行施工方案和拆装工艺。 2. 安装前对部件进行检查:外形尺寸、数量是否与设计图纸一致,合格证书是否齐全有效;部件焊缝是否有夹渣、裂纹等缺陷;运输过程中各部件是否有变形及损坏等。 3. 安装前应对机械整体进行检查,确保所有部件齐全且没有结构缺陷。 4. 吊装施工区域设立警戒线并设专人监护,与施工无关人员禁止进入。 5. 提前查询天气情况,避免作业时大雨、暴雨、高温等恶劣天气,风力达5级以上停止作业。 6. 大风暴雨后应对高处作业安全设施逐一检查,发现有松动、变形、损坏和脱落等现象,应立即修理完善。 7. 雨后进行高处作业,应及时清除构件上、作业平台护栏积水,必须采取可靠的防滑措施。 8. 机械设备每次安装完毕后,安装人员应当对起重机械设备进行调试和试运转。在向使用单位进行机械设备移交前,应当委托具有建筑机械检验、检测资格的机构承担机械检验检测机构检测合格并与产权单位和使用单位联合进行安装质量验收,经验收合格后,方可投入使用

续上表

常见重大作业活动		风险管控措施
脚手架工程	搭设高度24m及以上的落地式钢管脚手架工程（包括采光井、电梯井脚手架）	1. 脚手架搭设应有施工方案,结构设计应进行设计计算,并按规定进行审批。 2. 脚手架搭拆作业人员应经过培训,取得相应的特种作业人员操作资格证,并持证上岗。脚手架搭设前应进行安全技术交底,搭设完毕应办理验收手续,进行量化验收。 3. 落地式脚手架基础应按方案要求平整、夯实,立杆底部设置垫或座,垫板材质可采用木脚手板或槽钢等。 4. 落地式脚手架四周设置排水沟,采取有组织排水。 5. 落地式脚手架在使用前应按规范要求进行验收,并挂验收牌。 6. 落地式脚手架应设置纵向、横向扫地杆。纵向扫地杆应采用直角扣件固定在距底座上皮不大于200mm处的立杆上。横向扫地杆应采用直角扣件固定在紧靠纵向扫地杆下方的立杆上,均与立杆相连。 7. 落地式脚手架立杆基础不在同一高度时,应将高处的纵向扫地杆向低处延长两跨与立杆固定,高差不大于1000mm,靠边坡上方的立杆轴线到边坡的距离不应小于500mm。 8. 纵向水平杆要保持水平,一步一般1.8m,每步脚手架要设置拦腰杆,一般为0.6m和1.2m高。两根相邻纵向水平杆的接头,不能设置在同步或同跨内。 9. 转角位置的纵向水平杆不超过转角200mm且不少于100mm,主节点处必须设置一道横向水平杆,用直角扣件扣接并且严禁拆除。 10. 在搭设脚手架时,要按照要求搭设连墙件。连墙件是保证脚手架稳定最重要的杆件,随脚手架搭设同步进行。连墙件应从第一步纵向水平杆处开始设置,24m以下的外架,每3步2跨设置刚性或柔性连墙件。24m以上的外架,每2步3跨设置刚性连墙件。 11. 连墙件应靠近主节点设置,偏离主节点的距离不应大于300mm,在一字型、开口型两端必须加强设置连墙件。 12. 24m以上的外架,在架体外侧要搭设连续剪刀撑。 13. 每道剪刀撑要跨越5~7根立杆,和地面的夹角控制在45°~60°之间,剪刀撑搭接长度不小于1m,至少用3个旋转扣件固定。 14. 一字型、开口型的双排架,两断口必须设置横向斜撑,横向斜撑要在同一节间,从底到顶呈"之"字形布置,斜撑交叉和内外大横杆相连到顶。 15. 每隔一组或两组剪刀撑要设一道180mm高的挡脚板。 16. 从第二层起,每隔10m要设置一道硬质隔断防护,并在其中间部位张挂水平安全网。 17. 铺设脚手架时,严禁出现探头板,脚手板端头要用φ1.2mm镀锌铁丝固定在小横杆上

续上表

常见重大作业活动		风险管控措施
脚手架工程	高处作业吊篮	1. 吊篮作业应符合现行《高处作业吊篮》(GB 19155)的有关规定,且应使用由专业厂家制作的定型产品,不得自行制作吊篮。 2. 高处作业吊篮安装拆卸工应按照有关规定经专业机构培训,并应取得相应的从业资格。 3. 登高梯上端应固定,吊篮和临时工作台应绑扎牢靠。 4. 吊篮和工作台的脚手板必须铺平绑牢,严禁出现探头板。 5. 标准件、配套件、外购件、外协件应有合格证方可使用;自制零部件均应经检验合格后方可装配。 6. 各类型号吊篮的通用零部件应具有互换性。 7. 原材料应有合格证,并符合产品图样规定,否则,应按有关标准进行检验,确认合格后方可使用。 8. 所有零部件的安装应正确、完整,连接牢固可靠。 9. 焊接质量应符合产品图样的规定,重要部件应进行探伤检查。 10. 结构件应进行有效的防腐处理。 11. 吊篮在下述条件下应能正常工作:(1)环境温度:-10 ~ +55℃;(2)环境相对湿度不大于90%(25℃);(3)电源电压偏离额定值±5%;(4)工作处阵风风速不大于8.3m/s(相当于5级风力)。 12. 吊篮的设计载荷包括吊篮自重、额定载重量和风载荷。 13. 建筑物结构应能承受吊篮工作时对结构施加的最大作用力。 14. 电气系统与控制系统功能正常,动作灵敏、可靠。 15. 安全保护装置与限位装置动作准确,安全可靠。 16. 各传动机构运转平稳,不得有过热、异常声响或振动,起升机构等无渗漏油现象。 17. 平台升降速度应不大于18m/min,其误差不大于设计值的±5%。 18. 吊篮在额定载重量工作时,在距离噪声源1m处的噪声值应不大于79dB(A)
拆除工程	可能影响行人、交通、电力设施、通信设施或其他建、构筑物安全的拆除工程	1. 拆除工程施工应按有关规定配备专职安全生产管理人员,对各项安全技术措施进行监督、检查。 2. 拆除工程施工作业前,应对拟拆除物的实际状况、周边环境、防护措施、人员清场、施工机具及人员培训教育情况等进行检查;施工作业中,应根据作业环境变化及时调整安全防护措施,随时检查作业机具状况及物料堆放情况;施工作业后,应对场地的安全状况及环境保护措施进行检查。 3. 拆除工程施工应先切断电源、水源和气源,再拆除设备管线设施及主体结构;主体结构拆除宜先拆除非承重结构及附属设施,再拆除承重结构。 4. 拆除工程施工不得立体交叉作业。 5. 拆除工程施工中,应对拟拆除物的稳定状态进行监测;当发现事故隐患时,必须停止作业。 6. 对局部拆除影响结构安全的,应先加固后再拆除。

续上表

常见重大作业活动		风险管控措施
拆除工程	可能影响行人、交通、电力设施、通信设施或其他建、构筑物安全的拆除工程	7. 拆除地下物,应采取保证基坑边坡及周边建筑物、构筑物的安全与稳定的措施。 8. 拆除工程作业中,发现不明物体应停止施工,并应采取相应的应急措施,保护现场及时向有关部门报告。 9. 对有限空间拆除施工,应先采取通风措施,经检测合格后再进行作业。 10. 当进入有限空间拆除作业时,应采取强制性持续通风措施,保持空气流通。严禁采用纯氧通风换气。 11. 对生产、使用、储存危险品的拟拆除物,拆除施工前应先进行残留物的检测和处理,合格后方可进行施工。 12. 拆卸的各种构件及物料应及时清理、分类存放,并应处于安全稳定状态
船舶作业	可能发生安全事故的船舶有关作业	1. 船舶应配备有效的通信、消防、救生、堵漏设备及应急防护设备或设施,并定期检查。 2. 船舶应利用有效手段保持正规的瞭望,对可能发生的碰撞危险进行判定,并做出相应的处置。 3. 船舶航行、作业或停泊时应固定船舶舱室门、甲板设备。 4. 船舶的梯口、应急场所应设有醒目的安全警示标志或标识。 5. 船舶疏散通道、安全出口应保持畅通,保证防火防烟分区、防火间距符合消防技术标准。 6. 船舶甲板、通道和作业场所应根据需要设有防滑装置。 7. 船舶临时锚泊地应进行水深测量,浅滩、水下暗礁和障碍物应设置明显警示标志。 8. 船舶穿越桥孔或架空管、线前,必须了解其水域情况。 9. 船舶进出的航行通道、抛锚区和锚缆摆动区严禁架设或布设临时电缆线。 10. 船舶应根据施工水域情况,选择合适的锚型、锚重和锚缆。 11. 船舶航行、锚固及锚泊时,应避开水底军事光缆、通信光缆、电缆等预设管线。 12. 船舶电气检修应有专业电子电机员进行操作,检修前应切断电源,并在启动箱或配电板处悬挂"禁止合闸"警示牌。 13. 配电板或电闸箱附近应备放扑救电气火灾的灭火器材。 14. 带电作业必须有专人监护,并采取可靠的防护、应急措施。 15. 船上人员不得随意改动线路或增设电器,严禁使用超过设计容量的电器。 16. 船舶上使用的移动灯具的电压不得大于50 V,电路应设有过载和短路保护。 17. 蓄电池工作间应通风良好,不得存放杂物,设置安全警示标志。 18. 施工船舶、交通船必须在核定航区或作业水域内施工。 19. 施工船舶在作业、航行、停泊时应按规定显示号灯或号型。

续上表

常见重大作业活动		风险管控措施
船舶作业	可能发生安全事故的船舶有关作业	20. 施工船舶的锚机操作者在抛锚过程中应视锚艇和本船移动的速度以及锚缆的松紧程度松放缆绳，不得突然制动。 21. 救生艇上的设备和物资应完好有效。 22. 船舶密闭舱室应设置明显安全警示标志。作业人员进入船舶密闭舱前，应对密闭舱室进行通风，检测毒气、可燃气、有害气、氧气浓度，佩戴应急设备，并有专人监护。 23. 收放舷梯应控制舷梯的升降速度，舷梯上严禁站人。 24. 施工船舶舷梯、桥梯的踏步应设置防滑装置，下方张挂安全网。 25. 乘坐交通船人员应遵守乘船规定，穿戴好救生衣。 26. 施工过程中，船舶值班人员加强高频值守，及早与过往船舶进行联系，做到"四早一服从"（早瞭望、早鸣笛、早减速、早联系，严格服从交管中心指挥）。对无 AIS（Automatic Identification System，船舶自动识别系统）、高频电话等识别设备的小型船舶、渔船及非正规船舶，保持高度戒备，采用汽笛、高音喇叭、夜间使用探照灯等措施，确保船舶施工航行安全。 27. 交通船应按核定人数载人，不得超员运行或客货混装。 28. 交通船不得装运或携带易燃易爆、有毒有害危险品。 29. 乘船人员不得在航行中站、坐于安全护栏的舷边。 30. 登船和下船的乘员人数应清点和记录。 31. 乘员上下交通船应待船舶停稳后，按顺序上下。 32. 出运前应根据运输船舶性能和航行安全要求制定水上运输航线

第二节 高桩码头工程常见重大作业活动管控措施建议

表7-2列出了高桩码头工程常见重大作业活动管控措施建议。

高桩码头工程常见重大作业活动管控措施建议 表7-2

常见重大作业活动	风险管控措施
岸坡开挖	1. 施工前结合当地气象、水文、地质及航道通行等情况，编制专项施工方案，报审后方可实施。 2. 编制有针对性的作业指导书，做好进场作业人员安全教育培训；组织不同层级的专项安全技术交底并开展重大致险因素与管控方案告知。 3. 特殊工种、设备操作人员必须经专门安全技术培训，考试合格持证上岗，并定期体检；同时对持证人员进行核验，确保人证相符。 4. 岸坡开挖顺序和开挖工艺应满足岸坡稳定的要求。 5. 岸坡开挖前应对开挖区的地形和水深进行断面测量；开挖后应对岸坡断面进行测量。 6. 岸坡开挖过程中应对岸坡稳定进行观测

续上表

常见重大作业活动	风险管控措施
水上沉桩施工	1. 施工前结合当地气象、水文、地质及航道通行等情况,编制专项施工方案,报审后方可实施。 2. 编制有针对性的作业指导书,做好进场作业人员安全教育培训;组织不同层级的专项安全技术交底并开展重大致险因素与管控方案告知。 3. 特殊工种、设备操作人员必须经专门安全技术培训,考试合格持证上岗,并定期体检;同时对持证人员进行核验,确保人证相符。 4. 在岸坡或建筑物附近锤击沉桩时,应考虑沉桩对岸坡或建筑物的影响,必要时应采取预防措施,并应进行观测。 5. 沉桩施工前,应对施工船机设备进行全面检查。 6. 涨落潮时,应随潮水的涨、落适时松、紧缆,以保持船位不变和防止个别锚缆受力过大。 7. 监测岸坡的稳定和已沉桩(斜桩岸坡上桩)的变位,如发现有问题,应采取相应的处理措施。 8. 水深流急或浪大,应对已沉桩及时进行夹桩加固,以防止其偏位增大,甚至出现断裂的危险。 9. 风力大于6级或波高大于0.5m或水流流速大于1.56m/s,应停止沉桩作业。 10. 打桩船舶锚缆布置应满足打桩作业顺序和从运桩船舶上取桩方便,避免各船锚缆相互干扰,并与已沉桩保持一定距离,避免发生碰桩或走锚缆绳拉断已沉桩。 11. 根据施工时的沉桩顺序和吊桩工艺,绘制运桩叠放图和加固图,按图要求分层装驳。采用多支垫堆放,均匀放置垫木,并适当布置通楞,垫木顶面应在同一平面上。 12. 基桩根据沉桩顺序对称堆放,应保证在落驳、运输和起吊作业时驳船的平稳。 13. 沉桩过程中做好钢丝绳的维护保养,发现损坏及时更换。 14. 在沉桩作业过程中,安排专人进行指挥作业。 15. 打桩船吊桩时,吊点严格按照设计和方案执行。 16. 截桩作业吊点要捆帮牢固,切割平台搭设稳固,严禁切割不彻底进行拉桩作业
水上灌注桩施工	1. 施工前结合当地气象、水文、地质及航道通行等情况,编制专项施工方案,报审后方可实施。 2. 编制有针对性的作业指导书,做好进场作业人员安全教育培训;组织不同层级的专项安全技术交底并开展重大致险因素与管控方案告知。 3. 特殊工种、设备操作人员必须经专门安全技术培训,考试合格持证上岗,并定期体检;同时对持证人员进行核验,确保人证相符。 4. 水上灌注桩施工平台应具有足够的稳定性,并应配备安全生产设施,设立航行警示标志以及必要的防撞措施。 5. 平台施工程序应该注意错开打桩、船锚缆,确保安全距离,避免发生绊桩或发生意外事故。 6. 岸坡稳定后才允许进行灌注桩施工,宜先行锤击沉桩后施工灌注桩,锤击沉桩时,应有观测土坡变形的设施,及时观测并记录。 7. 施工作业人员进入钻孔处理事故前,应先检查孔内有无有害气体,并采取防毒、防溺、防坍埋等安全措施。严禁施工作业人员进入无护筒或无其他防护设施的钻孔中处理事故。 8. 灌注桩施工过程中应及时调换作业班组,避免作业人员超负荷作业。

续上表

常见重大作业活动	风险管控措施
水上灌注桩施工	9. 起重吊装作业时,指挥和操作人员不得站在建筑物或构件边缘、死角等危险部位。 10. 起重作业时,应严格遵守"十不吊":(1)斜吊不吊;(2)超载不吊;(3)散装物装得太满或捆扎不牢不吊;(4)指挥信号不明不吊;(5)吊物边缘锋利无防护措施不吊;(6)吊物上站人不吊;(7)埋在地下的构件不吊;(8)安全装置失灵不吊;(9)光线阴暗看不清吊物不吊;(10)6级以上强风无防护措施不吊。 11. 临时用电采用"三级配电、两级保护"和TN-S接零保护系统,严格按照"一机一闸一漏保"规范用电,杜绝非电工接电
平台便桥架设与拆除	1. 施工前结合当地气象、水文、地质及航道通行等情况,编制专项施工方案,报审后方可实施。 2. 编制有针对性的作业指导书,做好进场作业人员安全教育培训;组织不同层级的专项安全技术交底并开展重大致险因素与管控方案告知。 3. 特殊工种、设备操作人员必须经专门安全技术培训,考试合格持证上岗,并定期体检;同时对持证人员进行核验,确保人证相符。 4. 临时码头宜选择在水域开阔、岸坡稳定、波浪和流速较小、水深适宜、地质条件较好、陆路交通便利的岸段。 5. 临时码头应按照使用要求和相应技术规范进行设计和施工,并设置安全警示标志。 6. 设计水上工作平台应考虑自重荷载、施工荷载、水流力、波浪力风力和施工船舶系靠力等。借用工程结构作临时工作平台时,应按施工期间可能出现的最不利荷载组合进行核算。工作平台搭设时应按设计图进行施工。 7. 水上工作平台应稳固。顶部应满铺面板,面板与下部结构连接应牢固,悬臂板应采取有效的加固措施。 8. 水上工作平台顶面的四周,应设置高度不低于1.2m的安全护栏。上下人员的爬梯应牢固,梯阶间距宜为30cm。平台上作业场地的大小,应充分考虑施工人员的作业安全。 9. 水上工作平台应设置安全警示标志和必要的救生器材。 10. 在水上工作平台上作业的人员应配备必要的通信工具。 11. 水上搭设的临时栈桥,应按照使用要求和相应技术规范进行设计和施工。 12. 水上临时人行跳板,宽度不宜小于60cm,跳板的强度和刚度应满足使用要求。跳板应设置安全护栏或张挂安全网,跳板端部应固定或系挂,板面应设置防滑设施。 13. 平台拆除应采用自上而下、逐层分段、先水上后水下的拆除方法。 14. 平台拆除施工严禁采取上下立体交叉作业的施工方法。水平作业的各工位间距必须保持足够的安全距离。 15. 作业人员不得站在有危险的被拆除构件上作业。 16. 雾、雨、雪天或风力大于或等于6级的天气,应停止露天拆除作业。 17. 当日拆除施工结束后,所有人员、船机及各施工机具应撤至拆除物可能自行倒塌影响范围以外

续上表

常见重大作业活动	风险管控措施
水上现场浇筑（桩帽、横梁等施工）	1. 施工前结合当地气象、水文、地质及航道通行等情况,编制专项施工方案,报审后方可实施。 2. 编制有针对性的作业指导书,做好进场作业人员安全教育培训;组织不同层级的专项安全技术交底并开展重大致险因素与管控方案告知。 3. 特殊工种、设备操作人员必须经专门安全技术培训,考试合格持证上岗,并定期体检;同时对持证人员进行核验,确保人证相符。 4. 大体积混凝土构件浇筑前,应对侧模、底模、承重结构和支撑结构进行强度、刚度及稳定性验算。 5. 现场浇筑混凝土时,应避免在风暴来临前浇筑。根据水位情况考虑风浪对模板和未达到设计强度混凝土的不利影响,应采取相应的保护措施。 6. 检查作业场所电气设备安装是否符合用电安全规定,夜间作业点是否有足够的照明和安全电压工作灯。 7. 混凝土运输及泵送设备进场时,应有专人进行指挥。 8. 使用陆上泵送混凝土,必须按照泵送设备安全操作规程进行操作。 9. 使用水上搅拌船进行混凝土浇筑,除必须按照混凝土搅拌船安全操作规程进行操作外,还应密切注意天气情况,同时加强与周边作业船舶沟通配合。 10. 用吊罐浇混凝土时,速度应缓慢,且必须待吊斗停稳后方可下料,要避免吊斗碰撞平台上作业人员。 11. 使用振捣棒应穿胶鞋、戴绝缘手套,湿手不得接触开关,电源线不得有破皮漏电。混凝土振捣器的配电箱应安装漏电保护装置,接地或接零应安全可靠。 12. 使用覆盖物养护混凝土时,预留孔洞周围应设置安全护栏或盖板,并设置安全警示标志,不得随意挪动。 13. 洒水养护混凝土应避开配电箱和周围电气设备
水上吊运及安装（梁、板、靠船构件、钢引桥等吊运及安装）	1. 施工前结合当地气象、水文、地质及航道通行等情况,编制专项施工方案,报审后方可实施。 2. 编制有针对性的作业指导书,做好进场作业人员安全教育培训;组织不同层级的专项安全技术交底并开展重大致险因素与管控方案告知。 3. 特殊工种、设备操作人员必须经专门安全技术培训,考试合格持证上岗,并定期体检;同时对持证人员进行核验,确保人证相符。 4. 施工任务下达后,首先到现场察看地形,了解水深、水流和气象变化情况,并了解起吊物件、构件的确切重量、高度和跨距。 5. 起重绳索必须进行受力计算,索具、滑车等必须根据计算结果合理选配。起重吊装所使用的钢丝绳及索具,必须有具备生产资质的制造厂商提供的出厂合格证和材质证明,钢丝绳的断丝数量少于报废标准,但断丝聚集在小于 6 倍绳径的长度范围内或集中在任一绳股里,亦应予以报废。吊装前,必须对其进行检查。 6. 吊安大型水下混凝土构件的吊具宜采用锻造件。采用焊接件应对焊口进行探伤和材质检验。 7. 船舶在陆域设置的地锚的抗拉力应满足使用要求。地锚和缆绳通过的区域应设立明显的安全警示标志,必要时应有专人看守。

续上表

常见重大作业活动	风险管控措施
水上吊运及安装（梁、板、靠船构件、钢引桥等吊运及安装）	8.起重吊装作业应明确作业人员分工,专人指挥,统一指挥信号。明确联络指挥信号后,指挥者话音要清楚,手势要正确。操作者没有听清看准,不要行动。 9.起重船、机起吊构件时,驻位应得当。起吊异型构件应根据构件的重量、重心和吊点位置计算、配置起重绳索,并进行试吊。 10.起重吊装作业时,指挥和操作人员不得站在建筑物或构件边缘、死角等危险部位。 11.起重作业时,应严格遵守"十不吊":(1)斜吊不吊;(2)超载不吊;(3)散装物装得太满或捆扎不牢不吊;(4)指挥信号不明不吊;(5)吊物边缘锋利无防护措施不吊;(6)吊物上站人不吊;(7)埋在地下的构件不吊;(8)安全装置失灵不吊;(9)光线阴暗看不清吊物不吊;(10)6级以上强风无防护措施不吊。 12.大型构件安装应编制专项施工方案,并进行典型施工。 13.构件起吊后,起重设备在旋转、变幅、移船和升降钩时应缓慢、平稳,吊安的构件或起重船的锚缆不得随意碰撞或兜曳其他构件、设施等。 14.吊安大型构件时,吊索受力应均匀,吊架、卡钩不得偏斜。 15.大型构件装驳应根据驳船的稳性和构件安装时的起吊顺序绘制构件装驳布置图,并按构件装驳布置图装船。构件装船后应根据工况条件进行封固。 16.开始起吊应缓慢,待正常后方可加速,避免骤停,突起造成的滑扣、断扣,发生危险。 17.大型构件安装宜使用起重船上的绞缆机钢丝绳控制其摆动。 18.工作中随时注意各仪表、温度、压力的读数,经常检查机械运转是否正常。如发生故障不能排除,应报告指挥人和轮机长。 19.待构件稳定且基本就位后,安装人员方可靠近。 20.受风浪影响的梁、板、靠船构件等安装后,应立即采取加固措施,避免坠落。 21.吊安消浪块体的自动脱钩应安全、可靠。起吊时应待钩绳受力,块体尚未离地、挂钩人员退至安全位置后方可起升。 22.用自动脱钩起吊的块体在吊安过程中严禁碰撞任何物体。 23.刚安装的扭王字块、扭工字块、四角锥等异型块体上不得站人。需调整块体位置应采用可靠的安全防护措施。 24.操作时发觉对起重船(机)、人员、机械设备等安全有威胁时,操作人员可紧急停止作业,报告指挥人员采取措施。 25.等待或休息时间过长时,不得将重物吊在空中,长距离拖船禁止钩上吊重物。 26.工作完毕,要妥善安排船舶停泊位置和锚缆系统,搭好跳板,挂好安全网,降下工作信号,显示规定信号,并且整理甲板,清除油污,冰霜季节和雨天要采取防滑措施
接岸(驳岸)工程施工	1.施工前结合当地气象、水文、地质及航道通行等情况,编制专项施工方案,报审后方可实施。 2.编制有针对性的作业指导书,做好进场作业人员安全教育培训;组织不同层级的专项安全技术交底并开展重大致险因素与管控方案告知。 3.特殊工种、设备操作人员必须经专门安全技术培训,考试合格持证上岗,并定期体检;同时对持证人员进行核验,确保人证相符。 4.接岸结构与岸坡施工工艺和工序应满足码头岸坡稳定要求。当接岸结构与岸坡同时施工时,应考虑岸坡沉降位移对接岸结构的影响,宜先进行岸坡施工后进行接岸结构施工。 5.接岸结构沉桩后进行回填或抛石前,应清除淤浮泥和塌坡泥土。

续上表

常见重大作业活动	风险管控措施
接岸（驳岸）工程施工	6. 抛填应由水域向岸分层、由低到高进行，基桩处应沿桩周对称抛填，桩两侧高差不应大于1m。设计另有规定时应满足设计要求。 7. 接岸结构岸坡回填土和抛石不宜采用由岸向水域方向倾倒推进的施工方法。 8. 已经形成的接岸结构岸侧应避免过大的震动荷载；难以避免时，应与震动源保持足够的安全距离。 9. 施工期间，对正在施工部位和附近受影响的建筑物、岸坡等定期进行沉降和位移观测，并做好记录。 10. 低水位期间，岸坡回填施工应加强岸坡变形监测
装配式上部结构施工	1. 编制构件预制、出运、安装专项施工方案。 2. 构件厂内吊运、出运、安装时，应复核起重设备的起重性能，计算选择钢丝绳、吊环、卸扣；双机抬吊时，应满足注意抬吊吊运的同步性，必要时设计应用专用吊具。 3. π形梁板为无底箱式构件，仅在横梁侧开设两个人孔，内模属于有限作业空间，严格落实通风检测工作；或内模应专项设计，采用液压式分片内模，实现构件外操作，日常加强对液压系统的连接管线的日常检查和维护。 4. 在安装方案中选择合适起重船机，布置好锚缆，采用扒杆式起重船时，设置前后抽芯缆；采用全回转起重船时，应注意构件吊运旋转过程中的船舶压舱水的加注，避免过大倾斜。 5. 横梁、π形梁板安装前，桩芯、下部横梁空腔节点混凝土强度宜大于70%。 6. 横梁纵向转横向旋转时，不得采用人工牵引，应在起重船上设置两个卷扬机，以机械交叉牵引旋转；横梁、π形梁板初就位前，水上施工人员不得在构件吊运范围之内

第三节　重力式码头工程常见重大作业活动管控措施建议

表7-3列出了重力式码头工程常见重大作业活动管控措施建议。

重力式码头工程常见重大作业活动管控措施建议　　　　表7-3

常见重大作业活动	风险管控措施
水下爆破作业（水下基槽炸礁或港池炸礁、基床爆夯）	1. 从事爆破工程的施工单位及爆破作业人员必须具有相应的爆破资质证书、作业许可证和资格证书。爆破工程施工必须取得有关部门批准。 2. 爆破作业应符合现行《爆破安全规程》（GB 6722）和现行《水运工程爆破技术规范》（JTS 2004）的有关规定。 3. 水下拆除爆破、爆破挤淤填石，水下爆破夯实，一次起爆总装药量大于或等于0.5t的水下钻孔爆破，重要设施附近及其他环境复杂、技术要求高的水运工程爆破应编制爆破设计书。 4. 施工单位应按批准的爆破设计书或爆破说明书编制施工组织设计。爆破作业应严格执行施工组织设计。 5. 爆破作业前必须发布爆破通告，其内容应包括爆破地点、每次爆破起爆时间、安全警戒范围、警戒标志和起爆信号等。爆破作业必须设置警戒人员或警戒船，起爆前必须按规定发出声、光等警示信号。

续上表

常见重大作业活动	风险管控措施
水下爆破作业（水下基槽炸礁或港池炸礁、基床爆夯）	6. 爆炸源与人员、其他保护对象的安全允许距离应按地震波、冲击波和飞散物三种爆破效应分别计算,取其最大值。 7. 水上运送爆破器材和起爆药包应采用专用船。当采用普通船舶时,应采取防电、防振及隔热措施,并应避免剧烈的颠簸或碰撞。运输火工材料的车辆、船舶,必须满足分舱储存,即雷管与炸药不得混装,在无法分舱的情况下,不得同车(船)运输。 8. 投药船的稳性应满足作业需要,工作舱内或甲板上不得有明显或尖锐的突出物。电力起爆时,工作舱内不得存放任何有电源的物品。 9. 在波浪、流速较大的水域进行水下裸露爆破时,投药船应由定位船进行固定。 10. 捆扎裸露药包和配重物应在平整的地面或木质的船甲板上进行,裸露药包和配重物捆扎应牢固结实。起爆器使用前,应将其引线进行短路。 11. 裸露药包临时存放应置于爆破危险区外远离建筑物、船舶和人群的专用船或陆地上,且应派专人看守。 12. 水下炸礁裸露药包的配重物,应具有足够的确保药包顺利自沉和稳定的重量。药包表面应包裹良好,不得与礁石、被爆破物碰撞或摩擦。 13. 安放水底的裸露药包不得拖曳。药包出现漂浮或其他异常现象时,不得起爆。 14. 水下电爆网路的主线和连接线应采用强度高、电阻小、防水和柔韧性好的绝缘胶线。在波浪、流速较大的水域中,爆破主线应呈松弛状态,并扎系在伸缩性小的导向绳上。 15. 投药船离开投放药包的地点前,潜水员必须严格检查船底、船舵、螺旋桨、缆绳和其他附属物是否挂有药包、导线等。 16. 水下爆破引爆前,潜水员必须回到船上,警戒区内的所有船舶和人员必须移至安全地点。 17. 水下钻孔爆破采用边钻孔边装药的施工方法时,必须采取可靠的隔绝电源和防止钻孔错位等安全措施。 18. 非抗水的散装炸药用金属或塑料筒加工成水下钻孔药筒,采用沥青或石蜡封口时,筒口应采取隔热措施。 19. 水下深孔分段装药时,各段均应装设起爆药包。各起爆药包的导线应标记清楚。 20. 提升套管、护孔管或移船不得磨碰、损伤起爆导线。在水流和波浪较大的水域中,孔口段的导线应用耐磨材料包裹防护。 21. 水下爆破施工必须经常对钻爆船的杂散电流进行监测。当爆破区的杂散电流大于30mA或爆破区在高压线射频电源影响范围内时,严禁采用普通电雷管起爆。 22. 采用钻孔爆破船施工时,临时存放的炸药和雷管必须分舱放置,严禁混放。 23. 水下安放爆炸挤淤的药包宜采取逆风或逆流向布药。水下药包布设后,必须采取固定措施,药包不得随水流或波浪摆动。起爆导线应采用双芯屏蔽电缆。 24. 爆炸挤淤后理坡时,应对爆填形成的"石舌"进行检测,并采取防止石体坍塌的措施。 25. 在覆盖水深度小于3倍药包半径的卵石床上裸露爆破时,爆炸源与人员、其他保护对象之间的安全距离,应与地面裸露爆破时的计算相同,并取最大值。 26. 爆破后应检查是否有盲炮。发现盲炮应立即进行安全警戒,并及时报告处理。电力起爆前发生盲炮应立即切断电源并将爆破网络短路。 27. 遇以下恶劣天气,水文情况时,应停止爆破作业,所有人员应立即撤到安全地点:(1)热带风暴或台风即将来临;(2)雷电,暴风雪来临;(3)雾天能见度不超过100m;(4)风力超过6级、浪高大于0.8m;(5)水位暴涨暴落

续上表

常见重大作业活动	风险管控措施
潜水作业(基床整平)	1. 从事潜水作业的人员必须持有有效潜水员资格证书。 2. 潜水最大安全深度和减压方案应符合现行《产业潜水最大安全深度》(GB 12552)、《空气潜水减压技术要求》(GB 12521)和《甲板减压舱》(GB/T 16560)的有关规定。 3. 潜水员使用水下电气设备、装备、装具和水下设施时,应符合现行《潜水员水下用电安全技术规范》(GB 1636)和《潜水员水下用电安全操作规程》(GB 17869)的有关规定。 4. 潜水作业现场应备有急救箱及相应的急救器具。 5. 当施工水域的水温在5℃以下,流速大于1.0m/s或具有噬人海生物、障碍物或污染物等时,在无安全防御措施情况下潜水员不得进行潜水作业。 6. 潜水员下水作业前,应熟悉现场的水文、气象、水质和地质等情况,掌握作业方法和技术要求,了解施工船舶的锚缆布设及移动范围等情况,并制定安全处置方案。 7. 潜水作业时,潜水作业船应按规定显示号灯、号型。 8. 潜水作业应执行潜水员作业时间和替换周期的规定。 9. 为潜水员递送工具、材料和物品应使用绳索进行递送,不得直接向水下抛掷。 10. 水下整平作业需补抛块石时,应待潜水员离开抛石区后方可发出抛石指令
沉箱(大圆筒)预制(包含大型模板架设与拆除)	1. 分层预制混凝土沉箱时,下层混凝土强度满足施工要求后,方可开展上层混凝土浇筑。 2. 高处混凝土养护宜采用自动喷淋或涂刷养护液等工艺。 3. 高处从事电焊、气割作业时,作业区周围和下方应采取防火措施,并应有专人巡视。 4. 高处作业应符合现行《建筑施工高处作业安全技术规范》(JGJ 80)的有关规定。 5. 钢管脚手架的搭设应符合现行《建筑施工扣件式钢管脚手架安全技术规范》(JGJ 130)的规定。 6. 高处作业场所的临边应设置安全防护围栏和昼夜显示的警示标志。 7. 高处作业的安全设施有缺陷或隐患必须及时处理,危及人身安全时必须立即停止作业。 8. 高处作业现场所有可能坠落的物件均应预先撤除或进行固定。所存物料应堆放平稳,作业工具应装入随身工具袋,拆卸的物料不得向下抛掷。 9. 高处作业不宜进行上下交叉作业。必须进行上下交叉作业时,应搭设安全防护棚或采取有效的隔离措施。 10. 高处作业应设置爬梯,作业人员不得沿立杆或栏杆攀登。 11. 雨雪天气应采取防滑措施,风力大于或等于6级或雷雨天气时,不得进行露天高处作业。 12. 人行塔梯应根据施工需要和工况条件进行设计。 13. 人行塔梯在高度方向应每隔4~6m设一平台,踏步高度不宜大于30cm,踏步梯应设置防滑设施和安全护栏。 14. 人行塔梯顶部和各阶平台应满铺防滑面板,四周应设置安全护栏。 15. 人行塔梯安放时,地基应稳固,四脚应垫平,并应用底脚螺栓等进行封固。塔梯安放在驳船上,四脚应与甲板焊牢,必要时还应增设斜撑或缆风绳等。 16. 螺栓连接的分节塔梯,螺栓应紧固,并应采取防退扣措施。 17. 安全网的质量、使用和保管应符合现行《安全网》(GB 5725)的规定,出厂合格证应妥善保管。安全网安装和使用应符合下列规定: (1)安全网安装应系挂安全网的受力主绳,不得系挂网格绳。安装完毕应进行检查、验收,合格后方可使用。

续上表

常见重大作业活动	风险管控措施
沉箱(大圆筒)预制(包含大型模板架设与拆除)	(2)安全网安装或拆除应根据现场条件采取防坠落安全措施。 (3)作业面与相对基准面的高差超过3.2m且无临边防护装置时,临边应挂设水平安全网,外侧挂立网封闭。作业面与水平安全网之间的高差不得超过3.0m。 18.高处作业应正确佩戴安全带。安全带的质量、使用和保管应符合现行《安全带》(GB 6095)的有关规定,出厂合格证应妥善保管。安全带的使用应符合下列规定: (1)安全带使用前应进行检查,并定期进行检验。安全带使用应高挂低用,并扣牢在牢固的物体上。 (2)安全带的安全绳不得打结使用,亦不得将钩直接挂在安全绳上。 (3)安全带的各部件不得随意更换或拆掉。需更换新安全绳时,其规格及力学性能必须符合规定,并应加设绳套。 (4)安全带应经常检查,发现下列情况应作报废处理:①织带磨损、灼伤、酸碱腐蚀;②织带出现明显变硬、发脆的老化现象;③金属部件磨损,出现明显缺陷以及受到冲击后发生明显变形。 (5)安全网、安全带应由专人检查、发放和保管,并应存放在干燥、通风、避光、无化学品污染和尖锐物的仓库或专用场所
沉箱(大圆筒、方块)出运下水	台车-滑道出运: 1.沉箱顶升应按确定的顶升位置摆放千斤顶,千斤顶应分级加荷、同步起升,并应控制顶升速度与高度。 2.台车进入沉箱底部时,施工人员不得随车进入或在沉箱下作业。 3.沉箱移运前,应对横、纵移动轨道、台车,斜架车、场地等进行检查,并清理障碍物。 4.沉箱移运应统一指挥、缓慢启动、匀速运行,牵引绳两侧严禁站人。 5.沉箱溜放前,应确保沿轨道运行区无障碍物,轨道螺栓齐全紧固。卷扬机、滑车、钢丝绳等牵引系统应处于正常状态。 6.当装载沉箱的纵移车移到斜架车上后,应将纵移车与斜架车进行封固,确认各部位无误后方可溜放。 7.沉箱沿滑道下水前,应掌握水文气象情况;波高大于或等于1m时,不宜进行沉箱的溜放。 8.沉箱溜放应明确指挥信号和联系方式,信号不明时不得随意操作。 9.沉箱处于漂浮状态之前,应按规定向沉箱各舱格内注水,并满足浮游稳定的要求。 气囊-出运沉箱: 1.距气囊移运作业区周边20m处应设置安全警戒线,无关人员不得进入施工现场。 2.前后牵引系统、锚定设施、高压气囊等应进行受力核算。机械设备、制动系统、限位装置、通信设备等应进行检查、维修和保养。 3.气囊移运沉箱的通道应坚实、平整,不得有尖锐物及障碍物。地基承载力应满足施工荷载的要求。通道的坡度不宜大于2%。 4.气囊使用前,应对额定工作压力进行充气检验。气囊实际承受的载荷应小于额定工作压力。 5.气囊充气或放气应同步、缓慢进行,并应避免部分气囊超过额定压力。作业人员不得站在空气压缩机输气管口或气囊充气嘴前方。 6.利用气囊顶升沉箱时,施工人员不得进入沉箱底部作业。

续上表

常见重大作业活动	风险管控措施
沉箱(大圆筒、方块)出运下水	7. 沉箱顶升移动时应在气囊充气嘴前方设置挡板。 8. 陆上气囊移动沉箱的前后牵引系统应配置同型号的卷扬机,牵引速度宜为1.2~1.5m/min,且应同步作业。移运中,钢丝绳两侧不得站人,且不得跨越行走。 9. 沉箱移运过程中,信号不明或发现异常情况应立即停止移运。停滞时间超过1h应对沉箱进行支垫,不得长时间以气囊作为支座
沉箱(大圆筒)运输与安装	沉箱近程拖运: 1. 沉箱吃水、压载和浮游稳定必须按相关规范进行验算,并满足要求。使用液体压载还必须验算自由液面对浮游稳定的影响。 2. 拖航前应对拖航沿线的航道水深、航道宽度、暗礁、浅点、渔网和水产养殖区等进行勘察,并在海图上标明。 3. 沉箱下水前应对通水阀门操作系统及沉箱,通水阀门的密封性能进行检查。沉箱下水后应进行不少于24h的漂浮试验,无渗漏水时,方可进行简易封仓或拖航准备。 4. 沉箱近程拖航前,应掌握中、短期水文气象预报资料。当风力不大于6级且波高不大于1.0m时,方可启航拖运。 5. 进出港航道的富余水深应大于0.5m,航道宽度应大于2倍的拖轮长度。港外拖带时的水深还应考虑可能出现的波高值。 6. 拖运沉箱应根据拖力计算和水域情况,选用足够功率并有收放拖缆设施的拖轮(狭窄航道内拖航,应充分考虑横向流压,必要时应用辅助拖轮以帮拖沉箱方式克服流压偏差)。 7. 沉箱顶部应按规定设置号灯、号型,其高度不得低于2.5m,且应明显、牢固。启航后,沉箱上不得载人。 8. 沉箱的拖曳点可采用预埋拖环或围缆。拖环、围缆、拖缆、索具的规格应满足安全拖带要求。拖环和围缆悬吊的位置应经计算确定。 9. 在沉箱拖航方向的外侧应标绘明显的吃水线。航行中,应随时观察沉箱吃水变化,并做好记录。如有异常,应迅速采取措施。 10. 若受航道水深限制,在采用半潜驳或浮船坞拖运沉箱时,应根据当地的水文气象条件充分计算好船舶稳性,并进行好封仓加固。 11. 沉箱远程在满足上述近距离拖航条件外,还应: (1)沉箱拖带前应对航线进行调查,制定航行计划,选好避风港,并提前与避风港取得联系。航线设计尽可能避开渔网密集区。拖航过程中要特别关注拖缆易磨损部位,对磨损部位能调整的要按时调整,固定位置要采取保护措施。对不同海况和不同的海域出现断缆的情况下采取不同的应急措施要给予充分的评估。在中途锚泊避风时,因沉箱不能解脱,在选择锚地时,应充分考虑锚地的船舶密度和旋回半径,对拖轮的锚系和锚地的地质情况认真分析,根据风流情况必要时采取适当的主机转速以克服锚的抓力不足问题。 (2)要将航行计划报送海事主管部门对外发布航行通告。 (3)拖航前应掌握本次航行区间的中长期水文气象预报资料,启航后3天内的水文气象预报,风力不大于6级且波高不大于1.5m时,方可启航拖运。 (4)沉箱顶面应进行水密封舱,并应在封舱盖板上设置防滑护栏等安全防护设施。盖板的结构应根据施工荷载经计算确定。 (5)沉箱拖航应配备不同类型的辅助船舶、水泵,动力设备、堵漏物质和具有海上施工经验的潜水及辅助人员等。

续上表

常见重大作业活动	风险管控措施
沉箱(大圆筒)运输与安装	(6)远程拖带的沉箱舱格内宜设置自动水位报警装置,拖航中应有专人监测。 (7)夜间拖航要充分考虑沉箱上信号灯的亮度,尤其在视距不良和通航密度大的水域,必要时主拖轮或辅助拖轮应打开探照灯照亮沉箱和拖缆,以提醒过往的船只注意避让,并在公用频道随时发布拖航动态,与有避碰危险的船舶加强沟通协调,确保拖航安全。 沉箱安装: 1.安装前应根据专项施工方案要求落实船机设备、吊具吊索、供电设备、水泵及相关应急设备,并做好进场验收。检查工作构件上的杂物应清理干净。 2.认真做好安全技术交底,明确具体组织指挥人员及职责。 3.选择合适的气象条件及海况(宜在风力不大于6级、波高不大于0.8m、流速不大于1.0m/s时操作)。 4.沉箱拖到基床后,立即将绳扣、滑车系好。初步定位根据潮水和沉箱吃水情况,确定注水量。 5.安装沉箱时,作业人员穿戴好防护用具,将封舱盖板上的预留孔盖好,随用随开,并清除障碍物。 6.沉箱灌水前应检查确认襟水阀门及其操作机构、吊具吊点的可靠性;沉箱灌水下沉时,宜选在落潮时进行。在沉箱离基床面0.3~0.4m时,应停止注水,调整好安装位置后再继续注水,使沉箱慢慢下沉。 7.起重船起吊安装时,应注意沉箱吊环和钢丝缆、卡环等受力情况,防止断缆伤人。 8.起重船吊装作业时,禁止其他船舶横向穿越起重船的缆绳。 9.采用"半潜驳+浮运+方驳定位安装"工艺时,半潜驳下潜过程中沉箱应同步注水,期间应控制下潜速度,下潜过程中沉箱不得起浮;在确认沉箱内注水满足浮游稳定压载要求后,半潜驳方可下潜至沉箱起浮预定的深度。 10.采用"半潜驳+起重船助浮安装"工艺时,起重船在主钩挂钩、主钩预吊(第一次提供吊力)和主钩提供"助浮"起吊吊力值时,半潜驳应停止下潜。 11.当沉箱稳落在基床,经测量合格后,立即放水充满沉箱,关闭阀门。 12.沉箱灌水后,经2~3次低潮测量合格后,应立即拆除封舱盖板,并进行回填作业。 13.沉箱安装后,顶部应设置高潮位时不被水淹没的昼夜安全警示标志
水上吊运及安装(沉箱、大圆筒、方块、钢引桥等吊运及安装)	1.施工任务下达后,首先到现场察看地形,了解水深、水流和气象变化情况,并了解起吊物件、构件的确切重量、高度和跨距。 2.起重绳索必须进行受力计算,索具、滑车等必须根据计算结果合理选配。起重吊装所使用的钢丝绳及索具,必须有具备生产资质的制造厂商提供的出厂合格证和材质证明,钢丝绳的断丝数量少于报废标准,但断丝聚集在小于6倍绳径的长度范围内或集中在任一绳股里,亦应予以报废。吊装前,必须对其进行检查。 3.吊安大型水下混凝土构件的吊具宜采用锻造件。采用焊接件应对焊口进行探伤和材质检验。 4.船舶在陆域设置的地锚的抗拉力应满足使用要求。地锚和缆绳通过的区域应设立明显的安全警示标志,必要时应有专人看守。 5.起重吊装作业应明确作业人员分工,专人指挥,统一指挥信号。明确联络指挥信号后,指挥者话音要清楚,手势要正确。操作者没有听清看准,不要行动。

续上表

常见重大作业活动	风险管控措施
水上吊运及安装（沉箱、大圆筒、方块、钢引桥等吊运及安装）	6. 起重船、机起吊构件时，驻位应得当。起吊异型构件应根据构件的重量、重心和吊点位置计算、配置起重绳索，并进行试吊。 7. 起重吊装作业时，指挥和操作人员不得站在建筑物或构件边缘、死角等危险部位。 8. 起重作业时，应严格遵守"十不吊"：（1）斜吊不吊；（2）超载不吊；（3）散装物装得太满或捆扎不牢不吊；（4）指挥信号不明不吊；（5）吊物边缘锋利无防护措施不吊；（6）吊物上站人不吊；（7）埋在地下的构件不吊；（8）安全装置失灵不吊；（9）光线阴暗看不清吊物不吊；（10）6级以上强风无防护措施不吊。 9. 大型构件安装应编制专项施工方案，并进行典型施工。 10. 构件起吊后，起重设备在旋转、变幅、移船和升降钩时应缓慢、平稳，吊安的构件或起重船的锚缆不得随意碰撞或兜曳其他构件、设施等。 11. 吊安大型构件时，吊索受力应均匀，吊架、卡钩不得偏斜。 12. 大型构件装驳应根据驳船的稳性和构件安装时的起吊顺序绘制构件装驳布置图，并按构件装驳布置图装船。构件装船后应根据工况条件进行封固。 13. 开始起吊应缓慢，待正常后方可加速，避免骤停、突起造成的滑扣、断扣，发生危险。 14. 大型构件安装宜使用起重船上的绞缆机钢丝绳控制其摆动。 15. 工作中随时注意各仪表、温度、压力的读数，经常检查机械运转是否正常。如发生故障不能排除，应报告指挥人和轮机长。 16. 待构件稳定且基本就位后，安装人员方可靠近。 17. 受风浪影响的梁、板、靠船构件等安装后，应立即采取加固措施，避免坠落。 18. 吊安消浪块体的自动脱钩应安全、可靠。起吊时应待钩绳受力，块体尚未离地、挂钩人员退至安全位置后方可起升。 19. 用自动脱钩起吊的块体在吊安过程中严禁碰撞任何物体。 20. 刚安装的扭王字块、扭工字块、四角锥等异型块体上不得站人。需调整块体位置应采用可靠的安全防护措施。 21. 操作时发觉对起重船（机）、人员、机械设备等安全有威胁时，操作人员可紧急停止作业，报告指挥人员采取措施。 22. 等待或休息时间过长，不得将重物吊在空中，长距离拖船禁止钩上吊重物。 23. 工作完毕，要妥善安排船舶停泊位置和锚缆系统，搭好跳板，挂好安全网，降下工作信号，显示规定信号，并且整理甲板，清除油污。冰霜季节和雨天要采取防滑措施
大型模板架设与拆除及水上/临水现场浇筑（胸墙施工）	1. 大体积混凝土构件浇筑前，应对侧模、底模、承重结构和支撑结构进行强度、刚度及稳定性验算。 2. 现场浇筑混凝土时，应避免在风暴来临前浇筑。根据水位情况考虑风浪对模板和未达到设计强度混凝土的不利影响，应采取相应的保护措施。 3. 检查作业场所电气设备安装是否符合用电安全规定，夜间作业点是否有足够的照明和安全电压工作灯。 4. 混凝土运输及泵送设备进场时，应有专人进行指挥。 5. 使用陆上泵送混凝土，必须按照泵送设备安全操作规程进行操作。 6. 使用水上搅拌船进行混凝土浇筑，除必须按照混凝土搅拌船安全操作规程进行操作外，还应密切注意天气情况，同时加强与周边作业船舶的沟通配合。 7. 用吊罐浇筑混凝土时，速度应缓慢，且必须等吊斗停稳后方可下料，要避免吊斗碰撞平台上作业人员的现象。

续上表

常见重大作业活动	风险管控措施
大型模板架设与拆除及水上/临水现场浇筑（胸墙施工）	8.使用振捣棒应穿胶鞋、戴绝缘手套,湿手不得接触开关,电源线不得有破皮漏电。混凝土振捣器的配电箱应安装漏电保护装置,接地或接零应安全可靠。 9.使用覆盖物养护混凝土时,预留孔洞周围应设置安全护栏或盖板,并设置安全警示标志,不得随意挪动。 10.洒水养护混凝土应避开配电箱和周围电气设备

第四节 板桩码头工程常见重大作业活动管控措施建议

表7-4列出了板桩码头工程常见重大作业活动管控措施建议。

板桩码头工程常见重大作业活动管控措施建议　　　表7-4

常见重大作业活动	风险管控措施
岸坡开挖	1.岸坡开挖顺序和开挖工艺应满足岸坡稳定的要求。 2.岸坡开挖前应对开挖区的地形和水深进行断面测量;开挖后应对岸坡断面进行测量。 3.岸坡开挖过程中应对岸坡稳定进行观测
水上沉桩施工（板桩水上沉桩施工）	1.施工前必须了解施工任务,察看地形,了解水深、土质、水流和气象变化情况,沿海施工要察看应急避风锚地和港口。 2.向全体船员进行三交底:交底施工现场情况和任务;交底施工程序和质量要求;交底安全措施。 3.水上打桩船和运桩驳驻位应按船舶驻位图抛设锚缆,并在设置浮鼓,锚缆不得互绞。 4.船舶在陆域设置的地锚的抗拉力应满足使用要求。地锚和缆绳通过的区域应设立明显的安全警示标志,必要时应有专人看守。 5.水上悬吊桩锤沉桩应设置固定桩位的导桩架、工作平台。导桩架和工作平台应牢固可靠,并在工作平台的外侧设置安全护栏。 6.打桩架上的作业人员应在电梯笼内或作业平台上操作。电梯笼升降应在回至水平原位并插牢固定销后进行。不准把头、手、脚靠近笼口,不准手拉脚蹬运行中的滑轮、钢丝绳等活动物件。 7.桩起吊前,应检查驳船溜缆,滑柄、绞车及桩的外观质量、(裂缝、凸肚)外露钢筋的长度,按规定在吊点拴扣。 8.起吊时,桩船中心对准桩的中心,缓缓绞紧,保持桩的两端同时离开桩驳甲,并指挥桩船溜缆慢慢松出。 9.立桩时,打桩船应离开运桩驳船一定距离,并应缓慢、均匀地升降吊钩。 10.桩入龙口仰俯桩架时,上下配合协调,防止滑扣和锤线过紧或过松。上下不得同时作业。俯打时,离测量工和岸边较近解扣时要招呼,避免扣甩出伤人。 11.立桩定位时,应控制浸水深度,防止桩尖触及泥面及因锚、缆而警桩。 12.注意桩、锤、背板、桩帽、冲水管等上下运行的情况,发现异常状况,应立即发出紧急停止信号。

续上表

常见重大作业活动	风险管控措施
水上沉桩施工（板桩水上沉桩施工）	13. 打桩船作业时应随时观察锚缆附近的情况，注意其他作业船舶和人员的动态。移船时锚缆不得绊桩。如桩顶被水淹没，应设置高出水面的安全警示标志。 14. 在锤击中，必须掌握好油门绳（遥控开关）。出现不正常情况和到高程时，要立即停锤。贯入度不能超过规范要求。 15. 在可能溜桩的地质条件下，打桩作业应认真分析地质资料，并采取预防溜桩的措施。 16. 封闭式桩尖的钢管桩沉桩应采取防止钢管桩上浮措施。在砂性土中施打开口或半封闭桩尖的钢管桩应采取防止管涌措施。 17. 工作完毕，应将锤降到规定位置，挂钩保险，收拾工索具，清理工作场所。 18. 沉桩后应及时进行夹桩
地下连续墙成槽施工	1. 作业前对作业人员进行安全技术交底，并对识别出的风险予以告知。 2. 根据项目特点，对风险进行识别，编制项目风险辨识清单，对于重大风险制定控制措施。 3. 施工前充分了解施工现场的地形、地质、气象和水文资料，邻近建筑物和地下障碍物相关资料。 4. 临近水边的地连墙施工，应采取防止波浪和潮水越顶对地连墙造成损坏的措施。 5. 预防槽壁坍塌，配置达到护壁效果的泥浆性能指标，设置水位观测井采取措施适当降低地下水位，根据地质地层条件选择成槽施工工艺和设备，导墙下软弱土层采取固结措施，控制成槽斗体抓槽速度防止对槽壁产生扰动，槽内泥浆液面高出地下水位0.5m以上。 6. 地连墙施工前，对地基进行处理，地基承载力满足设计要求。地基承载力较差的地段采取防止施工设备沉陷或倾覆的措施。 7. 地连墙成槽施工时加强对临海侧的围堰或护岸进行位移、沉降检测。 8. 地下连续墙的导沟开挖段应设置导墙、围挡和安全警示标志。导墙应具有足够的强度和稳定性。导墙要对称浇筑，强度达到70%后方可拆模，并要及时设置支撑，导墙达到设计强度前，重型机械不得在旁边行走。 9. 安放接头管过程中如发现因坍方而导致接头管无法沉至设计位置时，不准强冲，应修槽后再放。 10. 成槽施工中泥浆大量流失或槽壁严重坍塌必须立即停机，并及时采取处理措施。 11. 地连墙成槽周围应设置安全护栏和安全警示标志。 12. 作业前应检查设备正常完好运转，确认安全后方可作业。 13. 泥浆池的泥浆不得外泄，废浆处理应符合环保规定。泥浆池的周围应设置安全护栏和安全警示标志。 14. 临时用电必须按照施工组织设计施工，电工、电焊工等特殊工种人员必须持证上岗。 15. 夜间施工时，应有足够的照明，并经二级漏电保护，灯具应架空或用固定支架，离地不低于2.4m

续上表

常见重大作业活动	风险管控措施
地下连续墙钢筋笼起重吊装施工	1. 吊装作业前对作业人员进行安全技术交底,并对识别出的风险予以告知。 2. 根据项目特点,对风险进行识别,编制钢筋笼吊装风险辨识清单,对于重大风险制定控制措施。 3. 施工前充分了解施工现场的地形、气象和水文资料,邻近建筑物和地上附属物相关资料。 4. 编制钢筋笼吊装起吊专项施工方案,吊放钢筋笼要根据吊装计算书,合理选用设备和起吊索具,确保吊装安全。 5. 吊装前,地基承载力满足吊装重物设备运行的要求。地基承载力较差的地段采取防止吊装设备沉陷或倾覆的措施。 6. 钢筋笼应设置吊点,必要时,应对钢筋笼采取整体加固措施,满足吊装要求。 7. 吊放过程中若遇到槽壁坍塌,不得强行下冲,需吊出经修槽后再下放。 8. 钢筋笼应设置稳固的吊点,必要时,应对钢筋笼采取整体加固措施。 9. 钢筋笼起吊过程设置专人指挥,开展经常性安全教育。 10. 当风力大于6级时,不得进行钢筋笼吊放作业。 11. 应经常检查起重设备钢丝绳、绳卡的磨损和变形情况。 12. 作业前应检查设备正常完好运转,确认安全后方可作业
基坑开挖(胸墙、帽梁、导梁浇筑前基坑开挖)	1. 深度大于或等于2.0m的基坑应设置临边防护设施。深度大于或等于5.0m的基坑,或虽未达到5.0m但地质条件和周围环境复杂、地下水位在坑底以上的基坑,应制定支护及开挖专项施工方案。 2. 局部或全部放坡开挖基坑的边坡应符合设计要求。当发现与地质资料不符的软弱土层时,应与设计单位研究处理方案。 3. 基坑周围的机械设备和堆存的物料等距基坑边缘的距离必须满足边坡稳定或设计的要求。 4. 全部放坡开挖的基坑,机械设备上下基坑时应设置专用通道。通道的地基、宽度、坡度应满足施工和安全行车的要求。 5. 深基坑开挖应符合下列规定。 6. 基坑边坡、支护结构、临时围堰等应进行沉降和位移监测。 7. 在靠近建筑物、设备基础、电线杆或各种脚手架附近开挖时,应对其进行沉降、位移观测,必要时应采取防护措施。 8. 边坡、沟槽等地段进行机械土方开挖应有专人指挥,机械与边坡、沟槽的边线应保持一定的安全距离。 9. 基坑开挖过程中,不得碰撞支护结构、工程桩或扰动基底原状土。 10. 在山坡处开挖前,应对山体进行踏勘。基坑开挖时应对山坡进行监测,且不得在松动土方或危石下方作业。 11. 基坑内进行上下交叉作业应采取安全防护措施
码头前沿挖泥	1. 水工建筑物前沿疏浚作业应根据设计要求制定专项施工方案。 2. 码头前沿安全地带以内的区域,其超深、超宽值和边坡坡度应严格控制在确保建筑物安全稳定的设计允许范围内

第五节 防波堤及护岸工程常见重大作业活动管控措施建议

表7-5列出了防波堤及护岸工程常见重大作业活动管控措施建议。

防波堤及护岸工程常见重大作业活动管控措施建议　　　　表7-5

常见重大作业活动		风险管控措施
直立式	潜水作业（基床整平）	1. 从事潜水作业的人员必须持有有效潜水员资格证书。 2. 潜水最大安全深度和减压方案应符合现行《产业潜水最大安全深度》（GB 12552）、《空气潜水减压技术要求》（GB 12521）和《甲板减压舱》（GB/T 16560）的有关规定。 3. 潜水员使用水下电气设备、装备、装具和水下设施时，应符合现行《潜水员水下用电安全技术规范》（GB 1636）和《潜水员水下用电安全操作规程》（GB 17869）的有关规定。 4. 潜水作业现场应备有急救箱及相应的急救器具。 5. 当施工水域的水温在5℃以下、流速大于1.0m/s或具有噬人海生物、障碍物或污染物等时，在无安全防御措施情况下，潜水员不得进行潜水作业。 6. 潜水员下水作业前，应熟悉现场的水文、气象、水质和地质等情况，掌握作业方法和技术要求，了解施工船舶的锚缆布设及移动范围等情况，并制定安全处置方案。 7. 潜水作业时，潜水作业船应按规定显示号灯、号型。 8. 潜水作业应执行潜水员作业时间和替换周期的规定。 9. 为潜水员递送工具、材料和物品应使用绳索进行递送，不得直接向水下抛掷。 10. 水下整平作业需补抛块石时，应待潜水员离开抛石区后方可发出抛石指令
	沉箱/方块预制（包含大型模板架设与拆除）	1. 分层预制混凝土沉箱时，下层混凝土强度满足施工要求后，方可开展上层混凝土浇筑。 2. 高处混凝土养护宜采用自动喷淋或涂刷养护液等工艺。 3. 高处从事电焊、气割作业时，作业区周围和下方应采取防火措施，并应有专人巡视。 4. 高处作业应符合现行《建筑施工高处作业安全技术规范》（JGJ 80）的有关规定。 5. 钢管脚手架的搭设应符合现行《建筑施工扣件式钢管脚手架安全技术规范》（JGJ 130）的规定。 6. 高处作业场所的临边应设置安全防护围栏和昼夜显示的警示标志。 7. 高处作业的安全设施有缺陷或隐患必须及时处理，危及人身安全时必须立即停止作业。 8. 高处作业现场所有可能坠落的物件均应预先撤除或进行固定。所存物料应堆放平稳，作业工具应装入随身工具袋，拆卸的物料不得向下抛掷。 9. 高处作业不宜进行上下交叉作业。必须进行上下交叉作业时，应搭设安全防护棚或采取有效的隔离措施。 10. 高处作业应设置爬梯，作业人员不得沿立杆或栏杆攀登。 11. 雨雪天气应采取防滑措施，风力大于或等于6级或雷雨天气时，不得进行露天高处作业。

续上表

常见重大作业活动		风险管控措施
直立式	沉箱/方块预制(包含大型模板架设与拆除)	12. 人行塔梯应根据施工需要和工况条件进行设计,并应符合下列规定: (1)人行塔梯在高度方向应每隔 4~6m 设一平台,踏步高度不宜大于 30cm,踏步梯应设置防滑设施和安全护栏。 (2)人行塔梯顶部和各阶平台应满铺防滑面板,四周应设置安全护栏。 (3)人行塔梯安放时,地基应稳固,四脚应垫平,并应用底脚螺栓等进行封固。塔梯安放在驳船上,四脚应与甲板焊牢,必要时还应增设斜撑或缆风绳等。 13. 螺栓连接的分节塔梯,螺栓应紧固,并应采取防退扣措施。 14. 安全网的质量、使用和保管应符合现行《安全网》(GB 5725)的规定,出厂合格证应妥善保管。安全网安装和使用应符合下列规定: (1)安全网安装应系挂安全网的受力主绳,不得系挂网格绳。安装完毕应进行检查、验收,合格后方可使用。 (2)安全网安装或拆除应根据现场条件采取防坠落安全措施。 (3)作业面与相对基准面的高差超过 3.2m 且无临边防护装置时,临边应挂设水平安全网,外侧挂立网封闭。作业面与水平安全网之间的高差不得超过 3.0m。 15. 高处作业应正确佩戴安全带。安全带的质量、使用和保管应符合现行《安全带》(GB 6095)的有关规定,出厂合格证应妥善保管。安全带的使用应符合下列规定: (1)安全带使用前应进行检查,并定期进行检验。安全带使用应高挂低用,并扣牢在牢固的物体上。 (2)安全带的安全绳不得打结使用,亦不得将钩直接挂在安全绳上。 (3)安全带的各部件不得随意更换或拆掉。需更换新安全绳时,其规格及力学性能必须符合规定,并应加设绳套。 (4)安全带应经常检查,发现下列情况应作报废处理:①织带磨损、灼伤、酸碱腐蚀;②织带出现明显变硬、发脆的老化现象;③金属部件磨损,出现明显缺陷以及受到冲击后发生明显变形。 16. 安全网、安全带应由专人检查、发放和保管,并应存放在干燥、通风、避光、无化学品污染和尖锐物的仓库或专用场所
	沉箱/方块出运下水	台车-滑道出运: 1. 沉箱顶升应按确定的顶升位置摆放千斤顶,千斤顶应分级加荷、同步起升,并应控制顶升速度与高度。 2. 台车进入沉箱底部时,施工人员不得随车进入或在沉箱下作业。 3. 沉箱移运前,应对横、纵移动轨道、台车、斜架车、场地等进行检查,并清理障碍物。 4. 沉箱移运应统一指挥、缓慢启动、匀速运行,牵引绳两侧严禁站人。 5. 沉箱溜放前,应确保沿轨道运行区无障碍物,轨道螺栓齐全紧固。卷扬机、滑车、钢丝绳等牵引系统应处于正常状态。 6. 当装载沉箱的纵移车移到斜架车上后,应对纵移车与斜架车进行封固,确认各部位无误后方可溜放。 7. 沉箱沿滑道下水前,应掌握水文气象情况;波高大于或等于 1m 时,不宜进行沉箱的溜放。 8. 沉箱溜放应明确指挥信号和联系方式,信号不明时不得随意操作。

续上表

常见重大作业活动		风险管控措施
直立式	沉箱/方块出运下水	9. 沉箱处于漂浮状态之前,应按规定向沉箱各舱格内注水,并满足浮游稳定的要求。 气囊-出运: 1. 距气囊移运作业区周边20m处应设置安全警戒线,无关人员不得进入施工现场。 2. 前后牵引系统、锚定设施、高压气囊等应进行受力核算。机械设备、制动系统、限位装置、通信设备等应进行检查、维修和保养。 3. 气囊移运沉箱的通道应坚实、平整,不得有尖锐物及障碍物。地基承载力应满足施工荷载的要求。通道的坡度不宜大于2%。 4. 气囊使用前,应对额定工作压力进行充气检验。气囊实际承受的载荷应小于额定工作压力。 5. 气囊充气或放气应同步、缓慢进行,并应避免部分气囊超过额定压力。作业人员不得站在空气压缩机输气管口或气囊充气嘴前方。 6. 利用气囊顶升沉箱时,施工人员不得进入沉箱底部作业。 7. 沉箱顶升移动时应在气囊充气嘴前方设置挡板。 8. 陆上气囊移动沉箱的前后牵引系统应配置同型号的卷扬机,牵引速度宜为1.2~1.5m/min,且应同步作业。移运中,钢丝绳两侧不得站人,且不得跨越行走。 9. 沉箱移运过程中,信号不明或发现异常情况应立即停止移运。停滞时间超过1h应对沉箱进行支垫,不得长时间以气囊作为支座
	沉箱/方块水上运输与安装	1. 施工任务下达后,首先到现场察看地形,了解水深、水流和气象变化情况,并了解起吊物件、构件的确切重量、高度和跨距。 2. 起重绳索必须进行受力计算,索具、滑车等必须根据计算结果合理选配。起重吊装所使用的钢丝绳及索具,必须具备生产资质的制造厂商提供的出厂合格证和材质证明,钢丝绳的断丝数量少于报废标准,但断丝聚集在小于6倍绳径的长度范围内或集中在任一绳股里,亦应予以报废。吊装前,必须对其进行检查。 3. 吊安大型水下混凝土构件的吊具宜采用锻造件。采用焊接件应对焊口进行探伤和材质检验。 4. 船舶在陆域设置的地锚的抗拉力应满足使用要求。地锚和缆绳通过的区域应设立明显的安全警示标志,必要时应有专人看守。 5. 起重吊装作业应明确作业人员分工,专人指挥,统一指挥信号。明确联络指挥信号后,指挥者话音要清楚,手势要正确。操作者没有听清看准,不要行动。 6. 起重船、机起吊构件时,驻位应得当。起吊异型构件应根据构件的重量、重心和吊点位置计算、配置起重绳索,并进行试吊。 7. 起重吊装作业时,指挥和操作人员不得站在建筑物或构件边缘、死角等危险部位。 8. 起重作业时,应严格遵守"十不吊":(1)斜吊不吊;(2)超载不吊;(3)散装物装得太满或捆扎不牢不吊;(4)指挥信号不明不吊;(5)吊物边缘锋利无防护措施不吊;(6)吊物上站人不吊;(7)埋在地下的构件不吊;(8)安全装置失灵不吊;(9)光线阴暗看不清吊物不吊;(10)6级以上强风无防护措施不吊。 9. 大型构件安装应编制专项施工方案,并进行典型施工。 10. 构件起吊后,起重设备在旋转、变幅,移船和升降钩时应缓慢、平稳,吊安的构件或起重船的锚缆不得随意碰撞或兜曳其他构件、设施等。 11. 吊安大型构件时,吊索受力应均匀,吊架、卡钩不得偏斜。

续上表

常见重大作业活动		风险管控措施
直立式	沉箱/方块水上运输与安装	12.大型构件装驳应根据驳船的稳性和构件安装时的起吊顺序绘制构件装驳布置图,并按构件装驳布置图装船。构件装船后应根据工况条件进行封固。 13.开始起吊应缓慢,待正常后方可加速,避免骤停、突起造成滑扣、断扣,发生危险。 14.大型构件安装宜使用起重船上的绞缆机钢丝绳控制其摆动。 15.工作中随时注意各仪表、温度、压力的读数,经常检查机械运转是否正常。如发生故障不能排除,应报告指挥人和轮机长。 16.待构件稳定且基本就位后,安装人员方可靠近。 17.受风浪影响的梁、板、靠船构件等安装后,应立即采取加固措施,避免坠落。 18.吊安消浪块体的自动脱钩应安全、可靠。起吊时应待钩绳受力,块体尚未离地、挂钩人员退至安全位置后方可起升。 19.用自动脱钩起吊的块体在吊安过程中严禁碰撞任何物体。 20.刚安装的扭王字块、扭工字块、四角锥等异型块体上不得站人。需调整块体位置应采用可靠的安全防护措施。 21.操作时发觉对起重船(机)、人员,机械设备等安全有威胁时,操作人员可紧急停止作业,报告指挥人员采取措施。 22.等待或休息时间过长,不得将重物吊在空中,长距离拖船禁止钩上吊重物。 23.工作完毕,要妥善安排船舶停泊位置和锚缆系统,搭好跳板,挂好安全网,降下工作信号,显示规定信号,并且整理甲板,清除油污,冰霜季节和雨天要采取防滑措施
直立式 (桶式基础)	钙质结核物处理	1.桩锤起吊作业前进行钢丝绳、吊索具检查,及时更换不合格钢丝绳、吊索具,确保吊装作业安全。 2.桩锤起吊时,划分桩锤起吊作业危险警戒区,张拉警示线,指派专人进行监护。禁止人员进入危险区域。 3.作业人员攀爬至打桩架上方进行桩锤检修作业时,应正确佩戴安全带,选择牢固可靠点挂设安全带,安全带使用必须满足高挂低用要求,作业时指定专人监护。作业点下方张拉安全警示带,禁止人员通行。 4.开锤振动及振动拔管作业前,对作业平台进行检查,及时清理材料、工器具等散件物体,作业时划分安全警戒区域,危险区域内禁止人员通行,作业完成后,对振动锤及桩锤零部件结构进行检查,防止物体松动坠落
	砂桩加固	1.作业人员进入砂斗需配备安全带,进入时选择牢固可靠点挂设安全带,安全带使用必须满足高挂低用要求,作业时指定专人监护。 2.砂桩沉桩作业前,对作业平台进行检查,及时清理材料、工器具等散件物体,作业时划分安全警戒区域,危险区域内禁止人员通行,沉桩作业完成后,对振动锤及作业点周边零部件结构进行检查,防止物体松动坠落。 3.严格控制运砂船装载量,给作业人员预留足够安全作业、计量空间

续上表

常见重大作业活动		风险管控措施
直立式（桶式基础）	桶体预制	1. 根据桶式基础结构将钢筋绑扎架、通道、作业平台等防护设施标准化、工具化、定制化。 2. 模板、桁架、绑扎架等设施需进行荷载验算并验收，符合要求后方可使用。 3. 模板吊点设计必须满足吊装要求，吊装时使用专用吊索具，钢丝绳、卡环必须配套使用，不得混用。 4. 模板支立前必须确保混凝土的强度达到要求，强度达不到要求不允许进行模板支立，避免混凝土强度不够导致圆台螺母拔出造成模板崩塌事故。 5. 模板起吊后，若不能及时安装，需将模板重新放到地面平稳，设好支腿，不得将模板长时间停留在空中。 6. 拆除大片模板时，应先将钢丝绳挂好，钢丝绳受力均匀后，依次拆除圆台螺母、底口螺栓、包角螺栓，人员撤离后切断拉片螺栓。 7. 在起重吊装过程中使用溜绳牵引吊物，防止因受风力导致吊物旋转，保障起重作业的安全可控。 8. 分层预制混凝土桶体时，下层混凝土强度满足施工要求后，方可开展上层混凝土浇筑。 9. 高处混凝土养护宜采用自动喷淋或涂刷养护液等工艺。 10. 高处从事电焊、气割作业时，作业区周围和下方应采取防火措施，并应有专人巡视。 11. 高处作业应符合现行《建筑施工高处作业安全技术规范》(JGJ 80)的有关规定。 12. 钢管脚手架的搭设应符合现行《建筑施工扣件式钢管脚手架安全技术规范》(JGJ 130)的规定。 13. 高处作业场所的临边应设置安全防护围栏和昼夜显示的警示标志。 14. 高处作业的安全设施有缺陷或隐患必须及时处理，危及人身安全时必须立即停止作业。 15. 高处作业现场所有可能坠落的物件应预先撤除或进行固定。所存物料应堆放平稳，作业工具应装入随身工具袋，拆卸的物料不得向下抛掷。 16. 高处作业不宜进行上下交叉作业。必须进行上下交叉作业时，应搭设安全防护棚或采取有效的隔离措施。 17. 高处作业应设置爬梯，作业人员不得沿立杆或栏杆攀登。 18. 雨雪天气应采取防滑措施，风力大于或等于6级或雷雨天气时，不得进行露天高处作业。 19. 人行塔梯应根据施工需要和工况条件进行设计，并应符合规定。 20. 人行塔梯在高度方向应每隔4~6m设一平台，踏步高度不宜大于30cm，踏步梯应设置防滑设施和安全护栏。 21. 人行塔梯顶部和各阶平台应满铺防滑面板，四周应设置安全护栏。 22. 人行塔梯安放时，地基应稳固，四脚应垫平，并应用底脚螺栓等进行封固。塔梯安放在驳船上，四脚应与甲板焊牢，必要时还应增设斜撑或缆风绳等。 23. 螺栓连接的分节塔梯，螺栓应紧固，并应采取防退扣措施。 24. 安全网的质量、使用和保管应符合现行《安全网》(GB 5725)的规定，出厂合格证应妥善保管。安全网安装和使用应符合下列规定：

续上表

常见重大作业活动		风险管控措施
直立式 (桶式 基础)	桶体预制	(1)安全网安装应系挂安全网的受力主绳,不得系挂网格绳。安装完毕应进行检查、验收,合格后方可使用。 (2)安全网安装或拆除应根据现场条件采取防坠落安全措施。 (3)作业面与相对基准面的高差超过3.2m且无临边防护装置时,临边应挂设水平安全网,外侧挂立网封闭。作业面与水平安全网之间的高差不得超过3.0m。 25.高处作业应正确佩戴安全带。安全带的质量、使用和保管应符合现行《安全带》(GB 6095)的有关规定,出厂合格证应妥善保管。安全带的使用应符合下列规定: (1)安全带使用前应进行检查,并定期进行检验。安全带使用应高挂低用,并扣牢在牢固的物体上。 (2)安全带的安全绳不得打结使用,亦不得将钩直接挂在安全绳上。 (3)安全带的各部件不得随意更换或拆掉。需更换新安全绳时,其规格及力学性能必须符合规定,并应加设绳套。 (4)安全带应经常检查,发现下列情况应作报废处理:①织带磨损、灼伤、酸碱腐蚀;②织带出现明显变硬、发脆的老化现象;③金属部件磨损,出现明显缺陷以及受到冲击后发生明显变形。 26.安全网、安全带应由专人检查、发放和保管,并应存放在干燥、通风、避光、无化学品污染和尖锐物的仓库或专用场所
	桶体搬运及上船	台车-滑道出运: 1.桶体顶升应按确定的顶升位置摆放千斤顶,千斤顶应分级加荷、同步起升,并应控制顶升速度与高度。 2.台车进入桶体底部时,施工人员不得随车进入或在桶体下作业。 3.桶体移运前,应对横、纵移动轨道、台车、斜架车、场地等进行检查,并清理障碍物。 4.桶体移运应统一指挥、缓慢启动、匀速运行,牵引绳两侧严禁站人。 5.桶体溜放前,应确保沿轨道运行区无障碍物,轨道螺栓齐全紧固。卷扬机、滑车、钢丝绳等牵引系统应处于正常状态。 6.当装载桶体的纵移车移到斜架车上后,应将纵移车与斜架车进行封固,确认各部位无误后方可溜放。 7.桶体沿滑道下水前,应掌握水文气象情况;波高大于或等于1m时,不宜进行桶体的溜放。 8.桶体溜放应明确指挥信号和联系方式,信号不明时不得随意操作。 气囊-出运: 1.距气囊移运作业区周边20m处应设置安全警戒线,无关人员不得进入施工现场。 2.前后牵引系统、锚定设施、高压气囊等应进行受力核算。机械设备、制动系统、限位装置、通信设备等应进行检查、维修和保养。 3.气囊移运桶体的通道应坚实、平整,不得有尖锐物及障碍物。地基承载力应满足施工荷载的要求。通道的坡度不宜大于2%。 4.气囊使用前,应对额定工作压力进行充气检验。气囊实际承受的载荷应小于额定工作压力。 5.气囊充气或放气应同步、缓慢进行,并应避免部分气囊超过额定压力。作业人员不得站在空气压缩机输气管口或气囊充气嘴前方。

续上表

常见重大作业活动		风险管控措施
直立式（桶式基础）	桶体搬运及上船	6. 利用气囊顶升桶体时，施工人员不得进入桶体底部作业。 7. 桶体顶升移动时应在气囊充气嘴前方设置挡板。 8. 陆上气囊移动桶体的前后牵引系统应配置同型号的卷扬机，牵引速度宜为 1.2～1.5m/min，且应同步作业。移运中，钢丝绳两侧不得站人，且不得跨越行走。 9. 桶体移运过程中，信号不明或发现异常情况应立即停止移运。停滞时间超过 1h 应对桶体进行支垫，不得长时间以气囊作为支座
	桶体运输及安装	1. 桶体场内移运可采用轨道移运台车移运工艺，将桶体移运至每条生产线第一个台座后，再采用超高压气囊搬运工艺上船，减少使用气囊次数及时间，降低安全风险。 2. 台车、气囊、牵引系统、地锚等出运设备需进行验算并验收，验收符合要求后方可使用。 3. 桶式基础结构出运应选择合适的天气条件，由半潜驳运输至施工现场，半潜驳使用拖轮拖带，到达现场后在下潜坑下潜。 4. 根据施工工序及现场情况，将现场船舶分组管理，使用流速仪定量观测施工区域水流流速，流速大于 0.8m/s 时不宜出运。 5. 在桶体运输下沉过程中，应采用气浮安装控制系统控制桶体干舷高度并确保桶体下沉稳定。 6. 人员配备定位呼救仪，增强应急管理措施，有效应对突发情况、恶劣天气。 7. 采用两艘定位船分别交叉带缆对桶体进行气浮拖带，避免拖轮或锚艇直接帮带桶体带来的危险，确保桶体气浮拖带安全。 8. 安装过程中通过测倾仪监控侧倾状况，如发现倾斜超过要求，关闭下沉较大侧隔舱的排气阀门，同时观察桶体的平衡状况，待桶体平衡后，再次打开全部排气阀门进行排气下沉，确保桶体顺直平稳下沉
斜坡式	护面块体安装	1. 起重绳索必须进行受力计算，索具、滑车等必须根据计算结果合理选配。起重吊装所使用的钢丝绳及索具，必须有具备生产资质的制造商提供的出厂合格证和材质证明，钢丝绳的断丝数量少于报废标准，但断丝聚集在小于 6 倍绳径的长度范围内或集中在任一绳股里，亦应予以报废。吊装前，必须对其进行检查。 2. 起重吊装作业应明确作业人员分工，专人指挥，统一指挥信号。明确联络指挥信号后，指挥者话音要清楚，手势要正确。操作者没有听清看准，不要行动。 3. 起重机起吊构件时，驻位得当。起吊异型构件应根据构件的重量、重心和吊点位置计算，配置起重绳索，并进行试吊。 4. 起重吊装作业时，指挥和操作人员不得站在建筑物或构件边缘、死角等危险部位。 5. 起重作业时，应严格遵守"十不吊"：(1)斜吊不吊；(2)超载不吊；(3)散装物装得太满或捆扎不牢不吊；(4)指挥信号不明不吊；(5)吊物边缘锋利无防护措施不吊；(6)吊物上站人不吊；(7)埋在地下的构件不吊；(8)安全装置失灵不吊；(9)光线阴暗看不清吊物不吊；(10)6 级以上强风无防护措施不吊。 6. 构件起吊后，起重设备在旋转、变幅、移船和升降钩时应缓慢、平稳，吊安的构件或起重船的锚缆不得随意碰撞或兜曳其他构件、设施等。

续上表

常见重大作业活动		风险管控措施
斜坡式	护面块体安装	7. 开始起吊应缓慢,待正常后方可加速,避免骤停、突起造成滑扣、断扣,发生危险。 8. 吊安消浪块体的自动脱钩应安全、可靠。起吊时应待钩绳受力,块体尚未离地、挂钩人员退至安全位置后方可起升。 9. 用自动脱钩起吊的块体在吊安过程中严禁碰撞任何物体。 10. 刚安装的扭王字块、扭工字块、四角锥等异型块体上不得站人。需调整块体位置应采用可靠的安全防护措施。 11. 操作时发觉对起重机、人员、机械设备等安全有威胁时,操作人员可紧急停止作业,报告指挥人员采取措施。 12. 等待或休息时间过长,不得将重物吊在空中
	大型模板安装与拆除(大型防浪墙浇筑)	1. 大体积混凝土构件浇筑前,应对侧模、底模、承重结构和支撑结构进行强度、刚度及稳定性验算。 2. 现场浇筑混凝土时,应避免在风暴来临前浇筑。根据水位情况考虑风浪对模板和未达到设计强度混凝土的不利影响,应采取相应的保护措施。 3. 检查作业场所电气设备安装是否符合用电安全规定,夜间作业点是否有足够的照明和安全电压工作灯。 4. 混凝土运输及泵送设备进场时,应有专人进行指挥。 5. 使用陆上泵送混凝土,必须按照泵送设备安全操作规程进行操作。 6. 使用水上搅拌船进行混凝土浇筑,除必须按照混凝土搅拌船安全操作规程进行操作外,还应密切注意天气情况,同时加强与周边作业船舶沟通配合。 7. 用吊罐浇筑混凝土时,速度应缓慢,且必须等吊斗停稳后方可下料,要避免吊斗碰撞平台上作业人员。 8. 使用振捣棒应穿胶鞋、戴绝缘手套,湿手不得接触开关,电源线不得有破皮漏电。混凝土振捣器的配电箱应安装漏电保护装置,接地或接零应安全可靠。 9. 使用覆盖物养护混凝土时,预留孔洞周围应设置安全护栏或盖板,并设置安全警示标志,不得随意挪动。 10. 洒水养护混凝土应避开配电箱和周围电气设备

参 考 文 献

[1] 国家安全生产监督管理局.企业职工伤亡事故分类标准:GB 6441—1986[S].北京:中国标准出版社,1986.

[2] 中交第一航务工程勘察设计院.港口工程地下连续墙结构设计与施工规程:JTJ 303—2003[S].北京:人民交通出版社,2003.

[3] 中国水运建设行业协会.水运工程施工安全防护技术规范:JTS 205-1—2008[S].北京:人民交通出版社,2008.

[4] 中交第一航务工程局有限公司.水运工程质量检验标准:JTS 257—2008[S].北京:人民交通出版社,2008.

[5] 全国统计方法应用标准化技术委员会.故障树名词术语和符号:GB/T 4888—2009[S].北京:人民出版社,2009.

[6] 住房和城乡建设部.建筑基坑支护技术规程:JGJ 120—2012[S].北京:中国建筑工业出版社,2012.

[7] 中交第二航务工程勘察设计院有限公司.水运工程岩土勘察规范:JTS 133—2013[S].北京:人民交通出版社,2013.

[8] 全国风险管理标准化技术委员会.风险管理 术语:GB/T 23694—2013[S].北京:中国标准出版社,2013.

[9] 中交第四航务工程局有限公司.码头结构施工规范:JTS 215—2018[S].北京:人民交通出版社股份有限公司,2018.

[10] 交通运输部安全与质量监督管理司.公路水运工程施工安全风险评估指南 第1部分:总体要求:JT/T 1375.1—2022[S].北京:人民交通出版社股份有限公司,2022.

[11] 交通运输部安全与质量监督管理司.公路水运工程施工安全风险评估指南 第5部分:港口工程:JT/T 1375.5—2022[S].北京:人民交通出版社股份有限公司,2022.

[12] 交通运输部工程质量监督局.公路水运工程施工安全标准化指南[M].北京:人民交通出版社,2013.